Les initiatives de développement en Afrique subsaharienne

Entre construction et déconstruction des modèles existants depuis 1960

Sous la direction de

Joseph Vincent NTUDA EBODÉ
et Georges ETOA OYONO

Les initiatives de développement en Afrique subsaharienne

Entre construction et déconstruction des modèles existants depuis 1960

Réminiscences du professeur émérite Laurent ZANG

Préface du Pr Daniel ABWA

TOME II : L'AFRIQUE

L'Harmattan
Cameroun

Des mêmes auteurs

1- Ntuda Ebodé

Terrorisme et piraterie : de nouveaux enjeux sécuritaires en Afrique centrale. Presses universitaires d'Afrique centrale, 2010.

La gestion coopérative des ressources transfrontalières en Afrique centrale : quelques leçons pour l'intégration régionale, Yaoundé, Friedrich Ebert Stiftung, 2011.

Le traité sur la sécurité alimentaire au Cameroun, Paris, Arion Publishing, 2012.

2- Etoa Oyono

Ferdinand Léopold Oyono. Vie et œuvre d'un diplomate de carrière, ISBN-13:978-613-158-6316, Éditions Universitaires Européennes, novembre 2011, 128 pages.

5-7, rue de l'Ecole-Polytechnique, 75005 Paris

http://www.editions-harmattan.fr

ISBN : 978-2-336-40311-3
EAN : 9782336403113

REMERCIEMENTS

La concrétisation de ce projet de réminiscences au Professeur Émérite Laurent ZANG a été rendue possible grâce au soutien et à l'appui multiformes de certaines bonnes volontés. Elles ont contribué de manière décisive à la publication des contributions de ces réminiscences. Au moment où paraissent ces réminiscences, qu'il nous soit permis de leur témoigner notre profonde gratitude.

Merci, naturellement, à **Madame Juliette TSILA MENGUE**, veuve ZANG Laurent, qui du vivant de son époux, a toujours cru et souhaité cette reconnaissance académique.

À Son **Excellence Monsieur ABDOU SALIFOU**, Chargé d'Affaires à l'Ambassade du Niger au Cameroun, nous exprimons notre gratitude pour l'indéfectible soutien et les encouragements. Par son acte, il a confirmé la reconnaissance de la famille universitaire de son pays au travail immense abattu par le Professeur ZANG.

Merci à toutes ces autres âmes de bonne volonté qui ont apporté un appui quelconque indispensable à l'aboutissement de ce projet. Nous pensons à **Barbara NDOH**, **Yves ESSOMBA ZANG** et à **Annic Laura ZANG TSILA**, tous enfants du Professeur Laurent ZANG.

Aux **Professeurs Daniel ABWA** et **François DAVID**, collègues et connaissances du défunt, recevez toute notre gratitude pour avoir accepté de collaborer à cette œuvre de reconnaissance scientifique.

À cette liste de bonnes volontés, on ne saurait oublier, surtout pour leur collaboration, **Monsieur Jean Claude NYAMSI**, Officier supérieur de l'armée, **Messieurs Simplice OYONO**, **Seta Caxton ATEKI, Roger BELINGA** et **Sylvain EMANE,** tous anciens étudiants du Professeur Laurent ZANG.

À **Rane ZOULICA** et **Patrick BADUGUE**, merci pour votre accompagnement à la réalisation de ces réminiscences.

Enfin, merci à tous les intervenants, universitaires, doctorants et diplomates, dont les judicieuses contributions sont reproduites dans cet ouvrage. Par votre disponibilité à produire ces travaux scientifiques, vous avez manifesté votre engagement pour la science et la reconnaissance du travail bien fait.

SOMMAIRE

Comité scientifique

Comité de lecture

PRÉFACE

L'éclectisme caractérise le parcours universitaire du **Professeur Laurent ZANG** qui vient de nous quitter. Littéraire au départ, puisque titulaire d'une licence et d'un DES en Lettres Modernes Françaises, il s'oriente par la suite vers les Relations Internationales dont il obtient un Doctorat de 3e cycle avec pour thème principal le problème de développement de l'Afrique à travers l'exemple du Cameroun. Sa pérégrination académique le pousse vers les Sciences Economiques et plus précisément l'Économie Politique, parallèlement avec ses études en Sciences Politiques qui deviennent alors son véritable champ de recherches académiques et professionnelles, fondé sur le développement de l'Afrique.

Le départ du **Professeur Laurent ZANG** pour l'éternité n'a pas laissé ses amis, collègues et anciens étudiants indifférents. Ceux-ci ont décidé de le garder vivant parmi les vivants à travers des « Réminiscences » qui lui sont consacrées sous le titre « **Les initiatives de développement en Afrique Subsaharienne : entre construction et déconstruction des modèles existants depuis 1960, Tome II l'Afrique** ».

Une quinzaine d'auteurs africains se sont en effet employés avec brio à « construire et déconstruire » les différentes formes que prennent les actions de « développement » en Afrique noire depuis les indépendances.

Malgré la grande pertinence des analyses effectuées par ces éminents auteurs et chercheurs, il y'a lieu de constater, pour le regretter, qu'ils ne se départissent pas suffisamment de la perspective occidentale qui se dégage des termes utilisés par eux à travers leurs différentes lectures et conclusions.

Parlant des États de l'Afrique subsaharienne, depuis 1960, la quasi-totalité des auteurs voient en ces États des « États postcoloniaux ». Les intellectuels africains du XXIe siècle, près de 60 ans après les indépendances de 1960, doivent-ils continuer de clamer haut et fort que nous vivons dans des États néocolonisés, postcoloniaux comme pour donner raison aux anciens colonisateurs qui n'ont accepté les indépendances des pays africains que parce qu'ils avaient mis en place des mécanismes pour garder l'Afrique et y rester ? Ont-ils oublié que ce sont les Gaullistes qui ont inventé ce néologisme « **NEO-COLONIALISME** » avec pour objectif de conserver l'essentiel des pouvoirs des États africains indépendants et ne laisser aux Africains que les accessoires de ces pouvoirs « sans croûtes ni mies » pour paraphraser Aimé Césaire dans « La tragédie du Roi Christophe » ? Il me semble que le moment est propice pour que les intellectuels procèdent à une rupture épistémologique qui sied à tout pays qui se libère de son ancien maitre pour dire NON à la Néo-colonisation que les anciens colonisateurs s'échinent à imposer aux Africains. NON, les États africains ne sont pas « postcoloniaux » et ne doivent pas accepter de le devenir, quelles qu'en soient les raisons évoquées pour le justifier.

Parlant du développement de l'Afrique Subsaharienne, il ne faudrait pas oublier qu'à aucun moment, les Occidentaux n'ont pensé au développement de l'Afrique.

Les maîtres mots utilisés pendant la colonisation c'était la « mise en valeur des colonies » c'est-à-dire chercher dans les colonies ce qui a une quelconque valeur pour le développement des pays colonisateurs. Le mot développement n'est servi aux Africains que lorsque ces derniers revendiquent leurs indépendances. Ils s'entendent alors dire qu'ils ne sont pas développés et pour qu'ils le deviennent il leur faut être aidé, d'où le principe d'Aide au Développement. Promouvoir le développement de l'Afrique à partir des perspectives occidentales, c'est aider l'Afrique à passer de « pays sous-développés » « en voie de développement » à « pays pauvres très endettés ». Les intellectuels africains, que nous sommes, doivent éviter ce piège et trouver de bonnes formules pour changer ces paradigmes actuels. Certes, le regretté **Professeur Laurent ZANG** mérite bien une réflexion sur le développement de l'Afrique mais c'est une réflexion qui doit puiser ses fondamentaux dans les réalités africaines.

Pr. Daniel ABWA, Historien

PROLOGUE

Le développement en Afrique-Subsaharienne

« Comment contribuer au développement de l'Afrique ? » Telle est la question qui constitue depuis les années d'indépendance le leitmotiv de bon nombre de politiques publiques et l'objet central de nombreuses recherches scientifiques. En procédant à une analyse des initiatives de développement en Afrique au Sud du Sahara, le présent ouvrage, réminiscences en l'honneur du Professeur Laurent ZANG, de regrettée mémoire, dégage les tendances développées par les acteurs africains et internationaux en la matière et procède à un examen des freins susceptibles d'expliquer les raisons pour lesquelles plus de soixante ans après la proclamation de leur autonomie, les pays africains ont du mal à se développer de manière pérenne, malgré la croissance macroéconomique que connaissent quelques-uns.

Il convient à ce propos de relever qu'en 1962, René DUMONT[1] affirmait déjà que « l'Afrique noire est mal partie » en dressant un tableau sombre du continent noir caractérisé par différentes tares qui constituent autant d'obstacles pour son développement. À titre de rappel, cet auteur faisait ce constat dans un contexte marqué par les indépendances et, quelques années après, par la volonté des pays africains de se positionner dans un environnement international troublé par la guerre froide qui influençait le déploiement des acteurs étatiques sur la scène internationale ainsi que leurs politiques de développement. C'est ainsi que, comme les autres pays dits du « Tiers Monde », les pays d'Afrique subsaharienne se sont situés vis-à-vis des deux blocs opposés. C'est dans ce contexte que le Mouvement des non-alignés, caractérisé moins par le niveau de développement des pays membres que par leur modèle de développement, est fondé en 1961, et le Groupe des 77, créé en 1964. Dans leur recherche *« d'une voie alternative au capitalisme et au socialisme, ces pays adoptent une démarche politique critique, mais restent dans un cadre développementaliste classique »*[2]. Toutefois, dans les années 1970, le « Tiers Monde » n'apparaît plus comme une entité homogène et il est constaté une multiplication de l'application des programmes et plans d'ajustement structurel sous l'impulsion des Institutions de Bretton Woods.

[1] René DUMONT, *L'Afrique noire est mal partie*, Seuil, 2012, 286p.

[2] Anne VOLVEY (dir.), *L'Afrique*, Philippe Lemarchand, Atlande, 2005, p. 33

Plus tard se développent au sein de l'Organisation des Nations Unies (ONU) les concepts de développement humain et de développement durable qui, selon certains chercheurs, *« sont tous deux censés prendre en compte les besoins des populations et la protection de l'environnement sans que soit précisé exactement ce que cela suppose de transformation vis-à-vis des formes classiques du développement »*[3]. Dans cette profusion de politiques ou d'orientations en matière de développement, l'Afrique essaye tant bien que mal de se distinguer à travers des initiatives telles que le Nouveau Partenariat pour le Développement (NEPAD)[4] lancé en 2001 par le Nigeria, l'Afrique du Sud, l'Algérie et le Sénégal et plus récemment, par l'Agenda 2063 de l'Union Africaine. Il s'agit à travers cet agenda, de *« mettre l'accent sur la mobilisation des populations et leur appropriation des programmes du continent ; le principe d'auto-dépendance et de financement de l'Afrique pour son développement »*[5].

Nonobstant ce chemin parcouru, de nombreux auteurs se demandent encore, à la suite d'Axelle KABOU, si l'Afrique refuse le développement[6] compte tenu de la persistance des freins divers. Dans une posture afro-optimiste, les réminiscences en l'honneur du Professeur Laurent ZANG, mettent en lumière ces freins et esquissent des pistes de solutions susceptibles de contribuer à une renaissance africaine. À ce propos, l'une des principales voies à adopter pour le développement du continent noir consiste, selon **BIAKOLO KOMO Louis-Dominique,** à délégitimer l'idéalisation, par la théorie postcoloniale africaine, du modèle économique néolibéral occidental, en soulignant l'intérêt de la création d'une voie endogène de développement et la nécessité de penser par nous-mêmes et de poser nos problèmes en fonction de nos intérêts.

Dans les présentes réminiscences, **BIDIAS René** quant à lui démontre que l'Afrique a néanmoins connu une floraison d'idéologies endogènes durant les deux premières décennies d'indépendance, bien que les théories et les stratégies mobilisées depuis 1960 soient essentiellement exogènes. Ces idéologies endogènes, produites par une élite intellectuelle et politique soucieuse d'inventer une voie africaine de développement, ont été associées selon l'auteur à des théories exogènes ; ceci expliquant l'hybridation des

---

[3] Anne VOLVEY (dir.), *Op. cit.*, p. 33.

[4] Le Nouveau Partenariat pour le développement « *est la fusion du Partenariat du millénium pour le programme de redressement de l'Afrique et du Plan Omega. La fusion a été finalisée le 3 juillet 2001, donnant naissance à la Nouvelle initiative pour l'Afrique (NAI), qui a été approuvée par le Sommet des chefs d'État et de gouvernement de l'Organisation l'Union africaine le 11 juillet 2001* », Groupe de la Banque Africaine pour le Développement, « NEPAD », *https://www.afdb.org/fr/topics-and-sectors/initiatives-partnerships/nepad*, consulté le 05 juillet 2022.

[5] Union Africaine, Commission de l'Union Africaine, *Agenda 2063 : L'Afrique que nous voulons*, avril 2015, p.1.

[6] Axelle KABOU, *Et si l'Afrique refusait le développement*, L'Harmattan, 1991, 208 p.

théories et des stratégies de développement en Afrique subsaharienne depuis le milieu des années 2000.

Pour **ONDOUA Hervé,** la stagnation de l'Afrique subsaharienne s'explique par le reflux des philosophies émancipatrices et à l'inverse, le triomphe des idéologies hostiles à l'autonomie de l'Afrique. Au cœur de ces idéologies se trouve la théorie postcoloniale. Contre cette vision néolibérale qui « esclavagise » l'Afrique, cet auteur pense que la voie royale pour sortir du sous-développement réside dans la construction du panafricanisme.

Dans la même lancée, **Guy MAHOUNGOU** dresse une évaluation de l'impact des politiques européennes en matière de coopération au développement en Afrique. Sans réfuter le bien-fondé de cette politique de coopération au développement (PCD) qui s'est imposée comme l'une des dimensions essentielles de la construction européenne, la contribution convoque le Traité de Lisbonne et l'Accord de Cotonou, et par ricochet, interroge les modalités de traduction de la PCD, notamment à travers la définition des stratégies de développement en Afrique.

Jean-Roger ESSOMBE EDIMO NYA BONABEBE quant à lui s'interroge sur la contribution des collectivités territoriales décentralisées au développement. Selon lui, les collectivités locales sont désormais appelées à promouvoir une gouvernance territoriale de développement. Celle-ci doit tendre à construire et à cultiver en permanence leur « *attracti-compétitivité* » (Essombè Edimo, 2008) dans une économie qui est dorénavant devenue globale.

Dans le cadre des présentes réminiscences, de nombreux auteurs réitèrent la nécessité liée au recours à des solutions régionales face aux problèmes de développement auxquels fait face le continent. Dans ce sens, selon **ZOA ATEBA Yves Barthélémy**, la modernisation du secteur des télécommunications et la réduction de la dépendance du continent vis-à-vis de l'Europe dans ce domaine passent inéluctablement par l'organisation de ces pays, sur les plans sous-régional et régional, à travers divers projets et conférences nécessaires au développement de leur système de télécommunications. Selon **JIOTSA Albert**, cette mobilisation sous-régionale ou régionale est également valable dans le cadre du transport maritime ; secteur dans lequel l'établissement des corridors maritimes sous la forme connue présentement en Afrique centrale reste ancien.

ATANGANA Michel Auguste quant à lui consacre un article à la planification du développement et à l'intégration régionale. Selon l'auteur, les plans de développement et l'intégration régionale en Afrique au sud du Sahara constituent des phénomènes qui ont connu une acuité particulière à l'aube des indépendances.

Dans ces réminiscences, la question du développement durable et de la protection de l'environnement est également abordée. À titre illustratif, **DAFEL TCHINDEBE Aurélie Laila** s'interroge sur les défis liés au non-respect des normes rationnelles et équitables de gestion des ressources naturelles sous le prisme des violences écologiques et anthropiques. Les populations développent des stratégies de résilience hors-normes qui transgressent les textes juridiques. Leurs réalités socioanthropologiques inadaptées aux normes juridiques empiètent sur l'implémentation des objectifs des accords interétatiques. Alors, cette contribution se propose de présenter à l'aide des documents écrits, témoignages et observations, les normes et limites de la gestion des ressources naturelles pour le développement. Enfin, elle propose la dynamique de gestion par le bas pour rétablir l'équilibre entre les normes et les réalités anthropiques.

OUEDRAOGO Boukary, BABACAR Sene et FAYAMA Satiéba s'intéressent à l'effet des émissions de CO_2 sur la financiarisation de l'économie en Afrique subsaharienne. Selon ces derniers, le développement de la financiarisation de l'économie pourrait être bénéfique à la réduction des émissions de CO_2 et donc lutter contre le réchauffement planétaire. Ainsi, les autorités des pays d'Afrique subsaharienne doivent mettre l'accent sur le développement des marchés financiers et des instruments financiers.

MOUDJOURI Bienvenue s'intéresse au rôle joué par les agences de développement dans l'ingénierie du développement depuis les années 1960. Pour lui, depuis l'indépendance jusqu'à nos jours, les politiques de développement sont des axes cardinaux qui font l'objet de débats sur la scène publique locale, nationale et internationale.

La coopération entre l'UNESCO et les États de l'une des sous-régions les plus importantes du continent (Afrique centrale) est analysée par **AVOUZOA Justine Christine** qui procède à une étude des enjeux liés à la candidature des États à l'inscription de leurs biens ou de leur patrimoine culturel sur la liste du patrimoine mondial de l'UNESCO.

Hanse Gilbert MBENG DANG procède quant à lui à l'examen d'un instrument spécifique de développement notamment le programme chinois « One Belt One Road » pour le développement de l'Afrique, qui est un projet de développement d'infrastructures à grande échelle par lequel la Chine envisage de construire 30 000 km de nouvelles routes sur le continent.

Le présent ouvrage s'intéresse enfin aux menaces d'ordre sécuritaire, aux difficiles pratiques électorales constamment marquées par des contestations, toute chose qui constitue encore un frein important à la réalisation des objectifs de développement sur le continent. Revenant sur ces menaces qu'il qualifie de « métamorphes », **Mathias Éric OWONA NGUINI** démontre qu'il s'agit de dynamiques « transformantes » et mutantes qui affectent la souveraineté de ces États postcoloniaux à l'âge global. Elles sont en lien avec les transformations systémiques et stratégiques générées par la « transnationalisation » du monde qui suscitent des formes de conflits asymétriques comme dynamiques, menaçant le pouvoir de l'économie et l'économie du pouvoir dans les sociétés étatiques postcoloniales africaines engagées dans les courants de la mondialisation.

RANE Zoulica et NTENTIE Awa quant à elles, procèdent à une analyse de l'impact des crises sécuritaires sur la mise en œuvre efficiente par les États africains de leurs obligations en matière de garantie du droit des populations à la santé. En période de crises sécuritaires, les pays africains font face à d'énormes contraintes qui freinent ou mettent à mal la mise en œuvre de cette importante obligation. Cette réflexion interroge ces contraintes ainsi que les voies et moyens susceptibles de permettre de les surpasser, surtout lorsqu'on sait l'importance du droit à la santé pour le développement du continent africain.

Georges ETOA OYONO pour sa part, analyse la problématique de la contestation électorale en Afrique subsaharienne. Il montre que la pratique de contestation est devenue fréquente en temps d'élections pour les partis politiques pas souvent bien préparés, et très peu dotés d'arguments justificatifs des motifs de fraudes souvent décriés ou dénoncés, généralement avant ou après chaque opération électorale. L'étude postule qu'il est normal, voire légitime de contester une élection, mais qu'il serait judicieux pour les partis politiques de bien s'organiser avant d'y aller, afin de se doter d'arguments fiables et convaincants en leur faveur. Par ailleurs, contester en cas de mauvais déroulement serait légitime pour faire valoir son droit démocratique.

Dans les voies de solutions au problème de sous-développement de l'Afrique, **Serge Paulin AKONO EVANG,** dans sa contribution, suggère aux dirigeants africains et à leurs populations, de prendre encore plus au sérieux l'opportunité diplomatique de sécurité et de développement avec la Russie et la Chine, sans négliger les rapports de force internationaux.

Joseph Vincent NTUDA EBODE/Georges ETOA OYONO

PARTIE 1 :

LES INITIATIVES ET PRATIQUES DE DÉVELOPPEMENT EN AFRIQUE SUBSAHARIENNE

SOIXANTE ANS DE MISE EN ŒUVRE DU DÉVELOPPEMENT EN AFRIQUE SUBSAHARIENNE : THÉORIES, IDÉOLOGIES ET STRATÉGIES

René BIDIAS

Chargé de cours/IRIC

(Université de Yaoundé II)

Résumé

Cette réflexion est une synthèse analytique des théories, idéologies et stratégies du développement mises en œuvre par les États d'Afrique subsaharienne depuis 1960. En effet, depuis leur accession à l'indépendance, les pays subsahariens sont engagés dans une dynamique de développement dont l'issue apparaît encore incertaine. À cette fin, et de concert avec leurs "partenaires extérieurs au développement", ils se sont inspirés de plusieurs théories et idéologies du développement. De même, ils ont mis en œuvre des stratégies de développement qui se sont toujours avérées aussi vaines et inefficaces les unes que les autres. Sur la base de la littérature récente des relations internationales du développement, cette étude présente et analyse ce *package* théorique, idéologique et stratégique. Il en ressort que, si les théories et les stratégies mobilisées depuis 1960 sont essentiellement exogènes, l'Afrique a néanmoins connu une floraison d'idéologies endogènes durant les deux premières décennies d'indépendance. Celles-ci étaient produites par une élite intellectuelle et politique soucieuse d'inventer une voie africaine de développement. Les années 1980 ont inauguré une période de désert idéologique du fait de la soumission au néolibéralisme prôné par le consensus de Washington. Depuis le milieu des années 2000, l'on assiste de plus en plus à une hybridation des théories et des stratégies de développement en Afrique subsaharienne.

Mots clés : Développement, théorie, idéologie, stratégie, Afrique subsaharienne.

Summary

This paper is an analytical synthesis of development theories, ideologies and strategies implemented by sub-Saharan African states since 1960. Indeed, since their accession to independence, sub-Saharan African countries have been engaged in a development dynamic whose outcome still appears uncertain. To this end, and in concert with their "external development"partners, they have been inspired by several development theories and ideologies. Similarly, they have implemented development strategies that have consistently proven to be equally futile and ineffective. Based on the recent literature on international development relations, this study presents and analyses this theoretical, ideological and strategic package. It shows that, while the theories and strategies mobilised since 1960 are essentially exogenous, Africa nevertheless experienced a flowering of endogenous ideologies during the first two decades of independence. These were produced by an intellectual and political elite concerned with inventing an African path to development. The 1980s ushered in a period of ideological desert due to the submission to the neo-liberalism advocated by the Washington consensus. Since the mid-2000s, there has been a growing hybridisation of development theories and strategies in sub-Saharan Africa.

Keywords: *Development, theory, ideology, strategy, sub-Saharan Africa.*

Introduction

Depuis 1960, une diversité d'acteurs intérieurs et extérieurs, au rang desquels, les gouvernements, des organisations internationales, intergouvernementales et non gouvernementales, des partenaires bilatéraux, des Fondations privées, des éminences politiques et intellectuelles, sont à pied d'œuvre pour réaliser le développement en Afrique subsaharienne. À cette fin, des idéologies ont été pensées, une ingénierie du conseil importée clé en main a conçu et proposé une pléthore de stratégies et de politiques, en même temps que des financements publics et privés ont été mobilisés. Aussi, ce continent est-il le champ d'application, voire d'expérimentation, d'une flopée d'initiatives qui, jusqu'ici, peinent à produire le développement recherché et escompté. En témoignent les contre-performances globales des économies africaines, en comparaison avec l'ascension économique de la plupart des pays asiatiques et de certains pays latino-américains[7]. De nombreux projets de développement ont, certes, été réalisés en Afrique, et des infrastructures ont été construites pour moderniser les économies africaines. Mais, l'Afrique noire est, jusque-là, une région où la pauvreté extrême et la misère demeurent le lot quotidien des populations. Plus que des procès d'intention, l'Afrique compte 33 des 48 pays les moins avancés (PMA) et 36 des 45 pays à indice de développement humain (IDH) faible[8]. Par ailleurs, 35 États africains sur 54 ont une dépendance envers les matières premières sans transformation à plus de 80 %[9].

---

[7] Le constat d'échec découle du marasme économique actuel de l'Afrique subsaharienne dans son ensemble et est établi par bon nombre d'études, à l'instar de la thèse de Doctorat du politiste camerounais G. Mvelle Minfenda, intitulée "Aide au développement et la coopération décentralisée. Esquisse d'une désétatisation de l'aide française. Les cas du Cameroun, Congo, Gabon, RCA, Tchad et Rwanda", Université Jean Moulin Lyon 3, juillet 2005.

[8] Ph. Hugon, *Géopolitique de l'Afrique*, Paris, Armand colin, 2006.

[9] C. Lopes, *L'Afrique est l'avenir du monde. Repenser le développement*, Paris, Seuil, 2021.

Ces dernières années, une abondante littérature scientifique s'est développée sur les problématiques de développement. La revue de cette littérature fait constater que la définition de ce concept varie d'un théoricien du développement à un autre. De Samir Amin à Serges Latouche, en passant par Gilbert Rist ou Joseph Ki-Zerbo, la définition du développement est variable[10]. Selon l'économiste français François Perroux, le développement est « la combinaison des changements mentaux et sociaux qui rendent la nation apte à faire croître cumulativement et durablement son produit réel »[11]. Jean-Baptiste Obana, quant à lui, entend par développement, « en premier lieu, la capacité d'un pays à satisfaire ses besoins primaires et urgents, sans recours à la générosité ou à l'aide extérieures ; et en second lieu, l'aptitude de son économie à générer et à redistribuer des richesses »[12]. Pour Gilbert Rist, «le développement est un ensemble de pratiques parfois contradictoires en apparence qui, pour assurer la reproduction sociale, obligent à transformer et à détruire, de façon généralisée, le milieu naturel et les rapports sociaux, en vue d'une production croissante des marchandises (biens et services) destinées, à travers l'échange, à la satisfaction de la demande solvable »[13].

Sans être exhaustives, ces définitions administrent la preuve que l'appréhension du développement est soumise, non seulement à de multiples connotations théoriques et idéologiques, mais aussi à diverses considérations en termes de modèle, de greffe ou d'imitation. Pour certains, le développement n'est qu'un mythe occidental[14]. Pour d'autres, c'est tout simplement une croyance que l'Occident s'égosille à répandre dans le monde[15]. Pour Samir Amin, le développement est en panne, sa théorie en crise et son idéologie l'objet de doute[16]. Dans les années 1960, écrivent André Guichaoua et Yves Goussault, il y avait pourtant un modèle ; aujourd'hui, il n'y a plus de repère. Le développement est devenu un "objet fuyant"[17]. Par conséquent, il n'existe aucune définition normative ou prescriptive de ce concept qui se veut davantage dynamique et contextuel. *A contrario*, de

---

[10] S. Amin, *La faillite du développement en Afrique et dans le tiers monde*, Paris, L'harmattan, 1989 ; J. Ki-Zerbo (dir), *La natte des autres. Pour un développement endogène en Afrique*, Paris, Karthala, 1992 ; S. Latouche, *Faut-il repenser le développement ?* Paris, P.U.F., 1986.

[11] F. Perroux, *L'économie au XXe siècle*, Paris, P.U.F., 1964.

[12] J-B. Obana, « De la relation entre culture et développement : Leçons asiatiques pour l'Afrique », in *Politique africaine*, 2009, www.politique-africaine.com/numeros/pdf/068096.pdf, pp.96-111.

[13] G. Rist, *Le développement, histoire d'une croyance occidentale*, Paris, Presses de la fondation des sciences politiques, 1996.

[14] O. Rivero, *Le mythe de l'Occident. Les économies non viables du XXIe siècle*, Paris, Éditions Charles Léopold Mayer, 2003.

[15] G. Rist, *Le développement, histoire d'une croyance occidentale*, Paris, Presses de la fondation des sciences politiques, 1996.

[16] S. Amin, *La Faillite du développement en Afrique et dans le Tiers-Monde*, Paris, L'Harmattan, 1989, p. 5.

[17] Guichaoua, Goussault, *Sciences sociales et développement*, Paris, Armand Colin, 1993. p. 3.

nombreux attributs n'ont de cesse de se greffer au développement afin de l'adapter aux réalités plurielles du monde contemporain ; d'où l'apparition des échafaudages conceptuels tels que, développement durable, développement participatif, développement rural, développement inclusif, intégré ou local, etc.

Face à cette complexité et polysémie du concept de développement, il importe de s'intéresser à l'histoire de ses théories, de ses idéologies et de ses stratégies en Afrique subsaharienne, c'est-à-dire, l'espace géographique situé au sud du désert du Sahara, entre les tropiques du Cancer et du Capricorne, excepté la République sud-africaine[18]. De ce fait, quelles sont les théories, les idéologies et les stratégies mobilisées depuis 1960 dans la dynamique du développement en Afrique subsaharienne ? Le but de cette réflexion à caractère rétrospectif, est de présenter, modestement, les différentes théories qui ont globalement influencé et structuré la mise en œuvre du développement en Afrique subsaharienne depuis 1960 (I), ainsi que les idéologies (II) et les stratégies de développement qui les ont accompagnées (III).

I. Les théories du développement en Afrique subsaharienne depuis 1960

Sur le plan diachronique, trois principales théories du développement ont influencé et structuré la mise en œuvre du développement en Afrique subsaharienne depuis 1960. Il s'agit de la théorie développementaliste, la théorie néolibérale et la théorie de l'émergence.

A. La théorie de la modernisation

Encore appelée théorie développementaliste, la théorie de la modernisation est sans conteste la première théorie économique occidentale à avoir inspiré et structuré les politiques, programmes et projets de développement mis en œuvre par les économistes occidentaux en faveur des pays africains nouvellement indépendants dans les années 1960. C'est une métathéorie, qui repose globalement sur le postulat selon lequel, la modernisation, entendue comme le passage de l'état primitif à l'état moderne, est la finalité ultime du développement[19]. Celui-ci est, quant à lui, un processus linéaire et cumulatif, qui se réalise par étapes successives, suivant l'évolution d'un organisme vivant[20]. L'économiste américain Walter Rostow apparaît comme l'un des

---

[18] Elle et les autres pays d'Afrique subsaharienne ne sont pas logés dans la même enseigne économique.

[19] Pour plus de details, lire par exemple, D. Lerner, *The passing of traditional society: modernizing the Middle East*, New York, Free Press, 1964.

[20] L'auteur J. Do-Nascimento explique que la théorie du développement résulte de la transposition dans les sciences sociales, d'une théorie élaborée dans les sciences de la nature : l'évolution. Pour plus de détails, lire, Do-Nascimento, ″Deux paradigmes concurrents″, in Do

chantres les plus éminents de cette vision linéaire et étapiste du développement[21].

Dans son *best-seller* intitulé *Les étapes de la croissance économique,* publié en 1960, cet auteur expliquait que le passage d'un pays du statut de sous-développé, donc de primitif, à celui de développé ou de moderne, devrait nécessairement, voire obligatoirement passer par cinq étapes successives : la société traditionnelle, l'étape préalable au décollage, le décollage, la marche vers la maturité et l'ère de la consommation de masse[22]. Tout continent ou pays non occidental candidat au développement économique devrait donc, pour y parvenir, s'engager dans cette voie étapiste, largement inspirée de l'expérience des pays développés d'Occident.

Malgré les limites avérées de cette théorie rostowienne des étapes de la croissance, il n'en demeure pas moins vrai qu'elle avait fortement influencé la première génération des experts occidentaux en développement, qui s'en étaient abondamment inspirés lors de l'élaboration des modèles et politiques de développement destinés aux pays africains. Ancien économiste à la Banque mondiale, William Easterly affirme d'ailleurs que certains de ces modèles, à l'instar du fameux modèle Harrod-Domar, sont toujours en usage au FMI et à la Banque mondiale, pour le calcul des montants d'aide à octroyer aux pays africains, malgré sa disparition dans la littérature académique occidentale[23]. Au début des années 1980, la théorie développementaliste avait été supplantée par une autre théorie économique.

B. La théorie néolibérale du début des années 1980 au milieu des années 2000

Encore appelé ultralibéralisme, le néolibéralisme apparaît comme la bible économique du temps présent. Il s'agit d'une théorie controversée, tant ses connotations sont à la fois idéologiques, philosophiques, politiques ou économiques[24]. Sur ce dernier plan, il s'appréhende généralement comme une

---

Nascimento (dir.), *La renaissance africaine comme alternative au développement. Les termes du choix politique en Afrique*, Paris, L'Harmattan, 2008, pp.19-91.

21 L'économiste britannique Adam Smith adhère également à cette approche développementaliste de l'économie. Dans son ouvrage sur l'étiologie de la richesse des nations publié en 1776, il décrit les étapes à traverser pour atteindre la prospérité économique. Il explique comment les sociétés de chasseurs et de cueilleurs peuvent évoluer en des sociétés pastorales et agricoles pour finalement devenir des sociétés manufacturières et mercantiles.

22 W.W. Rostow, *Les étapes de la croissance économique,* Paris, Seuil, 1960.

23 W. Easterly, *Les pays pauvres sont-ils condamnés à le rester* ? Paris, Nouveaux Horizons, 2006, p.41.

24 A. Laurent, "Une philosophie, pas une idéologie", in *Le Point*, n° 2158, jeudi 23 janvier 2014, p.95.

forme radicalisée de libéralisme économique, opposée au keynésianisme[25], et par ricochet, à l'interventionnisme étatique dans le champ économique. Il traduit également la résurgence du libéralisme classique dans la décennie 1970. D'une manière générale, c'est une métathéorie qui renferme des courants aussi divers que le monétarisme de Milton Friedman, l'école autrichienne, la théorie de l'offre dont le chef de file est Arthur Laffer, la nouvelle économie classique et l'anarcho-capitalisme[26]. Ces différents courants s'accordent à partager une vision de l'économie fondée sur les 3D : déréglementation et démantèlement de l'État-providence, menés à partir des années 1980 dans plusieurs pays dont les États-Unis de Ronald Reagan et l'Angleterre de Margaret Tchatcher, accompagnés d'une dérégulation financière à l'échelle mondiale.

En fait, le néolibéralisme renforce les idées maîtresses du libéralisme classique (laisser-faire, libre-échange, liberté d'entreprise, limitation stricte de l'intervention de l'État dans l'économie) avec de nouvelles mesures dans le cadre des 3D (privatisation du secteur public, promotion de l'État-gendarme en lieu et place de l'État-providence, dérégulation financière, etc.). Cette théorie n'a de cesse de soulever débats et controverses, auxquels les crises financières qui secouent l'économie mondiale depuis 2006 ont contribué à redonner un regain d'expression et de vitalité. N'empêche que la plupart des politiques économiques appliquées et/ou imposées aux États africains par les institutions financières internationales (FMI et Banque mondiale) depuis les années 1980, soient d'inspiration néolibérale. Mais, depuis le milieu des années 2000, une autre théorie du développement est de mode en Afrique au sud du Sahara : l'émergence.

C. La théorie de l'émergence depuis le milieu des années 2000

Le concept d'émergence était apparu pour la première fois en 1980, sous la plume d'Antoine Van Agtmael, économiste d'origine néerlandaise, en service à la Société financière internationale. Par le concept d' « économies à marchés émergents », il désignait les pays en développement offrant des opportunités d'investissement pour les firmes des puissances économiques occidentales. Il s'agissait donc d'un gadget de marketing pour attirer les investisseurs internationaux. Par la suite, l'émergence est devenue synonyme de décollage économique, par le biais de l'industrialisation. Elle traduit la situation d'un pays qui change de statut économique, en quittant celui de pays

[25] Fait référence à la doctrine économique préconisée par l'économiste anglais John Maynard Keynes dans les années 1930. Contrairement aux économistes dits libéraux qui prônaient la non intervention de l'État dans l'économie, Keynes se faisait le chantre de l'interventionnisme étatique par le biais de politiques sociales ou budgétaires.

[26] G. Dostaler, "Du libéralisme au néolibéralisme", in *Les grands dossiers des Sciences humaines*, n°14, mars-avril 2009, disponible sur file:///users/Documents/du-libéralisme au néolibéralisme-fr-23367-html, consulté le 27 avril 2022 à 12 heures.

sous-développé, pour faire progressivement son entrée dans la catégorie des pays industrialisés.

Initialement employée pour décrire les transformations socioéconomiques qui se sont opérées dans de nombreux pays d'Asie du Sud-Est[27] et d'Amérique latine[28], l'émergence est devenue la finalité ultime des politiques économiques des pays subsahariens depuis le milieu des années 2000. En effet, l'émergence est la nouvelle mode économique en Afrique au sud du Sahara. Elle est le nouveau leitmotiv des politiques publiques et le nouveau slogan des élites politiques subsahariennes. La plupart des États africains se sont dotés d'un plan d'émergence[29]. Même l'Union africaine dispose du sien dénommé "Agenda 2063". Si cette tendance semble refléter un désir manifeste de reprise en main de son destin économique, elle pêche néanmoins par une appropriation acritique d'un concept une fois de plus exogène au continent africain. Qui plus est, à quelques exceptions près, la plupart des plans d'émergence des États africains ont été conçus par des cabinets étrangers[30]. *Quid* des idéologies de développement ?

II. Les idéologies de développement en Afrique depuis 1960

L'étude des idéologies de développement en Afrique subsaharienne fait ressortir trois grands moments : la floraison idéologique de 1960 à 1980, le quasi-désert idéologique de 1980 à 2000, et le renouveau idéologique depuis les années 2000.

A. La floraison des idéologies de développement en Afrique subsaharienne de 1960 à 1980

Par floraison idéologique, nous entendons la production par des élites politiques et intellectuelles de l'Afrique post-indépendante, des idéologies de développement sur la base de celles qui rivalisaient en ce moment sur le plan mondial, notamment, le libéralisme et le socialisme, dans ses variantes scientifiques ou utopiques. En effet, la phraséologie politique et les écrits des premiers dirigeants africains laissent transparaître l'existence sur le continent

---

27 À l'instar de la Chine, de l'Inde, des Dragons (Hong-Kong, Taiwan, Corée du Sud et Singapour), ou des Bébés Tigres (Malaisie, Thaïlande, Indonésie et Philippines).

28 Tels que les « Jaguars » latino-américains (Brésil et Mexique).

29 Lors d'une conférence prononcée à l'Assemblée générale du CODESRIA le 9 juin 2015, à Dakar, A. Sall, Directeur de l'Institut des Futurs africains (Pretoria), affirmait que, sur les 54 États du continent africain, seuls 7 ne disposeraient pas d'un plan d'émergence. Cité par F. Sarr, *Afrotopia*, Édition Philippe Rey, 2016, p.125.

30 Tel est le cas du plan Sénégal émergent, qui avait été concocté par le cabinet international Mckinney. Lire, Ba, "L'émergence en lieu et place du développement au Sénégal : changement cosmétique, nouvelle mode institutionnelle ou (r)évolution paradigmatique ? " p.2.

de deux idéologies majeures : le libéralisme qu'il soit contrôlé ou planifié, et les socialismes, dits africains ou scientifiques.

S'agissant du libéralisme contrôlé, encore appelé libéralisme planifié au Cameroun[31] et en Côte-d'Ivoire, il se présentait comme une sorte de libéralisme tropicalisé, caractérisé par une emprise plus ou moins forte de l'État dans un environnement économique se voulant ouvert[32]. Il visait à concilier la libéralisation de l'économie avec l'interventionnisme étatique. Dans la pratique, il s'agissait d'une planification souple du développement puisqu'elle laissait libre cours à l'initiative privée.[33] Dans un tel système, le contrôle étatique se faisait par le biais de l'allocation des ressources et de la détermination des prix. Cette façon d'envisager l'économie libérale avait conduit à la mise sur pied des économies plus ou moins administrées.

Pour les leaders africains encadrés par des Conseillers techniques étrangers, eux-mêmes influencés par les thèses keynésiennes qui avaient alors cours, le rôle prééminent de l'État, en tant que moteur principal du développement, relevait de l'évidente nécessité. Fruit de l'héritage laissé par la configuration institutionnelle de l'État colonial[34], le rôle central de l'État en Afrique dans les années 1960 et 1970 découlait de l'idée largement admise et communément partagée que seul l'interventionnisme de l'État pouvait suppléer un secteur privé national encore trop embryonnaire pour pouvoir être un vecteur du développement[35]. Le contexte international keynésien favorable à l'État providence et développementaliste s'ajoutait à cet interventionnisme étatique pour davantage justifier le libéralisme tropicalisé. Qu'en était-il des socialismes africains ?

Au cours de la décennie 1960, le socialisme dit africain et scientifique a été une idéologie largement en vogue sur le continent africain. S'agissant du socialisme africain, nombreux étaient les chefs d'États africains qui s'en réclamaient, même sans lui donner un contenu théorique et programmatique précis. Néanmoins, il se présentait comme un ensemble de politiques appliquées par certains dirigeants d'Afrique subsaharienne, avec pour objectif déclaré et recherché, de définir une forme de socialisme spécifique au

---

[31]L'adoption du libéralisme planifié par le Cameroun ne se fit qu'entre 1965 et 1986. Avant, conformément à son discours au congrès de l'Union camerounaise à Ebolowa en juillet 1962, le Président Ahidjo entendait opter pour le socialisme africain. Après, ce fut l'instauration du libéralisme communautaire. Pour plus de détails, lire, A. Nde Fanwouo, ″Le Cameroun : du socialisme africain au libéralisme planifié. Essai d'analyse d'Histoire économique et sociale (1960-1981) ″, Mémoire de D.I.P.E.S. II en Histoire, Université de N'Gaoundéré, juin 2013, pp.13-46.

[32]Parmi les pays qui appliquaient ce système, l'on peut citer le Cameroun et la Côte-d'Ivoire.

[33] Nde Fanwouo, op cit, p.51.

[34] La configuration de l'État colonial lui permettait d'assoir le pouvoir garantissant sa survie et son contrôle de l'économie afin d'en fournir les bénéfices à la métropole.

[35]P. Jacquemot, M. Raffinot, *La nouvelle politique économique en Afrique*, Paris, ÉDICEF, 1993, p.20.

continent africain. Il peut aussi désigner, selon le contexte, les tentatives de théorisation d'un socialisme africain, ou l'ensemble des pratiques politiques de divers dirigeants et chefs d'État africains[36] qui entendaient se distinguer et se démarquer à la fois du socialisme scientifique et du libéralisme jugé trop lié au colonialisme[37]. Cette volonté d'échapper à une certaine extraversion idéologique tout en recourant aux valeurs africaines est perceptible dans le nom même que l'idéologue tanzanien du socialisme africain, Julius Nyerere, avait attribué à son modèle : *Ujamaa*[38] ou socialisme des villages.

Pour les tenants de ce courant, plutôt que d'importer des idéologies européennes, l'Afrique indépendante se devait de définir sa propre voie de développement socioéconomique. Ladite voie, que d'aucuns appelaient la "troisième voie", devait constituer, selon le premier Président du Sénégal, Léopold Sédar Senghor, la "voie africaine du socialisme"[39], ou encore, le "socialisme africain"[40], pour le premier Président de la Tanzanie, Julius Nyerere. Pour eux, comme pour ceux qui s'inscrivaient dans le même registre, le socialisme africain apparaissait, non pas comme une resucée du socialisme européen, ou encore une projection du marxisme-léninisme sur les réalités africaines, mais plutôt, l'expression d'un retour aux valeurs africaines traditionnelles empreintes de solidarité, d'égalité, de convivialité et de fraternité, en tenant-compte du contexte socioéconomique moderne.[41] Il s'agissait donc d'une idéologie qui, tirant sa source dans la tradition africaine profonde, devait permettre aux Africains de réaliser leur décollage socioéconomique, tout en demeurant eux-mêmes, c'est-à-dire, sans courir le risque d'une aliénation par des idéologies exogènes[42].

Quant au "socialisme scientifique ", il désignait une forme de pensée socialiste fondée sur une analyse scientifique des réalités sociales, historiques et économiques des peuples[43]. Il peut donc se définir comme une représentation du monde fondée sur l'analyse des rapports économiques axée sur la lutte des classes et l'appropriation par la classe ouvrière, des outils et

---

[36]À l'instar des présidents L. Sédar Senghor du Sénégal, J. Nyerere de Tanzanie, A. Sékou Touré de Guinée, K. Kaunda de Zambie, Modibo Kéita du Mali, Kwame Nkrumah du Ghana, J. Kenyatta du Kenya.

[37]M.H. M'Beko, "Le socialisme africain : fondements et faiblesses", in L. Beaudry et als (dir), *Un siècle de marxisme*, Québec, Presses de l'Université du Québec, 1990, pp.315-328.

[38] Issu du swahili, langue locale répandue en Afrique orientale, ce terme mettait en relief les valeurs de la famille africaine traditionnelle : sens de la communauté, entente, entraide, harmonie, sens du partage, égalité, travail de tous, etc.

[39] L.S. Senghor, "Nation et voie africaine du socialisme", in Présence *africaine*, n°45-48, 1963, pp. 70-81.

[40] J. Nyerere, "Les fondements du socialisme africain", in Présence *africaine*, n°45-48, 1963, pp.17-35.

[41]M'Beko, "Le socialisme africain : fondements et faiblesses", p.320.

[42] C.G. Mbede, "La crise de la pensée africaine contemporaine et la problématique postcoloniale", Thèse pour le Doctorat de Philosophie, Université de Nantes, avril 2011, p.107.

[43] Les architectes et plus grands promoteurs du socialisme scientifique sont Marx et Engels.

instruments de production. Des indépendances jusqu'au début de la crise des années 1980, les pays subsahariens ci-après s'en revendiquaient : la République populaire du Congo (1963-1979), le Bénin (1972-1989), l'Éthiopie (1974-1978), l'Angola et le Mozambique[44]. L'orientation marxiste-léniniste de ces pays découlait, soit de l'expérience des luttes de libération nationale sur le continent africain au cours des années 1970, soit du soutien multiforme dont avaient bénéficié les mouvements de libération nationale des pays du socialisme réel tels que l'Union soviétique, Cuba et les pays de l'Europe de l'Est[45].

Il n'est pas sans intérêt de préciser que, si l'Éthiopie, l'Angola et le Mozambique se conformaient plus ou moins aux exigences du marxisme-léninisme[46], ça n'était pas le cas de la République populaire du Congo et du Bénin. En dépit d'une ouverture politique et diplomatique en direction des pays communistes Est-européens, ces deux États francophones n'en avaient pas moins conservé presque intactes, les structures économiques héritées de la période coloniale, profondément dominées par les intérêts de l'ancienne puissance coloniale, pour ne citer qu'elle[47]. Comme dans le cas du socialisme africain, leur caractère marxiste-léniniste était plus idéologique et politique, qu'une réalité économique, fondée sur une transformation radicale des structures économiques néocoloniales.

Ce manque de cohérence couplé à l'inconstance de la plupart de ces socialistes dits africains qui avaient fini par se convertir au libéralisme[48], suscitent une série d'interrogations. Les socialismes, qu'ils soient africains ou scientifiques, étaient-ils une aspiration ou alors une incantation ? Leurs idéologues étaient-ils tout simplement séduits par les succès de l'Union soviétique, ou alors leur rhétorique socialiste visait tout simplement à plaire aux dirigeants soviétiques afin de bénéficier d'aides et de subsides, ou encore à vernir la construction nationale des États nouvellement indépendants ?

---

[44] Lire S. Cerqueira, ″Angola, Mozambique. Mouvements de libération, aspirations socialistes et internationalisme″, in Arzalier, *Expériences socialistes en Afrique, 1960-1990,* Paris, Le temps des cerises, 2010, pp.231-244.

[45] C'étaient surtout les cas de l'Angola et du Mozambique.

[46] Création du parti unique, parfois de type stalinien, nationalisations, planification de l'économie, organisation de la paysannerie, lutte des classes, anti-tribalisme et antiracisme à la fois dirigés contre les discriminations, discours contre l'exploitation de l'homme par l'homme dirigé non seulement contre le colonialisme et le capitalisme, mais aussi contre ce qui est qualifié de féodalisme, rôle central de l'État dans le développement afin de pallier l'inexistence d'une bourgeoisie nationale, et large ouverture vers les pays de l'Europe de l'Est.

[47] Lire A. Gandonou, ″ L'expérience du socialisme au Bénin (1972-1989) ″, et M. Chapiro, ″République populaire du Congo (1963-1991) ″, in Arzalier, *Expériences socialistes en Afrique, 1960-1990*, respectivement, pp.164-167., et pp.151-163.

[48] L'on peut par exemple mentionner les cas de Ratsiraka de Madagascar et de Mathieu Kérékou du Benin.

La réponse à ces questionnements ne saurait être tranchée, compte-tenu du bilan contrasté qui peut être établi de ces expériences africaines du socialisme. Chacune de ces questions constitue donc une hypothèse pertinente qui pourrait structurer toute analyse visant à clarifier davantage la nature, la pertinence et la portée de ces expériences africaines du socialisme. Cette époque de floraison idéologique avait pris fin au début des années 1980, lorsque l'Afrique était entrée dans l'ère de la stagnation idéologique.

B. Le désert idéologique du début des années 1980 au milieu des années 2000

Le désert idéologique désigne la soumission de l'Afrique à l'idéologie néolibérale, qui renforçait les principales idées du libéralisme classique, non seulement à l'intérieur des États, mais aussi à l'échelle internationale. Cette soumission idéologique s'inscrivait dans le cadre de la crise de l'endettement international du début des années 1980. De manière générale, la littérature scientifique y relative situe l'éclatement de la crise du remboursement de la dette extérieure en 1982, avec l'annonce du 18 août de la même année, de Jesus Silva Herzog, ministre des Finances mexicain d'alors, du défaut de payement du Mexique. Du fait d'un amalgame de facteurs tant internes qu'externes au continent africain, à partir de 1985, et dans le sillage des pays latino-américains, plusieurs pays dont le Nigéria, le Congo-Zaïre et la Zambie avaient officiellement annoncé qu'ils limiteraient le paiement du service de leurs dettes. Même ceux qui ne prenaient pas de positions officielles accumulaient des arriérés, qu'ils appartinssent à la zone franc comme le Bénin ou le Togo, ou qu'ils fussent plongés dans les conflits comme la Somalie ou la Mauritanie[49].

Diversement interprétée par les créanciers internationaux à la fois comme une crise d'illiquidité, d'insolvabilité et d'insoutenabilité[50], la crise de l'endettement avait servi de rempart à la soumission de l'Afrique à l'idéologie néolibérale incarnée par le « consensus de Washington »[51] et diffusée par les institutions internationales dites de développement. Le « consensus de Washington » reposait sur deux piliers : l'impératif de bonne gouvernance et la plongée sans filet de sécurité dans la mondialisation néolibérale avec la vague de libéralisation et de privations. L'application de ces piliers a fini par susciter un débat sur la capacité des institutions financières internationales à

[49] O. Valée, "La dette africaine à l'aune du risque politique", in *Politique africaine*, p.99.

[50] R. Bidias, "Un demi-siècle d'assistanat international pour le développement en Afrique subsaharienne", Thèse de Doctorat *Ph.D.* en Histoire, Université de Yaoundé I, 2018, pp.69-70.

[51] L'expression est de l'économiste américain J. Williamson, qui avait défini « Washington » comme le Washington politique du Congrès, les hauts fonctionnaires de l'administration et le Washington technocratique des institutions financières internationales, des agences économiques du gouvernement, de la *Federal Reserve Board*, et les groupes de réflexion

impulser une réelle transformation structurelle des économies africaines. Ce débat a débouché sur un renouvellement idéologique, non seulement en Afrique, mais aussi à l'échelle mondiale.

C. Le renouvellement idéologique depuis le milieu des années 2000

Dans le cadre de la théorie de l'émergence, l'on assiste à un renouvellement idéologique sur le continent africain en matière de développement économique. Celui-ci se traduit par une sorte de synthèse des dogmes du néolibéralisme et des préceptes du keynésianisme qui prône l'interventionnisme étatique et la planification. Selon Joseph Stizglitz, contrairement à une idée largement répandue, l'émergence, en tant qu'approche économique, n'est pas fondamentalement en contradiction avec le modèle du « Consensus de Washington ». Elle ne remet en question aucune des prescriptions du néolibéralisme. Au contraire, elle les renforce en leur ajoutant la dimension ″infrastructures″ qu'elles ont toujours refusé de prendre en compte. En suggérant d'agir ainsi, l'approche par l'émergence apparaît davantage comme une sorte d'hybridité méthodologique mêlant du Keynes et du Friedman, plutôt qu'une rupture d'avec la philosophie économique dominante[52].

En fait, le retour de l'État dans la sphère économique dont il est question ici s'inscrit non pas dans une logique de substitution au marché, mais davantage dans une perspective de complémentarité. Il s'agit d'une vision pragmatique marquée par la reconnaissance de l'existence de plusieurs voies de développement, au miroir de la trajectoire économique des pays émergents. Qu'en est-il des stratégies africaines de développement depuis 1960 ?

III. Les stratégies de développement en Afrique subsaharienne depuis 1960

De 1960 à ce jour, les États africains ont appliqué plusieurs stratégies pour impulser le développement socioéconomique. L'approche diachronique permet de mieux appréhender leur progression, en présentant successivement les stratégies de développement en Afrique subsaharienne de 1960 au début des années 1980, celles du début des années 1980 au début des années 2000, et les stratégies en cours depuis le début des années 2000.

A. Les stratégies de développement en Afrique de 1960 au début des années 1980

En dépit de leur différence d'orientation politique ou idéologique, les stratégies de développement mises sur pied par les États africains

[52] Pour plus de détails, lire J. Stiglitz, *Un autre monde est possible*, Paris, Éd. Fayard, 2008.

indépendants présentaient des traits communs dont trois nous paraissent intéressants dans cette étude. Il s'agit de la planification, de l'industrialisation par substitution d'importations (ISI) et de l'endettement extérieur.

Action de planifier ou d'organiser, la planification consistait en l'élaboration de plans qui étaient des documents datés, traduisant de manière cohérente les grandes orientations politiques d'un État dans un horizon temporel donné.[53] Par planification stratégique, il faut donc entendre un ensemble de moyens identifiés et appelés à être mobilisés par l'État et ses relais, afin de parvenir à une performance chiffrée dans une fourchette temporelle bien précise. Théoriquement, la planification obéissait à diverses phases : études, projection, identification des programmes et des projets, cadrage macroéconomique, navettes interministérielles, négociations du financement. La planification implique des institutions, des procédures et des méthodes. De mode sur le continent africain au lendemain des indépendances, la planification y avait connu des fortunes diverses. Les économies dirigistes et étatisées des pays africains étaient structurées autour des plans triennaux, quadriennaux, quinquennaux ou même septennaux. Si certains de ces plans ne concernaient que le secteur public, d'autres par contre embrassaient la totalité des secteurs économiques.

L'industrialisation qui est au cœur de toutes les stratégies de développement économique est conçue à la fois comme la multiplication des activités industrielles et la transformation des processus de production par l'utilisation des machines. Dans le but de rattraper leur retard en matière d'industrialisation, les dirigeants d'Afrique subsaharienne avaient mis sur pied une stratégie dite d'industrialisation par substitution d'importations. Originellement prônée au sein de la Commission Économique pour l'Amérique Latine (CEPAL) par des économistes argentins tels que Raul Prebisch (1950) et Celso Furtado, cette approche avait influencé la politique d'industrialisation de l'ensemble des pays en développement (PED) à l'issue de la Seconde Guerre mondiale. Son objectif premier était de garantir l'indépendance économique par la création d'une capacité industrielle de substitution aux importations, et de transformation des produits agricoles et miniers pour l'exportation hors du continent. Dans la plupart des pays africains, cette stratégie s'était opérationnalisée par un certain nombre de mesures : la constitution d'un secteur industriel public par la mise en place de nombreuses unités industrielles appartenant à l'État, les nationalisations d'anciennes entreprises coloniales, tout comme l'adoption des mesures protectionnistes concernant certaines branches d'activités.

L'on avait donc assisté à une prolifération sur le continent des Sociétés et Entreprises d'État (SEE), dont la fonction consistait à produire des biens de

[53]P. Hugon, O. Sidrie, "La crise de la planification africaine. Diagnostic et remèdes", in *Revue Tiers-Monde*, tome 28, n°110, 1987, p.410.

large consommation et à contribuer à l'accumulation du capital nécessaire aux investissements productifs. Certains pays africains engagés sur cette voie s'en étaient tirés avec plus ou moins de bonheur. Jusqu'au milieu des années 1980, les chiffres concernant la croissance industrielle étaient les suivants : le Cameroun (8,5 % de croissance par an entre 1980 et 1987), le Congo (9,7 %), la Côte d'Ivoire (8, 2 %) et l'Ile Maurice (10, 9 %). On peut également joindre à cette liste le Kenya et le Zimbabwe[54]. Si certains, à l'instar de la Côte-d'Ivoire, affichaient une apparence de décollage industriel frisant le miracle, il n'en était rien pour d'autres, dont les sociétés industrielles s'étaient avérées être plus des entreprises budgétivores et non productives, que de véritables incubateurs industriels. Qui plus est, le financement de ce développement industriel s'effectuait par la voie de l'emprunt extérieur.

Au cœur de la stratégie du développement économique, il y a la question dirimante de la mobilisation du capital. Où et comment trouver les capitaux pour bâtir ou construire une économie nationale prospère ? À ce sujet, si certains pays africains avaient accédé à l'indépendance déjà endettés[55], l'augmentation et l'accumulation de la dette de la plupart des États subsahariens durant les premières décennies d'indépendance étaient surtout inhérentes à leurs choix, libres ou imposés, en matière de financement des projets dits de "développement", et des politiques incitatives des bailleurs de fonds. Étant donné que le financement du développement requiert la mobilisation d'importants capitaux, cela constituait un sérieux handicap pour des pays comme ceux d'Afrique dont les ressources financières propres étaient insuffisantes, voire quasi-inexistantes pour remplir cette fonction. Face à une telle anémie financière, deux voies s'offraient à eux : le modèle soviétique de l'accumulation primitive prôné par l'économiste russe nommé Preobajenski consistant en une exploitation du peuple et plus particulièrement la paysannerie et la classe ouvrière, à travers l'épargne forcée, ou alors la perfusion financière de l'emprunt extérieur.

Encouragés par des créanciers nourris au biberon de la "théorie de la croissance transmise par les mouvements de capitaux", ou théorie des stades

---

[54] Jacquemot et als, *La nouvelle politique économique en Afrique*, p.17.

[55] Le cas du Congo belge et des colonies françaises d'Afrique est généralement relevé. Pour plus de détails, lire, J-Y. Carfantan, C. Condamines, *Qui a peur du Tiers monde ? Rapports Nord-Sud : les faits*, Paris, Éditions du Seuil, 1980, p.101. Pour le cas de la RDC, les emprunts (environ 800.000.000 FF, soit 121.951.000€) contractés par Léopold II entre 1885-1890 auprès du Parlement belge, ainsi que les 145.500.000 FB versés par la Belgique au Roi des Belges lors de cession de la colonie en 1908, furent imputés au Congo en 1960, au moment de l'accession à l'indépendance. Lire D. Ikanga-A-Mponga Bakand'Olinga, "Causes et conséquences des programmes d'ajustement structurel en République démocratique du Congo (RDC)", Thèse de Doctorat en Sciences Économiques, Université Paris Ouest Nanterre, mars 2014, surtout le chapitre vii intitulé, "La dette extérieure du Congo" ; C. Guedem Noumbi, "La controverse au sujet de la dette coloniale du Cameroun 1931-1960", Thèse de Doctorat *Ph.D.* en Histoire, Université de Yaoundé I, 2021.

de la balance des paiements, et de la théorie économique néoclassique[56], qui célébraient et magnifiaient le rôle de l'emprunt extérieur pour combler le déficit de financement intérieur, et surtout, par la bonne tenue des cours des matières premières, les dirigeants africains avaient fait le choix du second au détriment du premier. Aussi s'étaient-ils tournés vers leurs anciens maîtres coloniaux, reconvertis en bailleurs de fonds, et les institutions financières internationales qu'ils contrôlent, pour contracter des prêts afin de financer leur développement[57]. Si l'endettement extérieur demeure une constance dans le processus de développement de l'Afrique, la planification et l'industrialisation avaient pris fin avec l'entrée en vigueur de l'idéologie néolibérale.

B. Les stratégies de développement du consensus de Washington au début des années 1980

Il s'agissait d'une dizaine de recommandations à suivre par les États africains dans le cadre des programmes d'ajustement structurel :

1) austérité budgétaire : limiter les dépenses publiques pour éviter l'inflation et les déficits ;
2) réforme fiscale : augmenter le nombre de contribuables, diminuer les taux élevés et généraliser la TVA ;
3) politique monétaire orthodoxe : les taux d'intérêt réels doivent être positifs pour attirer les capitaux internationaux ;
4) taux de change compétitifs : dévaluer la monnaie pour rendre les exportations attrayantes ;
5) libéralisation : abaisser les barrières tarifaires commerciales (droits de douane) pour accentuer le commerce international et donner une totale liberté de mouvement aux capitaux internationaux ;
6) compétitivité : attirer les investissements directs étrangers (IDE) pour financer le développement en leur garantissant une égalité des droits avec les investissements domestiques ;
7) privatisation : vendre les actifs de l'État pour assainir les finances publiques et développer les entreprises privées, supposées mieux gérées;
8) réduction des subventions : supprimer les subventions agricoles, à la consommation, etc., et laisser le marché déterminer le "juste prix" des biens ;
9) déréglementation : éliminer toutes les règles qui freinent l'initiative économique et la libre concurrence ;
10) droits de propriété : renforcer les droits de propriété pour promouvoir la création privée des richesses.

[56]Raffinot, *Dette extérieure et ajustement structurel*, p.31.
[57]Ces prêts leur étaient pour la plupart attribués à des taux variables, aux conditions de marché et remboursables sur une longue période (parfois 50 ans).

Les mesures ci-dessus montrent que le « consensus de Washington » était plus un modèle parmi tant d'autres de gestion économique en temps de crise, qu'une véritable stratégie de développement adaptée à la pluralité des situations socioéconomiques des États africains. Le florilège des effets pervers liés à leur mise en œuvre avait conduit à un changement de cap au début des années 2000.

C. L'hybridation des stratégies de développement depuis le milieu des années 2000

Dans le cadre de l'émergence, les États africains se sont inscrits dans la perspective de l'hybridation stratégique, en exhumant les stratégies antérieures telles que la planification et l'industrialisation, afin de les associer aux stratégies néolibérales du « consensus de Washington ». La planification s'est traduite par l'élaboration des plans d'émergence à des horizons temporels variés. Ceux-ci consacrent également le retour à l'interventionnisme étatique des premières décennies d'indépendance. Quant à l'endettement extérieur, non seulement il se fait de plus en plus dans les marchés financiers, mais aussi, il est désormais suppléé par des mécanismes d'endettement intérieur tels que les emprunts obligataires.

Conclusion

Les développements ci-dessus révèlent que l'Afrique a expérimenté plusieurs théories, idéologies et stratégies de développement depuis 1960. L'éxogénéité des théories et des stratégies de développement mises en œuvre sur ce continent accrédite la thèse selon laquelle, le développement de l'Afrique a été plus pensé à l'extérieur qu'à l'intérieur du continent. Si les élites africaines avaient pu produire quelques idéologies « molles » de développement au cours des deux premières décennies d'indépendance, les années 1980 ont plongé l'Afrique dans une période d'hibernation idéologique, de laquelle elle n'est pas encore sortie. La vanité de ce *package* théorique, idéologique et stratégique commande un changement de paradigme en matière de gouvernance de développement. Celui-ci requiert que l'Afrique rompe avec son mimétisme idéologique et stratégique en matière de développement, et qu'elle se réveille du sommeil idéologique et conceptuel dans lequel elle est plongée depuis le début des années 1980. Pour ce faire, trois choses au moins peuvent être faites. D'abord, la création des centres d'études et de recherche pluridisciplinaires à vocation nationale, sous-régionale et régionale, en vue de soutenir et de promouvoir les chercheurs africains engagés dans la recherche des solutions endogènes aux problèmes de développement de l'Afrique subsaharienne. Ensuite, les doter d'infrastructures adéquates et leur fournir des moyens financiers suffisants à la conduite de leurs activités de recherche. Enfin, les différentes structures de recherche dûment créées et équipées devront être mises en réseaux et travailler en étroite collaboration avec les universités africaines, les milieux socioprofessionnels et la diaspora, de manière à offrir une plate-forme conjointe d'échanges et de dialogue, susceptible de favoriser ce *brainstorming*, duquel pourra émerger un corpus continental sur le développement.

Références bibliographiques

I- Ouvrages

Amin Samir, *La Faillite du développement en Afrique et dans le Tiers-Monde*, Paris, L'Harmattan, 1989.

Arzalier Francis (dir.), *Expériences socialistes en Afrique, 1960-1990*, Paris, Le Temps Des Cerises, 2010.

Azoulay Gérard, *Les théories du développement. Du rattrapage des retards à l'explosion des inégalités*, Rennes, Presses Universitaires de Rennes, 2002.

Baré Jean François (dir.), *Regards interdisciplinaires sur les politiques de développement*, Paris, L'Harmattan, 1997.

Berr Éric, Harribey Jean Marie, *Le développement en questions*, Paris, Presses Universitaires de Bordeaux, 2006.

Blardone Gérard, *Le Fonds monétaire international : l'ajustement et les coûts de l'homme*, Paris, Les Éditions de l'Épargne, 1990.

Brasseuil Jacques, *Introduction à l'économie du développement*, Paris, Armand Colin, 1993.

De Rivero Oswaldo, *Le mythe du développement. Les économies non viables du 21ème siècle*, (trad.), Paris, Éditions Charles Léopold Mayer, 2003.

Diouf Makhtar, *L'endettement puis l'ajustement. L'Afrique des institutions de Bretton-Woods*, Paris, L'Harmattan, 2002.

Easterly William, *Les pays pauvres sont-ils condamnés à le rester* ? Paris, Nouveaux Horizons, 2006.

Ebalè Raymond, *Le concept de développement. Fondements historiques et débats,* Yaoundé, Litchasonic Formations, 2012.

Fontaine Jean-Marc, *Mécanismes et politiques de développement économique. Du "big push" à l'ajustement structurel*, Paris, Édition Cujas, 1994.

Gaud Michel, *Les premières expériences de planification en Afrique noire,* Paris, Éd. Cujas, 1967.

Guichaoua André (dir.), *Questions de développement. Nouvelles approches et enjeux*, Paris, L'Harmattan, 1996.

Guillaumont Patrick, Guillaumont Sylviane (dir), *Ajustement et développement. L'expérience des pays ACP*, Paris, Économica, 1994.

Hugon Philippe, *Géopolitique de l'Afrique*, Paris, Armand colin, 2006.

Kassé Moustapha, *Sénégal : crise économique et ajustement structurel*, Paris, Éditions Nouvelles du Sud, 1990.

Latouche Serges, *Faut-il repenser le développement ?* Paris, P.U.F., 1986.

Lopes Carlos, *L'Afrique est l'avenir du monde. Repenser le développement*, Paris, Seuil, 2021.

Matagne Patrick, (dir.), *Le développement durable en questions*, Paris, L'Harmattan, 2007.

Raffinot Marc, *Dette extérieure et ajustement structurel*, Paris, ÉDICEF, 1991.

Rist Gilbert, *Le développement, histoire d'une croyance occidentale*, Paris, Presses de la Fondation nationale des sciences politiques, 1996.

Sacks Wolfang, Esteva Gustavo, *Des ruines du développement*, (trad.), Paris, Le Serpent à Plumes, 2003.

Simo David, (dir.), *La politique de développement à la croisée des chemins. Le facteur culturel*, Yaoundé, Éditions CLE, 1998.

---------------------,*Survivre au développement. De la décolonisation de l'imaginaire économique à la construction d'une société alternative*, Paris, Mille et une nuits, 2004.

Sarrasin Bruno, *Ajustement structurel et lutte contre la pauvreté en Afrique. La Banque mondiale face à la critique,* Paris, L'Harmattan, 1999.

Stizglitz Joseph, *La grande désillusion*, Paris, Fayard, 2002.

Toussaint Éric, *Banque mondiale, le coup d'État permanent. L'agenda caché du consensus de Washington*, Paris, Éditions Syllepse, 2006.

Toussaint Éric, Zacharie Arnaud, *Sortir de l'impasse, dette et ajustement*, Paris, Syllepse, 2002.

II- Travaux universitaires

Abena Etoundi Mathieu Jérémie, ″La planification économique au Cameroun : aperçu historique (1960-2000) ″, Thèse de Doctorat Ph.D. en Histoire, Université de Yaoundé I, décembre 2008.

Ben Barka Mahamad Amine, ″Le FMI et les programmes d'ajustement en Afrique subsaharienne. Analyse comparative des expériences d'ajustement des pays de la Banque des États de l'Afrique centrale″, Thèse de Doctorat de 3ème Cycle es Sciences Économiques, Université de Yaoundé II, 1994.

Bidias Réné, Un demi-siècle d'assistanat international pour le développement des États d'Afrique subsaharienne (1960-2010) : rétrospective et prospective, Thèse de doctorat *Ph.D.* en Histoire, Université de Yaoundé I, 2018.

Bondoma Yokono Dieudonné, "Surendettement, croissance économique et ajustement dans les pays en développement", Thèse de Doctorat d'État en Sciences Économiques, Université de Yaoundé II, 2001.

Mvelle Minfenda Guy, "Aide au développement et la coopération décentralisée. Esquisse d'une désétatisation de l'aide française. Les cas du Cameroun, Congo, Gabon, RCA, Tchad et Rwanda", Thèse de Doctorat *Ph.D.* en Science politique, Université Jean Moulin Lyon 3, juillet 2005.

III- Articles des revues scientifiques

Badouin Robert, "La planification économique en Afrique noire francophone", in *Revue Tiers monde*, Tome 6, n°24, 1965, pp.1086-1092.

Bernard Charles, "Le socialisme africain : mythes et réalités", in *Revue française de science politique*, n°5, 1965, pp.856-884.

Hugon Philippe, Sidrie Olivier, "La crise de la planification africaine. Diagnostic et remèdes", in *Revue Tiers monde*, Tome 28, n°110, 1987, pp407-434.

Legouté Jean Ronald, "Définir le développement : historique et dimensions d'un concept plurivoque", in *Économie Politique Internationale*, Cahier de Recherche, Vol.1, n°1, février 2011, pp.1-43.

Mozou Echimane Vincent, Niamkey Amlan Madeleine, "Ajustement structurel et désengagement de l'État en Côte-d'Ivoire", in *Afrique et Développement*, Vol.13, n°4, 1988, pp.45-73.

Nyerere Julius, "Les fondements du socialisme africain", in *Présence africaine*, n°45-48, 1963, pp.17-35.

Senghor Léopold Sédar, "Nation et voie africaine du socialisme", in *Présence africaine*, n°45-48, 1963, pp. 70-81.

LA COOPÉRATION ENTRE L'UNESCO ET LES ÉTATS D'AFRIQUE CENTRALE DANS UNE PERSPECTIVE DE MISE EN ŒUVRE DES CONVENTIONS DU DOMAINE DE LA CULTURE (1976-2021)

Justine Christine AVOUZOA
Inspecteur Pédagogique d'Éducation Artistique et Culturelle
Université de Yaoundé II/ IRIC-Cameroun

Résumé

Depuis 1960, les dix États membres de l'UNESCO appartenant actuellement au bureau régional multisectoriel de l'Afrique Centrale, au regard du découpage géographique de l'organisation, ont majoritairement ratifié les sept Conventions du domaine de la culture. Dans les prescriptions de cette organisation intergouvernementale, figure l'inscription sur des listes dites du patrimoine culturel de l'humanité. À propos de la Convention de 1972, la coopération au développement prévoit des mécanismes nationaux et internationaux dans le processus de mise en œuvre. Les engagements aboutissent à la reconnaissance internationale du bien après l'inscription. La Convention de 2003 prévoit aussi une inscription sur la liste du patrimoine culturel immatériel dont les mécanismes interpellent l'État partie à adopter des mesures de sauvegarde. Les enjeux de préservation du patrimoine culturel entre cette Organisation Internationale et les États parties aux conventions peuvent être étudiés à la fois sous l'angle des relations internationales (l'histoire diplomatique) et sous l'angle de l'histoire transnationale. Ces approches sont complémentaires. Dans cette étude, il est indispensable d'analyser la proposition de candidature sous ces divers angles. Il sera aussi question de présenter les difficultés qu'ont rencontrées les États pour soumettre une candidature dans la période allant de 1976 à 2021. Sur la base des connaissances empiriques et théoriques, découleront les causes de la sous-représentation des biens et éléments culturels de la région d'Afrique centrale sur les différentes listes du patrimoine culturel de l'humanité et des perspectives historiques susceptibles de mieux informer les acteurs nationaux du domaine de la culture sur cette démarche scientifique devenue indispensable et trop longtemps méconnue.

Mots et expressions clés : États membres, Conventions, listes, biens culturels, Patrimoine mondial.

Abstract

Summary Since 1960, the ten Member States of Unesco currently belonging to the multisectoral regional office for Central Africa, with regard to the geographical division of the organization, have mostly ratified the seven Conventions in the field of culture. In the prescriptions of this intergovernmental organization, there is inclusion on so-called lists of the cultural heritage of humanity. Regarding the 1972 Convention, development cooperation foresees national and international mechanisms in the implementation process. Commitments lead to international recognition of the property after inscription. The 2003 Convention also provides for inscription on the list of intangible cultural heritage, the mechanisms of which call on the State Party to adopt safeguarding measures. The issues of preservation of cultural heritage between this International Organization and the States parties to the conventions can be studied both from the angle of international relations (diplomatic history) and from the angle of transnational history. These approaches are complementary. In this study, it is essential to analyze the candidacy proposal from these various angles. It will also be a question of presenting the difficulties encountered by States in submitting a nomination in the period from 1976 to 2021. On the basis of empirical and theoretical knowledge, the causes of the under-representation of cultural properties and elements of the Central African region on the various lists of the cultural heritage of humanity and historical perspectives likely to better inform national actors in the field of culture on this scientific approach which has become essential and too long unknowed.

Keywords and expressions: *Member States, Conventions, lists, cultural properties, World Heritage.*

Introduction

Les dix pays d'Afrique centrale qui correspondent à la répartition institutionnelle du bureau régional multisectoriel de l'UNESCO ont amorcé la coopération[58] avec l'accession à la souveraineté proclamée entre 1960 et 1975[59]. Eu égard aux enjeux que cette organisation présente à ses États membres et associés, les défis de protection et de sauvegarde des patrimoines culturels sont considérables[60]. Parallèlement au processus d'intégration régionale configuré par la Communauté Économique des États de l'Afrique Centrale (CEEAC), socle institutionnel choisi par l'UNESCO. L'étude d'un bilan du développement des politiques de préservation du culturel adoptées au profit des États considérés semble opportune. La présente contribution

[58]C. MAUREL, « L'UNESCO : une plate-forme pour les circulations transnationales de savoirs et d'idées (1945-1980) », Histoire Politique. Politique, culture, société, n° 15, septembre-décembre 2011, www.histoire-politique.fr

[59]Https://www.fr.unesco:org, États Membres, consulté le 02 avril 2022.

[60]K. MATSUURA, *L'Enjeux culturel au cœur des relations internationales,* consulté en ligne sur https ://www.diplomatie.gouv.fr., le 02 avril 2022.

soulève les interdépendances qui lient cette sous-région avec pour corollaire la mise en œuvre des conventions de 1972 et 2003.

En matière de préservation et de gestion du patrimoine culturel depuis 1960, les acteurs se sont diversifiés[61]. À cette aune, il apparaît que l'initiative culturelle qui s'est mise en place à la fin des années 1960 a été beaucoup plus tardive en Afrique centrale que dans les autres communautés économiques régionales. Cette contribution s'inspire de deux Conventions de l'UNESCO sur les sept qui existent dans le domaine de la culture pour présenter le partage de la valeur ajoutée et la partages des profits qui semble entraîner les écarts de promotion dans les domaines du patrimoine. En s'inspirant des textes fondamentaux de la Convention de 1972 concernant la protection du patrimoine culturel matériel et celle de 2003 relatives à la sauvegarde du patrimoine culturel immatériel, un bref parcours des initiatives de développement en Afrique centrale met en exergue les motifs de construction et déconstruction des modèles existants depuis 1960.

Au cours des deux dernières décennies, la plupart des conventions de l'UNESCO dans le domaine de la culture ont été ratifiées[62] par les dix États qui constituent cette référence géopolitique et socioculturelle. La mise en œuvre n'est pas efficiente et les deux conventions ne sont ni connues ni vulgarisées. Fort de ce constat surgissent plusieurs interrogations. Comment l'UNESCO contribue-t-elle au développement de la coopération culturelle en Afrique centrale ? Qu'est-ce qui détourne la mise en œuvre des conventions de l'UNESCO liées au domaine de la culture dans les États parties à ces conventions en Afrique centrale ? Qu'est-ce qui limite les mécanismes de la coopération avec les États de l'Afrique centrale ? Qu'est-ce qui freine les inscriptions des biens et éléments sur les Listes du patrimoine culturel de l'humanité ?

Soit les États mettent en œuvre des mécanismes nationaux inopérants, soit les initiatives juridiques manquent de suivi permanent. Les mesures de protection juridiques ne sont pas renforcées par des mesures politiques confortables. L'analyse découle de deux théories des relations internationales : la théorie des régimes internationaux dans le champ de la coopération et la théorie des transferts des politiques publiques dans l'adoption des normes internationales. La première partie de cette étude présentera brièvement les perspectives théoriques dans lesquelles s'inscrivent les conventions de l'UNESCO du domaine de la culture (I). La seconde partie

---

[61]C. NDOMBI, « Quelles voies de développement pour l'Afrique ? », in *Revue juridique et politique - Indépendance et Coopération*, 1998.
[62]Https// : whc.unesco.org., État de ratification de la convention de1972., consulté le 05 avril 2022.

nous plongera au cœur de la coopération et apportera des éléments de réponse à nos questions de recherche (II).

I. Des perspectives théoriques fondées sur le transfert des régimes politiques

Cette partie met en étude les ancrages juridiques, politiques et diplomatiques spécifiques à la Convention de 1972 concernant la protection du patrimoine mondial culturel et naturel et à la Convention de 2003 pour la sauvegarde du patrimoine culturel immatériel (A). Dix pays constituent le sommier spatial et institutionnel sur lequel repose l'étude. Cette configuration est à la fois relative au cadre de référence institutionnel, politique et géographique[63] (B) et considère alors une pléthore d'accords diplomatiques dont la double approche transnationale et régionale est bâtie sur la coopération (C).

A. La protection et la sauvegarde du patrimoine culturel : une terminologie mise en perspective pour la coopération internationale

La coopération internationale a porté sur la terminologie d'une normativité continue de la préservation. Dans la Convention de 1972, les mécanismes de la coopération renvoient à la formation et aux transferts des compétences techniques basées sur la valorisation et la conservation du patrimoine culturel matériel (1.) et dans la convention de 2003, la sauvegarde de l'immatériel est mis en avant des termes de la coopération (2.) et l'inscription sur les Listes est alors la voie qui résulte d'un suivi permanent des mécanismes de la coopération (3.).

1. Les perspectives de la coopération dans le plan de gestion de la Convention de 1972

Les perspectives de la coopération dans le plan de gestion de la Convention de 1972 sont formulées pour énoncer les enjeux et défis de la protection et de la conservation des biens culturels. Elle fixe les devoirs des États parties dans l'identification de sites potentiels, ainsi que leur rôle dans la protection et la préservation des sites. Selon la Trousse d'information sur le patrimoine mondial, le patrimoine est « l'héritage du passé dont nous profitons aujourd'hui et que nous transmettons aux générations à venir ». Les acteurs clés de cette convention sont d'abord les États parties et l'UNESCO. Les

---

[63]L.WHITE et J.P. WEGHE VANDE, Patrimoine mondial naturel d'Afrique centrale : biens existants-Biens potentiels » in *Rapport de l'atelier de Brazzaville du 12 au 14 mars 2008*, UNESCO-CAWFI, p.14.

organes consultatifs et d'évaluation les accompagnent dans la gestion et l'évaluation.

Pour inscrire un site ou un bien sur la liste du patrimoine mondial, le patrimoine culturel doit posséder la valeur universelle exceptionnelle (VUE) des monuments c'est-à-dire des œuvres architecturales, de sculpture ou de peinture monumentale, élément ou structure de caractère archéologique, inscriptions, grottes et groupes d'éléments, en raison de leur architecture, de leur unité, ou de leur intégration dans le paysage, du point de vue de l'histoire, de l'art ou de la science. À propos du patrimoine naturel, les mêmes exigences s'appliquent aux ensembles, groupes de construction réunis ou isolés qui ont une valeur universelle exceptionnelle (VUE) du point de vue de l'histoire, de l'art ou de la science.

2. L'ancrage juridique de la convention de 2003 dans le plan de sauvegarde du patrimoine culturel immatériel

La convention sur le patrimoine culturel immatériel de 2003 ou (PCI) vise la sauvegarde des pratiques et des expressions culturelles. Son but est d'abord de veiller au respect du patrimoine culturel immatériel des communautés, des groupes et des individus concernés, ensuite de sensibiliser aux niveaux local, national et international à l'importance du patrimoine culturel immatériel de même que son appréciation mutuelle à la coopération et l'assistance internationales. Contrairement à la précédente qui vise la protection des biens matériels, la Convention de 2003 dans le plan de sauvegarde du patrimoine culturel immatériel permet, selon Irina Gueorguieva Bokova[64], de « découvrir et de soutenir les expressions culturelles vivantes à travers le monde ». Au terme de l'article 2, la sauvegarde met un accent particulier sur le principe du « consentement libre, préalable et éclairé des communautés ». Sur cet aspect, le respect des droits de l'homme est prioritaire.

Pour ce faire, le patrimoine culturel immatériel (PCI) se manifeste aux domaines des traditions et expressions orales, y compris la langue comme vecteur du patrimoine culturel immatériel, les arts du spectacle, les pratiques sociales, rituels et événements festifs, les connaissances et pratiques concernant la nature et l'univers, les savoir-faire liés à l'artisanat traditionnel. Le patrimoine culturel immatériel, transmis de génération en génération, est recréé en permanence par les communautés.

Les mécanismes de sauvegarde du patrimoine culturel immatériel à l'échelle internationale, la coopération et l'assistance internationale[65] incitent

---

[64] Ancienne Directrice Générale de l'UNESCO entre 2009 et 2017.

[65] Directives opérationnelles pour la mise en œuvre de la Convention pour la sauvegarde du patrimoine culturel immatériel adoptées par l'Assemblée générale des États parties à la Convention à sa deuxième session (Siège de l'UNESCO, Paris, 16-19 juin 2008), amendées à sa troisième session (Siège de l'UNESCO, Paris, 22-24 juin 2010), à sa quatrième session

les États parties à prendre des mesures nécessaires pour identifier et sauvegarder le patrimoine culturel immatériel présent sur leur territoire, en y associant pleinement les communautés concernées et les organisations non gouvernementales pertinentes. Il s'agit là d'une des rares obligations prévues par la Convention, à savoir l'élaboration d'un ou de plusieurs inventaires et leur mise à jour régulière[66].

3. Les inscriptions des patrimoines culturels comme conditions à la reconnaissance internationale

La protection du patrimoine dans le respect des termes de la coopération aboutit à la reconnaissance internationale[67] dans le contexte pacifique. À travers l'inventaire, le bien est d'abord classé dans son territoire national, puis dans une liste indicative qui démontre sa Valeur universelle Exceptionnelle (VUE). Et par ces critères, il accède au « label » international. Les mécanismes internationaux sont ainsi mobilisés pour donner sens à la coopération internationale. Le risque que cours l'État est la mauvaise exploitation qui peut conduire à la désinscription sur cette Liste pour celle dite Liste du patrimoine en péril[68].

À l'échelle internationale, les États parties peuvent proposer des éléments du patrimoine immatériel présent sur leur territoire pour inscription sur les deux listes qui définissent le niveau de sauvegarde et les dispositions à prendre dans le cadre de la coopération. : la Liste du patrimoine culturel immatériel nécessitant une sauvegarde urgente et la Liste représentative du patrimoine culturel immatériel de l'humanité (articles 17 et 16, respectivement). Les mesures de sauvegardes contenues dans cette Convention actionnent la coopération dans une dynamique de solidarité internationale.

B. L'ancrage institutionnel au centre de la coopération entre l'UNESCO et ses États membres aux conventions du domaine de la culture

De 1963 à 2006, la place de la culture est ambigüe dans les textes de l'Union Africaine et celle du patrimoine culturel manque de code juridique solide (1.) et de la stratégie sous régionale du développement des politiques

---

(Siège de l'UNESCO, Paris, 4-8 juin 2012), à sa cinquième session (Siège de l'UNESCO, Paris, 2-4 juin 2014), à sa sixième session (Siège de l'UNESCO, Paris, 30 mai-1er juin 2016), à sa septième session (Siège de l'UNESCO, Paris, 4-6 juin 2018) et à sa huitième session (Siège de l'UNESCO, Paris, 8-10 septembre 2020)

[66] Textes fondamentaux de la Convention de 2003, article 12.

[67] Cinquième considérant de la Convention de 1972 sur l'indispensabilité d'adopter une protection collective.

[68] Textes fondamentaux de la Convention de 1972, Article 11 paragraphe 3 et 4.

culturelles Communauté Économique des États de l'Afrique Centrale à la culture (2.) et ce qui entraîne un vaste chantier des organismes consultatifs (3.)

1. La préservation du patrimoine culturel par l'Union Africaine

Dans une perspective plus coopérative, force est de constater que des lourdeurs administratives limitent le transfert de la politique des transferts du régime de l'UNESCO. Les insuffisances proviennent en partie de la place inférieure que l'Union Africaine accorde à la culture. La protection du patrimoine culturel[69] n'est pas primordiale pour l'Union Africaine[70] entre 1960 et 1980. La construction politique de la culture a toujours émané des visées exogènes. Les objectifs de la Charte culturelle de la Renaissance africaine[71] ne reflètent que la conception extérieure des fondamentaux de la culture. Ainsi, quelques points non moins importants préoccupent les États dans le domaine de la culture. Les États africains n'ont pas élaboré une vision claire et indépendante à long terme pour renforcer une résistance aux chocs extérieurs.

Dans les textes, la promotion de la coopération interafricaine porte sur la préservation et la promotion du patrimoine culturel africain, mais en réalité, la réglementation selon l'Union africaine n'a pas d'impact véritable dans le développement endogène. Elle vise la capitalisation des valeurs culturelles africaines, la promotion du développement durable aux plans économique, social et culturel, ainsi que l'intégration des économies africaines, la promotion de la coopération dans tous les domaines de l'activité humaine en vue de relever le niveau de vie des peuples africains, la coordination et l'harmonisation des politiques entre les communautés économiques régionales existantes et futures en vue de la réalisation graduelle des objectifs de l'Union Africaine.

---

[69] De 1945 à 1980, l'UNESCO a joué un rôle important dans les relations culturelles internationales et transnationales. L'action de l'UNESCO en faveur de la production, de la diffusion, de la circulation des idées et des savoirs a été intense et multiforme. Cette action s'est faite par plusieurs moyens : création d'institutions, organisation de conférences et de manifestations culturelles, publications d'ouvrages, réalisation de projets opérationnels sur le terrain. Pourtant, les réalisations n'ont en réalité pas toujours correspondu aux ambitions affichées : elles se sont souvent caractérisées par l'occidentalocentrisme, et, comme le montre l'exemple du NOMIC (Nouvel ordre mondial de l'information et de la communication), ces circulations d'idées et de savoirs n'ont souvent fait que refléter les rapports de domination à l'œuvre dans le monde. En 1972, l'organisation adopte un « plan décennal pour l'étude de la tradition orale et la promotion des langues africaines ». Cf. Chloé Maurel, *Histoire de l'UNESCO* L'Harmattan, 2010, p. 118.

[70] ANDERSON B. R., *L'imaginaire national : réflexion sur l'origine et l'essor du nationalisme*, Paris, la découverte, 1996, p.224.

[71] La Charte de la renaissance culturelle africaine. Dans son Préambule, les Chefs d'État et de Gouvernement de l'Union Africaine, réunis en la sixième Session ordinaire de notre conférence à Khartoum en République du Soudan les 23 et 24 janvier 2006.

En dépit de son objectif général, l'organisation continentale intègre la culture comme un axe prioritaire au développement, mais il se pose le sempiternel problème d'initiatives endogènes. Elle œuvre également à la création d'institutions financières continentales telles que la Banque centrale africaine (BCA), le Fonds monétaire africain (FMA) et la Banque africaine d'investissement (BAI)[72]. Le Fonds du patrimoine Africain est donc l'institution financière chargée de financer les projets du domaine de la culture. La généralité et l'impersonnalité proclamée des Lois et règlements ne sont que des fictions comme le pense Pierre Fabien NKOT[73] qui appréhende les limites de la sociologie politique du droit comme un écart entre les discours politiques et les systèmes juridiques.

La mise en œuvre des conventions culturelles de l'UNESCO et l'intégration africaine des régimes de protection, dans leur interprétation obéissent à ce courant inter-gouvernementaliste. Ce courant démontre les limites de la Charte de la renaissance culturelle africaine, ainsi que celle de la Déclaration de Brazzaville de 2012 qui engage les chefs de gouvernement à intégrer la culture comme une priorité des programmes politiques. Elle est influencée par les cadres politiques (conseil des ministres) au détriment des structures à compétence technique.

2. La CEEAC et les initiatives stratégiques dans le domaine de la culture

La CEEAC est le cadre sous régional comme fondement de la coopération en Afrique Centrale. Suite à l'accord de coopération, la division institutionnelle de l'Afrique centrale s'ajuste à l'organisation internationale d'intégration à vocation sous- régionale : la CEEAC. L'adoption de cet espace sous-régional renvoie à ce que De Senarclens Pierre[74] appelle *« La théorie des régimes dans l'étude des régimes de coopération et leur incidence politique et normative des flux transnationaux des organisations internationales »*[75]. C'est une approche théorique qui considère que les intérêts que défendent les

[72]La Conférence de l'UA a adopté les protocoles relatifs à la mise en place de la BAI et du FMA. Le projet de stratégie relatif à la création de la BCA n'a pas encore été soumis à la Conférence. Le Conseil exécutif procèdera à l'examen des structures proposées en vue de leur approbation lorsque les protocoles relatifs à chacune de ces trois institutions seront entrés en vigueur.

[73] P.F. NKOT, *Usages politiques du droit en Afrique : le cas du Cameroun*, Emile Bruylant, Paris, 2005, 129 p.

[74] Professeur en relations internationales à l'Université de Lausanne et ancien directeur de la Division des droits de l'Homme et la paix à l'UNESCO entre 1980 et 1993.

[75]P. DE SENARCLENS, « La théorie des régimes et l'étude des organisations internationales », *Revue internationale des sciences sociales,* vol. 138, 1998, p. 135.

États sur la scène internationale proviennent des controverses inter gouvernementales[76].

Dans son architecture d'intégration sous-régionale, cet espace géographique de dix pays, constitue la circonscription géographique sur laquelle porte l'essentiel de l'étude. D'après la définition administrative de l'ONU[77], l'Afrique centrale couvre une superficie totale de 6.640.600 Km² avec une densité moyenne avoisinant 20 habitants au km².

C. Les accords de coopération : encrage diplomatique sur la protection du patrimoine culturel de 1960 à 2021

Les activités relatives à la protection des biens culturels relèvent de la souveraineté des États. Leur efficacité peut impacter sur le plan technique, politique et économique. Au nombre des effets positifs, on peut citer l'amélioration des régimes de protection du patrimoine au travers des accords de coopération (1.) et le transfert des politiques dans la mise en place des structures authentifie la coopération (2.) et le contexte de l'application des textes juridiques sur la protection du patrimoine culturel entre 1960 et 2021 (3).

1. Les accords de coopération entre l'UNESCO et les États de l'Afrique centrale

L'Accord de coopération entre l'UNESCO et la CEEAC signé le 04 septembre 2006 à Paris, répond notamment à la recommandation du Forum appelant l'UNESCO et les Communautés Économiques Régionales (CER) à faciliter les processus de concertation menant à la signature d'accords de coopération pour la réalisation d'actions conjointes.

La vision et la mission de l'UNESCO en Afrique centrale sont établies dans l'article premier de l'accord de coopération entre l'UNESCO et la CEEAC. Cet accord précise que les deux institutions sont liées au niveau des organes appropriés. Ladite coopération s'étend à toute question relevant des domaines de l'éducation, des sciences et de la culture entrant dans le cadre des tâches et des activités analogues des deux organisations. Depuis très peu, les efforts de coopération régionale dans le domaine de la culture se sont établis au sein de la CEEAC[78].

---

[76]P. DE SENARCLENS, « La théorie des régimes et l'étude des organisations internationales ». *op.cit.*, p.136.

[77] Https// : www.un.org.africa, Rapport de l'ONU, 2016, consulté en ligne le 03 avril 2022.

[78] Les objectifs de mise en œuvre de la coopération dans la Déclaration de Brazzaville de 2018 sont consignés en annexe.

2. Le bureau régional multisectoriel et les bureaux nationaux, perspective de la théorie des transferts de politiques publiques

De création très récente, le Bureau régional[79] est directement responsable de la mise en œuvre des programmes de l'UNESCO dans tous les pays qu'il couvre, exception faite de ceux dans lesquels des bureaux nationaux sont établis, sur lesquels il exerce un rôle de supervision dans la promotion et conservation des biens culturels immobiliers , des biens matériels (1972), la promotion de la convention pour la sauvegarde du patrimoine culture (2003), le renforcement de la protection des objets culturels et de la lutte contre leur trafic illicite, notamment par la promotion et la mise en œuvre des conventions de 1954 et 1970, ainsi que du développement des musées, la promotion de la Convention sur la protection et la promotion de la diversité des expressions culturelles (2005), la promotion des inscriptions des biens et éléments sur les listes du patrimoine mondial.

Les bureaux nationaux sont rattachés au Bureau régional de Yaoundé. Il couvre pour le moment quatre des cinq programmes de l'UNESCO en exécutant un ensemble d'activités en accord avec les priorités stratégiques des secteurs : Éducation, Sciences Humaines et Sociales, Culture et Communication et Information. Le Bureau de Kinshasa est créé en 1960. Le Bureau de Libreville a été établi en 1998.

3. Les Commissions nationales définies comme des institutions de la coopération technique entre les États et l'UNESCO

L'Afrique centrale compte actuellement trois Commissions nationales en phase de structuration : le Cameroun, la République centrafricaine et le Tchad. Elles représentent en principe le lien vital entre, d'une part, le milieu intellectuel et la société civile de chaque pays où elles sont implantées et d'autre part, le Secrétaire Général de l'UNESCO. Les études récentes menées sur le régime de protection de la culture entre l'UNESCO et les États de l'Afrique centrale nous offrent une variété d'institutions sur la question de la continuité et de la légitimité d'un régime[80].

---

[79] Le bureau de l'UNESCO à Yaoundé a été créé en 1991. Sa transformation résulte de plusieurs accords de coopération dont les plus historiques à terme initient une étape opérationnelle des relations avec les États de l'Afrique centrale. Le premier accord siège date de 1961. Il s'est affirmé par la création de la commission nationale en 1962. En 1986, la signature de l'aide-mémoire relatif au document de base de la coopération Cameroun-UNESCO a conduit à l'ouverture du bureau. En 2001, sa structure actuelle s'est effectivement enclenchée avec le début du processus de réforme de l'UNESCO. Cf. https://comnat-unesco.cm.historique., consulté le 20 avril 2022.

[80] V. MAINETTI, « La coopération culturelle internationale et l'émergence du droit international de la culture », in *Dimension culturel du droit internationale et interne*, 2014, p171-221.

Christian NDOMBI[81], spécialiste du programme culture et conseiller pour le bureau régional multisectoriel de l'UNESCO à Yaoundé entre 2013-2021, précise dans son rapport de fin de mission que le secteur de la culture est de protéger et promouvoir le patrimoine culturel et de soutenir la diversité culturelle à travers les mécanismes prévus par les conventions dans les relations de coopération. Son rôle n'est pas d'initier des projets de proposition de candidature et demande d'assistance internationale. Son rôle n'est pas d'initier des projets de proposition de candidature ni de soumettre les demandes d'assistance internationale, mais de renforcer les capacités du personnel de l'État, des experts et partenaires privés.

II. Une faible soumission des dossiers de candidatures des patrimoines culturels d'Afrique centrale : échec de procédure ?

Aux termes de l'article 11[82] de la Convention de 1972 et de l'article 12[83] de la Convention de 2003, les mécanismes de mise en œuvre de la coopération internationale prennent effet par l'adhésion et la ratification des conventions (A.). En outre, l'élaboration des inventaires allège la production des listes indicatives facteur favorable à la soumission de candidature par les États parties aux différents comités intergouvernementaux (B.), dans l'optique de promouvoir les politiques nationales des États d'Afrique centrale (C.).

A. De l'adhésion des pays de l'Afrique centrale à la ratification des Sept Conventions de l'UNESCO dans le domaine de la culture

L'adhésion est la première mesure de la coopération (1.). La ratification est la confirmation ou l'approbation d'un État contractant par les formes requises à conditions formulées pour se déployer par la législation suivant les mécanismes préalablement prescrits (2.) et la soumission de candidature relève des activités qui engagent les principes de la coopération technique et l'assistance internationale (3.).

---

[81]Archives du bureau régional de l'UNESCO pour l'Afrique Centrale, Rapport de fin de mission de Christian NDOMBI Chef du Secteur Culture (1013-2021), UNESCO, Yaoundé, septembre 2021, p. 8.

[82]UNESCO, Textes fondamentaux de la convention concernant la protection du patrimoine mondial culturel et naturel adoptée par la conférence générale à sa dix-septième session de Paris, 16 novembre 1972.

[83] UNESCO, Texte de la Convention pour la sauvegarde du patrimoine culturel immatériel du 29 septembre au 17 octobre 2003.

1. L'adhésion à l'UNESCO : un accord juridique de la première décennie post indépendance

Les différents statuts des États d'Afrique centrale constituent une première réponse collective au programme de coopération avec l'UNESCO[84]. Le statut de membre leur attribue la préséance de la coopération internationale[85] et celui d'État partie leur ouvre des prérogatives dans le domaine sollicité. Et les dix pays sont passés à ce statut entre 1960 et 1977[86]. D'après la liste actualisée des États membres et les États associés en date du 1er janvier 2020, l'Angola a affirmé des ambitions majeures au sein de l'UNESCO depuis le 11 mars 1977, mais les Conventions culturelles n'ont véritablement aucun privilège d'application[87]. Sur les sept Conventions culturelles, ce pays en a déjà ratifié six. La Guinée équatoriale est devenue État membre le 02 février 1960. Sao Tomé et Principe est membre de l'UNESCO depuis le 22 janvier 1980. Ce qui ne semble pas très visible pour les trois États lusophones respectivement colonisés par l'Espagne et le Portugal. Ces trois États ont tardivement reçu la souveraineté.

Le déploiement international du Burundi avec l'UNESCO est établi le 16 novembre 1962. Le Cameroun est membre de l'UNESCO le 11 novembre 1960. Le Congo a adhéré à l'UNESCO le 24 octobre 1960. Le Gabon membre de l'UNESCO depuis le 16 novembre 1960. La République centrafricaine est devenue membre de l'UNESCO le 11 novembre 1960. La République Démocratique du Congo est membre de l'UNESCO depuis le 25 novembre 1960. Le Tchad devient État membre de l'UNESCO le 19 décembre 1960. Selon les termes de l'article 1 de son acte, l'UNESCO encourage les États membres à la coopération en veillant à la conservation du patrimoine. Depuis

---

[84] C. Maurel, « L'UNESCO : une plate-forme pour les circulations transnationales de savoirs et d'idées (1945-1980) » in *Histoire Politique. Politique, culture, société*, n° 15, septembre-décembre 2011, consulté sur www.histoire-politique.fr le 02 avril 2022, p. 18.

[85] Article 1 de l'Acte constitutif de l'UNESCO adopté à Londres en 1945 et récemment modifiée à la 40e session.

[86] Http://Unesco.org.Étatsmembres, consulté le 02 avril 2022.

[87] Il convient de relève comme le Chloé Maurel, dans son article intitulé « L'UNESCO : une plate-forme pour les circulations transnationales de savoirs et d'idées (1945-1980) », que c'est entre 1960 et 1962, que vingt-trois pays d'Afrique accèdent à l'indépendance, dont dix-sept durant la seule année 1960. L'UNESCO devient dans les années 1960 un forum de discussion pour les pays du Tiers Monde, et en particulier des pays d'Afrique. Son action consacrée à ce continent augmente beaucoup à partir de 1960. Les circulations de savoirs Nord/Sud se font donc de manière accrue. La création en 1961 d'une « Division de l'Afrique » au sein de l'organisation est emblématique de ce tournant : désormais les circulations transnationales de savoirs favorisées par l'UNESCO incluent l'Afrique (il faut souligner que l'Afrique avait été quasiment exclue du projet Orient-Occident et de l'*Histoire de l'Humanité*). Le Directeur général (DG), René Maheu, est un acteur important de cette transformation de l'UNESCO. Son successeur à partir de 1974 le Sénégalais Amadou Maktar Mbow poursuivra cette orientation.

lors, les pays ont progressivement acquis le statut d'État partie aux conventions sur le patrimoine culturel.

2. De la ratification des Conventions à la capitalisation des politiques de préservation du patrimoine naturel et culturel en Afrique centrale entre 1960 et 2010

À l'observation de la documentation et des sources du portail de l'UNESCO[88], l'année 2010[89] marque l'adhésion en intégralité des dix États en étude.

Tableau 1: Tableau récapitulatif des ratifications de la Convention concernant la protection du patrimoine mondial, culturel et naturel. (Paris, 16 novembre 1972 par les États de l'Afrique centrale).

Pays	Date dépot	Type de dépôt
Angola	07/11/1991	Ratification
Burundi	19/05/1982	Ratification
Cameroun	07/12/1982	Ratification
Congo	12/10/1987	Ratification
Gabon	30/12/1986	Ratification
Guinée Équatoriale	10/03/2010	Ratification
République centrafricaine	23/12/1980	Ratification
République Démocratique du Congo	23/09/1974	Ratification
Sao Tomé et Principe	25/07/2006	Ratification
Tchad	23/06/1999	Ratification
Nombre de pays ayant ratifié : 10/10		

Source : Reproduit par Justine Christine AVOUZOA à partir du site https://whc.unesco.org/fr/etatsparties.

À propos des inscriptions, il relève qu'un nombre important de pays africains a tardé à ratifier la Convention du Patrimoine de 1972, acte *« qui conditionne l'inscription de sites au Patrimoine Mondial. Même si de plus en plus d'États sont signataires, certains pays comme le Burundi, la Guinée équatoriale ou le Libéria n'ont jamais inscrit de bien. Alors même que la France compte à elle seule 43 sites répertoriés »*[90]. Pour rééquilibrer la donne, et donner un coup de pouce à l'Afrique, l'UNESCO a pris plusieurs initiatives, dont la création en 2006 d'un fond africain, l'AWHF. Parmi ses missions : identifier les sites potentiels pour figurer sur la liste, mais aussi réhabiliter des sites clés, comme le projet de réhabilitation du Lac Tchad. Considérant[91] la

[88]Http://fr.unesco.org.Étatde ratification, consulté le 02 avril 2022.
[89] Https://Wwhc.unesco.org/fr/Étatparties, consulté le 02 avril 2022.
[90]Interview de Lazare Eloundou Assomo par LAYANÉ Éloïse, « Patrimoine Mondial de l'UNESCO, l'Afrique toujours sous-représentée, in *l'Indépendant* du 04 juillet 2018.
[91]2e Considérant de la Convention de 2003.

profonde interdépendance entre le patrimoine culturel immatériel et le patrimoine matériel culturel et naturel, on perçoit que la Convention de 2003 sera ratifiée à une vitesse plus accélérée.

Tableau 2: Tableau récapitulatif des ratifications de la convention de 2003 par les États de l'Afrique centrale.

Pays	Date d2pot	Type de dépôt
Angola		RATIFICATION
Burundi	25/08/2006	RATIFICATION
Cameroun	09/10/2012	RATIFICATION
Congo	16§07/2012	RATIFICATION
Gabon	188/06/2004	RATIFICATION
Guinée Équatoriale	17/06/2010	RATIFICATION
République centrafricaine	07/12/2004	RATIFICATION
République Démocratique du Congo	28/09/2010	RATIFICATION
Sao Tomé et Principe	25/07/2006	RATIFICATION
Tchad	17/07/2008	RATIFICATION
Nombre de pays ayant ratifié : 09/10		

Source : Rapport du secteur culture au Bureau régional multisectoriel de l'Afrique centrale en avril 2022.

Dans son évolution de protection internationale des domaines de la culture, ce pays a ratifié deux conventions sur les sept existantes. Les dix États membres de l'UNESCO couverts par le bureau régional de l'Afrique centrale ont évolué dans les convenances des relations internationales au regard de la vitalité participative au sein de l'organisation. Le fait d'être partie contractante d'une convention établit des accords juridiques sur la préservation du patrimoine culturel[92].

3. États des lieux sur les biens ayant reçu une reconnaissance internationale sous le prisme de la coopération entre les États de l'Afrique centrale et l'UNESCO

De nombreux faits significatifs relèvent de la coopération entre l'UNESCO et les États parties aux conventions du domaine de la culture depuis 1960. L'aspect qui sera développé ici concernera l'état des biens inscrits sur la Liste du patrimoine mondial pour la Convention de 1972 et des éléments inscrits sur la liste représentative du patrimoine culturel de l'humanité quant à la convention de 2003. En 1987, le premier bien naturel

[92] I. BRIANSO et Y. GIRAULT, « Instrumentalisations politiques et développementalistes du patrimoine culturel africain » in *Études de communication langages*, information, médiations, n°42, Paris, Anthropologie des savoirs, 2014, p.9.

inscrit sur la Liste du patrimoine mondial est la réserve du Dja[93]. Cette initiative miroitait des projets de promotion et de valorisation du patrimoine culturel bénéfiques aux riverains[94]. C'est une situation qui s'avère aujourd'hui plus contraignante que bénéfique[95]. Parmi les 47 États parties la Convention de 1972, l'Afrique compte au total 98 biens inscrits sur les 1092 biens qu'enregistre le Centre du patrimoine mondial, soit 54 biens culturels, 5 biens mixtes, 39 biens naturels et 6 biens frontaliers et 15 biens sur la liste du patrimoine en péril[96].

De manière générale, en 2015, l'Organisation a aussi lancé la Journée du patrimoine mondial africain établie au 5 mai, chaque année, pour célébrer la richesse culturelle et naturelle du continent. Quoi qu'il en soit, le déséquilibre est très visible, car seulement 5 pays des 21 membres du Comité sont africains. Le spécialiste évoque d'autres problèmes relatifs à la vision du patrimoine en Europe qui est aussi très monumentale. "*Au début, les inscriptions concernaient surtout des villes, des monuments, des cathédrales, et ce n'est pas le type de patrimoine important pour l'Afrique*", explique M. Lazare Eloundou. C'est aussi la question de l'authenticité selon Lazare Eloundou Assomo : "*Il est facile d'inscrire une cathédrale, car elle n'a pas bougé, elle est d'origine. Mais si vous prenez l'architecture en terre. Une maison peut dater du XVIIe siècle, mais avoir été reconstruite plusieurs fois*".

Dans ce mouvement de distinction patrimoniale, l'Afrique centrale ne compte que 12 biens naturels. La plupart sont sur la liste du patrimoine mondial en péril[97]. Sur 869 biens culturels[98], l'Afrique centrale n'a qu'un lieu de mémoire inscrit, celui de la ville archéologique et historique de Mbanza Kongo en Angola[99]. Soixante-deux ans après leur adhésion à l'UNESCO, les États africains et singulièrement ceux de l'Afrique centrale se limitent à un cadre de protection théorique qui n'impacte pas assez les buts de la coopération. La valeur opératoire d'une passerelle entre la capitalisation des sites culturels et la rentabilité économique reste sous-évaluée[100]. Le tourisme de vision locale et internationale reste peu pratiqué.

---

[93] Http://Unesco.org. Liste du patrimoine mondial, 2021, consulté en ligne le 02 avril 2022.

[94] S. NGUIFFO, « Cameroun- la réserve du Dja Étude de cas n°6 » in *Les peuples autochtones et les aires protégées en Afrique*, mai 2001, pp.197-210.

[95] PNUD, « Perspectives économiques en Afrique 2017 : entreprenariat et industrialisation » in *Banque Africaine de développement*, 2017, p. 35.

[96] Cf. Rapport périodique du Centre du patrimoine mondial, Patrimoine mondial dans la région Afrique, principaux résultats : second cycle, UNESCO, 2019,16 p.

[97] Lee White et Jean Pierre Vande weghe, « Patrimoine mondial Naturel d'Afrique centrale Biens existants - Biens potentiels » in *Rapport de l'atelier de Brazzaville du 12-14 mars 2008*, UNESCO –CAWFI, p. 27.

[98] Https://wch.unesco.org.decisionconventiondupatrimoinemondial, consulté le 02 avril 2022.

[99] Https://whc.unesco.org.liste, consulté le 02 avril 2022.

[100] K. MATSUURA, Discours, in « 2000-2010 Diversité culturelle : les enjeux du marché », UNESCO, DG/2000/43, décembre 2000.

Tableau 3: Récapitulatif des biens culturels inscrits sur la liste indicative par pays.

Pays	Liste Indicative	Biens culturels	Biens naturels	Biens mixtes	Année de révision
Angola	**13**	01	00	01	2010
Burundi	**10**	02	06	02	2007
Cameroun	**20**	12	07	01	2018
Congo	**04**	02	02	00	2008
Gabon	**08**	01	01	06	2009
Guinée Équatoriale	**00**	00	00	00	2021
RCA	**10**	05	04	00	2006
RDC	**03**	02	01	00	1997
Tchad	**09**	04	04	01	2005
São Tomé-et-Príncipe	**00**	00	00	00	00

Source : Reproduit par Justine Christine AVOUZOA à partir de la liste indicative du patrimoine mondial de l'UNESCO 2021.

Au regard de la carte des biens inscrits au patrimoine, on relève que l'Afrique centrale est sous-représentée. Ceci pose le problème d'effectivité et d'efficacité, voire du rôle des États à réaliser des inventaires[101]. Les résultats des opérations d'inventaire ont été mis à la disposition des dix pays afin de faire connaître l'étendue du patrimoine commun. L'inventaire[102] général du patrimoine culturel recensé en Angola n'a pas encore été achevé et cette situation est valable dans les autres pays. Des études faites pour connaître les éléments du patrimoine qui présentent un intérêt culturel, historique ou scientifique ont déjà été amorcées[103]. En comparaison avec la zone Asie et Pacifique qui compte 257 biens culturels, la région Europe et Amérique du Nord qui compte 513, l'Afrique est faiblement représentée avec 48 biens

[101] Cf. Article 11 de la Convention de 1972.

[102] Ce qui peut être considéré comme inventaire est un autre aspect à clarifier dès le début, bien que du point de vue de l'anthropologie, il y ait une tendance généralisée à considérer qu'un inventaire est avant tout un processus de recherche entendu comme un ensemble. La Convention pour la sauvegarde du patrimoine culturel immatériel tout comme les Directives opérationnelles pour sa mise en œuvre indiquent sans équivoque possible qu'un inventaire est conçu fondamentalement comme un catalogue ou registre d'éléments. Malgré tout, il n'y a nulle part une définition concrète de l'inventaire, ni une liste des informations qu'un inventaire doit fournir.

[103] L'Angola a soumis l'inscription d'un site au patrimoine mondial de l'humanité en 2017 en plus des 13 sites proposés sur la liste indicative. Il s'agit d'un ensemble de 3 églises et 7 forteresses datant de la période coloniale du pays et 3 autres sites mixtes

culturels et l'Afrique centrale 2 éléments inscrits. Certains biens d'importance internationale n'y figurent pas.

Dans ce mouvement de distinction patrimoniale, l'Afrique centrale ne compte que 12 biens naturels. La plupart sont sur la liste du patrimoine mondial en péril[104]. Sur 869 biens culturels[105], l'Afrique centrale n'a qu'un lieu de mémoire inscrit, celui de la ville archéologique et historique de Mbanza Kongo en Angola[106]. Soixante-deux ans après leur adhésion à l'UNESCO, les États africains et singulièrement ceux de l'Afrique centrale se limitent à un cadre de protection théorique qui n'impacte pas assez les buts de la coopération. La valeur opératoire d'une passerelle entre la capitalisation des sites culturels et la rentabilité économique reste sous-évaluée[107]. Le tourisme de vision locale et internationale reste peu pratiqué.

Au titre du patrimoine culturel ayant une valeur universelle exceptionnelle, on dénombre une dizaine avec des spécificités comme pour les sites historiques et culturels de Bimbia au Cameroun et de Loango au Congo sur mémoire de la traite négrière dont les dossiers n'ont pas encore été soumis. C'est aussi le cas pour le port du domaine royal de Mbe[108] au Congo qui présente deux critères lui conférant la valeur universelle exceptionnelle, mais qui n'a jamais été inscrit au patrimoine mondial. Les sites de Sao Tomé et Principe[109]. Au Sud-Est du Burundi, deux monuments naturels *Nyakazu*[110] et les chutes de *Karera*[111], ont été identifiés depuis 2007 et répondent aux critères souhaités, mais la proposition d'inscription n'a pas assez évoluée.

Toutefois, l'organisation appréhende le principe d'État partie comme un facteur favorable à l'acquisition d'une assistance internationale[112] . Cette prédisposition n'est pas suffisamment appliquée dans les États qui n'ont pas de personnels formés à cette disposition, comme le pensent NIANG Moustapha, HAMERLYNCK Olivier et HANCE Cédric, deux experts de l'Union Internationale pour la Conservation de la Nature (UICN), organe

---

[104]Lee White et Jean Pierre Vande Weghe, « Patrimoine mondial Naturel d'Afrique centrale Biens existants - Biens potentiels » in*Rapport de l'atelier de Brazzaville du 12-14 mars 2008,* UNESCO –CAWFI, p. 27.

[105]Https://wch.unesco.org.decisionconventiondupatrimoinemondial, consulté le 02 avril 2022.

[106] Https://whc.unesco.org.liste, consulté le 02 avril 2022.

[107]K. MATSUURA, Discours, in « 2000-2010- Diversité culturelle : les enjeux du marché », UNESCO, DG/2000/43, décembre 2000.

[108] Le Domaine royal de Mbé est composé d'un ensemble de sites liés à la culture et l'histoire du peuple Téké.

[109] P.T. NZAMBA NZAMBA et J. NYANGILA, *Rapport de l'atelier technique sur « l'harmonisation des listes indicatives en Afrique centrale »*, tenue à Libreville au Gabon du 06 au 09 décembre 2010, p. 13.

[110] CAWFI, Livret de présentation des résultats, enjeux et perspectives de CAWFI (2004-2013).

[111] L. WHITE, et J. WEGE VANDE, Patrimoine mondial naturel d'Afrique centrale, p. 117.

[112]Cf. Articles2, 21, 22, 23, 24, 25 de la Convention de 1972 concernant la protection du patrimoine mondial culturel et naturel.

consultatif de l'UNESCO sur la conservation du patrimoine culturel naturel en évoquant la recherche des solutions pour que les populations riveraines au Dja bénéficient des retombées de l'inscription du site, il explique que :

> *« Vivre dans un lieu reconnu « patrimoine mondial » a-t-il des effets sur les pratiques des habitants et leur relation au patrimoine ? La réponse diffère encore selon le contexte. Lorsque les recettes sont substantielles, il y a risque de voir naître un phénomène de rente, captée par les acteurs de la filière touristique. Dans la réserve de Dja (Cameroun), une mission d'évaluation conjointe de l'Union Internationale pour la Conservation de la Nature (UICN) et de l'UNESCO a ainsi mis en évidence l'opacité sur l'utilisation des retombées économiques, alors même qu'elles représentaient 80 % des recettes des administrations communales ».*[113]

En effet, les réalités vécues montrent que malgré l'existence des institutions de contrôle, les gestionnaires des sites et le cadre de vie des communautés restent très peu avantagés. De ce fait, il peut se déployer une modeste contribution des accords de coopération technique parfois propices du développement de l'aide liée[114]. Le Groupe de Liaison des Conventions Culturelles de l'UNESCO[115](GLCC) permet la coopération entre la Convention de 1972 et les cinq autres concernant la protection du patrimoine culturel dans le but de poursuivre les interactions entre les Conventions concernant la culture.

B. Les clés de la coopération entre l'UNESCO et les États de l'Afrique centrale à travers les mesures de protection et de sauvegarde des patrimoines culture

Pour que la coopération soit effective dans la perspective de mise en œuvre des conventions, les États doivent pouvoir implanter un dispositif institutionnel correspondant aux normes envisagées (1.) et depuis 1976, une dizaine de biens et trois éléments ont été reconnus les mesures juridiques l'UNESCO (2.), l'uniformisation des procédures étant le handicap le fréquemment distingué (3.).

---

[113]M. NIANG *et al, Rapport de mission. Suivi de l'état de la conservation de la Réserve de Faune de Dja en République du Cameroun, site de Patrimoine Mondial,* UNESCO – UICN, 23-30 juin 2006, page 50.

[114]*Idem.*

[115]UNESCO, Rapport du centre du Patrimoine mondial sur ses activités et sur la mise en œuvre des décisions du comité du patrimoine mondial ,36 COM, Les Conventions de l'UNESCO dans le domaine de la culture, WHC-12/36.COM/INF.5A,1., Paris, 2012, p.4.

1. Institutions nationales de la culture en Afrique centrale et mise en œuvre des conventions de l'UNESCO

Le plus souvent, le dispositif institutionnel dans le domaine de la culture est enrichi d'une direction du patrimoine culturel. Dans presque tous les dix pays d'Afrique centrale, on observe une multitude de textes qui contribuent à la mise en place des mécanismes de fonctionnement et concourent à la protection juridique de la culture. Au Congo, les services du ministère de la Culture et des Arts ont été restructurés en profondeur en janvier 2010 en vertu des décrets n° 2010-42, n° 2010-43, n°2010-44 et n° 2010-45 du 28 janvier 2010. Au Gabon, le ministère en charge de la culture est institué par le décret n° 1718/PR/MCAEP du 30 décembre 1982 et est rattaché au ministère en charge de l'éducation nationale, de l'enseignement supérieur et technique et de la formation professionnelle. Le Gabon a aussi révisé en 2003 son article 47 de la loi fixe les règles qui concernent « la protection du patrimoine artistique, culturel et archéologique »[116].

Selon le rapport de Thierry Nzamba Nzamba et de Jacob Nyangila[117], l'inexpérience retarde l'élaboration des listes indicatives et le processus de proposition de candidature[118]. Ils précisent que la Guinée équatoriale n'a pas encore soumis de listes indicatives, mais de nombreux sites d'importance internationale y sont identifiés.[119]. À Sao Tomé, dans le cadre du suivi de la mise en œuvre des conventions de la culture en 2008, il existe une législation nationale dont la loi n°2004[120] qui initie les dispositions.

2. Les initiatives des organes techniques comme prémices de mise en œuvre des Conventions du domaine de la culture

Les entreprises et les ONG collaborent activement à la mise en œuvre des politiques forestières, dans le cadre de partenariats publics-privés comme c'est

---

[116]Loi n° 2/94 du 23 décembre 1994 portant protection des biens culturels du Gabon en son Article1er.

[117] NZAMBA NZAMBA Thierry P. et NYANGILA Jacob, Rapport de l'atelier technique sur « l'harmonisation des Listes indicatives en Afrique centrale » tenu à Libreville au Gabon du 06-09 décembre 2010, UNESCO- Gabon, p.16.

[118]Depuis le lancement des premiers et deuxièmes cycles du rapport périodique sur le patrimoine mondial de l'Afrique en 2002, la mise en œuvre de la Convention du patrimoine mondial dans la région est évolutive, par l'inscription de quelques sites naturels, culturels et mixtes sur la liste du patrimoine mondial de l'UNESCO. Quelques inventaires ont été réalisés mais sont devenus obsolètes. L'inventaire général du patrimoine culturel recensé en Angola n'a pas encore été achevé et cette situation est valable dans les autres pays. Des études faites pour connaître les éléments du patrimoine qui présentent un intérêt culturel, historique ou scientifique ont déjà été amorcées.

[119] Https://unesco.org.commission nationale de Guinée Équatoriale, consulté en ligne le 6 octobre 2021.

[120] Https://unesco.org Lei do patrimoniohistorio-cultural, lei 3/2004, consulté en ligne le 06 octobre 2021 à 16h 30.

les cas avec le Partenariat pour les Forêts du Bassin du Congo (PFBC)[121]. De nombreuses actions impliquant plusieurs États et des organisations régionales bénéficient du concours des Organisations gouvernementales et non gouvernementales et des entreprises, mais n'impactent pas la vie des communautés.

Tableau n° 2 : Tableau des biens existants du domaine forestier d'Afrique centrale

Aire protégée	Écorégion	Pays	Inscription	Critères	État actuel
Réserve de faune du Dja	Forêt congolaise du nord-ouest	Cameroun	1987	ix, x	Patrimoine menacé d'être en péril
Parc national de la Lopé-Okanda (biens mixtes)	Forêt atlantique des reliefs, Mosaïque forêt-savane du Congo-Ogooué	Gabon	2007	iii, iv, ix, x	Patrimoine en péril
Parc national de Salonga	Forêt congolaise centrale	RDC	1984	vii, ix	Patrimoine en péril
Réserve d'Okapis	Forêt congolaise du nord-est	RDC	1996	X	Biens en péril
Parc national de Kahuzi-Biega	Forêt congolaise du nord-est, Forêts montagnardes du rift Albertin	RDC	1980	X	Biens en péril
Parc national de Virunga	Forêt congolaise du nord-est, Forêts montagnardes du rift Albertin	RDC	1979	vi, viii, x	Biens en péril

Source : Conçu par J. C. AVOUZOA à partir du rapport CAWFI 2008 et adapté par l'auteure.

Ce tableau rend compte des problèmes rencontrés au cours de l'évaluation de l'état de conservation des biens par les organes consultatifs. Tous les biens d'Afrique centrale inscrits sur la liste du patrimoine mondial sont menacés. Leur gestion est prise en charge par les ONG[122]. Ces ONG n'ont pas les mêmes

---

[121] Partenariat pour Forêts du Bassin du Congo crée en 2002 par 22 organisations gouvernementales et non gouvernementales.

[122]Même si l'UNESCO a produit des instruments juridiques pour viabiliser le patrimoine culturel, il existe d'autres moyens de protéger le patrimoine culturel et même des règles

objectifs que les États. Leurs politiques n'ont pas assez favorisé les communautés locales. Il est donc impératif d'encourager les gouvernements et leurs partenaires à porter une attention particulière aux sites en danger afin de pouvoir harmoniser la gestion de sites inscrits au patrimoine mondial et de procéder à de nouvelles inscriptions.

Les accords entre *Central Africa World Heritage Forest Initiative* (CAWHFI et l'UNESCO alourdissent le processus de coopération direct avec les États et détourne l'objectif de la promotion culturel des patrimoines.

À la base de la coopération entre les États africains avec l'UNESCO dans le domaine de la culture, on trouve trois textes fondamentaux : l'acte constitutif de l'UNESCO qui attribue le principe d'État membre, la Charte de la renaissance culturelle africaine et la Déclaration de Brazzaville. Ces textes sont des principes juridiques d'une coopération transversale et dont la législation doit émerger des politiques publiques nationales, régionales et internationales[123].

3. Suivre les processus de la coopération pour mieux inscrire les biens au patrimoine de l'humanité

Les parlementaires des dix pays concernés ont déjà essayé d'élaborer des lois. Les experts de l'UNESCO ont démultiplié des opportunités de formations pour faire connaître les dispositions en des conventions sur le patrimoine culturel matériel et immatériel. Les États eux-mêmes ont formé le personnel à la connaissance des termes clés de chaque convention. Les initiatives prises sur l'angle de la coopération internationale engagent les États à présenter leur potentiel culturel ayant une valeur universelle exceptionnelle au comité du patrimoine mondial, notamment pour la convention de 1972[124]. Les mêmes prescriptions sont recommandées dans la convention de 2003 qui relève du patrimoine culturel immatériel[125]. On constate que la soumission des dossiers de proposition des biens du patrimoine culturel matériel et immatériel est faible. La mise en place des institutions de coopération est lente, mais progressive.

L'appropriation des mécanismes internationaux souffre de la méconnaissance des termes techniques de conventions et de lenteurs procédurales. La protection des patrimoines sous le prisme de la

nationales appliquées par des institutions et qui ne touchent pas nécessairement l'inscription sur la Liste du patrimoine mondial.

[123]De nombreux accords signés avec les acteurs non étatiques interviennent de plus en plus dans la politique de protection du patrimoine en Afrique centrale. Leur participation ne se limite plus à s'organiser en groupe de pression pour défendre leurs positions lors des grandes négociations internationales.

[124] Cf. article 4 sur la protection nationale et protection internationale du patrimoine culturel et naturel.

[125] Cf. Article 11 sur le rôle des États parties.

coopération[126] est interminable en ce qui concerne le domaine de la culture. En matière de préservation du patrimoine matériel, les domaines d'action prioritaires ont été le soutien apporté au renforcement des législations nationales, notamment en matière de sauvegarde de l'art rupestre, le développement des musées, en coopération avec les réseaux de musées existants à l'échelle sous régionale. Si on observe des faiblesses dans la législation, une révision des contenus de ces conventions pourrait servir aux parlementaires. Sur les 549 éléments inscrits sur la Liste représentative du patrimoine culturel immatériel de l'humanité, l'Afrique centrale ne compte que trois[127]. Le Burundi a inscrit un élément sur la Liste représentative du patrimoine culturel immatériel de l'humanité : les tambours du Burundi.

Conclusion

La coopération entre l'UNESCO et les pays de l'Afrique centrale dans le domaine de la culture est axée sur des projets et plans culturels notamment sur la protection du patrimoine culturel matériel. De façon spécifique, la protection du patrimoine culturel et naturel a évolué sur une base strictement structurelle. Elle est fortement marquée par l'encadrement institutionnel de la protection au niveau national. Plusieurs instances se déploient dans la protection du patrimoine culturel et naturel. Au plan national, tous les États de la CEEAC disposent de programmes et de comités nationaux de protection de la nature et des sites culturels. Malgré la faible représentativité des sites et éléments culturels observé d'une part et du pillage des objets culturels constaté d'autre part, on enregistre quelques réalisations qui souffrent d'une réelle gestion. Ces deux éléments relevant tantôt de critère qualitatif, tantôt de critère quantitatif d'appréciation de l'amélioration du secteur de la culture. Peut-être faut-il songer aux accords qui fondent les cadres historiques et juridiques de la coopération et aux principes qui alimentent le principe d'État partie.

Tout bien pesé, les États en Afrique centrale ont développé des mesures juridiques nationales dans le domaine de la culture. Il en ressort qu'il existe un nombre conséquent de lois sectorielles intégrant la protection du patrimoine culturel. Tous les États de l'Afrique centrale ont adopté des lois sur le patrimoine culturel. Les États de l'Afrique centrale ont des structures autonomes de niveau gouvernemental. Les États de l'Afrique centrale ont pour la majorité une législation, mais celle-ci n'est pas toujours compatible avec les Conventions internationales. Les États parties aux Conventions doivent d'abord maîtriser les contenus avant de ratifier les conventions internationales

---

[126] C. NDOMBI, « Le Rôle des ONG dans la coopération nord-sud : l'émergence des ONG du Sud » in Revue juridique et politique - Indépendance et Coopération, 1994.
[127] *Idem.*

à l'effet de faciliter une application des cadres législatifs et des politiques réelles à la lumière des problèmes existants.

Bibliographie

I. Ouvrages généraux

ANDERSON Bernard, *L'imaginaire national : réflexion sur l'origine et l'essor du nationalisme*, Paris, la découverte, 1996, 256 p.

NKOT Pierre Fabien, *Usages politiques du droit en Afrique : le cas du Cameroun*, Emile Bruylant, Paris, 2005, 200 p.

II. Ouvrages et articles spécialisés

BABA, Mallaye, « Le patrimoine africain et son développement durable : le Massif de l'Ennedi au Tchad un joyau culturel et naturel », in *Patrimoine mondial*, dossier n°82 décembre 2016, pp.30-38.

BRIANSO Isabelle et GIRAULT Yves, « Instrumentalisations politiques et développementalistes du patrimoine culturel africain », in *Études de communication langages, information, médiations*, n°42, Paris, Anthropologie des savoirs, 2014, pp

DE SENARCLENS Pierre, « Théories et pratiques des relations internationales depuis la fin de la guerre froide », in « Politique étrangère », Institut français des relations internationales, 2006, pp. 747 à 759.

FRELAND François-Xavier, *Saisir l'immatériel, un regard sur le patrimoine vivant*, Paris, Corlet, 2009,350 p.

NGUIFFO Samuel, « Cameroun- la réserve du Dja. Étude de cas n°6 », in *Les peuples autochtones et les aires protégées en Afrique*, mai 2001, pp.197-210

GUENEAU Serges, IDDRI, *Livre blanc sur les forêts tropicales humides-Recommandations des acteurs français pour une politique française sur les forêts tropicales humides,* Paris, CAWFI, 2005, p.42.

MATSUURA Koïchiro, *« L'Enjeu culturel au cœur des relations internationales »,* consulté en ligne sur https ://www.diplomatie.gouv.fr., le 02 avril 2022.

MAINETTI, Vittorio, « La coopération culturelle internationale et l'émergence du droit international de la culture », in *Dimension culturelle du droit international et interne*, 2014, p171-221.

MAUREL Chloé, « L'UNESCO aujourd'hui », in *Presses de Sciences Po, Vingtième siècle. Revue d'histoire,* Paris, 2009/2 n° 102, pp. 131 à 144.

MAUREL Chloé, « L'UNESCO : une plate-forme pour les circulations transnationales de savoirs et d'idées (1945-1980) », in *Histoire Politique. Politique, culture, société,* n° 15, septembre-décembre 2011, www.histoire-politique.fr.

NDOMBI Christian, « Quelles voies de développement pour l'Afrique ? » in *Revue juridique et politique - Indépendance et Coopération*, 1998.

NDOMBI Christian, « Le Rôle des ONG dans la coopération nord-sud : l'émergence des ONG du Sud » in *Revue juridique et politique - Indépendance et Coopération*, 1994.

NDOMBI Christian, Rapport de fin de mission secteur Culture, UNESCO, Yaoundé, septembre 2021.

NIANG Moustapha et al, *Rapport de mission. Suivi de l'état de la conservation de la Réserve de Faune de Dja en République du Cameroun, site de Patrimoine Mondial,* UNESCO – UICN, 23-30 juin 2006.

PNUD, « Perspectives économiques en Afrique 2017 : entreprenariat et industrialisation » in *Banque Africaine de développement*, 2017.

NZAMBA NZAMBA Pierre Thierry et Jacob NYANGILA, *Rapport de l'atelier technique sur « l'harmonisation des listes indicatives en Afrique centrale »*, tenue à Libreville au Gabon du 06 au 09 décembre 2010, 76 p.

VAN DER MAYER, Thijs, *et al.* « Les Lacs d'Ounianga : Mieux comprendre leur dynamique hydrologique et écologique par une approche interdisciplinaire », *Le Tchad des lacs : les zones humides sahéliennes au défi du changement global*, Marseille, IRD, 2019, 311p.

WANG Li, « Le principe de consentement libre, préalable et éclairé et son application dans la collecte des données du patrimoine culturel immatériel » in *Revue québécoise de droit international / Quebec Journal of International Law /Revista quebequense de derecho internacional, 31*(1), 171–202.

WHITE, Lee et WEGE VANDE, Jean, Patrimoine mondial naturel d'Afrique centrale : biens existants-Biens potentiels, Rapport de l'atelier de Brazzaville du 12 au 14 mars 2008, UNESCO-CAWFI, 132 p.

III. Instruments juridiques

Charte de la renaissance culturelle africaine réunissant en la sixième Session ordinaire de notre conférence à Khartoum en République du Soudan les 23 et 24 janvier 2006.

Déclaration de Yaoundé du 19 mars 1999 au sommet des chefs d'État d'Afrique centrale sur la conservation et la gestion durable des forêts tropicales.

Décret n° 91/098 du 31 janvier 1991 portant réorganisation de la Commission Nationale pour l'UNESCO au Cameroun.

LES AGENCES DE DÉVELOPPEMENT INTERNATIONAL DANS L'INGÉNIERIE DU DÉVELOPPEMENT DE L'AFRIQUE NOIRE FRANCOPHONE DEPUIS 1960

Bienvenue MOUDJOURI

Ph.D. en Science politique

Résumé

Cet article porte principalement sur l'idée selon laquelle les agences de développement international constituent l'essence de la coopération bilatérale qui accompagne les États d'Afrique noire francophone dans le processus de développement depuis 1960. Au sortir des indépendances, les États d'Afrique noire francophone ont entrepris de se développer par diverses stratégies qu'ils ont empruntées aux pays colonisateurs. Dans ces stratégies, les institutions de Bretton Woods élaborent les grandes articulations auxquelles les États s'inscrivent. Les agences de développement telles que le GIZ, l'AFD et l'UE souscrivent à ces articulations tout en coordonnant leurs actions de développement. Ainsi, elles investissent dans tous les secteurs qui permettent de promouvoir le développement. Elles luttent contre la pauvreté dans les secteurs de l'éducation, de la santé, de l'eau et de l'emploi, et elles coopèrent dans les secteurs de l'économie. Elles sont ainsi des leviers au processus de développement des États d'Afrique noire francophone.

Mots-clés : Afrique francophone, Agence, Coopération, Ingénierie, Développement.

Abstract

This article focuses on the principal idea that international development agencies are the essence of bilateral cooperation, who have been accompanying francophone black african states in the development process since 1960. After independances, these states undertook to develop through various strategies that they borrowed from colonizing countries. In these strategies, the Bretton Woods institutions elaborate the major articulations to which the states subscribe. Development agencies such as GIZ, AFD and European Community subscribe to the developements technologies of IMF and World Bank and coordinate their actions. These agencies invest in all sectors that promote development. So, they fight against poverty in the sectors of education, health, water and cooperate in sectors of the economy. They are levers in the development process of francophone black african States.

***Keywords**: francophone Africa, Agency, Cooperation, Engineering, Development*

Introduction

Lorsque des États d'Afrique noire francophone accèdent à la souveraineté internationale, ils ont un niveau de développement qui correspond au niveau d'investissement que les colonisateurs ont réalisé. Il en est ainsi, car ceux-ci ont investi dans les secteurs d'économie pour le fonctionnement de leurs industries. Alors, les dirigeants africains se sont engagés dans le développement avec pour principaux axes : le développement infrastructurel (notamment les infrastructures de communication, de télécommunication, les infrastructures maritimes), l'industrialisation, l'économie, l'éducation et la santé (Épargne sans Frontières, 2013). Les stratégies le développement de l'Afrique ont été imaginées tant par les pays africains que par les pays développés, les organisations internationales et les institutions financières internationales. Les pays développés ont forgé des technologies pour soutenir le processus de développement des États subsahariens, car « *le développement ne saurait passer par une voie unique* » (Campbell et Hatcher, 2004, 666). Ainsi, la coopération bilatérale se hisse comme une voie de promotion du développement des pays subsahariens en proie au sous-développement. La coopération est un levier du développement. Elle se fonde sur des instruments spécifiques que sont les agences de développement international. Celles-ci accompagnent les pays africains dans la résolution du problème de sous-développement.

Les agences de développement international sont des institutions conçues par les États développés pour exécuter en leurs noms des missions spécifiques impliquant une délégation du pouvoir de décision. Elles jouissent ainsi d'une autonomie financière et d'un pouvoir de décision sous le regard de l'État qui assure la tutelle. Les agences de développement international agissent sous le couvert d'aide publique au développement. Elles sont d'ailleurs qualifiées d'agences d'aide (Campbell et Hatcher, 2004). Ces agences de développement entretiennent des relations aussi bien entre elles qu'avec les États, les institutions financières internationales, les organisations internationales, les Organisations Non Gouvernementales (ONG) internationales pour atteindre leurs objectifs. Tous les pays développés ont des agences de développement.

Parmi ces agences de développement se trouve en bonne place l'Agence Française de Développement (AFD). Elle « *a pour mandat de combattre la pauvreté, de favoriser la croissance économique dans les pays du Sud, et d'améliorer les conditions de vie des populations* » (Épargne sans Frontières, 2013, 113). On retrouve également la *Deutsche Gesellschaft für Internationale Zusammenarbeit* (GIZ) qui est une agence publique allemande de développement. Par son biais, « *la politique structurelle globale de l'Allemagne n'a d'autre but que d'améliorer la cohérence de l'ensemble des politiques avec les grands objectifs que sont la lutte contre la pauvreté, la préservation de la paix et le partage équitable des bienfaits de la mondialisation* » (OCDE, 2003, 114).

On retrouve aussi l'*United States Agency for international Development* (USAID) qui est l'agence des États-Unis pour le développement international chargée du développement économique et de l'assistance humanitaire. Les États-Unis souscrivent à l'objectif prévoyant une réduction de moitié de la proportion de personnes vivant dans l'extrême pauvreté. « *Les axes autour desquels s'articule la stratégie de l'USAID (croissance économique, agriculture et échanges ; santé mondiale ; démocratie, prévention des conflits et aide humanitaire) sont regardés comme fondamentaux pour obtenir une réduction durable de la pauvreté, laquelle appelle aussi une action du secteur privé* » (OCDE, 2003, 114).

Dans ce répertoire d'agences, l'Union Européenne (UE) s'est constituée en une agence de développement importante pour le développement des pays francophones d'Afrique. Elle s'applique aussi à nouer des partenariats avec d'autres acteurs de la communauté du développement, notamment en collaborant avec la Banque mondiale et le FMI à l'élaboration de cadres stratégiques de lutte contre la pauvreté des pays francophones d'Afrique (OCDE, 2003, 114). Ces agences sont un échantillon représentatif de la coopération dans le processus de développement. Elles sont présentes dans quasiment tous les pays d'Afrique noire francophone ; c'est pourquoi leur choix permet de faire une analyse pertinente de leur rôle dans l'ingénierie du développement.

La question du développement reste un défi majeur pour les États d'Afrique noire francophone. Depuis 1960 jusqu'à nos jours, elle fait l'objet de débats sur la scène publique locale, nationale et internationale. Le développement désigne un large éventail de conceptions couvrant non seulement la croissance économique, mais aussi les objectifs et les valeurs de type social, culturel et politique assignés par une société donnée et axés sur l'épanouissement de l'individu en tant que clé de voûte du progrès. La notion de développement s'étend actuellement à l'"humain", au "durable", à la démocratie et aux droits de l'homme. Il s'agit donc de « *faire passer les pays sous-développés [...] à l'état de sociétés industrielles et modernes* » (Dortier,

2013, 95). Le développement relève de la stratégie (Veltmeyer, 2015), car il est le résultat des actions des États, des acteurs internationaux auxquels s'ajoutent des acteurs privés.

Par le truchement de l'aide publique au développement, les agences orientent leurs projets de développement dans le sens du développement qualitatif, c'est-à-dire le développement qui prend en compte la dimension humaine. Certains auteurs ont pensé que les programmes de développement financés par les agences de développement sont des projets au rabais, car ils n'ont pas aidé substantiellement les populations à améliorer leur condition de vie. L'aide a buté à l'usage patrimonialiste (Bayart *et al*, 2008) et la politique du ventre des dirigeants (Bayart, 1989). C'est d'ailleurs ce que soutient Boone (1995, 1996) lorsqu'il traite l'aide de linéaire. Pour lui, l'aide n'a pas d'effet significatif sur l'investissement ou sur les indicateurs de développement humain, mais l'aide peut produire des effets positifs à certaines conditions[128]. La question de l'appui des agences de développement au développement de l'Afrique a été également au centre des débats lors du 28e sommet France-Afrique du 8 octobre 2021 à Montpellier entre Emmanuel Macron et la jeunesse africaine.

Par contre, dans une analyse strictement économique, certains auteurs pensent que les agences de développement international influent sur le développement. Lensink et White (2001), Roodman (2003), Dalgaard et *al.* (2004) soutiennent que l'aide à travers les agences de développement a un effet positif sur la croissance des pays en développement. Gomanee *et al.* (2003) mettent en évidence une influence positive de l'action des agences de développement sur l'indicateur synthétique de développement humain. Severino et Charnoz (2005) ont relevé que les actions des agences de développement ont un impact positif sur la réduction de la pauvreté et la croissance économique des pays pauvres dans la mesure où leur importance s'accroît ces dernières années.

Les agences de développement international sont l'essence de la coopération bilatérale. C'est sous le label de développement qu'elles s'enracinent en Afrique. Ce qui interroge sur la contribution effective des agences de coopération dans le développement des États d'Afrique noire francophone depuis 1960. Comment les actions des agences de développement international impactent-elles l'ingénierie[129] du développement de l'Afrique francophone ? Quels sont les effets réels de leurs stratégies de développement sur les pays noirs francophones ?

---

128 Ses conditions sont la qualité des politiques économiques suivies par les pays (la maîtrise de l'inflation, l'équilibre budgétaire, l'ouverture commerciale), le degré de vulnérabilité aux chocs extérieurs, la stabilité politique et des situations post-conflits.

129 L'ingénierie de développement ici fait référence aux stratégies, aux technologies de développement.

Les agences de développement sont des partenaires qui coordonnent leurs actions de développement avec les gouvernements d'Afrique noire francophone. Elles influencent le développement par les soutiens financiers (c'est-à-dire par l'investissement dans les programmes de développement des États) et par les soutiens techniques sur les questions de développement durable depuis les années 1960.

Les États, des agences de développement et des institutions de Bretton Woods se mobilisent dans une interaction constante, qui se veut constructive dans le processus de développement de l'Afrique noire francophone. La trajectoire du développement de l'Afrique est fatalement impactée par des acteurs exogènes. La greffe des agences de développement international aux stratégies de développement de l'Afrique francophone (1) permet de saisir leur poids réel dans le développement depuis 1960 (2).

I. La greffe des agences de développement aux stratégies de développement des États d'Afrique francophone

Les agences de développement international sont la substance de la coopération bilatérale. Elles font irruption dans les États d'Afrique francophone (A) de telle sorte que leur déploiement structure les stratégies de développement (B).

A. L'intrusion des agences de développement international dans le développement de l'Afrique francophone

En matière de coopération, les États poursuivent leurs intérêts nationaux. Cependant, ils se penchent sur la situation économique, sociale, politique des États avec lesquels ils coopèrent. Ils se servent des agences de coopération pour promouvoir le développement. Celles-ci interviennent comme des acteurs intéressés et font du sous-développement un problème public qui nécessite une intervention.

1. Les déterminants de l'intrusion des agences en Afrique francophone

L'intrusion des agences de développement dans le processus de développement des États postcoloniaux remonte avant les indépendances. En effet, la France, par exemple, avait mis sur pied la Caisse française qui était chargée d'assurer le développement de ses colonies. Après les indépendances, les pays colonisateurs ont développé cette stratégie d'agence de développement afin de maintenir leur présence en dans leurs anciennes colonies. Plus tard, dans une approche géopolitique, ils vont étendre leur influence à d'autres territoires qui n'étaient dans leurs espaces coloniaux. C'est par exemple le cas de l'Allemagne qui s'installe en Côte d'Ivoire, au

Sénégal et au Burkina Faso par le biais de son agence de développement le GIZ. Le Canada et les États-Unis qui n'ont colonisé aucun pays en Afrique vont s'imposer dans ce continent par l'intermédiaire de leurs agences de développement. Le retour déguisé des ex-puissances colonisatrices et le regain d'intérêt pour l'Afrique par les autres pays s'interprètent sous le prisme de néocolonialisme. Malgré les velléités des pays développés, les agences de développement entendent participer au développement de l'Afrique noire francophone.

Ainsi, elles participent au processus d'élaboration des politiques. C'est sur la phase d'exécution qu'elles s'approprient les instruments et les ressources définis à la mise en œuvre de ladite politique. Les agences interviennent dans les domaines ou les secteurs non régaliens, ou plus exactement sur les secteurs de développement humain de façon globale[130]. En plus, elles interviennent dans le développement d'un pays lorsque la politique de développement de ce dernier est compatible avec leur propre politique (OCDE, 2003).

Les pays d'Afrique noire francophone sont classés parmi les pays au développement humain moyen (Cameroun) et parmi les pays au développement humain faible (Cote d'Ivoire, Sénégal, Burkina-Faso, République centrafricaine, Niger) entre 1990-2017 (PNUD, 2018). Ce qui justifie l'état des lieux du niveau d'instruction et de la couverture de la santé[131]. Les agences de coopération internationale s'intéressent aussi aux questions économiques et politiques. C'est pourquoi elles vont apporter leurs contributions aux questions comme la liberté politique, économique et l'opportunité de faire preuve de créativité et de productivité dans le respect des droits de l'Homme (Nadah, 2009). Les populations n'ont parfois pas conscience de leurs droits qui sont violés quotidiennement. Les agences de développement favorisent ainsi le développement des populations d'Afrique francophone en leur apportant leur assistance sur le plan économique et sur les questions relatives aux droits de l'homme, à la justice et à la paix.

2. La coordination des agences aux stratégies de développement

Les agences de développement international poursuivent toutes l'objectif de réduction de la pauvreté qui est un pilier du développement. Elles participent à la coordination et à la négociation des stratégies de développement avec le FMI, la Banque mondiale, et les États. Les pays développés coordonnent leurs interventions en Afrique noire francophone. La coordination entraîne l'adoption des stratégies de développement qui est un

---

130 Il s'agit de : l'agriculture et le développement rural, la santé, l'éducation de base et la formation professionnelle, l'environnement, le secteur privé et, enfin, les infrastructures et le développement urbain.

131 Voir les statistiques du PNUD de 2018.

élément central de l'action collective d'aide au développement. Cette adoption s'établit au niveau national et au niveau international.

Au niveau national, les États développés coordonnent les actions des ministères intervenant dans le champ du développement permettant aux agences de développement international d'agir efficacement. Cette coordination interministérielle est plus efficace en termes de rentabilité, d'expertise et de partage d'expérience. À titre illustratif, l'Allemagne a instauré un dialogue interministériel afin de sensibiliser tous les services concernés à l'importance de la cohérence des politiques au regard de l'objectif de développement. En conséquence, l'élaboration du Plan d'action interministériel a contribué à renforcer la cohérence des actions du GIZ. En France, la cohérence des politiques est assurée par le Comité interministériel pour la coopération internationale (CICID) présidé par le Premier ministre (OCDE, 2005). Il sert de levier aux politiques de développement de l'AFD. Pour ce qui relève des États-Unis, les autorités publiques ont entrepris de renforcer la coordination entre l'administration et les organismes intervenant dans la coopération pour le développement (OCDE, 2005) afin de doter l'USAID des moyens nécessaires pour ses actions en faveur du développement.

Au niveau international, les États coopèrent sur les secteurs définis comme priorité de développement. La collusion des politiques au niveau international s'enracine dans la logique de l'action collective pour le développement des pays en développement d'Afrique francophone. C'est dans ce sens que l'Allemagne a soutenu la réforme de la réglementation européenne relative au marché du coton en 2004, ainsi que l'initiative sur le coton au sein de l'Organisation Mondiale du Commerce et sur le marché sucrier. Dans le même sens, les autorités françaises ont entrepris diverses démarches visant une meilleure intégration des pays africains dans l'économie mondiale. Grâce à leur initiative, un plan d'action de l'Union européenne en faveur du secteur cotonnier en Afrique a vu le jour (OCDE, 2005). La Communauté Européenne coordonne les politiques au sein du Comité d'Aide au développement (CAD) sur des thématiques comme les politiques migratoires, de la sécurité, de l'agriculture et de la pêche.

Les États européens ont coopéré avec les principaux organismes multilatéraux de développement pour l'adoption des « Objectifs internationaux de développement »[132] en 1996. En septembre 2000, les chefs d'État et de gouvernement, réunis à New York, ont réaffirmé dans la

[132]Ces objectifs intitulés « Objectifs internationaux de développement » définissaient des ambitions clés dans plusieurs domaines : prospérité économique (réduction de la pauvreté), développement social (enseignement primaire pour tous, égalité des sexes, amélioration de la santé – notamment pour les nourrissons, les enfants et les mères), viabilité et régénération de l'environnement (renversement de tendance en ce qui concerne la perte de ressources naturelles.

Déclaration du Millénaire leur engagement aux objectifs et aux principes de la Charte des Nations-Unies. Ils ont consenti à mettre en place un partenariat pour le développement. De manière générale, les États développés s'appuient sur les outils élaborés en concertation pour intervenir dans le développement tout en tenant compte de leurs intérêts nationaux (Jacquet, 2006).

De plus, les agences sont en cohérence avec les directives des institutions de Bretton Woods en matière de financement d'aide publique au développement. En réalité, les réflexions sur le développement des pays en développement se font de manière collective entre ces institutions financières internationales, les agences de développement et les organisations internationales (Pouilleute, 2001). Dans la stratégie de développement des pays en développement, le FMI et la Banque mondiale ont adopté le « Consensus de Washington » qui a été érigé comme modèle de promotion du développement à travers ses principes de réduction de la pauvreté.

Ces institutions ont influencé l'adoption du document de stratégie de réduction de la pauvreté (PRSP)[133] en Afrique noire francophone et spécifiquement au Cameroun où les autorités publiques ont adopté le Document de Stratégie de Réduction de la Pauvreté (DSPR) en 2000. Les agences de développement se sont inscrites à leurs orientations, et elles ont refondé leurs stratégies dans cette logique pour contribuer à la réduction de la pauvreté. Ainsi, la coordination des stratégies de développement des acteurs internationaux d'aide est importante pour le développement des pays francophones d'Afrique en développement. Les agences de développement international opèrent en Afrique francophone selon les grandes orientations définies par le FMI et la Banque mondiale.

B. Le déploiement des agences de développement international en Afrique francophone

Les agences de développement international sont des acteurs de mise en œuvre des politiques de développement définies par les États par le mécanisme de coopération. Elles se déploient en tenant compte de leurs exigences, car elles disposent des moyens pour rehausser leurs secteurs d'intervention. C'est donc suivant leurs choix stratégiques qu'elles contribuent au développement des pays francophones d'Afrique.

1. Les critères de déploiement des agences de développement en Afrique francophone

Les agences de développement soutiennent le développement en fonction des critères qu'elles ont elles-mêmes élaborés. Les pays développés sont guidés par leurs principes et leurs cultures politiques lors de leurs actions dans

[133] *Poverty Reduction Strategy Papers.*

les États en développement. Ils se servent de leurs agences pour les faire adopter et appliquer leurs principes et cultures politiques dans ces États. Les agences de développement véhiculent ainsi l'idéologie de leurs pays dans ceux d'accueil. La culture politique des États développés est la culture démocratique, de participation de tous les échelons locaux au développement, d'inclusion des acteurs privés dans la gestion de l'intérêt général. Ainsi, la combinaison de ces paramètres permet de lutter contre la pauvreté.

Les agences de développement international s'impliquent dans le développement des États en s'assurant que ceux-ci respectent un minimum de critères communément admis comme des critères essentiels pour la promotion du développement. À partir de la démocratie, toutes les activités au sein d'un État se structurent en pôles de développement. C'est pourquoi les pays développés mettent l'accent sur ce critère afin de s'impliquer durablement dans les États en développement. La culture démocratique permet de lutter efficacement contre la corruption qui s'enracine du fait du gouvernement perpétuel (Owona Nguini et Menthong, 2018). Cette corruption produit la mal gouvernance qui à son tour freine le développement. Il y a un lien entre la démocratie, la bonne gouvernance et le développement. C'est pourquoi les agences de développement les considèrent comme des critères dans leurs stratégies d'aide aux pays d'Afrique francophone.

La bonne gestion administrative est un autre critère élaboré par les pays développés. En effet, la déliquescence des services publics traduit le sous-développement. Ainsi, les agences coopèrent avec les États dont la gestion des affaires publiques tend à l'efficacité. Les pays développés s'inspirent de leurs « bonnes » politiques économiques (Amprou et Chauvet, 2005) et de leurs cadres institutionnels comme des outils de développement. Les bonnes politiques et la modernisation du cadre institutionnel permettent alors de lutter contre la pauvreté. Aussi, les agences de développement recommandent aux États d'Afrique francophone d'assainir leurs administrations pour qu'elles puissent être compatibles avec leurs interventions.

2. Les moyens d'action des agences de développement en Afrique francophone

L'intervention des agences de développement dans les technologies de développement des pays d'Afrique noire francophone est une pratique qui renforce la coopération internationale. Pour avoir des effets réels de leurs politiques en faveur des États en développement, les agences procèdent à leur responsabilisation à travers plusieurs moyens. Parmi ces moyens, figurent en bonne place les ressources humaines qui sont constituées pour l'essentiel des experts et des assistants techniques dans les programmes de développement. Les décideurs des agences de développement ont modifié leur perception d'intervention en procédant à l'« africanisation des cadres » (Meimon, 2007).

À ces ressources humaines, s'ajoutent également les ressources financières qui sont les principales ressources de développement. Ceci est d'autant vrai que les pays développés tentent de ramener ceux du Sud sur la voie du développement. Ils interviennent donc parce que ces pays peinent à avoir des moyens financiers suffisants pour améliorer le développement. Ces ressources financières sont constituées de subventions, de dons, de prêts (Amprou et Chauvet, 2005) et des fonds de garantie. C'est à travers ces diverses ressources que les agences de développement international financent les projets, les programmes et accompagnent les États d'Afrique noire francophone dans le renforcement de leurs capacités.

Le moins que l'on puisse dire est que, les agences de développement international se sont greffées aux stratégies de développement de l'Afrique francophone par le mécanisme d'aide publique au développement. Elles coordonnent leurs actions au niveau national et international pour un meilleur impact.

II. Le poids réel des agences de développement en Afrique francophone

Les pays d'Afrique noire francophone ont établi des schémas et étapes de développement dès leur accession à l'indépendance. Les agences de développement se sont inscrites dans leurs trajectoires du développement. Elles se sont intéressées au développement humain (A) et elles s'accordent à promouvoir le développement en visant les secteurs économiques (B).

A. Le concours des agences dans le développement humain en Afrique francophone

Les débats sur l'efficacité de l'aide publique au développement[134] continuent d'alimenter les espaces de conception des politiques d'aide internationale. Même si les institutions de Bretton Woods et les pays développés reconnaissent la fragilité de l'aide ou de sa crise de légitimité (Amprou et Chauvet, 2005), il serait réducteur de minorer les efforts des agences de développement qui sont dans leur rôle d'accompagnement des États dans le développement. Le développement en lui-même incombe prioritairement aux États souverains ; d'ailleurs, les dirigeants font des choix, des stratégies et des domaines prioritaires de développement (Listre et Pacquement, 2015). L'apport des agences de développement international

[134] Pour un tour d'horizon de la littérature sur l'efficacité de l'aide, voir Banque mondiale, *Assessing Aid. What Works, What Doesn't and Why*, New York, Oxford University Press, 1998.Voir également Jacky Amprou et Lisa Chauvet, *Efficacité et allocation de l'aide, revue des débats*, Paris, Agence française de développement, « Notes et documents », n° 6, 2005.

dans ce processus consiste à lutter contre la pauvreté et à combattre la pauvreté monétaire.

1. Les actions des agences dans la lutte contre la pauvreté en Afrique francophone

Depuis les travaux du Programme des Nations-Unies pour le développement (PNUD), le développement met l'accent sur l'indice de développement humain (IDH) qui « *permet de mesurer le progrès humain en rassemblant sous une seule variable des informations relatives à la santé, à l'éducation et aux revenus de la population* » (PNUD, 2018, 2). Il implique l'amélioration des conditions de vie des populations, car le développement vise en réalité l'humain.

Les agences de développement se sont inscrites dans cette nouvelle orientation. Elles se sont engagées à faire reculer la pauvreté par la promotion de l'éducation, de la santé, l'assainissement et l'accès à l'eau potable depuis les années 1990, sans minorer leurs actions au lendemain des indépendances. Ainsi, l'AFD, le GIZ et l'UE se sont attachés à exécuter les recommandations du 4e forum mondial de l'eau tenu à Mexico qui prévoyait de réduire de moitié jusqu'en 2015 le pourcentage de la population qui n'a pas accès de façon durable à un approvisionnement en eau potable. L'action de l'AFD par exemple a permis d'améliorer le service de l'eau de plus de 20 millions de personnes en Afrique subsaharienne en 2006 (AFD, 2006). Au Sénégal, l'AFD a soutenu les branchements particuliers et la fourniture d'eau à des bornes-fontaines collectives en milieu urbain et des forages en milieu rural (Blanc et Ghesquières, 2006). Au Cameroun, l'AFD, le GIZ et l'Union européenne accompagnent le gouvernement dans le programme d'hydraulique en milieu urbain et surtout en milieu rural par l'installation des forages, les bornes-fontaines. Ces actions en faveur de l'eau sont déterminantes pour les populations qui ont un réel problème d'accès à cette denrée incontournable pour la santé.

La santé est un autre pilier de développement humain. L'amélioration de la santé des populations contribue à réduire la pauvreté qui est à la fois une cause et une conséquence de la maladie (AFD, 2006). Les agences de développement contribuent à mettre en place des systèmes de santé efficaces et cohérents, afin de pallier le manque de personnel sanitaire qualifié et d'assurer à chaque famille l'accès à des soins de qualité (AFD, 2006) pour offrir aux plus pauvres un véritable droit à la santé. L'AFD et l'Union Européenne, par exemple, financent l'amélioration des soins, la lutte contre les grandes pandémies (notamment le paludisme, le sida, la tuberculose) et le renforcement des systèmes de santé au Cameroun, au Sénégal, en Côte d'Ivoire, en Centrafrique, au Gabon, etc.

La santé maternelle et infantile est au cœur des objectifs du millénaire définis par les Nations unies. Les actions des agences de développement ont permis d'améliorer l'offre de soins pendant la grossesse et lors de l'accouchement et de réduire la mortalité infantile. L'Union européenne et l'AFD ont financé la formation spécialisée en maïeutique et en soins obstétricaux d'urgence en service de maternité au Cameroun[135] et dans d'autres pays francophones d'Afrique comme la Côte d'Ivoire[136]. L'AFD promeut la santé maternelle à travers le projet Chèque Santé qui vise à améliorer la qualité des services de santé et à faciliter l'accès des femmes au suivi pré et post-natal et aux soins obstétricaux (Amougou et Oyane, 2020).

« *L'éducation est un facteur essentiel pour la réduction de la pauvreté et des inégalités, pour l'exercice de la citoyenneté et de la bonne gouvernance. Elle constitue la base de ce qu'on appelle le capital humain* » (AFD, 2006, 30). Les agences de développement se sont jointes à la mobilisation internationale pour l'objectif du millénaire qui vise à assurer l'éducation primaire pour tous et de la formation professionnelle. Au Cameroun, l'AFD a accompagné l'intégration dans la fonction publique de 37 200 instituteurs vacataires, elle soutient la construction, la réhabilitation et l'équipement d'environ 2 300 salles de classes (AFD, 2014).

En Côte d'Ivoire[137], l'AFD a élargi ses actions aux collèges et à la formation professionnelle. L'accent sur la formation professionnelle a

---

[135] Au Cameroun, l'AFD afin d'améliorer la qualité des services de santé l'AFD entreprend le programme « C2D Santé Cameroun » Elle est structurée autour de quatre objectifs spécifiques : l'accompagnement du ministère dans le pilotage des politiques de santé ; l'amélioration de la qualité et de la viabilité des services de santé du secteur privé non lucratif ; la lutte contre les maladies transmissibles et l'amélioration de la prise en charge des patients dans les districts les plus démunis.

[136] En Côte d'Ivoire, C2D de l'AFD promeut le secteur de la santé. En effet, sous le pilotage du ministère de la Santé et la Lutte contre le Sida, deux projets d'appui au secteur de la santé seront mis en œuvre à compter de 2013 dans le cadre du premier C2D, pour un montant global de 45,7 milliards de FCFA. Un projet dédié à la planification familiale, dont l'objectif est de contribuer à la diminution de la mortalité maternelle en Côte d'Ivoire en améliorant l'accessibilité de la population ivoirienne à des services de planification familiale de qualité. C'est un projet global de renforcement du système de santé ivoirien qui vise à améliorer la santé des populations les plus vulnérables de Côte d'Ivoire, par des actions en faveur des ressources humaines paramédicales, des soins de santé maternelle et infantile et de l'offre de médicaments.

[137] Grâce au C2D, l'AFD finance à hauteur de 61 milliards de FCFA un vaste programme DEFI Jeunes « Développement de l'éducation, la Formation, l'Insertion des Jeunes » en 2013. Sous le pilotage des ministères techniques concernés, ce programme financera des activités ambitieuses à tous les niveaux du système éducatif et soutiendra la politique nationale de l'emploi. Ainsi, en ce qui concerne l'éducation de base, l'aide contribue à améliorer l'accès et la qualité au primaire et au collège par la construction de 116 écoles primaires et 40 collèges de proximité en milieu rural, la formation initiale des enseignants et l'impression de manuels scolaires du secondaire. Dans l'enseignement technique et formation professionnelle, elle a modernisé 3 lycées techniques et professionnels sur des filières porteuses en partenariat avec les branches professionnelles. Enfin, à l'enseignement supérieur, l'AFD a appuyé l'Institut

favorisé l'insertion professionnelle et sociale des jeunes. Au Mali, le soutien au système éducatif a intégré la formation professionnelle dans le cadre du plan décennal pour l'éducation que le Mali a lancé en 1999. Au Sénégal, le GIZ a impulsé la formation professionnelle dans les secteurs porteurs de l'industrie, du bâtiment et des travaux publics, l'agro-business, le numérique et l'hôtellerie, l'énergie renouvelable (Diop, 2021).

Dans l'appui à la formation professionnelle, l'AFD[138] a soutenu les formations dispensées par le Centre d'études financières, économiques et bancaires (CEFEB), notamment les masters professionnels ou formations courtes dont ont bénéficié plus de 400 Camerounais (AFD, 2014). L'AFD a accompagné la création des centres de formations professionnelles dédiés l'un aux métiers de la maintenance industrielle et du transport/logistique à Édéa, et l'autre aux métiers de l'agro-alimentaire/agro-industrie à Douala. Elle a financé les Centres de formations aux métiers non agricoles en milieu rural (CFM) qui proposent des formations adaptées aux besoins en compétences des jeunes en recherche d'auto-emploi.

2. L'appui des agences de développement contre la pauvreté monétaire

Les populations des pays d'Afrique noire francophone vivent dans la pauvreté monétaire. Celle-ci est une dimension explicative du sous-développement. Elle s'illustre par l'étroitesse du revenu qui conduit à l'inexistence de l'épargne, qui à son tour débouche sur des investissements peu significatifs. Pour parvenir au développement monétaire des populations, les États d'Afrique francophone ont élaboré une multitude de politiques qui visent l'emploi des jeunes et des populations défavorisées. Les agences de développement international s'inscrivent dans les logiques de ces politiques et appuient les gouvernements par plusieurs actions.

Les agences de développement subventionnent les activités de production, de transformation et de commercialisation des produits agricoles des petites et moyennes entreprises agricoles, des coopératives agricoles et des ménages. Ces subventions rendent possibles l'emploi des jeunes et leur rémunération. Elles permettent de lutter contre la pauvreté monétaire, et de manière extensive, de promouvoir le développement socio-économique. Les agences soutiennent les jeunes dans les emplois de l'industrie, de l'agro-business agro-alimentaire, bâtiments et travaux publics et l'hôtellerie restauration dans les États d'Afrique noire francophone.

---

national polytechnique Houphouët-Boigny et accompagné le redémarrage des cinq universités publiques

[138] Pour plus de détails des actions de l'AFD sur l'éducation, formation et emploi en Afrique, lire AFD, *Cartographie des projets et études soutenus par l'AFD en matière de formation et d'insertion professionnelle des jeunes*, 2014.

Au Cameroun, l'AFD a facilité le secteur forestier à l'emploi de 13 000 personnes dans le secteur formel et 150 000 dans le secteur informel (Conversy *et al,* 2018). Cela leur permet d'avoir des salaires et de subvenir aux besoins de leur famille. En Côte d'Ivoire, le GIZ appuie les populations rurales à l'utilisation des potentialités économiques des ressources naturelles disponibles. Cela augmente de manière significative leurs revenus issus de l'agriculture (GIZ, 2017). Par ailleurs, il accompagne le gouvernement ivoirien dans la lutte contre la pauvreté monétaire à travers la promotion du secteur du logement (Fuchs *et al*, 2019).

Ces agences coopèrent avec les États francophones d'Afrique noire dans l'objectif de promouvoir le développement du tissu économique, source de croissance et de création de l'emploi. Elles participent à la création des emplois informels axés sur les biens et services non exportables qui contribuent à assurer les moyens de subsistance des populations pauvres et vulnérables. Les agences de développement contribuent à réduire la pauvreté en appuyant le développement de très petites entreprises. Par exemple, l'AFD intervient dans le secteur de la microfinance à travers divers outils (prêts bonifiés, subventions, fonds propres, garanties) qui ont permis le financement des activités du secteur informel (Conversy *et al*, 2018).

B. Les actions des agences de développement dans les secteurs économiques

Les agences de développement international jouent un rôle important dans les stratégies de développement des pays d'Afrique francophone. En effet, pour les aider dans le processus du développement, elles ont ciblé les secteurs prioritaires qui permettent le décollage économique. Il s'agit du secteur économique dans tous ses aspects et de la gouvernance.

1. Le concours des agences de développement à la promotion de l'économie de l'Afrique francophone

L'économie des pays d'Afrique noire francophone repose pour l'essentiel sur l'agriculture. Les décideurs occidentaux ont fait croire aux dirigeants africains que l'agriculture est la voie royale du développement. Ces derniers ont fait de l'agriculture le principal moteur du développement en reléguant au tiers rang l'industrialisation malgré les ressources naturelles du sous-sol extrêmement riche en minerais. Les politiques de développement économique sont pour la plupart fondées sur l'agriculture. Les agences de développement placent leur intervention dans le cadre général de développement économique axé sur l'agriculture. À cela s'ajoute le secteur privé qui est un autre levier du développement économique par sa capacité d'absorption de la main-d'œuvre.

La Côte d'Ivoire et le Cameroun, respectivement 1er et 5e parmi les producteurs mondiaux de cacao (Hütz-Adams *et al*, 2016) bénéficient de l'accompagnement du GIZ, de l'AFD, de l'USAID et l'UE qui s'accordent à améliorer la durabilité de cette filière (Hütz-Adams *et al*, 2016, 11). En Côte d'Ivoire, le GIZ soutient la mise en œuvre du programme national pour le développement durable des secteurs du café et du cacao. À cet effet, il appuie la formation des cacaoculteurs sur les bonnes pratiques agricoles et leur octroie gratuitement des intrants (les jeunes plants, les engrais et les pesticides) (Hütz-Adams *et al*, 2016). Au Cameroun, le GIZ[139] et l'UE soutiennent la filière à travers des programmes qui visent l'amélioration de la production (Hütz-Adams *et al*, 2016).

Le coton est une autre filière agricole du tissu économique des pays d'Afrique francophone. L'AFD, le GIZ et l'UE soutiennent à différents niveaux la filière cotonnière au Bénin, au Cameroun, en Côte d'Ivoire, au Mali à travers des projets dédiés ou des projets incluant le coton dans la stratégie globale de développement. Ces agences appuient les réformes du secteur et renforcent la durabilité et la productivité des systèmes d'exploitation cotonnière (Vincent, 2018). Aussi, dans la filière de la canne à sucre, l'AFD a financé un complexe sucrier en Côte d'Ivoire en 1970.

Le secteur privé constitue un autre pôle de développement des pays d'Afrique francophone. Les États leur reconnaissent le pouvoir de créer la richesse nationale et de les aider à employer les jeunes diplômés. Les agences de développement international partagent cette approche, c'est pourquoi elles interviennent dans ce secteur privé. Le GIZ dans le cadre du projet *develoPPP* soutient les initiatives durables des entreprises privées en Côte d'Ivoire, au Burkina-Faso, au Cameroun, au Mali, à Madagascar et au Sénégal (GIZ, 2021).

Au Cameroun, l'AFD coopère avec les établissements bancaires et de microfinance afin de favoriser l'accès au crédit d'investissement pour les entreprises camerounaises (Conversy et al, 2018). Elle a participé au financement du programme d'investissement des sociétés CAMRAIL, AES SONEL, KPDC et ALIOS FINANCE. Il en est de même de la Côte d'Ivoire où la France, à travers l'AFD, a apporté son soutien financier à l'État au lendemain de la crise (GIZ, 2021).

En Côte d'Ivoire, le GIZ soutient l'entreprise de télécommunication Orange dans le cadre du projet *Orange Digital Center*. Il a implanté un atelier de fabrication numérique pour créer des équipements numériques « FabLab Solidaire » ainsi qu'un accélérateur de startups « Orange Fab » (GIZ, 2021). Dans l'accompagnement des entreprises, l'AFD a apporté son soutien au

[139] Le GIZ intervient à travers deux programmes : le projet SSAB (*Sustainable Smallholder Agribusiness* – Petites agro-entreprises durables) et les Centres d'innovation verte pour l'agriculture et le secteur alimentaire (*Green Innovation Centres for the Agriculture and Food Sector*) dans le cadre de l'Initiative spéciale du BMZ « ONEWORLD No hunger » (« Un monde sans faim »).

programme de restructuration de la compagnie aérienne multinationale Air Afrique (Listre, 2015).

Le GIZ, l'AFD et l'Union européenne renforcent l'infrastructure économique du Togo à travers le financement de l'approvisionnement en énergie électrique par la construction de la ligne à haute tension ainsi qu'un poste de transformation. En outre, ils financent la réhabilitation de la centrale hydroélectrique de Nangbeto et ils soutiennent la production des énergies renouvelables au niveau décentralisé (Otèth Ayassor *et al*, 2016). Dans le même ordre d'idées, dans sa coopération avec l'État du Cameroun, l'AFD a cofinancé le projet hydroélectrique de Lom Pangar permettant ainsi de répondre aux besoins énergétiques de la région de l'Est (Conversy *et al*, 2018).

2. L'implication des agences de développement dans la promotion de la gouvernance

Le développement d'un État implique qu'il ait des institutions fortes. Les institutions sont ainsi des aspects pertinents du développement des États. Les bailleurs de fonds internationaux encouragent les États d'Afrique noire francophone à entreprendre des réformes de leurs institutions. Elles favorisent à leur tour le succès des réformes économiques, et par voie de conséquence, le développement socioéconomique. Selon les Nations-Unies et les agences de développement, la bonne gestion des affaires publiques induit la bonne gouvernance avec comme principaux indicateurs : la transparence dans la gestion des affaires publiques, la démocratisation et la participation de la société civile, la recherche systématique de l'amélioration de l'efficacité et de l'efficience organisationnelle (Nadah, 2009).

Dans leur coopération avec les États d'Afrique noire francophone, les agences de développement interviennent dans la promotion de la démocratie locale, la participation populaire à travers les associations et les ONG, la transparence dans la gestion des budgets publics et la lutte contre la corruption. Ainsi, l'AFD et le GIZ soutiennent le processus de décentralisation dans les pays d'Afrique francophone à travers des programmes qui visent à améliorer la gouvernance locale et le développement local (Conversy *et al*, 2018). Les agences accompagnent le développement de l'État de droit ; ils œuvrent au renforcement du service public de la justice, à la promotion et au renforcement de la protection des droits de l'Homme ; et enfin, ils œuvrent à faire progresser l'égalité femmes-hommes dans tous les secteurs socio-économiques. La bonne gouvernance, par les réformes et le renforcement de ces différents points, sert au développement dans sa variante politique.

Conclusion

Les actions des agences de développement international et leurs réelles incidences dans l'ingénierie du développement des États d'Afrique noire francophone ont été au centre de cette analyse. Il en ressort que la coopération des États d'Afrique noire francophone avec les agences de développement depuis 1960 est fructueuse. L'AFD, le GIZ, l'USAID et l'Union européenne interviennent dans les domaines sociaux et dans l'économie de ces États. Dans le domaine social, ces agences de développement apportent leurs concours financiers et techniques dans l'éducation, la formation professionnelle, la santé, l'eau et l'emploi. Ces soutiens permettent de lutter contre la pauvreté qui est un frein au développement des États. Les États coopèrent avec les agences de développement dans le domaine de l'économie. C'est ainsi que les analyses montrent que ces agences renforcent les programmes de développement de l'agriculture, de l'environnement et de l'énergie. Les entreprises privées, leviers de développement, bénéficient également du soutien financier des agences de développement.

Les contributions des agences de développement aux stratégies de développement des États d'Afrique noire francophone ont permis des avancées louables dans tous les secteurs de leur coopération. Il y a amélioration de la situation des bénéficiaires (États, entreprises, ménages) de l'aide (subventions, prêts et dons). En plus, la transversalité et l'interaction des actions des agences de développement peuvent être positives dans la durée par le phénomène de vases communicants, car aucun secteur de l'activité économique n'est fermé, il est toujours ouvert aux autres secteurs et s'influence mutuellement d'une manière ou d'une autre. Cela permet d'affirmer que la coopération bilatérale des États à travers les agences de développement est un levier pertinent de développement qu'il faut encourager.

Les agences de développement sont certes importantes pour le développement des États d'Afrique noire francophone. Cependant, des limites peuvent leur être formulées. Tout d'abord, en étant des instruments des pays développés, elles visent prioritairement leurs intérêts. Ensuite, dans la mise en œuvre des actions, elles choisissent leurs entreprises pour la réalisation des projets et enfin, leurs ressources humaines étrangères qui coordonnent les secteurs de développement ne sont pas toujours hautement qualifiées par rapport à celles nationales.

Références bibliographiques

AFD, *Cartographie des projets et études soutenus par l'AFD en matière de formation et d'insertion professionnelle des jeunes*, Eds AFD, 2014.

Amprou Jacky, Chauvet Lisa, *Efficacité et allocation de l'aide, revue des débats*, Paris, Agence française de développement, « Notes et documents », n° 6, 2005.

Ayassor Adji Otèth et *al*, *Document conjoint de programmation de l'Union européenne au Togo*, 2016.

Bayart Jean François, *L'État en Afrique. La politique du ventre*, Paris, Fayard, 1989, 439 p

Bayart Jean-François, Mbembe Achille et Toulabor Comi, *La politique par le bas en Afrique noire*, Paris, Khartala, 2008, 228 p.

Blanc Aymeric et Ghesquieres Cédric, *Secteur de l'eau au Sénégal : un partenariat équilibré entre acteurs publics et privés pour servir les plus démunis,* Paris, Agence française de développement, 2006.

Campbell Bonnie, Hatcher Pascale, « Existe-t-il encore une place pour la coopération bilatérale ? Réflexions à partir de l'expérience canadienne », *Revue Tiers Monde*, 2004/3 n° 179, pp. 665 à 687.

Conversy Julie *et al*, *Évaluation de 15 ans de développement des territoires ruraux en Afrique subsaharienne*, Paris, Eds AFD, 2018.

Diop Bintou, « Appui à la Réforme de la Formation Professionnelle au Sénégal (RéFoP). Une offre de formation pour les jeunes en adéquation avec le marché du travail », GIZ, 2021.

Dortier Jean François (dir), *Dictionnaire des sciences sociales*, Auxère, Éditions des Sciences humaines, 2013.

Epargne sans frontières, *Le rôle du secteur privé dans le financement du développement - bilan et perspectives à l'horizon 2015*, Actes du Colloque 2013 d'Epargne Sans Frontière, tenu le 16 avril 2013 à Paris, 2013, N° 111, pp. 9 à 44.

Fuchs Michael *et al*, *Initiative de financement à long terme en Côte d'Ivoire*, Rapport du diagnostic pays, Septembre 2019.

GIZ, « Développement des espaces naturels et économiques Taï et Comoé PROFIAB II, Côte d'Ivoire », publication du GIZ, octobre 2017.

Hütz-Adams Friedel et *al*, *Renforcer la compétitivité de la production de cacao et augmenter le revenu des producteurs de cacao en Afrique de l'Ouest et en Afrique centrale,* Bonn, Südwind, 2016, 90 p.

Jacquet Pierre, « Les enjeux de l'aide publique au développement », *Politique étrangère*, 2006/4, pp. 941 à 954.

Kouider Boutaleb, « La problématique du développement socio-économique et les objectifs d'une authentique réforme de l'État en Afrique », 11° Assemblée générale du CODESRIA : « Repenser le Développement Africain : Au-delà de l'impasse les alternatives », Maputo, Mozambique 6 – 10 – Décembre 2005, pp.1 à 31

Listre Jean-Pierre, « François Pacquement. *Histoire de l'agence française de développement en Côte d'ivoire », Afrique contemporaine*, n° 256, pp.151 à 154, 2015.

Meimon Julien, « Que reste-t-il de la coopération française ? », *Politique africaine*, 2007/1 N° 105, pp. 27 à 50.

Meisel Nicolas, Ould Aoudia Jacques, « L'insaisissable relation entre « bonne gouvernance » et développement, *Revue économique*, 2008, Vol. 59, pp. 1159 à 1191.

Nadah Abdeslam, « Gouvernance, croissance économique et lutte contre la pauvreté : liens et éléments de politiques », XXVIe Congrès International de la Population, 2009, pp. 1 à 31.

OCDE, « Chapitre 4 : Points sur les efforts et les politiques des donateurs bilatéraux », *Revue de l'OCDE sur le développement,* 2005/1, n°6, pp. 81 à 122.

OCDE, « V : point sur les efforts et politiques des donneurs », *Revue l'OCDE du développement,* p.103.

Owona Nguini Mathias, Menthong Hélène-Laure, « Gouvernement perpétuel et démocratisation janusienne au Cameroun », *Politique africaine*, n°150, 2018, pp. 97 à 114.

PNUD, *Indices et indicateurs du développement humain*, Rapport du Bureau du Développement humain, 2018.

Pouilleute Antoine, « La lutte contre la pauvreté. Nouveau paradigme de l'Agence française de développement », *Politique africaine*, 2001/1 N° 81, pp. 171 à 175.

Severino Jean-Michel, Charnoz Olivier, « Les « mutations impromptues ». État des lieux de l'aide publique au développement », *Afrique contemporaine*, vol 1, n° 213, p.13-131, 2005.

Veltmeyer Henry (dir), *Des outils pour le changement. Une approche critique en étude de développement*, Ottawa, Les Presses de l'Université d'Ottawa, 2015, 384 p.

LA GESTION CONCERTÉE DES RESSOURCES NATURELLES DANS LE BASSIN DU LAC TCHAD

Aurélie Laïla DAFEL TCHINDEBE
Université de Maroua, Cameroun

Résumé

Après les indépendances, les États du bassin du lac Tchad, affectés par des troubles climatiques depuis 1970, ont engagé des initiatives de développement. Les ressources naturelles sont considérées comme éléments essentiels pour la croissance économique de cette entité. Au regard de la recrudescence des crises écologiques, cet espace à la démographie croissante est affecté par des enjeux géopolitiques autour de la question du partage équitable et rationnel des ressources en eau. Dès lors, les États du bassin du lac créent en 1964, la Commission du Bassin du Lac Tchad (CBLT) afin de mieux gérer les ressources, d'éviter les conflits d'usage et de contribuer au développement économique du bassin. En dépit des conventions qui règlementent la gestion rationnelle et équitable des biens communs, les inégalités de partage des ressources naturelles s'intensifient sous le prisme des violences environnementales. Par ailleurs, les mauvaises pratiques d'usage et l'égoïsme des acteurs accentuent l'insécurité socio environnementale. De nos jours, l'intérêt de la gestion durable des ressources naturelles du Lac Tchad est primordial pour la construction des États et le bien-être de la population. À l'aide des ouvrages, des articles et des rapports, cette étude vise à montrer d'une part l'impact de la gestion concertée des ressources naturelles au développement socio-économique du bassin du Lac Tchad. D'autre part, elle consiste à identifier les défis liés à leur gestion rationnelle face aux enjeux contemporains des changements climatiques dans le monde.

Mots clés : Lac Tchad, gestion rationnelle, ressources naturelles, développement.

Abstract

Following independence, the states of the Lake Chad Basin, which had been impacted by climatic disruptions since 1970, began development efforts. Natural resources are seen as critical components for this entity's economic development. In light of the return of ecological crises, geopolitical challenges surrounding the equal and rational sharing of water resources are affecting this sector with expanding demography. The Lake Chad Basin Commission (LCBC) was established in 1964 by the states of the lake basin to better manage the resources, eliminate usage conflicts, and contribute to the basin's economic development. Inequalities in the distribution of natural resources are rising under the lens of environmental violence, notwithstanding the conventions that control the rational and equitable use of shared commodities. In addition, poor user behavior and actor greed exacerbate socio-environmental insecurity. Nowadays, the interest in the long-term management of Lake Chad's natural resources is critical for the development of states and the well-being of the population. Using books, papers, and reports, this research intends to demonstrate, on the one hand, the impact of coordinated management of natural resources on the socioeconomic growth of Lake Chad's basin. On the other side, it entails identifying the obstacles to their reasonable management in light of the world's current climate change challenges.

Keywords: *Lake Chad, rational management, natural resources, development.*

Introduction

Les ressources naturelles sont des enjeux de développement et du panafricanisme en Afrique subsaharienne. Au lendemain de leur indépendance en 1960, l'urgence des changements climatiques fut oppressante pour ces jeunes États africains. Au regard de l'impact des variations climatiques, les États du bassin du Lac Tchad (le Tchad, le Niger, le Cameroun et le Nigéria) initient la gestion concertée pour mieux gérer les ressources en eau partagées par l'œuvre de la commission du bassin du Lac Tchad créée en 1964[140].

La recrudescence des périodes de sècheresse entre 1970 et 1983 conduisit à l'amenuisement des cours d'eau, à l'insécurité alimentaire et aux mobilités[141]. L'assèchement progressif du Lac affecte ainsi le mode de vie et les activités économiques des riverains. Sous le joug de cette pression environnementale, les ressources naturelles deviennent davantage l'expression des jeux et enjeux de pouvoirs des divers acteurs. C'est pourquoi des conflits et revendications liés au contrôle des ressources en eau se multiplient autour des frontières intangibles du lac Tchad.

Dès lors, l'impact de ces crises écologiques dans le Lac Tchad est la difficulté pour les populations riveraines de s'adapter aux changements climatiques. Le plus souvent, leurs actions anthropiques débouchent sur une mauvaise exploitation des ressources naturelles ; exposant davantage aux risques d'insécurité sociale, économique et environnementale. L'eau, principal moteur des activités agropastorales et de la pêche, est en forte demande par les riverains. De nos jours, les changements climatiques sont

---

140 M. Abdoulaye, *La gestion des ressources en eau dans le bassin conventionnel du lac Tchad : État des lieux et perspectives,* Mémoire de Master 2 en droit international de l'environnement, Université de Limoges, 2007, *p. 7.*

141 A. Sambo, *Les cours d'eau transfrontaliers dans le bassin du lac Tchad : accès, gestion et conflits (XXe et XIXe siècles)*, Thèse de doctorat en Histoire, Université de Ngaoundéré, 2010, p. 37.

pour les États du Lac Tchad un défi pour leur développement socio-économiques et pour le bien-être de la population.

En dépit du cadre juridique mis sur pied pour améliorer la gestion concertée des ressources partagées en eau, leur exploitation rationnelle peine à être effective. Cela est dû à l'inégale répartition des ressources en eau. Pendant que les variations des débits de cours d'eau favorisent d'une part l'abondance des ressources halieutiques, la fertilité des terres et l'abondance de l'eau pour le pâturage ; elles engendrent d'autre part des revendications sur le droit d'usage aux ressources[142]. Ceci est un défi pour du partage équitable et rationnel entre les États du Lac Tchad couvrant une population de plus de 30 millions d'habitants pour un bassin conventionnel de 2500 km^2[143].

Pourtant, les conventions internationales et régionales signées entre les États membres ont pour objectifs : la gestion équitable et rationnelle des ressources naturelles, la pérennisation du développement durable, la préservation de la paix et de la sécurité. Ceci permet de favoriser l'intérêt commun et de limiter les inégalités d'accès aux ressources. La valorisation du patrimoine culturel du lac est donc indispensable pour la survie des individus et de leurs économies. L'harmonisation d'action fait donc appel à la responsabilité de tous pour un intérêt commun.

L'enjeu de développement du Lac s'inscrit dans le cadre mondial de l'adaptation aux changements climatiques. Il envisage la prospérité économique des États membres, la sécurité sociale et la sécurité environnementale. L'implication des acteurs nationaux et internationaux dans la protection de l'environnement et le mode d'usage des ressources permettent donc une prise de conscience commune au sujet de l'économie des ressources pour la sécurité des générations actuelles et futures.

À l'aune des stratégies adoptées pour l'adaptation aux changements climatiques dans le monde, la gestion concertée est une initiative encouragée dans les programmes de développement durable. Cette coordination d'action des acteurs du Lac Tchad est depuis plus de cinquante ans une voie amorcée pour leur intérêt commun et leur développement. Toutefois, cette initiative de développement commun contribue-t-elle à la construction des États membres de la CBLT et au bien-être de leur population ?

Cette préoccupation de l'inégale répartition des ressources en eau face aux enjeux corollaires de démographie croissante et de l'impact des crises environnementales sur l'adaptabilité des acteurs aux changements climatiques débouche sur une double analyse. Il s'agit d'une part, de montrer l'impact de la gestion concertée des ressources en eau au développement socio-

---

[142] A. Sambo, *op.cit.*, p. 37.

[143] Entretien avec Mahamat Alifa Moussa, secrétaire général du ministère hydraulique urbaine et rurale de la République du Tchad, le 15 juin 2022 à Ndjaména.

économique des États membres de la CBLT. D'autre part, il est question de relever les défis liés à leur gestion rationnelle face aux enjeux des changements climatiques dans le monde.

I. Les changements climatiques dans le bassin du lac Tchad

La configuration géographique actuelle du Lac Tchad est une résultante des changements climatiques. L'assèchement des cours d'eau eut d'importantes répercussions sur le climat, la faune et la flore. La démographie croissante dans cette région a un impact dans la répartition des ressources en eau. Ce problème crucial nous permet de montrer l'influence géographique et démographique du bassin conventionnel du lac Tchad sur l'accès aux ressources en eau. Par ailleurs, il est question d'illustrer les initiatives de développement commun qui se caractérisent par un cadre de gestion concertée des ressources en eau et des accords règlementant leur bonne gouvernance.

A. Le contraste géographique dans le bassin du Lac

Le bassin conventionnel du Lac Tchad appartient aux zones humides du monde tropical confrontées aux défis de développement, en contexte de réchauffement climatique et de pression démographique. Limitrophe entre le Tchad, le Cameroun, le Niger et le Nigéria, sa configuration géographique a souvent été à l'origine des conflits liés à l'accès aux ressources entre les riverains. Il est un pôle pour la croissance économique des États membres. Cependant, la variation des cours d'eau du lac due depuis 1970 impacte sur les ressources en eau, sur la population et sur ses activités. Ceci a été un facteur déterminant des mobilités saisonnières pour la pratique des activités économiques. Alors, définir le contraste de ce milieu aride et de la population croissante permet de montrer leur influence sur le mode de gestion des ressources naturelles.

1. Caractéristiques géographiques et démographiques du Lac Tchad

Le lac Tchad est un patrimoine africain, et même un patrimoine de l'humanité tout entière. Il est une source de développement économique pour les communautés riveraines et les États membres. Il dispose des ressources en eau en constante variation et d'un climat instable. Elles sont essentielles pour la survie des riverains en dépit de ce contexte climatique affecté par la sècheresse, la pénurie des ressources et la forte démographie.

Entre 1970 et 1980, le débit du Chari a diminué et le niveau d'eau dans le lac Tchad s'est abaissé[144]. À sa création, il couvrait 427300 km^2, partagés par le Niger (121500 km2), le Nigeria (90 000 km2), le Cameroun (37 500 km2)

---

[144] R. Christine *et al.*, *Le Tchad des lacs : les zones humides sahéliennes au défi du changement global*, IRD Editions, Marseille, 2019, p. 68.

et par le Tchad (178 300 km2) qui dispose de la plus grande part[145]. Son apport en eau provient des fleuves Chari et Logone et du cours d'eau Kamadougou Yobé, issu du Nigeria[146].

Le bassin conventionnel du lac Tchad a subi plusieurs transformations en allant du grand lac au petit lac actuel. Sa taille a diminué de 25 000 km^2 à environ 5 000 km^2 depuis 1960[147]. Les différentes phases de transformation du lac Tchad dues aux changements climatiques à partir des années 1970 sont expliquées en ces propos :

Trois phases de Petit Tchad sont intervenues depuis le début du XXe siècle, la première (1904-1915) avec une surface en eau libre d'environ 1700 km2 est située devant le delta du Chari, avec un niveau d'eau compris entre 179 et 281 avec trois grandes saisons de sécheresse 1972, 1973 et 1985 [148].

À partir des années 1970, la régression des cours d'eau dans le lac Tchad s'est accompagnée de l'amenuisement des ressources à savoir : l'eau, les poissons, le pâturage et les terres fertiles[149]. Entre 1975 et 1976, la baisse du niveau d'eau aboutit à l'assèchement de la cuvette Nord avec une surface de 8000km^2 et en 1983, la surface du lac est de 1570 km^2 [150]. De nos jours, il ne couvre que 2500 km^2 de sa superficie d'origine[151].

Par conséquent, ces transformations conduisirent à son assèchement progressif et engendrèrent une régression des ressources en eau. La variabilité de l'eau du lac selon les aléas climatiques (assèchement et inondation) rend la possibilité des activités halieutiques, pastorales et agricoles difficiles. Cette superficie varie selon l'alternance des périodes de sècheresse et d'humidité qui influent sur la taille du lac.

---

[145] A. Sambo, *Op. cit.*, p. 28.

[146] *Idem.*

[147] AIEA, La coopération technique de la gestion intégrée et durable des systèmes aquifères et des bassins partagés de la région du Sahel, Rapport d'étude, 2017, p. 15.

[148] J. Lemoalle, G. Magrin, *Le développement du lac Tchad : situation actuelle et futurs possibles*, IRD Éditions, Marseille, 2014, p. 23.

[149] A. Sambo, 2003, *Le fleuve Logone entre le Cameroun et le Tchad : enjeu politique et économique (XIXe et XXe siècle)*, Mémoire de Maîtrise d'Histoire, Université de Ngaoundéré, p. 52.

[150] A. Beauvilain, 1989, *Nord Cameroun : crises et peuplement*, Thèse de Doctorat en géographie, Université de Rouen, p. 47.

[151] *Idem.*

Carte 1: État des lieux du bassin du lac Tchad.

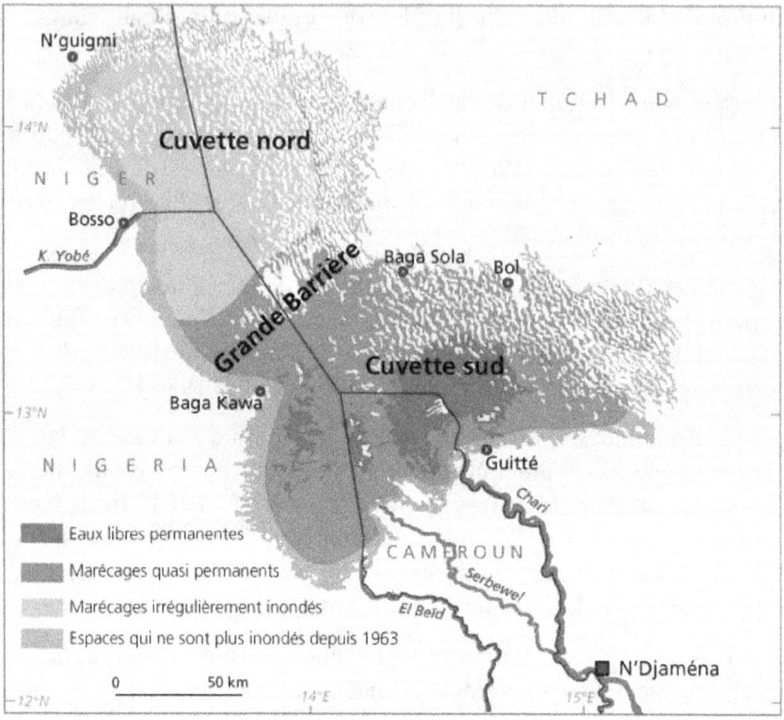

Source *:* Magrin G., Lemoalle J., et Pourtier R. (dir.), *2015, Atlas du Lac Tchad, Passages,* Paris, p. 24.

L'absence de l'eau affecte ainsi le secteur économique et la sécurité sociale. Les activités pratiquées sont issues des ressources en eau notamment : l'agriculture irriguée et de décrue aux abords du lac, l'élevage de transhumance et la pêche. Étant est une source d'approvisionnement en eau à plus de 30 millions de personnes, sa gestion se complexifie et engendre de nouveaux défis à savoir les conflits, l'insécurité transfrontalière et la surexploitation des ressources.

Cependant, la forte pression démographique a également un impact sur l'utilisation des ressources dans le Lac Tchad. Passée de 60 millions en 1960 à plus de 243 millions d'habitants en 2017[152], elle accroît les problèmes liés à l'accès à l'eau et favorise les inégalités de partage. La densité de la population

[152] UNFPA/WCARO, De la crise au développement autour du Lac Tchad : éléments de stratégies pour une réponse intégrée, holistique et durable, Rapport du bureau régional pour l'Afrique de l'Ouest et du Centre, 2015, p. 16.

quant à elle est estimée à 0,7 million d'habitants en 1976 ; tandis qu'en 2013, ce nombre a largement augmenté soit 2,2 millions d'habitants[153].

Aujourd'hui, menacé par la sècheresse accrue et la pression croissante de la population, le lac Tchad fait l'objet de nombreuses recherches pour le développement durable. Il est considéré comme le poumon environnemental, économique et social de la région. C'est une source d'approvisionnement en eau pour près de quinze millions de personnes en dépit des multiples défis écologiques auxquels il se heurte[154].

Toutefois, l'adaptation aux changements climatiques nécessite des efforts conjoints des États membres de la CBLT et de tous autres acteurs impliqués dans la gestion des ressources du bassin du lac Tchad. La prise de conscience et la responsabilité commune de la préservation du lac pour la sécurité environnementale et humaine deviennent indispensables à la sécurité socio-environnementale.

De ce fait, l'enjeu de développement du Lac fait appel à la prise de conscience et à la responsabilité des acteurs. La concertation des États membres de la CBLT permet ici d'améliorer le cadre de gestion des ressources en eau. De nos jours, la gestion rationnelle des ressources en eau constitue donc un enjeu important au développement socio-économique régional face aux changements climatiques[155].

Les multiples besoins qui accompagnent la croissance démographique et urbaine du bassin rendent la mission de gestion concertée des ressources plus cruciale que jamais. L'urgence de mobiliser les efforts des pays riverains pour promouvoir une gestion transfrontalière des ressources naturelles au service de la paix et du développement est donc cette nécessité pour le développement durable.

À l'issue de ces crises écologiques qui affectent le développement de l'ensemble des pays membres du bassin du lac Tchad et en dépit de ses potentialités économiques, la gestion rationnelle des ressources en eau servirait de catalyseur au développement économique et à l'intégration régionale dans la perspective d'une coopération améliorée, renforcée et profitable à tous. Ainsi, ces préoccupations font appel à la concertation des États membres pour la coordination d'action en vue de favoriser le développement du Lac Tchad.

L'enjeu de développement du Lac permet la concertation des États membres de la CBLT pour améliorer le cadre de gestion des ressources en

---

153 UNFPA/WCARO, *op.cit.*, p.16.

154 L. Fabius, *Atlas du Lac Tchad*, Passages, 2015, p. 11.

155 I. Alvarez, *Préservation du Lac : contribution à la stratégie de développement du lac*, projet de développement du lac Tchad, Niger, 2008, p. 2.

eau. Penser à la durabilité des ressources c'est revoir les politiques de développement des États membres du Lac. La gestion rationnelle des ressources en eau est un intérêt important pour le développement socio-économique local face aux changements climatiques[156].

En somme, ces défis écologiques et démographiques sont identifiés comme des défis à la bonne gestion des ressources en eau. Le lac Tchad est donc un espace où les conflits d'accès aux ressources sont récurrents.

2. Les luttes d'accès aux ressources naturelles

Les ressources en eau du Lac Tchad représentent aujourd'hui pour les populations locales un intérêt socio-économique permettant de satisfaire à leurs besoins fondamentaux. Bien plus, elles favorisent l'implantation des peuples et déterminent leurs mobilités autour du lac.

La population du lac Tchad en 1973 a augmenté à un rythme légèrement supérieur au solde naturel soit plus de 3,2 % par an en moyenne entre 1976 et le milieu des années 2000[157]. Par contre, les recensements des populations entre 1993 et 2009 montrent une baisse de la densité de la population[158]. Face à la pression démographique, les migrations saisonnières s'accentuent et les conflits liés à la gestion de l'eau ou des terres s'intensifient.

Toutefois, la régression des cours d'eau, les migrations de poissons et les crises alimentaires affectent les activités aux abords du lac Tchad. Ces déplacements en amont et en aval des fleuves confrontent les différents riverains pêcheurs, agriculteurs et éleveurs. Il s'agit des conflits intercommunautaires ou interétatiques pour la gestion de l'eau, des poissons, des terres fertiles et du pâturage.

Le cas du conflit dû à l'immigration des pêcheurs Massa à *Doreissou* qui a soulevé le mécontentement des pêcheurs *Mousgoum*, qui malgré de multiples tentatives d'expulsion des Massa n'ont pas abouti à leur fin[159]. Un autre conflit de l'immigration des Mousgoum de Pouss vers le Logone et Chari en 1953 a été la cause des rixes avec les Kotoko qui les accusaient de l'exploitation des terres fertiles, du pâturage et des poissons du territoire Kotoko[160]. Les inégalités d'accès aux ressources engendrent de nombreux conflits autour des frontières du Lac Tchad.

Des revendications souvent faites pour la mauvaise gestion ont opposé depuis décembre 2021 dans la partie camerounaise, précisément dans le *Logone Birni,* les peuples éleveurs *Kotoko* et *Arabes Choa* contre les pêcheurs

---

[156] I. Alvarez, *Préservation du Lac, op.cit., p.2.*

[157] *Idem.*

[158] J. Lemoalle, G. Magrin, *op. cit.*, p. 23.

[159] A. Sambo, *op. cit.*, p. 46.

[160] *Idem.*

Massa et *Mousgoum*[161]. Ces conflits sanglants ont entraîné des pertes en vies humaines, la destruction des matériaux à cause de la convoitise des ressources naturelles. Ces conflits ont troublé la paix et l'intégration sous-régionale. Alors, prendre conscience de la protection de l'environnement et de l'économie des ressources doit être une nouvelle feuille de route pour la marche effective vers le développement durable.

Les éleveurs en quête permanente de l'eau et du feuillage pour leurs troupeaux se confrontent aux agriculteurs en quête d'eau pour l'approvisionnement de leur culture. Dans certains cas, on assiste au vol du bétail.

Depuis le 08 décembre 2021, d'autres conflits intracommunautaires dans le Logone Birni ont causé la mort de plusieurs personnes. Ils ont engendré les mouvements de centaines de déplacés dans le Logone-Chari et le Mayo *Danay*[162].

Quant aux conflits interétatiques, la matérialisation des bornes frontalières dans le lac n'est toujours pas favorable au respect des limites territoriales des États. Dans ce cadre, les ressources naturelles deviennent des enjeux de la géopolitique qui révèlent la souveraineté des acteurs. Le conflit territorial entre le Cameroun et le Nigéria pour l'occupation de l'île de Darak par les Haoussa Nigérian en 1987 pour la pêche en est illustratif[163]. Les causes de ce conflit étaient le contrôle des ressources halieutiques de ladite île.

Une autre illustration des contentieux territoriaux pour le contrôle des ressources naturelles dans le Tchad est celui opposant le Tchad et le Cameroun. En 2006, la présence de militaires tchadiens sur des îles réputées relever de l'arrondissement camerounais de Darak (Nimeri, Karakaya, Birni Goni, etc.) a ravivé des tensions entre le Cameroun et le Tchad qu'elles ne représentaient pas un véritable intérêt stratégique[164].

En termes d'analyse, ces conflits interétatiques autour la gestion des ressources en eau sont des enjeux stratégiques pour les États. Leur contribution à l'économie de la région du Lac Tchad est la cause de la lutte constante entre les acteurs pour la préservation de leur intérêt : d'où la nécessité de la coordination d'action pour la gestion commune des ressources en eau partagées. Il s'agit d'un cadre juridique commun qui harmonise les politiques sous régionales pour l'usage rationnel des ressources naturelles, pour la bonne pratique des textes règlementant leur utilisation durable

[161] CRTV, Journal télévisé de la Cameroon Radio Television, 28 décembre 2021.

[162] OCHA, Violences intracommunautaires dans le Logone Birni, Rapport de situation N° 5, Maroua, 2021.

[163] R. Pourtier, « De la contestation à la coopération transfrontalière », in *Atlas du Lac Tchad*, N° spécial 183, Passages, 2015, p. 147.

[164] *Idem*.

B. Harmonisation des politiques de cogestion des ressources

La gestion concertée des ressources en eau est fondée sur l'adoption des conventions notamment la convention de Fort Lamy de 1964, l'accord de Moundou et la charte de l'eau de 2012, spécifiques au bassin du Lac Tchad. Elles ont pour but la réglementation des politiques de gestion des ressources en eau pour une exploitation rationnelle équitable entre les acteurs. Ces textes établissent le socle de la mission de la CBLT, chargé de coordonner à travers les secrétariats exécutifs des États membres leurs initiatives communes de développement par le biais de la concertation.

1. La gestion concertée des ressources en eau

L'initiation aux projets de développement dans le bassin du Lac Tchad est marquée depuis 1960 par la politique de gestion commune des ressources en eau. Les plans de développement du lac visaient à améliorer les conditions environnementales et à stabiliser la situation économique de la population.

Dès 1964, les États riverains ont créé la Commission du bassin du lac Tchad dont le mandat est de protéger les ressources naturelles, de réguler l'utilisation des eaux à travers les frontières, de faire office de médiateur lors des conflits et de conseiller ses pays membres à relever les défis transfrontaliers[165]. Cet organe assure le suivi et le contrôle des activités concernant le lac avec l'appui des commissions mixtes et des programmes communs.

Les projets intégrés ont apporté un nouvel intérêt pour le « bien-être » des populations rurales et le développement durable. À partir de 1970, les États orientent leurs politiques vers la gestion concertée des ressources pour permettre la durabilité des ressources naturelles qui sont sous le choc des changements climatiques et du mauvais usage des ressources. Ils concourent aussi à l'évolution socio-économique de la région.

La gestion concertée des ressources en eau est mise en exergue dans le bassin du Lac Tchad à travers un cadre juridique chargé de coordonner le partage équitable et rationnel de l'eau. Le contexte criard des défis environnementaux motive les pays membres à élaborer un cadre de gestion des ressources naturelles face à la recrudescence des périodes de sècheresse de 1970, 1980, 1983[166].

À travers ce cadre, les politiques de développement commun assurent la durabilité des ressources. L'implication de la population dans la mise en œuvre des projets détermine la qualité d'élaboration du processus social et de la mise en œuvre des règles pour leur effectivité. Du moment où les ressources

---

[165] GIZ, Projet d'analyse diagnostique transfrontalière du bassin du lac Tchad, 2018, p. 5.
[166] A. Sambo, *op. cit.*, p. 46.

en eau sont partagées par plusieurs acteurs, les conventions permettent de limiter l'exploitation abusive des ressources et les conflits du fait des contraintes environnementales.

Enfin, cette coopération est un cadre harmonisé pour la protection de l'environnement et de la conservation de la biodiversité. Conscients des failles de leurs politiques nationales de protection de l'environnement, ces États unissent leurs efforts à travers les programmes de développement durable pour améliorer la sécurité économique, sociale et environnementale. L'intérêt de cette cogestion réside dans la bonne gouvernance des ressources partagées.

Dès lors, la mise en œuvre de ces initiatives de développement du lac Tchad s'accompagne d'un cadre juridique visant à harmoniser la protection de l'environnement et des ressources naturelles dans le bassin du Lac Tchad. La CBLT et les départements ministériels se chargent de la bonne mise en œuvre des décisions communes et des programmes de développement engagés par les organismes nationaux et internationaux.

Il est question dans les lignes suivantes de présenter ces outils juridiques qui coordonnent l'utilisation des ressources du lac Tchad, et de déterminer leur rôle dans la gestion des ressources naturelles.

2. Les instruments de gestion de ressources naturelles dans le bassin du lac Tchad

Plusieurs outils permettent de règlementer la gestion rationnelle des ressources en eau dans le lac Tchad. Ils militent pour les bonnes pratiques d'usage des ressources en eau, la protection de la biodiversité et sa valorisation, la gestion intégrée et participative des ressources naturelles. Leur connaissance nous permet de mieux comprendre la responsabilité des acteurs impliqués dans la mise en œuvre des programmes de développement pour une adaptation sereine aux changements climatiques.

La convention de *Fort Lamy* est le premier instrument juridique mis sur pied en 1964 pour la gestion des ressources en eau communes. Son but est la concertation règlementant l'usage des ressources du lac. Ces ressources dont les enjeux sont économiques, sociaux et environnementaux permettent la valorisation de l'environnement, le bien-être des générations futures, le développement et la sécurité environnementale.

Pour aspirer au développement durable, le Tchad et le Cameroun ratifient la convention d'Helsinki de 1992 sur la protection et l'utilisation des cours d'eau transfrontaliers et des lacs internationaux ; la convention de Ramsar qui est adoptée en 1971, a pour but la protection du Lac Tchad comme une zone humide d'importance internationale pour la conservation et l'utilisation rationnelle des ressources et la protection d'habitats naturels[167].

L'accord de *Moundou* signé en août 1970 entre le Cameroun et le Tchad avait pour but l'aménagement hydraulique du fleuve Logone[168]. Suite aux défis de son applicabilité par les deux parties contractantes, les membres de la CBLT adoptent la charte de l'eau du bassin du Lac Tchad en 2012. C'est un instrument conventionnel qui a pour but d'appuyer le cadre juridique de gestion de l'eau dans le bassin du Lac Tchad en vue d'amorcer son développement durable et la préservation environnementale[169].

L'accord d'Enugu portant sur les règlements conjoints de la faune et de la flore a été signé entre les États de la Commission du Bassin du Lac Tchad (le Cameroun, le Nigeria, le Niger, le Tchad et la RCA) le 3 décembre 1977 à Enugu au Nigeria[170]. C'est une réponse d'urgence pour la protection des espèces animales et végétales menacées ou en danger d'extinction. Enfin, le traité relatif à la conservation de la biodiversité et à la gestion durable des écosystèmes forestiers d'Afrique Centrale a été signé en 2006 pour la bonne gestion des ressources forestières.

Ces outils ont permis d'intégrer la notion de droit de l'environnement à travers un cadre juridique harmonisé. Ils sont propices à la bonne mise en œuvre des projets de développement communautaires. Ils permettent d'élaborer des plans d'action communs, de limiter les conflits et d'améliorer le partage des ressources dans le lac. Ceci tout en respectant les règles d'usage des ressources naturelles pour faciliter l'adaptation aux changements climatiques.

En somme, ils adoptent des règles communes pour la conservation des ressources naturelles du Lac Tchad. L'intérêt du respect de ces règles de gestion conjointe est le bien-être des populations, la pérennisation de la paix du fait de la limitation des conflits liés aux ressources, le développement du bassin du Lac Tchad à travers la gestion rationnelle des ressources naturelles.

En dépit des dispositions juridiques prises par les membres de la CBLT pour règlementer une exploitation rationnelle des ressources naturelles, leur développement, plus de cinquante ans après leur indépendance semble

---

[167] C. Raimond *et al., Le Tchad des Lacs : les zones humides sahéliennes au défi du changement global*, IRD Editions, Marseille, 2019, p. 15.

[168] A. Sambo, « Aménagements hydrauliques sur le fleuve Logone : le Tchad et le Cameroun entre coopération et confrontation (1970-2012) ». Dans Anales faculté des arts, lettres et sciences humaines, *Traditions historiques et développement,* numéro spécial, vol 15, 2016, p. 35.

[169] Rohallati Ndara, *Charte de l'eau du bassin du Lac Tchad, Atelier international sur la pénurie des ressources*, CBLT, Génève, 2017, p. 6.

[170] M. Ondoa, Défense et environnement. Dans *Textes et documents du Cameroun (1815-2012) : Traités et accords*, volume LXI, 2013, p. 226.

complexe. Ceci en raison des répercussions des activités anthropiques sur le climat et de la défaillance au niveau de l'application des normes d'usage de ressources. Néanmoins, la gestion concertée a permis à travers plusieurs programmes de réaliser des initiatives louables au développement local et au bien-être des populations.

II. Impact de la gestion concertée des ressources en eau au développement du bassin du Lac Tchad

Le bassin du Lac Tchad est l'un des plus grands bassins d'Afrique aux fortes potentialités. La CBLT, ses États membres, les organisations non gouvernementales et organismes internationaux contribuent de diverses manières au développement du Lac à travers l'harmonisation des politiques. Ces initiatives diverses ont permis de prendre conscience de la notion de l'économie des ressources naturelles dans le cadre du développement durable. Dans cette partie, nous présenterons d'une part quelques réalisations effectuées par les acteurs pour le développement du Lac Tchad. D'autre part, il est question de montrer les défis à l'atteinte de ces objectifs de développement durable.

A. Initiatives communes de développement du bassin du Lac Tchad

De prime abord, le rayonnement économique du Lac Tchad provient de l'ensemble des projets de développement communautaire et de l'implication des acteurs nationaux et internationaux dans le processus de revalorisation du patrimoine commun. En dépit de ces efforts, la gestion rationnelle des ressources naturelles et la protection de l'environnement nécessitent une prise en compte considérable pour la sécurité socio-environnementale. Ainsi, la gestion participative et intégrée des ressources en eau est l'un des facteurs primaires du développement socioéconomique de la sous-région.

1. La gestion participative et intégrée des ressources en eau

Le Lac Tchad contribue de façon significative à la sécurité alimentaire des populations. Néanmoins, les variations du niveau du lac qui engendre des décrues et des modifications de la faune et de la flore complexifient la pratique des activités économiques. Pour s'adapter durant ces périodes, les populations adoptent des systèmes de production originaux reposant sur l'agriculture, l'élevage, la pêche et l'artisanat.

Actuellement, suite à l'assèchement d'une grande partie des eaux du lac, les superficies cultivables ont connu une extension. Elles sont aujourd'hui estimées par la CBLT à plus de 7.000.000 d'hectares[171]. Du côté de la région de Diffa, l'élevage contribue à l'économie de la région avec une valeur estimée

---

[171] M. Ondoa, *op. cit.*, p. 229.

à une cinquantaine de milliards de francs[172]. Il s'agit d'une zone aride et semi-aride qui a un climat de type sahélien propice à l'élevage.

La superficie des terres cultivées du bassin est estimée à plus de 2.800.000 hectares dont la plus grande partie se trouve au Niger avec 2.010.000 hectares ; le Nigeria avec 560.000 hectares; le Tchad et le Cameroun ont respectivement 125.000 et 44.500 hectares des terres cultivées[173]. Ces terres sont une force pour redorer l'économie et lutter contre l'insécurité alimentaire.

Des programmes de développement ruraux sont mis sur pied par les organismes internationaux pour élargir la production agricole dans le Lac. Ils mettent en œuvre des programmes de résilience aux changements climatiques, de formation professionnelle pour réduire l'oisiveté et l'insécurité transfrontalière, d'utilisation des engrais naturels et de la formation en technique de pêche, etc.

Le lac Tchad contribue au développement social et économique local par une gestion intégrée de l'eau, des sols et des territoires. Il permet de lever les contraintes qui pèsent sur l'agriculture irriguée et sur la pêche. Les politiques de gestion durable des ressources naturelles et de protection de l'environnement adopté pour la conservation de sa biodiversité contribuent à la sauvegarde de son patrimoine commun.

Dès lors, ces politiques de développement communautaire constituent des atouts pour l'amélioration de la gouvernance des ressources partagées. Alors, montrer l'influence des programmes de développement communautaire à l'élaboration d'un cadre sécuritaire stable, permet de mieux arborer les enjeux développement et d'aisance de communautés riveraines du Lac Tchad.

2. Les programmes de développement communautaire

Les politiques de développement communautaire du Lac Tchad jouent un rôle dans sa construction socio-économique. Ils permettent l'inclusion des populations à travers des projets dans la dynamique de développement rural.

L'oisiveté étant l'un des plus grands facteurs d'insécurité aux abords du Lac, l'apprentissage des métiers permet de limiter le détournement des jeunes vers les groupes rebelles en saison sèche, période où la régression des cours d'eau affecte les productions agricoles, pastorales et la pêche. L'économie est perturbée par les tensions sociales dues à l'insécurité alimentaire.

La CBLT, organisation à charge de la coordination des activités autour du lac agit par l'appui d'autres organismes nationaux et internationaux qui implémentent des projets de développement du Lac Tchad. Ils œuvrent pour la gestion participative et intégrée des ressources en eau, le développement

---

[172] M. Ondoa, *op.cit.*, p. 233.

[173] M. M. Abdoulaye, *op.cit.*, p. 4.

rural et l'adaptation aux changements climatiques. Ainsi, pour le redressement économique régional, la CBLT et d'autres projets interviennent dans le Lac afin de renforcer la sécurité environnementale et sociale dans le Lac Tchad.

Premièrement, il s'agit du redressement économique et inclusif autour du lac Tchad (RESILAC) qui est un projet visant à contribuer au redressement économique et au renforcement de la résilience face au changement climatique et à la cohésion sociale dans les territoires les plus impactés du bassin du Lac Tchad[174]. Ce projet a pour but la réhabilitation des infrastructures communautaires, le financement des micro-projets agricoles et l'apprentissage de petits métiers. Cet accompagnement permet d'améliorer la gestion des territoires et des ressources naturelles.

Ensuite, le projet pour la relance et le développement de la région du lac Tchad (PROLAC), financé par la banque mondiale qui intervient pour répondre aux défis écologiques aux abords du lac. Financé à hauteur de 170 millions de dollars, ce projet a pour but le renforcement de la coordination régionale des plateformes, l'autonomisation de la population et la consolidation des activités agricoles dans les pays de la CBLT[175]. Il agit en faveur du dialogue régional, de la cohésion sociale et du développement de l'agriculture dans les oasis du Niger comme dans les zones proches du lac Tchad dans la région de l'Extrême-Nord, au Cameroun[176].

En plus, la banque mondiale intervient pour le soutien à la sécurité alimentaire dans le bassin du lac Tchad à travers le Programme de réhabilitation et de renforcement de la résilience des systèmes socio-économiques dans le bassin du lac Tchad (PRESIBLAT)[177]. Il contribue à la lutte contre le chômage et l'oisiveté des jeunes, au renforcement des capacités pour l'adaptation aux changements climatiques et à la résilience des populations grâce à l'augmentation de leurs revenus et à la sensibilisation sur la sécurité, l'environnement et les fléaux sociaux[178].

Le projet Biosphère et patrimoines du Lac Tchad (BIOPALT) quant à lui est un plan d'aménagement et de gestion du paysage culturel du Tchad Lac qui vise à consolider les acquis d'une gestion transfrontalière inclusive du Lac Tchad[179]. Grâce à ses potentiels naturels et culturels remarquables, il est un site du patrimoine mondial de l'humanité, du fait qu'il soit le plus grand lac

---

174 https://www.alliance-sahel.org. Consulté le 25 mai 2022.
175 https://www.banquemondiale.org. Consulté le 23 mai 2022.
176 *Idem.*
177 BAD, Au Sahel et dans le bassin du lac Tchad, Rapport Banque mondiale sur la sécurité alimentaire dans le lac Tchad, 2017, p. 3.
178 *Idem.*
179 https: //www.fr.unesco.org. Consulté le 25 mai 2022.

d'eau douce d'Afrique, source d'approvisionnement de millions de personnes, de cultures anciennes et de biodiversité.

En outre, la Société de Développement du Lac (SODELAC) est mise en œuvre en 1967 par le gouvernement tchadien pour mettre en œuvre une politique agricole face à l'assèchement du Lac Tchad[180]. C'est un programme de relance du développement de la région du Lac après son affaiblissement par les crises politiques et écologiques. Il contribue à la sécurité alimentaire avec un plan d'aménagement de 400 ha par an ; il coordonne les actions de développement dans la région du Lac et vise à améliorer la production agricole de la région[181].

En termes d'analyse, ces projets consistent au développement communautaire, à la valorisation du patrimoine du lac et à l'essor économique. Ils contribuent à l'adaptation au changement climatique, à la redynamisation des activités économiques dans le bassin en structurant et accompagnant les groupements économiques pour les personnes vulnérables. La gestion intégrée de l'eau contribue à coordonner le développement durable ; la bonne utilisation de l'eau étant fondamentale pour les activités humaines, la santé et le bien-être de la population[182].

Hormis cette contribution des organismes internationaux au développement du lac, il en découle tout de même des limites à la bonne gouvernance des ressources naturelles ; celles-ci sont des défis liés au développement durable et à la sécurité. Très souvent, il s'agit des actions anthropiques qui font entrave à la sécurité des générations futures.

B. Défis et perspectives du développement durable

L'amélioration des conditions écologiques et sociales est déterminante pour la réussite des objectifs de développement commun. Les perceptions des acteurs sur la notion de changement climatique doivent changer afin d'amorcer la transition écologique pour le bien de tous. L'intérêt commun doit être pris en compte de nos jours pour réduire les inégalités de partage des ressources. Entre disparités naturelles autour des frontières, la responsabilité de tous envers notre environnement est primordiale pour l'assurance de la paix et du développement durable.

---

[180] OCDC, Programme de relance du développement de la région du Lac, Rapport d'achèvement, 2000, p. 7.
[181] *Idem.*
[182] ONU Environnement, Progrès en matière de gestion intégrée des ressources en eau, degré de mise en œuvre de la GIRE, 2018, p. 5.

1. Regard sur les discours de développement durable

Au regard des violences écologiques actuelles, les discours sur les changements climatiques se multiplient ; mais les menaces demeurent sur l'environnement. Elles sont tantôt anthropiques, tantôt la résultante des crises écologiques. Ces discours mettent en exergue la problématique du suivi et du contrôle des projets par les institutions à charge. La nécessité de l'utilisation juste, rationnelle et équitable est recommandable pour le développement durable. Ces multiples conventions et programmes de développement peinent à être implémentés au niveau local.

De nos jours, l'implémentation des projets et conventions liés à la gestion rationnelle des ressources est un problème. La quête des financements, la corruption et les détournements de fonds ont pris le dessus sur la sécurité environnementale. En outre, les comportements déviants de la protection de l'environnement et des ressources exposent davantage aux crises écologiques. C'est pourquoi la prise de conscience sur l'usage rationnel des ressources en eau est indispensable pour prévenir la dégradation de l'environnement, les conflits et leur surexploitation.

L'exploitation rationnelle des ressources naturelles est une valeur pour la sécurité environnementale et la sécurité humaine. Contrairement à la mauvaise gestion des ressources qui active l'insécurité environnementale, les sentiments de légitimité, les acteurs et les conflits. Ces attitudes ne permettent pas de faire face aux changements climatiques. Tout au contraire, elles engendrent de nouveaux défis sécuritaires qui nuisent au développement durable, à la paix et à l'intégration.

Par conséquent, le partage rationnel des ressources naturelles est une valeur non négligeable pour une gestion saine et durable, car les inégalités d'accès aux ressources naturelles sont sources de conflits. Les discours sur l'urgence climatique sont à la une de l'actualité mondiale. Ils mettent en évidence la question de dégradation de l'environnement et de prise de conscience écologique. Ce sont les crises écologiques qui établissent un lien entre insécurité environnementale et insécurité sociale.

2. Écologie du développement dans le Sahel

Les pays africains s'inscrivent dans le champ de l'adaptation au réchauffement climatique à travers de multiples programmes de développement construits sous l'égide des conventions sur le droit de l'environnement.

De nos jours, la politique africaine est axée sur la protection de l'environnement et des ressources naturelles. N'ayant pas été grand acteur de rejet d'une grande quantité des gaz à effet de serre dans la couche d'ozone pour son industrialisation, l'Afrique est malheureusement le continent le plus affecté par ce désastre environnemental. Les crises écologiques sont des entraves au développement des États de l'Afrique subsaharienne.

Dans le sahel en général, leurs effets aggravent les violences environnementales du fait des actions anthropiques qui s'y développent comme stratégie d'adaptation. Cette tangente poussée de la notion de développement durable intègre une dimension triviale à savoir: l'économique, le social et l'environnemental[183]. Alors, assurer la sécurité sociale, environnementale et économique est un futur certain pour les générations actuelles et futures.

Cependant, les controverses sur cette notion pèsent davantage sur la sécurité environnementale et humaine dans le lac Tchad. La prise de conscience au sujet de l'écologie du développement est une réflexion certaine pour un équilibre entre la nature, l'homme et ses besoins vitaux. La gestion rationnelle des ressources est une part de cette responsabilité envers notre environnement. C'est une garantie pour réduire les effets dévastateurs des violences environnementales et anthropiques sur la nature.

L'écologie du développement est une voie incontournable pour la sécurité environnementale, sociale et humaine dans le sahel. La durabilité du développement ne semble trouver sa légitimité que dans la relation intergénérationnelle de satisfaction des besoins[184]. C'est aussi la capacité des générations actuelles à conserver les ressources naturelles pour le bien-être de celles du futur.

Nous pensons qu'elle est une variable pour le développement durable dans le bassin du lac Tchad à travers des programmes visant à améliorer la bonne gouvernance des ressources naturelles partagées. De ce fait, la gestion concertée des biens communs est une garantie pour les États et les populations du bassin du Lac Tchad. Elle assure la sécurité actuelle des personnes et de l'environnement à travers ses projets de développement.

En plus, le développement prend en compte la gestion rationnelle des ressources naturelles pour la satisfaction des besoins communs, le bien-être social partagé et la protection de l'environnement. Toutefois, la gestion concertée des ressources naturelles est un outil d'intégration globale par la dynamique participative et communautaire transfrontalière dans le lac Tchad.

Aujourd'hui, l'inquiétude écologique enfonce les consciences par le sentiment d'une interdépendance incontournable transformée positivement en

---

[183] A. Auknin *et al.*, « Environnement et développement. Quelques réflexions autour du concept de « développement durable », p. 51-71. Dans M. Jean-Yves (*ed.*), G. Leroy (*collab.*), *Développement durable ? : doctrines, pratiques, évaluations ?* IRD Éditions, Marseille, 2002, p. 250.

[184] *Idem.*

responsabilité partagée[185]. La meilleure définition de la gestion durable des ressources naturelles est la bonne gouvernance pour un intérêt général. C'est un enjeu contemporain qui vise à une responsabilité partagée pour la sécurité globale au regard du réchauffement climatique mondial.

Conclusion

En somme, la gestion concertée des ressources naturelles est une stratégie de développement durable dans le bassin du lac Tchad qui, depuis plus de 50 ans est heurté à l'impact des changements climatiques. Le lac Tchad étant considéré comme principal enjeu économique régional a été frappé par la sècheresse entre 1970 et 1983. La dégradation du Lac et la réduction des ressources en eau ont affecté le développement local. En plus, la croissance démographique a entraîné les difficultés d'accès aux ressources en eau. Pour sortir de cette emprise des changements climatiques, les États de la Commission du Bassin du Lac Tchad, les ONG et les OI s'investissent à travers des programmes de relèvement économique pour le développement durable. Ils ont pour but de limiter les conflits d'inégalités de partage des ressources naturelles, d'améliorer leur bonne gestion et surtout leur économie pour la préservation du patrimoine du Lac. Toutefois, au-delà de ces engagements pris à travers le cadre concerté de gestion des ressources naturelles, ces projets contribuent au développement socioéconomique régional. Ils permettent le développement communautaire, la gestion participative des ressources, la préservation de l'écosystème du lac et la résilience des populations riveraines. Au terme de plus de 50 ans d'élaboration et de mise en œuvre de ces initiatives de développement, la gestion concertée tend vers un chemin prospère du fait de la relance économique du lac et de son implication dans l'adaptation aux changements climatiques. Néanmoins, nous constatons un intérêt croissant des politiques nationales et sous-régionales pour le développement durable en Afrique dont la mise en œuvre reste difficile. Toutefois, la gestion concertée est encouragée pour une gestion durable des ressources naturelles et pour la sécurité des générations actuelles et futures. Alors, bien gouverner les ressources naturelles permet d'assurer la sécurité de celles-ci. Bien plus, nous devons être responsables et conscients dans l'usage rationnel desdites ressources pour un développement commun et profitable à tous dans ce contexte de changement climatique mondial.

185 B. Hours, Le développement durable, instrument d'intégration globale, p. 290. Dans M. Jean-Yves (*ed.*) G. Leroy (*collab.*), *Développement durable ? : doctrines, pratiques, évaluations ?* IRD Éditions, Marseille, 2002, p. 300.

Références bibliographiques :

Abdoulaye M. M., *La gestion des ressources en eau dans le bassin conventionnel du lac Tchad : État des lieux et perspectives,* Mémoire de Master 2 en droit international de l'environnement, Université de Limoges, 2007.

AIEA, La coopération technique de la gestion intégrée et durable des systèmes aquifères et des bassins partagés de la région du Sahel, Rapport d'étude, 2017.

Alvarez I., *Préservation du Lac : contribution à la stratégie de développement du lac,* projet de développement du lac Tchad, Niger, 2008.

Auknin A., Froger G., Géronimi V., Méral P., Schembri P., « Environnement et développement. Quelques réflexions autour du concept de « développement durable », p. 51-71. Dans M. Jean-Yves (ed.), G. Leroy (collab.), *Développement durable ? : doctrines, pratiques, évaluations ?* IRD Éditions, Marseille, *2002,* 344 p.

BAD, Au Sahel et dans le bassin du lac Tchad, Rapport Banque mondiale sur la sécurité alimentaire dans le lac Tchad, 2017.

Beauvilain A., *Nord Cameroun : crises et peuplement*, Thèse de Doctorat en géographie, Université de Rouen, 1989.

Christine R., Florence S., Dangbet Z. et Abderamane M., *Le Tchad des lacs : les zones humides sahéliennes au défi du changement global*, IRD éditions, Marseille, 2019, 368 p.

CRTV, Journal télévisé de la Cameroon Radio Television, le 28 décembre 2021.

Dubois J-L. et François-Régis M., « La dimension sociale du développement durable : réduction de la pauvreté ou durabilité sociale ? », p. 73-94. Dans Jean-Yves M., *Développement durable ?* IRD Éditions, Marseille, 2002, 344 p.

Fabius L., *Atlas du Lac Tchad*, Passages, 2015.

GIZ, Projet d'analyse diagnostique transfrontalière du bassin du lac Tchad, 2018.

Hours B., 2002, Le développement durable, instrument d'intégration globale, p. 290. Dans M. Jean-Yves, *Développement durable* ? IRD Éditions, Marseille, 344 p.

https: //www.fr.unesco.org. Consulté le 25 mai 2022.

https://www.alliance-sahel.org. Consulté le 25 mai 2022.

https://www.banquemondiale.org. Consulté le 23 mai 2022

Lemoalle J., Magrin G., Le développement du lac Tchad : situation actuelle et futurs possible*s*, Rapport de synthèse et Contributions intégrales. Marseille, IRD Éditions, coll. Expertise collégiale, 2014.

Magoum I., Cameroun : vers l'adhésion à la Convention d'Helsinki sur l'eau transfrontalière. Dans Actualité de l'économie verte, de l'environnement et du développement durable, Afrik 2021, novembre 2021.

OCDC, Rapport d'achèvement, programme de relance du développement de la région du Lac, 2000.

OCHA, Violences intracommunautaires dans le Logone Birni, Rapport de situation N° 5, Maroua 2021.

Ondoa M., Défense et environnement. Dans *Textes et documents du Cameroun (1815-2012) : Traités et accords*, volume LXI, 2013.

NKOLO FOE, CHARLES ROMAIN MBELE ET LES ENJEUX DES INITIATIVES DE DÉVELOPPEMENT POSTCOLONIALES CHEZ ACHILLE MBEMBE

Toussaint Hervé ONDOUA

Chargé de cours/ENS
(Université de Bertoua)

Résumé

Le reflux des philosophies émancipatrices et, à l'inverse, le triomphe des idéologies hostiles à l'autonomie de l'Afrique permettent de comprendre la situation stagnante de l'Afrique subsaharienne. Au cœur de ces idéologies se trouve la théorie postcoloniale. La postcolonie définit la culture africaine comme une culture de la mort. Pour les théoriciens de cette vision du monde, il s'agit de désorganiser l'ordre socio-culturel en créant des êtres au service du marché néolibéral. Autrement dit, le vrai problème du développement en Afrique n'est ni la résistance ni la déconnexion, encore moins l'édification d'une puissance panafricaine. C'est la raison pour laquelle les épigones postmodernes et postcoloniales s'acharnent à déconstruire tous les combats panafricains. Il en est ainsi, car l'objectif d'un auteur comme Achille Mbembe c'est l'ouverture au monde, la fusion dans le Système et l'adhésion à l'Empire. Notre thèse pose l'idée selon laquelle le postcolonialisme légitime et encourage l'entreprise de la civilisation ultralibérale. Cette idéologie s'oppose à toute conscience africaine qui impulse l'esprit prométhéen pour sortir l'Afrique de la dépendance. En trouvant son soubassement à partir des principes foucaldiens du bio-pouvoir, le postcolonialisme remet en question le consciencisme africain. Contre cette vision néolibérale qui esclavagise l'Afrique, nous pensons que la voie royale pour sortir du sous-développement réside dans la construction du panafricanisme.

Mots clés : Postcolonial, programmes d'ajustement structurel, panafricanisme, développement, capitalisme.

Abstract

The reflux of emancipatory philosophies and, conversely, the triumph of ideologies hostile to the autonomy of Africa make it possible to understand the stagnant situation of sub-Saharan Africa. At the heart of these ideologies is postcolonial theory. The post colony defines African culture as a culture of death. For the theoreticians of this vision of the world, it is a question of disorganizing the socio-cultural order by creating beings at the service of the neoliberal market. In other words, the real problem of development in Africa is neither resistance nor disconnection, even less the building of a Pan-African power. This is why the postmodern and postcolonial epigones strive to deconstruct all Pan-African struggles. This is so because the objective of an author like Achille Mbembe is openness to the world, fusion in the System and adherence to the Empire. Our thesis poses the idea that post-colonialism legitimizes and encourages the enterprise of ultraliberal civilization. This ideology is opposed to any African conscience that drives the promethean spirit to get Africa out of dependence. Finding its basis in the Foucauldian principle of bio-power, post-colonialism challenges African conscientiousness. Against this new liberal vision which enclaves African, we believe that the royal road to get out of under-development lies in the construction of Pan-Africanism.

Keywords: *Postcolonial, Structural Adjustment Program, Pan-Africanism, Development, Capitalism.*

Introduction

Au regard des sacrifices consentis par les populations africaines depuis et même avant 1987 jusqu'à nos jours (démantèlement, privatisation du système de santé et d'éducation, recouvrement forcé des coûts dans les hôpitaux, les écoles, les métiers d'instituteur, de médecin, d'infirmier, etc., réduction drastique des salaires, dévaluation du franc CFA, renchérissement du coût de la vie par la multiplication des systèmes de recouvrement fiscaux)[186], un constat se dégage : l'Afrique stagne. Comment expliquer cette situation ? Pour les penseurs comme Nkolo Foe et Charles Romain Mbele, la réponse se trouve dans la philosophie postcoloniale qui accompagne et sous-tend les programmes d'ajustement structurel. En effet, l'insertion des nations au diktat du marché interdisait aux pays sous ajustement de penser un avenir différent de celui imposé par des institutions financières du capitalisme. [187] Pour les peuples en retard, « il s'agit de les ajuster culturellement, pour une meilleure appropriation des valeurs libérales ».[188] Un exemple suffira ici pour hâter l'alternance dans nos pays en faveur de l'économie de marché. Achille Mbembe « propose ainsi aux forces de l'opposition (entre autres mesures) une utilisation habile et une instrumentalisation du nouveau lexique international (lutte contre la corruption, bonne gouvernance (…) ».[189] En tant qu'elles sont des « conditionnalités » pour l'ouverture à l'ordre capitaliste du monde, ces nouvelles normes sont de fait réduites au rôle ancillaire de moyens pour ouvrir

---

[186] Nkolo Foe, « Émeutes de la faim au Cameroun : la responsabilité du FMI et de la banque mondiale », *Repères*, Yaoundé, o7 mars 2008 ; « Raisons pour résister à l'Ajustement structurel, au FMI et à la banque mondiale », in *Le quotidien Le jour*, Yaoundé, mars 2008.

[187] Nkolo Foe, « Ajustement structurel et transition ''postmoderne'' en Afrique », in Codesria-African futures institute workshop on, Economic, Political, Social and Technological Transformation in Africa. Pretoria, South Africa, 26-27 october 2006.

[188] *Idem.*

[189] Achille Mbembe, *De la postcolonie : Essai sur l'imagination politique dans l'Afrique contemporaine*, Paris, Karthala, 2000, p.10.

des marchés. Dès lors, il s'agit de fracturer et de casser l'ordre social en créant des êtres « superflus » ou des « encombrements humains » devant servir soit de main-d'œuvre « peu chère » et « bien formée » (…), soit de force de travail « surnuméraire » - une armée de réserve excédentaire sur le « marché universel » mais sédentaire dans un ''espace social domestique où pourront s'accentuer la domination et l'exploitation'' ».[190]

L'objectif de la théorie postcoloniale est donc d'instituer les inégalités et d'avantager une petite minorité aux dépens de la grande majorité qui végète dans la misère. C'est une telle situation qui nous rappelle les émeutes de la faim qu'ont connues et pratiquement au même moment la majorité des États africains. Faut-il rappeler que ces émeutes sont la conséquence directe de l'application drastique des mesures d'ajustement structurel depuis 21ans ?[191] S'attaquant à ce modèle néolibéral, Nkolo Foe souligne que le capitalisme n'est pas seulement un mode de production, il est aussi un système mondial fondé sur la domination et l'inégalité. Dans son expansion mondiale, le capitalisme renforce sans cesse une asymétrie inégale entre le centre et la périphérie.[192] Cette logique néolibérale est portée et encouragée par des auteurs comme Achille Mbembe. Pour ce dernier, « la tutelle des créanciers internationaux s'est considérablement renforcée et se traduit désormais par la gamme d'intervention directe dans la gestion économique interne ».[193] Cette gestion concerne tous les domaines d'activités. Qu'il « s'agisse du contrôle du crédit, de la mise en œuvre des privatisations, de la définition des besoins de consommation, des politiques d'importation, des programmes agricoles, de la compression des coûts et du contrôle direct du trésor »,[194] l'Occident intervient. Pour lui, cette expertise est la bienvenue. Les théoriciens postcoloniaux pensent que l'Afrique doit s'éloigner de tout discours qui voudrait renverser cet ordre. Bien plus, cette situation « — que l'on ne saurait cependant assimiler à un procès de recolonisation pure et simple — n 'a rien de proprement africain puisque d'autres pays du monde ont été (ou sont encore) soumis au même rouleau compresseur ».[195] Partant de là, s'il est vrai que la théorie postcoloniale qui sous-tend la politique néolibérale n'a point permis les résultats escomptés en Afrique, n'est-il pas impératif d'en sortir et de proposer une alternative aux dimensions de notre temps ? Ne faut-il pas admettre avec Samir Amin que le système néolibéral est barbare et

---

190 Achille Mbembe, *op.cit.*, pp. 10-11.

191 Nkolo Foé, « Émeutes de la faim au Cameroun : la responsabilité du FMI et de la banque mondiale », *Repères*, Yaoundé, o7 mars 2008 ; « Raisons pour résister à l'Ajustement structurel, au FMI et à la banque mondiale », in *Le quotidien Le jour*, Yaoundé, mars 2008.

192 Nkolo Foe, *Le postmodernisme et le nouvel esprit du capitalisme sur une philosophie globale d'Empire*, Dakar, CODESRIA, p. 14.

193 Achille Mbembe, *De la postcolonie. Essai sur l'imagination politique dans l'Afrique contemporaine*, Paris, Karthala, 2000, p. 108.

194 *Idem.*

195 *Idem.*

génocidaire et que par conséquent, il est nécessaire plus que jamais de lui substituer d'autres logiques de développement[196] ? Quels sont les enjeux d'une telle vision du monde ? Notre hypothèse principale est que l'Afrique doit sortir de l'impasse des politiques postcoloniales et des programmes d'ajustement structurel qui la soutiennent. L'effectivité de ce postulat suppose une analyse de la théorie postcoloniale notamment celle développée par un auteur comme Achille Mbembe. Pour mieux comprendre ce postulat, nous avons adopté la méthode du structuralisme génétique. Par sa prise en considération de la dimension diachronique, cette méthode n'admet pas les systèmes clos. Son intérêt pour la genèse et l'évolution des structures étudiées fait de cette approche un outil important pour comprendre le mouvement historique réel du postcolonialisme avec son avatar capitaliste.

I. Des philosophies de développement qui accompagnent l'ajustement de l'Afrique au capitalisme ultralibéral

Depuis les années 70, un discours académique oriente la politique africaine vers une « insertion dans l'actuel monde ».[197] Il s'agit de désorganiser l'ordre socio-culturel en créant des êtres au service du marché néolibéral[198]. La postcolonie définit la culture africaine comme une culture de la mort. « Post » dans le mot postcolonialisme ne renvoie pas à « ce qui a fini », « à ce qui vient 'après' » ou seulement au refus d'une temporalité linéaire ».[199] En tant que courant et théorie littéraire, le postcolonialisme se présente comme la chronique d'une histoire où le pittoresque se mêle au pessimisme, l'obscène au scepticisme, la haine de soi à une vision pénitentielle du monde.[200] Dans cette entreprise « scientifique », si la culture postcoloniale apparaît comme chaotique, il faut dire tout de même qu'elle est dotée d'une cohérence interne : dans la postcolonie, le droit de tuer, de donner la mort dans sa nudité empêche la création et la production des richesses. Parlant de l'Africain, Mbembe semble partager les arguments des anthropologues racistes sur l'imaginaire de l'indigène. Le point de vue de cet imaginaire s'exprime en ces termes : « lourd et bestial, il n'était pas maître de ses instincts. Il prenait plaisir à écraser le faible, à détruire sans but ni raison ».[201] Bien plus, « prompt à retourner aux excès les plus brutaux de la vie animale, il était incapable de résister à la

---

[196]Nkolo Foe, *Le post-modernisme et le nouvel esprit du capitalisme sur une philosophie globale d'Empire*, Préface de Samir Amin, Dakar, CODESRIA, 2008, p. 18.
[197] Charles Romain Mbele, *Essai sur le postcolonialisme en tant que code de l'inégalité*, Yaoundé, CLE, 2010, p.10.
[198] *Ibid.*, pp.10-11.
[199] *Ibid.*, p. 31.
[200] Richard Laurent Omgba, *L'image de l'Afrique dans les littératures coloniales et postcoloniales*, Yaoundé, L'Harmattan, 2008, p.218.
[201] Achille Mbembe, *De la postcolonie. Essai sur l'imagination politique dans l'Afrique contemporaine*, p.55.

violence et ne pouvait de lui-même, réussir la longue et difficile ascension vers le bien et le beau ».[202] À base de cet imaginaire anthropologique, Mbembe établit la situation postcoloniale en termes de vision du monde dépréciative de l'Afrique contemporaine. Dans un cadre épistémologique, il s'agit à partir de cet imaginaire d'écrire l'Afrique dans un contexte scientifique nouveau « contre la question jugée périmée du rapport entre le sujet et l'objet ».[203] L'idéalisme linguistique qui en résulte illustre un intérêt accru pour le langage et l'interprétation.[204] Notons que le pouvoir postcolonial avec ses institutions, ses appareils de capture, ses hommes, ses pratiques - revêt une identité propre. « Régime de violence bien distinct », ce pouvoir ne peut sécréter qu'une culture de la violence. Celle-ci s'identifie avec « le pouvoir absolu de donner la mort n'importe quand, n'importe où, n'importe comment et sous n'importe quel prétexte ».[205] Ce qui est la cause dans chaque évocation de la condition postcoloniale, c'est « l'actualité sur la longue durée ».[206] Alors, « accomplissant son œuvre propre et se validant lui-même par sa propre souveraineté », l'arbitraire « autorise que le pouvoir s'exerce comme droit de tuer et investit l'Afrique de mort ». [207] Dans sa bestialité et son horreur, la culture postcoloniale invite le pouvoir à arborer un visage hideux, carnassier. Dans ce contexte, « tuer un être humain et tuer un animal procèdent de la même logique ».[208]Dans cet univers obscur, les choses se passent comme si un farouche prédateur hantait le monde. D'essence cannibale, il s'agit d'une « chose aux doigts longs, qui arrête, détient, palpe, tâte sa proie, déguste par la torture et le démembrement, s'épanche et rentre en contact, touche, presse, blesse, mutile, écrase et broie, avale, digère et excrète ».[209] Les défauts et les tares qui se développent dans la postcolonie (la « politique du ventre », « l'esthétique de la vulgarité », le refus des dominants de se faire « des maîtres corporels » pour produire des richesses, l'avidité pour les biens, etc.) sont liés à un *ethos* proprement africain qui puise dans l'imaginaire ancestral.

De ce schéma, Mbembe déduit des conséquences politiques. Pour lui en effet, sortir de cette « gouvernementalité du ventre » suppose qu'on prenne des mesures radicales, essentiellement la constitutionnalisation de

---

[202] Achille Mbembe, *op.cit.*, p. 55.

[203] Nkolo Foe « Les politiques de la philosophie en Afrique Émancipation, postcolonialismes, herméneutique et gouvernance », in *Diogène*, 2011/3-4 (n° 235-236), p. 175.

[204] *Idem.*

[205] Achille Mbembe, *De la postcolonie. Essai sur l'imagination politique dans l'Afrique contemporaine*, p.32.

[206] *Idem.*

[207] *Idem.*

[208] *Ibid.*, p. 255.

[209] *Ibid.*, p.271. Nous reprenons ici l'analyse faite par Nkolo Foe dans « Ajustement structurel et transition ''postmoderne'' en Afrique », in COSDERIA-African futures institute workshop on : Economic, Political, Social and Technological Transformation in Africa. Pretoria, South Africa, 26-27 october 2006.

l'exploitation économique, toute chose qui légitime les programmes d'ajustement structurel. Dans cette logique, le postcolonialisme libertaire s'inscrit tout entier dans une vision néolibérale. Nkolo Foe affirme dans ce sens que dans le postcolonialisme, « le niveau des pratiques capitalistes visé ici est celui du marché qui exige des individus fragmentés, intuitifs, mobiles, sans valeurs centrales à défendre ni identité stable à afficher. Son expression « politique » est l'accommodement, le compromis, la négociation et même la soumission ».[210] L'enjeu ici est d'empêcher l'émergence d'une puissance africaine. Mbele a donc raison de considérer le postcolonialisme comme une idéologie qui accompagne « l'ajustement de l'Afrique[211] subsaharienne à la mondialisation du capitalisme néolibéral ».[212] Ce discours sur l'ajustement de l'Afrique au système capitaliste néolibéral se trouve dans des traités, des « accords de partenariats », comme « ceux qui lient l'Union européenne et ses États ''associés'' d'Afrique, des Caraïbes et du Pacifique, les rapports des institutions internationales (le FMI, la Banque mondiale, l'Organisation mondiale du commerce) ».[213] On peut citer aussi « le texte *Notre intérêt commun de la commission pour l'Afrique* initié par Tony Blair et Gordon Brown, le texte *le Nouveau partenariat pour le développement de l'Afrique de l'Union africaine* (…), le *Rapport Berg*[214](…) ».[215] La bonne gouvernance[216] venue relayer l'idéal de bon gouvernement[217] en fournit le cadre opératoire de

[210]Nkolo Foé, « Les politiques de la philosophie en Afrique Émancipation, postcolonialismes, herméneutique et gouvernance », in *Diogène*, 2011/3-4 (n° 235-236), p.180.

[211] L'OCDE a produit un guide rédigé par Christian Morrisson intitulé « la faisabilité politique de l'ajustement ». Le document souligne que l'ajustement s'étale dans le temps et chaque mesure est appelée à faire « en même temps des gagnants et des perdants de telle sorte que le gouvernement peut s'appuyer facilement une coalition de bénéficiaires pour défendre sa politique » : Christian Morrison, « La faisabilité politique de l'ajustement », centre de développement de l'OCDE, cahier de politique économique, N° 12. p.5. Lire Nkolo Foe « *Ajustement structurel, bonne gouvernance et droit de l'homme en AFRIQUE* », Inédit, p.30.

[212] Charles Romain Mbele, *Essai sur le postcolonialisme en tant que code de l'inégalité*, Yaoundé, CLE, 2010, p.15.

[213]*Ibid.*, p.14.

[214] *Idem.* Mbele analyse les propos de Elliot Berg, in *Le Développent accéléré de l'Afrique*, Washington, banque mondiale, 1981. Cet ouvrage, souligne-t-il, s'est affirmé comme une critique explicite du *Plan d'action de Lagos*. (Organisation de l'Unité africaine, Plan d'Action de Lagos pour le développement économique de l'Afrique (1980-2000), Genève, Institut international des sciences sociales, seconde édition revue et corrigée, 1982). Il a proposé en lieu et place de ce plan (d'un point de vue programmatique, affirme Mbele, le plan d'Action de Lagos s'inscrit objectivement dans le cadre du consciencisme de Kwame Nkrumah, Frantz Fanon, Marcien Towa, Cheikh Anta Diop. Ce plan s'est donné comme « une prise de conscience commune de l'effort collectif général à entreprendre » ; cette prise de conscience a pour axe central l'auto-centration, la formation et l'éducation, la démocratie) la généralisation de l'ajustement en Afrique subsaharienne.

[215] *Ibid.*, pp.14-15.

[216] Achille Mbembe, « Comment organiser le sauvetage des économies africaines », in *le Monde diplomatique*, novembre 1990.

[217] Nkolo Foe revient sur l'opposition entre la gouvernance et le bon gouvernement. Aussi pense-t-il qu'au cœur de l'idéologie de la gouvernance est inscrite la demande d'une dévolution

cette politique. Il s'agit désormais, comme l'a dénoncé Aimé Césaire, d'une « délégation pour penser pour nous ; délégation pour chercher pour nous [...] l'habitude de faire pour nous, l'habitude de penser pour nous, bref l'habitude de nous contester [le] droit à l'initiative ».[218] Au passage, notons que la vocation de ces institutions c'est de mettre fin à la fonction régalienne de l'État. Le démantèlement de l'État par la dérégulation avait pour objectif d'établir « le libre marché ». C'est ce libre marché qu'appelle Mbembe. Comme conséquence, on peut dire que pour Mbembe, la « démocratie ne sera acceptable pour l'Afrique que si elle sait créer les facteurs favorables aux inégalités et à la domination des classes ». [219] C'est donc une évidence que Mbembe partage la vision de l'extrême droite politique camerounaise. C'est cette approche qui appelle au génocide de certaines catégories ethnoculturelles de la nation.[220] C'est la raison pour laquelle Mbembe milite pour le « fédéralisme ethnique » ou « l'État des communautés ».[221] Politiquement, ce régime rythme en faveur de « la suspension de la souveraineté du Cameroun », le but étant, prétend-il, de « mettre les ''satrapes'' hors d'état de nuire ».[222] On peut affirmer à partir de là que la pensée postcoloniale « est, à plusieurs égards, une pensée de la mondialisation même si, au départ, elle n'utilise pas ce terme ».[223] À ce sujet, « elle montre qu'il n'y a guère de disjonction entre l'histoire de la nation et celle de l'empire ».[224] Le postcolonialisme assume ouvertement son adhésion à l'ajustement structurel et culturel. Il s'agit ici de

totale et inconditionnelle des fonctions publiques aux structures du volontariat (ONGs), de la concurrence et du profit (sociétés privées). À la base de cette prétention, il y a l'argument suivant lequel, en comparaison de la gestion publique, le volontariat (société civile, ONGs) et la concurrence du marché sont les mieux à même de garantir la maîtrise des coûts de transaction (une façon de faire des économies). La gouvernance implique le chevauchement et l'abolition des frontières entre le privé et le public, mais en même temps la circulation des personnels d'un secteur à l'autre. Dans l'ensemble, la gouvernance implique l'application au secteur public des méthodes de gestion propres au privé, avec des objectifs d'efficacité et de rentabilité. Nkolo Foe « Ajustement structurel, bonne gouvernance et droits de l'homme en Afrique », Inédit, p.34 et p.46

Pour Rober Daniel Dufour, l'assimilation de la gouvernance à la *corporate governance* ne relève pas d'un fait fortuit. « La Banque mondiale, le FMI et le Pnud se sont mis à jouer le rôle exact que les actionnaires tenaient dans les assemblées d'investisseurs en exigeant 15% de rentabilité »

218 Aimé Césaire (in Lettre à Maurice Thorez Paris, Présence africaine, 1956, pp 12-13), cité par Charles Romain Mbele, *Essai sur le postcolonialisme en tant que code de l'inégalité, Op. cit.*, p.13.

219 Léon-Marie Nkolo Ndjodo, *La Théorie postcoloniale. Culture, capitalisme et chaos*, Stuttgart, ibidem-verlag, 2021, p.128.

220 *Ibid.*, p.129.

221 *Idem.*

222 *Idem.*

223 Achille Mbembe, « Qu'est-ce-que la pensée postcoloniale ? », in *Esprit*, décembre 2006, n° 12, p.121.

224 *Idem.*

l'affirmation de l'individualisme et de la propriété privée.[225] C'est la raison pour laquelle Mbembe est nostalgique du passé et pour lui, la « colonisation valait peut-être mieux ».[226] Il adhère ainsi à une vision d'une économie où seuls les dominants font la loi.

II. La question de la domination dans l'économie mondiale

La période coloniale se caractérise par la violence exercée par le colon sur les colonisés afin de faire en sorte que ceux-ci soient non seulement obéissants, mais, aussi et surtout des sujets productifs. Mais Mbembe est loin d'accorder du crédit à cette thèse. La preuve, il pense que la traite et la colonisation ont été des éléments positifs pour l'Afrique. Pour lui « la traite est bel et bien cet événement sous le signe duquel l'Afrique naît à la modernité ».[227] Pour lui, il faut reconnaître le mérite de la période coloniale. Celle-ci a permis à l'Afrique de s'insérer à la modernité. Cette logique montre que l'auteur est un thuriféraire de la colonisation.

Se limitant à l'époque postcoloniale qu'il considère comme un « temps en cours », Mbembe en bon « synchroniste » se comporte comme si les événements n'avaient aucun rapport entre eux. Bien plus, il célèbre cette époque coloniale. Pour lui en effet, la barbarie et la sauvagerie décriées à cette période ne sont que pures fictions. En effet, s'il y a eu domination, il faut dire qu'elle n'est pas significative et est presque inexistante. C'est à peine s'il ne fait pas quasiment l'apologie de cette période qui a traumatisé les Africains. En plus, au lieu de parler de terreur, de violence et de domination des colons sur les colonisés, nous devrions plutôt parler avec Mbembe, de partenariat, de collaboration entre l'État colonial et les citoyens. Ce qui signifie que pour l'auteur de *La postcolonie*, l'Occident n'est pas responsable des problèmes africains. Ceux-ci vivent essentiellement dans la jouissance et la débauche. Ces deux pulsions ne sont pas des accidents de l'histoire, mais un héritage atavique lié [228] aux « imaginaires historiques et ancestraux de gouvernement »[229]. Aussi, « ce culturalisme véhicule-t-il au sein des consciences traumatisées et démobilisées par la crise, la haine de soi et l'autodénigrement. ''On n'est rien'', ''' L'Afrique n'existe pas'', ''on est maudit'', ''on est tous fautifs'' ».[230] En postcolonie, l'ensemble des Africains

---

[225] Jean Francois Bayart, *L'État en Afrique. La politique du ventre,* Paris, Fayard, 1989, pp. 309-324.
[226] Achille Mbembe, *Afriques indociles. Christianisme, pouvoir et société postcoloniales*, Paris, Karthala, 1988, pp. 105-106.
[227]Achille Mbembe, *De la Postcolonie* : *Essai sur l'imagination politique dans l'Afrique contemporaine*. p. 46.
[228] Charles Romain Mbele, *Essai sur le postcolonialisme en tant que code de l'inégalité*, p. 29.
[229] Achille Mbembe, « La République désœuvrée », *Le Débat,* n°137, novembre/décembre 2005, p. 162.
[230] Charles Romain Mbele, *Essai sur le postcolonialisme,* p.29.

(dominants et dominés) participent à cette décadence éthique de la politique du ventre et de la luxure, de la violence improductive. Les Africains ne peuvent donc que s'en prendre à eux-mêmes.

Pour remédier à cet état de crise provoqué par les Africains, il faut créer ou encourager un accroissement des régimes de productivité basé sur l'inégalité et l'exclusion sociale et l'intégrer dans la constitution. Par ces mécanismes, l'État réussirait à assurer un essor certain. C'est dans le souci d'assurer cette dominance que l'État doit instituer la marginalisation de certains citoyens à travers des salaires non proportionnels à leur effort. Partant de là, « avec ou sans les créanciers internationaux, l'Afrique doit se placer au niveau de la compétitivité mondiale. Pour y arriver, elle doit construire l'inégalité et organiser l'exclusion sociale. L'institutionnalisation des inégalités sociales est donc pour Mbembe l'une des conditionnalités de la sortie de l'Afrique de la postcolonie. Pour lui, « le passage à la démocratie dépendra de la façon dont historiquement sera tranché (et en faveur de quelles forces sociales) le débat sur le point de savoir si l'exclusion est légitime ; sinon comment la légitimer et la codifier ? ».[231] Or, ce qui intéresse les acteurs des programmes d'ajustement structurel, c'est l'usage de la violence à des fins productives dans un cadre de contrainte privatisée. Nkolo Foe, s'insurgeant contre cette politique, pense que Mbembe va même plus loin. « Il va jusqu'à se demander quand est-ce que les pouvoirs privés en train de s'installer en Afrique » [232] « parviendront à utiliser la contrainte pour constituer des patrimoines, s'arroger des droits de l'autorité et les compétences juridictionnelles publiques, se doter d'immunités suffisamment épaisses pour permettre la cristallisation, sur la longue durée, de dispositifs de servitudes productives, et donc capables d'être à l'origine d'un capitalisme inédit ».[233] Cette thèse est reprise par l'article 18 de l'Accord de Cotonou (2000)[234] en son titre 1 consacré aux « stratégies de développement ». Pour Mbele, cette nouvelle « stratégie du développement » doit être conforme aux règles édictées dès 1995 par l'Organisation Mondiale du Commerce. Ces règles supposent la libéralisation « des échanges au sein du marché universel », « l'ouverture tous azimuts des frontières », « la privatisation des entreprises publiques », « le privilège donné à l'agriculture d'exportation au détriment de l'agriculture vivrière pour avoir les devises nécessaires au remboursement de

231 Achille Mbembe, *De la Postcolonie*, p.93.

232 Nkolo Foe, « Questions sur l'Ajustement structurel, la bonne gouvernance et les Droits de l'homme en Afrique », Inédit.

233 Achille Mbembe, *De la Postcolonie*, p.122.

234 Accord de partenariat ACP-CE signé à Cotonou le 23 juin. Mbele analyse le courrier ACP-UE, édition spéciale, texte consolidé, publié par la Direction Générale du Développement, Commission européenne, Bruxelles, 2000. Pour Mbele, cet « accord », révisé au Luxembourg le 25 juin 2005, s'engage dans son art 75 (i/h) à mieux étendre l'information sur le commerce, à soutenir l'entreprenariat privé, à faire participer les milieux cléricaux. Mais ce texte ne mentionne aucune intervention de la souveraineté populaire.

la dette », « la réduction drastique des dépenses publiques, notamment celles qui touchent aux infrastructures, à la santé et à l'éducation, au travail social ».[235] Cette nouvelle logique de développement se conjugue donc avec les « accords de partenariat ».[236] C'est dans ce sens que s'inscrit le « nouveau partenariat pour le développement de l'Afrique ».[237] Comme les accords de Lomé, le rôle de ce partenariat est de créer les « conditions endogènes d'acceptation des contraintes du désendettement et de l'accumulation du capital ».[238] Ces partenariats ont un seul objectif: créer les formes culturelles, politiques et économiques locales pour « l'appropriation des normes ultralibérales autour de la compétitivité, de l'efficacité, de la productivité du travail ».[239] Pour Mbele, le processus d'appropriation de ces valeurs tient à la politique génocidaire imposée par les institutions internationales et les bailleurs de fonds.[240]

Mais contre toute attente, ce système a plutôt freiné le développement de l'Afrique. Le continent « s'enfonce dans la misère. Les revenus s'effondrent, le niveau de vie baisse ».[241] En effet, les politiques économiques ultralibérales imposées par l'Occident ont été néfastes pour l'Afrique.[242] Elles « ont ruiné et broyé de jeunes ruraux (paysans, pêcheurs et éleveurs), de jeunes urbains (petits commerçants, petits employés, chômeurs) qui sont poussés à l'exil, tout comme les gens formés ».[243] Précisons que « ces ruraux et ces petits employés (hommes et femmes) forcés au départ et non ''choisis'' selon les intérêts du moment de l'Europe sont ceux-là qui sont abandonnés dans le désert »[244] mais aussi dans « les *flight-people* des trains d'atterrissage des avions, les *boat people* africains se noyant dans la Méditerranée, se fracassant sur les murs barbelés et électrifiés de l'Europe à Ceuta et Melilla ».[245] Il est surprenant que face à cette souffrance, les théoriciens postcoloniaux relativisent. Ils réduisent toute cette histoire de souffrance et de douleur ainsi que les rapports avec l'Europe à un simple « malentendu »[246]. Pour un auteur comme Bidima, « l'important pour les Africains n'est pas de se préoccuper de ce que le marché capitaliste leur a fait ou leur fait » [247], car « dans la philosophie de la traversée, l'important n'est pas ce que l'espace africain a été, ni ce que la colonisation

---

235 Charles Romain Mbele, *Essai sur le postolonialisme,* p.49.
236 *Idem.*
237 The New Partnership for Africa's Development (NEPAD), UA, Abuja, 23 octobre 2001, article 12, alinéa 47.
238 Charles Romain Mbele, *Essai sur le postolonialisme,* p.49.
239 *Ibid.*, p.50.
240 *Idem.*
241 Joseph Stiglitz, *Quand le capitalisme perd la tête,* p.45.
242 Charles Romain Mbele, *Essai sur le postolonialisme,* p.57.
243 *Idem.*
244 *Idem.*
245 *Ibid.*, pp.57-58.
246 Jean-Godefroy Bidima, *La Philosophie négro-africaine*, Paris, PUF, 1995, p.48.
247 Charles Romain Mbele, *Essai sur le postolonialisme,* p.61.

en a fait, ni même ce que l'État et le marché en font ».[248] Cette euphémisation de la souffrance des Africains s'accompagne d'une vision anti-panafricaniste.

III. Nkolo Foe et le discours anti-panafricaniste d'Achille Mbembe : une rupture révolutionnaire des Lumières

Dans *De la postcolonie,* Achille Mbembe fait une satire de la société africaine au point de renier ce continent dont il est issu. Le Nègre, c'est la « nuit du monde »[249] et l'Afrique un « hors-lieu »[250] de la raison en suspens.[251] C'est donc « cette idée a-conceptuelle, fantasmatique et vulgaire de l'Afrique qui prend la dénomination de raison nègre ».[252] Dans la perspective de Mbembe, le Nègre « constitue le masque de l'humanité ».[253] C'est un amas de chair et de viande « doté d'une pétulance excessive, pris sous l'empire de la joie et déserté par l'intelligence ».[254] Il est un simple corps.[255] Il culpabilise les Africains lorsqu'il les tient pour responsables de la situation d'exclusion dont ils font l'objet dans le monde. Il méprise les ancêtres et leur mémoire historique et politique lorsqu'il affirme que l'Afrique possède une structure qui la rapproche davantage de l'être animal que de l'être humain et que « nous pouvons en rendre compte de la même manière que nous pouvons comprendre la vie psychique de la bête »[256]. Gouverner ici revient à tuer.[257] Bien plus, « nous pouvons même, à travers un procès de domestication et de dressage, conduire l'africain à une vie humaine finalisée ».[258] Mbembe part de cette conception pour traiter l'Afrique de continent rétrograde ; les mentalités africaines ne sont pas encore aptes selon lui à élaborer des plans de développement viables pour leur société. Il veut amener les Africains à ne plus revendiquer leur identité, parce qu'il considère que plusieurs auteurs ont passé la majeure partie de leurs temps à revendiquer ce qui d'après lui, n'a aucun sens. Il dit à cet effet : « Voilà le langage que tout propos d'africain sur l'Afrique doit sans rature, valider ou ignorer souvent à ses dépens ».[259] Ce pessimisme rompt avec toute idée utopiste.

---

[248] Jean-godefroy Bidima, *La Philosophie négro-africaine*, p.69.
[249] Achille Mbembe, *Critique de la raison nègre*, Paris, La Découverte, 2013, p.26.
[250] *Ibid.*, p.27.
[251] Léon-Marie Nkolo Ndjodo, *La Théorie postcoloniale. Culture, capitalisme et chaos*, Stuttgart, ibidem-verlag, 202, p. 110.
[252] *Idem.*
[253] *Ibid.*, p.111.
[254] Achille Mbembe, *Critique de la raison nègre*, p. 66.
[255] *Ibid.*, pp.58-60.
[256] Achille Mbembe, *De la Postcolonie. Essai sur l'imagination politique dans l'Afrique contemporaine,* Paris, Karthala, 2000, p.8.
[257] Achille Mbembe, *Critique de la raison nègre*, p. 134.
[258] Achille Mbembe, *De la Postcolonie. Essai sur l'imagination politique dans l'Afrique contemporaine,* p.8.
[259] *Ibid.*, p. 13

Le postcolonialisme enjoint aux tenants du consciencisme et de la dialectique de la libération de sortir d'une utopie panafricaine obsolète – le rêve fou d'un monde sans autrui pour s'ouvrir au monde et à l'altérité en passant par le cosmopolitisme. Le problème fondamental qui oriente la recherche des théoriciens du postcolonialisme est celui de l'émancipation du sujet africain.[260] La théorie postcoloniale inscrite au cœur de la pensée africaine établit une rupture épistémologique avec toutes les « doctrines de la dépendance » et toutes les « fantasmagories du bouc émissaire » et du complot contre » l'Afrique.[261] Ces théoriciens posent le sujet africain comme individu autonome, responsable de soi et producteur de significations propres comme n'importe quel autre sujet humain. C'est cette posture que défend Achille Mbembe. Selon l'auteur des *Afriques indociles*, ce qu'on appelle crise aujourd'hui en Afrique participe en réalité d'un processus de pluralisation de la société. Cette pluralisation obéit à des logiques et opère sur des échelles multiples. Mbembe veut donc rompre avec les théories qui ont jadis essayé de rendre compte des dynamiques africaines[262]. Une telle logique pour Nkolo Foe vise donc à dégouter de l'Afrique et de ses héros, car cette région n'est qu'une « trouvaille diabolique »[263], une « image inanimée »[264], un « signe vivant ».[265] Parlant de l'Afrique, Mbembe pense qu'il ne faudrait en parler « qu'en tant que chimère à laquelle nous travaillons tous en plein aveuglement ; qu'en tant que cauchemar que nous produisons et dont nous vivons, et, parfois, jouissons »[266] mais qui, « quelque part, nous répugne profondément au point où nous sommes capables de manifester à son encontre le dégoût d'un cadavre ».[267] Les objectifs scatologiques et tératologiques de Mbembe à propos de l'Afrique « constituent un puissant vaccin contre le « nativisme ».

La thèse de l'auteur de la *Critique de la raison nègre* s'oppose à la logique de Bandoung. Or, pour Nkolo Foe, la philosophie des Lumières et le nationalisme occupent une place de choix dans les utopies de l'ère Bandoung. Celles-ci tiraient leur légitimité des luttes anti-coloniales.[268] Il affirme : Non sans malice, roman et théorie post-coloniale s'acharnent à ridiculiser ces luttes. Nationalisme, nativisme et « afro-radicalisme » apparaissent chez Mbembe comme « des philosophies du travestissement » ou du faux. « Enclin

---

260 Serges Aliana, « L'Université Africaine face au pragmatisme postcolonial », in *Ethiopiques, n°86. Littérature, philosophie et art. Demain l'Afrique*, 1er Semestre 2011, p.3.
261 *Idem.*
262 *Idem.*
263 Achille Mbembe, *De la Postcolonie*, p. 272.
264 *Idem.*
265 *Idem.*
266 *Ibid.*, p. 274.
267 *Idem*
268 Achille Mbembe « Le devoir d'impertinence », *in Patrimoine*, n° 0015, juin 2001, p.8-9.

à l'amalgame, il confond nationalisme et refus d'ouverture au monde »[269] ; « lutte pour la protection des acquis économiques et culturels de la nation et nativisme- assimilé au racisme ».[270] Cela signifie que « tout nationalisme est un racisme, et que toute forme de lutte pour la souveraineté nationale est un parti pris en faveur de l'exclusion et de la ségrégation ».[271]

L'écriture postréaliste de Mbembe adopte une méthodologie typiquement poststructurale. Cette écriture veut donc s'affirmer comme une thérapie contre les « rêveries nationalistes » et « panafricaines ». Nkolo Foe soutient que Mbembe assume le discrédit de l'idéologie panafricaine, de l'utopie et de l'émancipation des peuples africains[272], toute chose qui remet en question les luttes nationales. Érigée en vertu, la passivité chez Mbembe constitue désormais « le noyau de toute politique véritable de la vie et [...] de la liberté ».[273]

La conclusion qui se dégage est que Mbembe change de tactique en délégitimant moralement l'entreprise révolutionnaire en soi et en la criminalisant[274]: elle n'impliquerait aucune « montée en humanité » comme le voulait Fanon. Il y parvient en ramenant le droit de tuer le colon à un simple homicide.[275] Il considère le combat ou la lutte comme un vieux jeu. La lutte délégitimée, Mbembe invite l'opprimé ou le marginal à la fraternité et à la « conversion ».[276] Les métaphores christologiques[277] qui traversent *De la postcolonie* impliquent une « politique de la vie » où, une fois acceptée la « violence proprement métaphysique », un « travail de torsion du langage, des signes et des objets »[278] peut s'exercer, sur la production d'un « lieu commun » ou d'un « universel ».[279]

Pour Nkolo Foe, ce que promeut Mbembe, c'est le déplacement du centre.[280] Dans ce sens, Mbembe rejoint ainsi les thèses déconstructrices d'un Jacques Derrida. Ces thèses rompent avec la vision des Lumières. Pour comprendre un tel énoncé, Derrida établit que « le centre est le point où la substitution des contenus, des éléments, des termes, n'est plus possible ».[281] À

269 Nkolo Foe, Le *Postmodernisme et le nouvel esprit du capitalisme sur une philosophie globale d'Empire*, Dakar, Codesria, 2008, p.154.
270 *Idem.*
271 *Idem.*
272 Nkolo Foe, « Les politiques de la philosophie en Afrique Émancipation, postcolonialismes, herméneutique et gouvernance », in *Diogène*, 2011/3-4 (n° 235-236), p.2.
273 Achille Mbembe, *De la Postcolonie*, p. XVI.
274 *Idem.*
275 *Idem.*
276 *Idem.*
277 *Idem.*
278 *Ibid.*, p. 215.
279 *Idem.*
280 *Ibid.*, p. 6
281 Jacques Derrida, *L'Écriture et la différence*, Paris, Minuit, 1960, p.410.

ce niveau, le centre ferme le jeu de la structure. Au centre, la permutation ou la transformation des éléments est interdite ».[282] Par définition, le centre représente l'unique. Il commande la structure. Toutefois, il échappe à la structuralité. C'est pourquoi, précise l'auteur *De la grammatologie*, pour une pensée classique de la structure, « le centre peut être dit paradoxalement dans la structure et hors de la structure ».[283] En effet, il est au centre de la totalité »[284] et cependant « puisque le centre ne lui appartient, la totalité a son centre ailleurs ».[285] Le concept de structure centrée « bien qu'il représente la cohérence elle-même, la condition de l'épistémè comme philosophie ou comme science » est cependant contradictoirement cohérent. Derrida arrive finalement à la conclusion selon laquelle « le centre n'est pas le centre ».[286] Telle est la logique de Mbembe qui nous conduit vers un ailleurs que le centre.

On peut donc comprendre pourquoi Nkolo Foe affirme que le fait que le centre de gravitation de l'être se déplace et que soit consommée la rupture avec sa famille, sa parenté, sa langue et ses coutumes, sa nation ne fait que légitimer la conversion qui offre à l'homme la possibilité[287] « de se fixer dans un horizon absolument autre » que le paganisme, « dans son horreur »[288], « ne peut plus ni atteindre ni récupérer ».[289] L'idée d'une affirmation historique de l'Afrique – qu'elle prenne la figure d'un centre en soi, d'un triomphe viril, du prométhéisme – est en effet posée par la pensée postcoloniale comme une dangereuse utopie, un rêve fou, parce que n'est pas perçu le caractère ouvert des possibilités historiques d'un monde qui ne constitue plus en soi une menace.[290] L'enjeu ici est de rompre avec toute logique panafricaine. C'est la raison pour laquelle « les courants de pensée qui travaillent contre une intégration passive à l'Empire sont condamnés comme un refus et une désertion du monde. Mbembe critique l' « utopie plus radicale […] de déserter ou de 'quitter le monde' (la déconnexion) »[291]. En se connectant à l'Empire, Nkolo Foe pense que Mbembe veut insérer l'Afrique dans une vision néolibérale du monde.[292]

---

282 Jacques Derrida, *op.cit.*, p.410.
283 *Idem.*
284 *Idem.*
285 *Idem.*
286 *Idem.*
287 Nkolo Foe, « Les politiques de la philosophie en Afrique Émancipation, postcolonialismes, herméneutique et gouvernance », in *Diogène*, 2011/3-4 (n° 235-236), p.177.
288 Achille Mbembe, *De la Postcolonie,* p.212.
289 *Idem.*
290 Achille Mbembe, « À propos des écritures africaines de soi », in *Politique Africaine*, « Philosophie et politique en Afrique », Paris, Karthala, n° 77, mars 2000, p. 31.
291 *Ibid.*, p. 25.
292 Nkolo Foe « Les politiques de la philosophie en Afrique Émancipation, postcolonialismes, herméneutique et gouvernance », p.180.

Pour l'auteur du *Postmodernisme et le nouvel esprit du capitalisme,* l'horizon borné du « paganisme » pré-néolibéral ainsi constaté[293], Mbembe propose à l'Africain un « futur inépuisable », « l'infini », le « temps de l'éternité ».[294] Il s'agit en fait du temps euphémique de la mondialisation. Converti au marché et au néolibéralisme, le sujet africain pourra[295] « s'atteindre lui-même » et « exercer sur lui-même sa souveraineté » ; et, dans « ce rapport à lui-même », il trouvera « la plénitude de son bonheur ».[296]

On peut donc conclure avec Nkolo Foe que « Le postcolonialisme croit le nationalisme incapable de relever le défi de la mondialisation et du cosmopolitisme »[297], car « il constitue un obstacle majeur à l'internationalisation des échanges culturels, intellectuels et économiques »[298]. L'Afrique est donc sommée de sortir du ghetto, le but étant de « participer aux circuits mondiaux d'échanges scientifiques ».[299] Une telle logique donne aux réseaux toute leur importance. Aussi réfléchissant en termes de réseaux, Nkolo Foe pense que Mbembe « préconise ainsi la délocalisation de la production du savoir et la dés-autochtonisation des processus de légitimation de ce savoir ».[300] Une telle approche veut rompre avec toute connaissance ou idéologie panafricaine. Mbembe refuse de croire à la culture africaine et au nationalisme qui pourtant sont capables de relever le défi du cosmopolitisme et de l'internationalisation des échanges.

IV. Repenser le développement de l'Afrique dans l'intégration mondiale : la loi d'airain de toute dialectique historique

Il est question de redéfinir ici une nouvelle orientation qui puisse permettre aux pays africains de sortir de leur état de sous-développé. Pour Mbele, aucun peuple n'a dans l'histoire universelle accepté que son destin signifie esclavage et inégalité.[301] Or, pour l'auteur de *Chaos et Cruauté*, ce sont « la servitude et l'inégalité qui s'affirment dans les traités commerciaux entre l'Europe et l'Afrique ».[302] Il faut donc redéfinir tous les partenariats où « le rapport de force défavorable à l'Afrique doit être aboli ».[303] À cause des conséquences

---

293 Nkolo Foe, « Ajustement structurel et transition ''postmoderne'' en Afrique », in Codesria-African Futures Institute Workshop ! Economico, politiqua, social and technologique transformation in Africa. Pretoria, South Africa, 26-27 octobre 2006, p.7.

294 Achille Mbembe, *De la Postcolonie*, p. 213.

295 *Idem.*

296 *Ibid.*, p. XVIII.

297 Nkolo Foe, *Le Postmodernisme et le nouvel esprit du capitalisme sur une philosophie globale d'Empire*, Dakar, Codesria, 2008, p.154.

298 *Idem.*

299 *Idem.*

300 *Idem.*

301 *Ibid.* p.121.

302 *Idem.*

303 *Idem.*

qu'entraînent les « fruits empoisonnés »[304] de l'ajustement structurel à savoir l'appauvrissement généralisé du continent et les guerres, les partenariats signés intègrent l'Afrique « au monde de façon passive et dramatique après qu'elle l'a été de manière destructrice avec l'esclavage et la colonisation ».[305] Pour sortir de cette situation, il faut donc renouer avec la « loi d'airain de toute dialectique historique ».[306]

En effet, la loi d'airain est la base de l'histoire. Héraclite et la tradition dialectique valorisaient le négatif. C'est de la lutte que naît l'harmonie. À ce sujet, Mbele pense qu' « au niveau social, ce sont ceux qui luttent qui sont importants parce qu'ils impriment une direction à la société ».[307] Surtout que comme le disait Héraclite, la guerre est le père de toutes choses.[308] Les « conditions sociales, la division des maitres et des esclaves comme celle des dieux et des hommes (…), tout cela résulte de la lutte ».[309] Or, comme nous le rappelle Mbele, pour la pensée postcoloniale, les questions de lutte, de révolution sont des « culs-de-sac » contre l'homme, car elles seraient fondées soit sur la logique du meurtre, soit sur la logique du suicide. En effet, pour cette pensée, la lutte à l'égard des dominants constitue en soi un suicide. Suivons Mbembe :

Fanon suggère que dans des contextes de sujétion absolue et d'abjection pour cause raciale, l'on ne devient soi-même qu'en s'accaparant de […] cette capacité de donner la mort […]. Plus radicalement, Fanon semble dire que dans de tels contextes, donner la mort à l'ennemi n'est pas seulement un devoir, mais une responsabilité politico-éthique […]. Définir une politique de la vie si étroitement dépendante de l'acte de donner la mort à l'ennemi – et du signe qu'est la pourriture – ne va pas sans donner la mort à un ennemi surarmé sans risquer, dans le même geste, sa propre vie. La ''donation de la mort'' s'inscrit donc, de part en part, dans une structure de circulation régie, la plupart du temps, par la loi de répartition inégale des armes. Ensuite, si ''donner la mort'' signifie également la possibilité de ''se donner à soi-même'' sa propre mort dans le grand sacrifice de soi que représente la guerre révolutionnaire, en quoi la logique du meurtre est-elle différente de la logique du suicide ? [310]

Fanon milite pour la violence révolutionnaire comme praxis absolue. Mbembe quant à lui opte pour un assujettissement à la senghorienne. Comme

---

[304] Nkolo Foe, *op.cit.*, p. 121.
[305] *Idem.*
[306] *Ibid.*, p.122.
[307] *Idem.*
[308] Héraclite, *Fragments 24 B 53, in Les penseurs grecs avant Socrate. De Thalès de Milet à Prodicos*, traduction, introduction et notes par Jean Voilquin, Paris, Garnier-Flammarion, 1964.
[309] Charles Romain Mbele, *Essai sur le postolonialisme,* p.122.
[310] Achille Mbembe, « Politique de la vie et épreuve du fratricide », Avant-propos à la seconde édition (2005), in *De la postcolonie*, pp.XIV-XV.

nous le rappelle Nkolo, si Senghor voyait dans le métissage et l'hybridité le combat pour la liberté de l'âme des Africains, ses héritiers postmodernes et postcoloniaux luttent aujourd'hui « contre l'esclavage d'appartenir à une nation, à une identité, à un peuple ».[311] Le postcolonialisme chez Mbembe cherche à réhabiliter le senghorisme et affirmer sa connivence pour empêcher l'émergence d'une puissance africaine. À ce sujet, Nkolo pense que Mbembe « confond héroïsme révolutionnaire et ''logique de suicide'' ».[312] Une telle confusion prouve bien que « Mbembe soit déprécie soit évalué mal le bilan historique des guerres de libération dans le Tiers Monde et la croisade antinazie en Europe même ».[313] Dès lors, « Mbembe change de tactique en délégitimant moralement l'entreprise révolutionnaire en soi et en la criminalisant : elle n'impliquerait aucune ''montée en humanité'' comme le voulait Fanon ».[314] Mbembe y parvient « en ramenant le droit de tuer le colon à un simple homicide. La lutte délégitimée, Mbembe invite l'opprimé à la fraternité et à la ''conversion'' ».[315]

Cet état de fait explique la criminalisation des mouvements insurrectionnels. Les luttes d'émancipation étant moralement et spirituellement indéfendables.[316] La pensée postcoloniale refuse toute idée de résistance au néolibéralisme. C'est pourquoi la théorie fanonienne n'a de sens que pour une montée en humanité. Celle-ci « consiste pour le colonisé à se transporter, de par sa force propre, vers un lieu plus haut que celui auquel il a été consigné pour cause de race ou en conséquence de la sujétion »[317]. C'est par la violence que la chose colonisée devient homme et que se créent des hommes nouveaux, une nouvelle humanité. Il nous en garde contre la volonté d'une ultra libéralisation de nos sociétés.

Cette mise en garde exige de penser à des formes de luttes nouvelles. Celles-ci peuvent se résumer sous le registre de « l'organisation humaine, scientifique, politique de l'Afrique à l'échelle des peuples »[318] et qui refusent « de satisfaire de l'inégalité, de la domination et de l'exploitation »[319]. Il faut donc que les peuples africains prennent conscience que la globalisation financière affaiblit les régulations et les évolutions économiques[320].

---

311 Léopold Sédar Senghor, *Liberté I : négritude et humanisme*, Paris, Le Seuil, 1964, p.45.
312 Nkolo Foé, « Les politiques de la philosophie en Afrique Émancipation, postcolonialismes, herméneutique et gouvernance », in *Diogène*, 2011/3-4 (n° 235-236), p.177.
313 *Idem.*
314 *Idem.*
315 *Idem.*
316 *Ibid.*, p.178.
317 Achille Mbembe, *Critique de la raison nègre*, Paris, La Découverte, 2013, p.242.
318 Charles Romain Mbele, *Essai sur le postcolonialisme en tant que code de l'inégalité*, p.122.
319 *Ibid.*, pp. 122-123.
320 *Ibid.*, p.123.

Aussi faut-il redéfinir et reconstruire de toute urgence l'Union Africaine. Cette vision politique rompt avec l'afrocosmopolitisme ou l'afropolitanisme. C'est un courant de la pensée postcoloniale qui prône l'errance, la déterritorialisation, le métissage. Or, pour lutter contre un ordre si impérial, « la lutte doit se situer à l'échelle d'une Afrique unie pour dépasser l'étroitesse de nos marchés. Nous devons renouer aussi bien avec l'idéal égalitaire du consciencisme du courant de la dialectique de la libération qu'avec l'objectif du Plan d'Action de Lagos d'accélérer la qualité de compétitivité de l'offre africaine au moyen de la formation intensive des cadres scientifiques et techniques ».[321] C'est donc à travers la lutte que l'Afrique « consolidera un État souverain panafricain fédéral assis sur une démocratie réelle ; elle maîtrisera le mode de travail industriel pour produire elle-même ses biens et ses services de base, au lieu de consommer les restes des autres ».[322]

Conclusion

Repenser le développement de l'Afrique et des pays du Sud suppose que l'ancien système a failli. Pour des auteurs comme Nkolo Foe, Charles Romain Mbele et Samir Amin, la globalisation du capital constitue l'une des causes principales du drame que vivent les Africains et les populations des pays du Sud. Ce système a été théorisé par les philosophies postcoloniales dont Achille Mbembe est l'une des figures emblématiques. Depuis les années 70, un discours académique annonce et accompagne l'Afrique dans l'insertion dans le monde néolibéral[323]. Il s'agit de briser et de casser l'ordre social en créant des êtres au service du capitalisme impérial, notamment en accentuant la domination et l'exploitation. Sur le plan pratique, ce discours sera concrétisé par les partenariats et les accords, par les programmes d'ajustement structurel. Cependant, ces programmes n'ont pas produit les résultats escomptés. Ils ont plutôt apporté une misère sans précédent. Le continent s'enfonce dans la misère. Nous sommes en face d'un système cynique et inégalitaire où « les gros poissons sont appelés à manger les petits poissons ». En effet, la notion de « bonne gouvernance » ne désigne rien d'autre que la prise de pouvoir du capitalisme financier sur le capitalisme industriel, caractérisé au premier chef par le fait de ne plus considérer le personnel que comme un facteur de coût parmi d'autres ».[324] Ce sont les objectifs de rentabilité qui constituent le but principal de « la bonne gouvernance ». La finalité étant ici la privatisation des moyens de production et l'ouverture des pays à la libre concurrence. S'il est admis avec Samir Amin que ce système constitue un génocide pour l'humanité, il faut donc trouver les voies et moyens pour redéfinir le

---

[321] Charles Romain Mbele, *op.cit.*, p. 123.
[322] *Idem.*
[323] *Ibid.*, p. 10.
[324] Dany-Robert Dufour, Le divin marché. La Révolution culturelle libérale, Paris, Denoël, 2007, p.144.

développement de l'Afrique. Pour Charles Romain Mbele, il faut redéfinir tous les accords et partenariats signés. Pour l'auteur de l'Essai sur le postcolonialisme en tant que code de l'inégalité, l'urgence réside dans une réappropriation égalitaire du plan de Lagos.

Bibliographie

Bidima Jean-Godefroy, *La philosophie négro-africaine*, Paris, PUF, 1995.

Bayart Jean-François, *L'État en Afrique. La politique du ventre*, Paris, Fayart, 1989.

Derrida Jacques, *De L'Écriture à la différence,* Paris, Minuit, Paris, 1969.

Derrida Jacques, *De la Grammatologie,* Paris, Minuit, 1969.

Diouf Mamadou, *L'Historiographie indienne en débat. Colonialisme, nationalisme et sociétés postcoloniales*, Paris, Karthala/Amsterdam, Sephis, 1999.

Dufour Dany-Robert, *Le divin marché. La Révolution culturelle libérale*, Paris, Denoël, 2007

Fanon Frantz, *Les Damnés de la terre*, Paris, Maspero, 1978.

Mbele Charles Romain, *Panafricanisme ou postcolonialisme ? La lutte en cours en Afrique*, Yaoundé, L'Harmattan, 2015.

Mbembe Achille, *Critique de la raison nègre*, Paris, La Découverte, 2013.

Mbembe Achille, *De la Postcolonie. Essai sur l'immigration politique dans l'Afrique contemporaine*, Paris, Karthala, 2000.

Mbembe Achille, « L'Afrique entre localisme et cosmopolitisme », *in Esprit*, Octobre 2002, pp.65-74.

Mbembe Achille, *Afriques indociles. Christianisme, pouvoir et État en société postcoloniale*, Paris, Karthala, 1998.

Mbembe Achille, « La République désœuvrée », *Le Débat,* n°137, novembre/décembre 2005, pp. 159-175.

Mbembe Achille, « Qu'est-ce que la pensée postcoloniale ? », in *Esprit,* n°12, décembre, 2006, pp. 117-133.

Mbembe Achille, « État, violence et accumulation : leçons d'Afrique Noire », in *Foi et développement*, vol.164, issue 164, 1998. pp. 1-8.

Mbembe Achille, « À propos des écritures africaines de soi », in *Politique Africaine, « Philosophie et politique en Afrique »*, Paris, Karthala, n° 77, mars 2000, pp. 16-43.

Mbembe Achille, « Le devoir d'impertinence », *in Patrimoine*, n°0015, juin 2001, pp. 5-11.

Nkolo Foe, Le postmodernisme et le nouvel esprit du capitalisme sur une philosophie globale d'Empire, Dakar, CODESRIA, 2008.

Nkolo Foe, « Les politiques de la philosophie en Afrique Émancipation, postcolonialismes, herméneutique et gouvernance », in Diogène, 2011/3-4 (n° 235-236), pp.174-191.

Nkolo Foe, « Ajustement structurel et transition ''postmoderne'' en Afrique in Codesria-African Futures Institute Workshop ! Economic, political, social and technological transformation in Africa. Pretoria, South Africa, 26-27 October 2006, pp. 2-17.

Nkolo Ndjodo Léon-Marie, La Théorie postcoloniale. Culture, capitalisme et chaos, Stuttgart, ibidem-verlag, 2021.

Senghor Léopold Sédar, Liberté I : négritude et humanisme, Paris, Le Seuil, 1964.

LES COLLECTIVITÉS TERRITORIALES DÉCENTRALISÉES ET LE DÉVELOPPEMENT : POUR QUELLE GOUVERNANCE LOCALE ?

Jean-Roger ESSOMBE EDIMO NYA BONABEBE[325]

Résumé

Au cours des quatre dernières décennies, le monde a subi des changements économiques et institutionnels importants (mondialisation, régionalisation, décentralisation...) qui ont contribué à l'émergence de nouvelles approches basées sur la notion de territoire. Et ces nouvelles approches privilégient la dimension spatiale du développement, remettant ainsi en cause la notion, naguère utilisée et très réductrice de l'espace. Trois principaux facteurs vont ainsi participer à l'émergence du « local ». Il s'agit de la réorganisation des systèmes productifs (suite à la crise du « fordisme »), de la mondialisation, et de l'évolution de l'organisation de l'État avec la mise en place de la décentralisation. Or, précisément, la distribution spatiale de la richesse et du bien-être dans un contexte de promotion et d'accélération de la décentralisation est un enjeu majeur pour le développement.

Le développement territorial peut être défini comme tout processus de mobilisation des acteurs qui aboutit à l'élaboration d'une stratégie d'adaptation aux contraintes extérieures sur la base d'une identification collective à une culture et à un territoire, et qui s'articule fondamentalement autour d'une dynamique d'accumulation industrielle de révélation des ressources locales. Dans cette perspective également, les collectivités locales sont désormais appelées à promouvoir une gouvernance territoriale de développement. Celle-ci doit tendre à construire et à cultiver en permanence leur « *attracti-compétitivité* » (Essombè Edimo, 2008) dans une économie qui est dorénavant devenue globale. Une globalisation qui, en même temps qu'elle a installé un « territoire-monde » (Didelon, 2014), est aussi devenue le principal accélérateur de l'attractivité et de la compétitivité des territoires. Dans un tel contexte enfin, le développement territorial va donc reposer sur la valorisation locale

---

[325]Université de Yaoundé II, GREDLOS (*Groupe de Recherche sur le Développement Local et Spatial*) et UISAD ; jressombe@yahoo.fr
Le présent papier est aussi, pour partie, issue d'une réflexion menée dans le cadre d'une leçon inaugurale co- organisée par La Fondation P. Cruigneau pour la Recherche Scientifique en l'Université Catholique St Jérôme de de Douala sur « *Développement local et développement territorial : au-delà des concepts, quel rôle pour les CTD dans le développement local ?* », Douala, juillet 2020

des ressources « génériques ou spécifiques » « existantes ou latentes » (Pecqueur et Gumuchian, 2007), voire idéelles du territoire donné.

Mots-clés : développement territorial, gouvernance territoriale, valorisation des ressources locales.

CODE JEL : R58 ; R11 ; R38.

Abstract

Over the last four decades, the world has undergone major economic and institutional changes (globalisation, regionalisation, decentralisation...), which have contributed to the emergence of new approaches based on the notion of territory. And these new approaches favour the spatial dimension of development, thus calling into question the previously used and very simplistic notion of space. Three main factors will thus contribute to the emergence of the "local". These are the reorganization of productive systems (following the crisis of "Fordism"), globalization, and the evolution of the organization of the State with the implementation of decentralization. Now, precisely, the spatial distribution of wealth and well-being in a context of promoting and accelerating decentralization is a major challenge for development. Territorial development can be defined as any process of mobilization of actors that leads to the elaboration of a strategy of adaptation to external constraints on the basis of a collective identification with a culture and a territory, and which is fundamentally articulated around a dynamic of industrial accumulation and revelation of local resources.

From this perspective too, local authorities are now called upon to promote territorial governance for development. This tends to build and permanently cultivate their "attractiveness-competitiveness" (Essombè Edimo, 2008) in an economy that has now become global. Globalization which, at the same time, has established a "territory-world" (Didelon, 2014), and has also become the main accelerator of territories attractiveness and competitiveness. Finally, in such a context, territorial development will therefore be based on the local enhancement of the "generic or specific", "existing or latent" or even ideal resources of the given territory.

Keywords: *territorial development, territorial governance, valorisation of local resources.*

JEL Codes : R58 ; R11 ; R38.

Introduction

Au cours des quatre dernières décennies, le monde a subi des changements économiques et institutionnels importants (mondialisation, régionalisation, décentralisation…). Des mutations qui ont contribué à l'émergence de nouvelles approches basées sur la notion de territoire. Et ces nouvelles approches privilégient la dimension spatiale du développement, remettant ainsi en cause la notion, naguère utilisée et très réductrice de l'espace. Avec elles en effet, l'espace n'est pas seulement un cadre de localisation des agents économiques, voire des activités. Mais il est aussi et surtout « *le cadre de l'émergence d'un acteur économique d'un type particulier dont l'importance aujourd'hui est abondamment soulignée, à savoir le territoire* » (Benko, 1996).

Il est même devenu un facteur déterminant dans le renouvellement de la problématique du développement et de la pensée économique, comme en témoigne le nouveau corpus qu'est aujourd'hui « l'économie territoriale » (Courlet, 2010 ; Courlet et Pecqueur, 2017 ; Essombè Edimo, 2015 et 2020a). Et, c'est aussi par rapport à ces mutations et à ces nouvelles considérations que les perspectives du développement local et territorial vont émerger.

Trois principaux facteurs vont constituer le socle de cette émergence du « local ». Il s'agit de la réorganisation des systèmes productifs (suite à la crise du « fordisme »), de la mondialisation et de l'évolution de l'organisation de l'État avec la mise en place de la décentralisation. Or, précisément, la distribution spatiale de la richesse et du bien-être dans un contexte de promotion et d'accélération de la décentralisation est un enjeu majeur pour le développement. Et, bien que les concepts et les modes d'organisation relatifs au développement local aient fait, depuis longtemps, l'objet d'une abondante littérature, des questions demeurent et remettent au goût du jour l'intérêt de leur compréhension.

Alors, peut-on stabiliser la notion de développement territorial ? Et quel est le rôle des CTD dans ce nouveau paradigme de développement et dans le cadre de la décentralisation ? Ce sont autant d'interrogations qu'on peut légitimement se poser, et auxquelles tente de répondre le présent papier. Celui-ci se structure de la manière suivante : l'on présentera d'abord une approche constructive du concept de « développement territorial » (**I**), puis l'on tentera d'extraire les fondements d'une gouvernance décisive des CTD dans un tel processus, après avoir exploré une acception opératoire de la notion de « parties prenantes » (**II**).

I. Quelle approche constructive pour le développement territorial ?

A. Le développement territorial émerge avec la prise en compte du « territoire » dans la littérature économique

Dès ses prémisses avec Perroux (1955), l'idée même de développement était celle du paradigme issu du fordisme et qui, pendant longtemps, refusait de reconnaître une moindre spécificité à la dimension territoriale. Même si, par ailleurs, elle prônait tant bien que mal un modèle de croissance de type intensif (Essombè Edimo, 2005). L'objectif bien compris était la promotion des grands complexes industriels avec un système de production et d'organisation basé sur l'extension progressive du fordisme et du taylorisme. Articulé autour de la polarisation, le principe défendu était alors celui selon lequel la présence d'une activité en un lieu polarise d'autres activités autour. Et, suivant l'argument du « cercle vertueux[326] » développé par Krugman (1991) dans le cadre de la « causalité cumulative », le type de concentration des firmes qui en découle contribue même à la formation d'autres secteurs d'activités (périphérie) dont elle demeure le secteur dominant (centre). Selon cet auteur, en outre, cette approche fonctionnera et « s'autorégulera » jusqu'à l'apparition de ses propres limites, avant d'aller se reproduire ailleurs.

En fait, l'approche territoriale dans le développement va faire son apparition peu à peu avec la prise de conscience de l'inégalité de la diffusion du développement dans l'espace. Autrement dit, les théoriciens du développement se sont aperçus que les territoires ne se développent pas tous de la même façon, et que certains territoires demeurent en dehors du rayonnement du développement et/ou de la croissance.

À partir de là, diverses théories vont également voir le jour en vue de décrire les espaces excentriques et marginalisés. Pour la plupart, elles se regroupent dans le corpus *des théories du développement régional*. Un corpus aux frontières parfois floues. Car comme le souligne Boisvert (1996), par exemple, « *aucune théorie générale du développement régional n'est encore disponible* ». C'est que l'émergence de l'approche territoriale du développement constituera en effet pour certains auteurs (Aydalot, 1985 ; Proulx, 2003 ; Friedman et Weaver, 1979) l'avènement d'un nouveau paradigme de développement et que beaucoup d'autres ont appelé *le paradigme du développement par le bas*, par opposition à celui du *développement fonctionnel* (Pecqueur, 1989) ou du *développement par le haut* (Aydalot, 1985, *op. cit.*). Dans les pays du Sud comme dans les pays du Nord, l'on tentera alors d'explorer des théories pour expliquer les inégalités du développement dans l'espace, et de proposer des cadres conceptuels alternatifs destinés à favoriser le développement des espaces excentriques et marginalisés.

Selon Torre (2015), les dernières décennies ont vu la reconnaissance de la dimension territoriale et l'essor des approches du développement territorial. Et si elles ont le mérite de s'intéresser aux acteurs locaux et à leurs interactions, ces dernières se concentrent souvent sur la dimension productive

[326]La concentration de plusieurs entreprises en un seul lieu offre un bassin d'emploi aux travailleurs avec des compétences spécifiques garantissant à la fois une probabilité de chômage réduite, une plus grande variété de produits offerts et une augmentation de la demande de consommation qui pousse d'autres entreprises à s'installer.

des innovations technologiques qui trouvent leur expression dans des systèmes locaux performants, milieux, clusters ou pôles de compétitivité, etc. Pourtant, la crise et les politiques libérales ont creusé le fossé entre les populations locales et les institutions décisionnaires, entre entreprises et pouvoirs publics, et ont poussé un nombre croissant d'acteurs des territoires à mettre en place des solutions innovantes dans leurs projets quotidiens en complément ou à côté des activités productives plus traditionnelles.

Face à ces changements, il était donc nécessaire que l'on formulât une nouvelle définition du développement territorial liée à une conception élargie de l'innovation. Et celle-ci se devait de prendre en compte non seulement les mutations productives intégrant la mise en place d'une dynamique industrielle locale, mais aussi l'ensemble des changements sociaux et institutionnels à l'œuvre dans les territoires.

B. Pour quelle définition du « développement territorial » ?

Le processus de développement territorial relève avant tout d'une mutation des mentalités, d'un changement des structures économiques et sociales et de la mise en œuvre des projets nouveaux à travers une dynamique d'accumulation industrielle locale. Fruit de compromis souvent laborieux, parfois longs et rarement égalitaires, le développement territorial dépend de la qualité du processus de gouvernance territoriale qui permet de sélectionner les innovations consensuelles ou conflictuelles et de mettre en place les projets pour le futur. C'est en ce sens, ajoute (Torre, 2015, *op.cit.*), qu'il faut comprendre le développement territorial. Car toute voie autre conduit à un *exit*, qui signera la sortie du territoire ou la fin des interactions locales.

En première analyse, le développement territorial peut donc être défini comme tout processus de mobilisation des acteurs qui aboutit à l'élaboration d'une stratégie d'adaptation aux contraintes extérieures, sur la base d'une identification collective à une culture et à un territoire. Selon Torre (2015, *idem*), cette définition comporte trois affirmations qui appelleraient, chacune, de longs développements. Du moins, le développement territorial ne peut se décréter, et reste une construction d'acteurs. Même si, par ailleurs, des politiques publiques appropriées peuvent la stimuler dans la durée. Ensuite, le développement territorial s'impose comme une stratégie d'adaptation vis-à-vis de la globalisation. Cette stratégie permet aux acteurs des territoires de réorganiser l'économie locale face à la montée des concurrences à l'échelle mondiale. Ici, le mécanisme de territorialisation repose sur le principe de spécification des actifs, c'est-à-dire la recherche de la ressource propre au territoire et qui lui permet de se différencier de son voisin plutôt que d'être en concurrence sur des productions standards. Dans cette perspective, le système territorial d'acteurs, par exemple, peut donc prendre des formes très diverses (districts industriels, systèmes productifs locaux, *clusters,* ou tout autre mode d'organisation productive).

Sa caractéristique de base est la mise en place, inscrite dans l'histoire longue, d'un processus de construction par les acteurs, et avec divers modes de coordination locale de ces derniers. La stratégie de promotion de développement territorial n'est donc pas seulement une modalité d'optimisation de dotations en facteurs censés préexister sur un territoire donné. Mais, la dynamique territoriale de développement tend à mettre en place un processus local d'industrialisation en vue de révéler des ressources inédites, « spécifiques » (Pecqueur, 2007, *op. cit.*) ou « construites » des territoires. Et c'est en cela qu'elle constitue une innovation, notamment par rapport à ce qu'on désignait, jadis, sous l'appellation de « développement local » avec une dimension largement « *localiste* » (Pecqueur, 1989).

En outre, les années de décentralisation marquent un retour du territoire non plus comme simple lieu de vie et de réception des prestations, mais comme espace d'intervention. Celui-ci désigne alors désormais cette dynamique de développement construite par une biodiversité territoriale d'acteurs locaux (populations, collectivités territoriales décentralisées, entreprises, organismes publics locaux, centres locaux divers de formation, organismes consulaires,…), sur un territoire donné et avec, à sa base, un système de production industrielle tendant à la fois, à valoriser les ressources locales et, à cultiver une « atttracti-compétitivité[327] » (Essombè Edimo, 2008) du territoire concerné. Cette dynamique peut d'ailleurs aussi être à l'initiative de l'État ou être accompagnée par ce dernier.

Et c'est du reste, cette implication reformulée du rôle de l'État qui permet également de différencier plus en profondeur le développement local *stricto sensu* (ou mobilisation spontanée des acteurs locaux) du développement territorial. Ce dernier apparaissant alors comme une mobilisation combinée de l'initiative nationale et de l'action locale avec la mise en place d'une territorialisation de la politique publique. On considérera, dans ce sens, la territorialisation comme la traduction politique du développement local assurée par la réincorporation du traitement du social localisé dans les politiques publiques (Denieuil et Laroussi, 2005). Ainsi, si le développement local initial est structuré par la mobilisation endogène des acteurs, la territorialisation en ce qui la concerne, implique davantage l'intervention exogène du pouvoir politique. Celle-ci consiste en un transfert effectif des politiques publiques de l'État aux Collectivités Territoriales Décentralisées, ou en la mise en application par l'État lui-même de ses politiques sur le territoire (Ménard, 2002), le tout entraînant la mise en place, elle aussi, d'une

[327]Concept initié par Essombè Edimo (2008, *op. Cit.*), sur la base d'une contraction de « attractivité » et « compétitivité », pour souligner entre autres que la mondialisation a généré l'attractivité et la compétitivité territoriales comme fondements de l'économie globalisée.

gouvernance territoriale (ou locale) de développement. Parce que le développement territorial effectif est en effet largement tributaire de la mise en cohérence et de la coordination des activités au sein d'un tissu local. Et ceci est largement conditionné par l'existence d'un processus institutionnel de mise en compatibilité des compromis entre acteurs géographiquement proches, en vue de résoudre un problème productif. De manière générale d'ailleurs, c'est cette gouvernance qui va alors articuler entre eux les acteurs situés sur le même site géographique, tout comme elle va aussi relier simultanément les acteurs locaux et les niveaux macro-économiques nationaux et mondiaux (Gilly et Pecqueur, 1995 ; 1998).

Avec le retour au territoire, le développement local s'est donc renforcé pour être le signe concret du début d'un nouveau cycle long d'industrialisation et de relations sociales localisées. Et, le plus souvent, cette dynamique est largement entretenue par « une biodiversité territoriale d'acteurs locaux » (Essombè Edimo, 2020a) constitués par les systèmes productifs localisés, les clusters, les systèmes agroindustriels localisés, ou les technopoles et autres technopoles ou agglomérations spécialisées… et qui sont autant de nouvelles configurations spatiales de la production industrielle aujourd'hui largement véhiculées par la mondialisation comme mode d'adaptation des territoires.

De sorte qu'auto-organisation des acteurs situés pour l'exploitation et la production des richesses locales, souvent en congruence avec une reterritorialisation de l'action publique, développement local et développement territorial représentent les deux faces d'une même réalité. Le plus souvent facilité par la décentralisation, le mode d'organisation productive et sociale qu'ils génèrent poursuit logiquement un objectif commun qui est la recherche du bien-être et d'une meilleure qualité de vie pour les populations situées. Si bien que, pour sa part, l'Union Européenne (2016), par exemple, ne s'affuble plus de différence et assimile désormais logiquement les deux. Celle-ci décrit en effet le développement territorial comme désignant *« un développement qui est endogène et spatialement intégré, qui mobilise les contributions des acteurs intervenant à de multiples échelons et qui amène une valeur incrémentielle aux efforts de développement nationaux* ». La représentation qui en découle, même si elle ne met pas aussi en évidence les modes de coordination des acteurs situés, peut néanmoins être aisément résumée ainsi qu'il suit (**Schéma 1**) :

Schéma 1 : Spécification développement local et développement territorial.

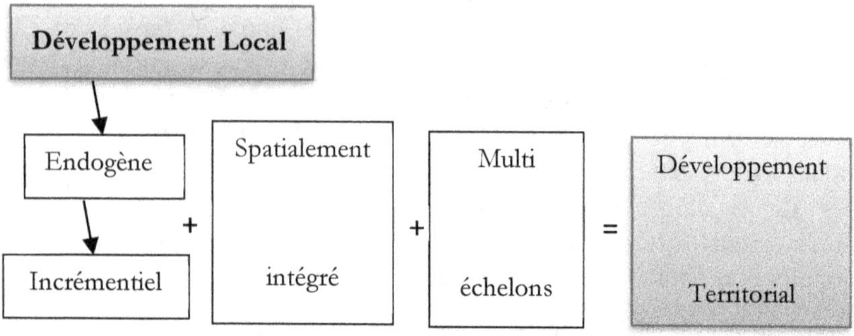

Source : Union Européenne (2016) : Soutenir décentralisation, gouvernance locale et développement local au travers d'une approche territoriale, éd. U.E, Coll. « *Outils et Méthodes* », Doc de référence, n° 23, Bruxelles.

En tout état de cause, dans l'un ou l'autre cas, il s'agit donc aussi de chercher à comprendre, par une analyse empruntant à l'économie, certes, mais également à la sociologie et qui s'inscrit dans ce courant de l'interventionnisme symbolique (le « *symbolicinteractionism* ») de Blumer (1969), par exemple, et dont l'objet est de s'approprier, en les analysant au plus près, les rapports construits entre les acteurs dans des situations déterminées. Qu'il soit appelé « développement local » ou « territorial », l'organisation sociale qui en découle traduit des situations construites par et pour les acteurs situés afin de répondre à des intérêts, à des enjeux, voire à des valeurs et, en vue de l'atteinte d'un bien-être au niveau local.

C. Le développement territorial : une dynamique de construction de « l'attracti-compétitivité » à l'heure de l'économie globale

La notion de développement territorial enrichit celle de développement local par l'intégration de six (06) dimensions essentielles à savoir les territoires, leurs parties prenantes, la mise en place d'une accumulation industrielle locale, les usages des sols, la gouvernance territoriale et, par temps de mondialisation, la nécessaire construction de « l'attracti-compétitivité » du territoire.

Il faut dire qu'après l'avoir ignoré pendant longtemps, la Science Économique (contrairement à la Géographie, par exemple) a fini par reconnaître le territoire et par l'intégrer dans ses formalisations. De sorte que le territoire n'est ici désormais plus réduit à l'espace. Comme le notent avec pertinence encore Benko *et al.* (2007), en effet, *« le territoire a acquis progressivement le statut d'objet géographique puis, plus récemment, d'objet économique ».* Alors que l'espace est un simple récipient de l'activité économique, c'est-à-dire, un contenant passif, le territoire pour sa part apparaît dorénavant comme un producteur de ressources et un acteur du développement. C'est un espace socialement organisé, construit c'est-à-dire à la fois le cadre et, le résultat de stratégies d'acteurs. Il apparaît alors, comme la conjonction entre une proximité géographique et une proximité organisationnelle et institutionnelle (ou « proximité organisée »).

Le territoire n'est donc ni un espace donné (ou postulé), ni un espace prédécoupé, ni même une colocalisation d'agents. Mais il est le résultat d'un processus de construction et de délimitation par ses acteurs. Il est un concentré d'« espaces vécus » (Frémont, 1976) de relations sociales et de productions collectives de groupes humains, ainsi que de dispositifs de gouvernance et d'organisation. Il renvoie à des relations organisées, des groupes ou des populations particulières qui se reconnaissent dans des projets communs. Des groupes régis par diverses dynamiques de proximités (organisationnelle, géographique, ...) (Pecqueur et Zimmermann, 2004 ; Talbot, 2009).

D'un autre côté, l'attractivité et la compétitivité territoriales sont les deux faces d'une même médaille : un territoire a d'autant plus de chances d'être compétitif qu'il a la capacité d'attirer à lui les acteurs économiques nécessaires aux activités de production. Inversement, l'attractivité dépend de la compétitivité. Car, les acteurs économiques se dirigent volontiers vers des lieux offrant le plus d'opportunités de bénéfices, donc les plus compétitifs. En fait, pour demeurer compétitifs, les territoires doivent bâtir une organisation performante nécessitant la création de liens avec d'autres acteurs. En tant qu'organisateurs complexes d'acteurs, les territoires agissent sur la formation et la nature des liens dont ont besoin les acteurs économiques situés. C'est en permettant et en facilitant l'accès local aux ressources naturelles et aux ressources construites qui les composent, que les territoires influent sur la compétitivité. Si bien que, ceux des territoires qui disposent de ressources spécifiques, singulières et rares, sont propices à la mise en œuvre de liens spécifiques apportant potentiellement un avantage aux acteurs économiques qui développent ces liens. Autrement dit donc, la compétitivité des territoires repose sur l'existence d'avantages spécifiques de localisation. Et ces avantages se construisent sur les liens particuliers que les acteurs économiques d'un territoire parviennent à établir, grâce à l'action locale (ou gouvernance territoriale) et/ou grâce à la territorialisation de la politique publique. Un territoire permettant le développement en son sein de liens difficilement reproductibles ailleurs serait plus compétitif que d'autres territoires. Car on se rend en effet de plus en plus compte que « *les avantages concurrentiels les plus solides ont un caractère fortement local…* (même si, par ailleurs), *ils tiennent* (aussi) *à la concentration territoriale de compétences et de connaissances idiosyncrasiques* » (Le Gall *et al.* 2013)[328].

---

[328] L'idiosyncrasie étant la manière d'être de chaque individu qui l'amène à avoir des comportements qui lui sont propres ou spécifiques.

Si bien qu'il apparaît ainsi que la compétitivité territoriale se définira davantage par les composantes comme :

- les caractéristiques initiales du territoire : les ressources naturelles et construites qui existent en son sein ;
- l'importance des mécanismes de relations internes/externes des acteurs qui composent le territoire ;
- l'importance des relations mises en œuvre par les acteurs du territoire en son sein.

Dans ce contexte, tout l'enjeu pour des collectivités territoriales, par exemple, et qui souhaitent promouvoir la compétitivité de leur territoire sera désormais triple, c'est-à-dire :

- veiller au maintien des ressources existantes et à l'émergence de nouvelles (faire muter les ressources potentielles en ressources actives) ;
- faciliter la mise en relation des acteurs locaux pour que chacun trouve localement l'acteur nécessaire à son développement ;
- pérenniser la relation acteur / territoire afin que l'acteur ne s'émancipe pas du territoire en devenant mobile vers d'autres territoires qui offriraient des ressources équivalentes ou plus rares (avantage spécifique).

Pour ainsi dire, les collectivités locales sont désormais appelées à construire et à cultiver en permanence leur « *attracti-compétitivité* » dans une économie qui est devenue globale. Une globalisation qui, en même temps qu'elle a installé un « territoire-monde » (Didelon, 2014), est aussi devenue le principal accélérateur de l'attractivité et de la compétitivité des territoires. Dans un tel contexte enfin, le développement territorial va donc reposer sur la valorisation locale des ressources « *génériques ou spécifiques* » « *existantes ou latentes* », voire *idéelles* d'un territoire donné. Et cette « valorisation » est issue d'un processus d'accumulation industrielle locale. Ce qui est mis en évidence c'est en réalité la complexité des relations entre firmes et territoires, voire le dialogue « territoire/entreprises » en vue de la promotion et de la pérennisation du processus industriel de valorisation des ressources locales. Cette problématique de valorisation des ressources amène à considérer non plus seulement les seules dotations factorielles d'un territoire, mais également le processus de construction de ces facteurs de production (industrialisation, formation, …). Et ces facteurs ne sont pas nécessairement donnés (dotations initiales naturelles ou génériques). Mais ils se révèlent ou se créent sous l'influence des acteurs, se différencient selon la spécificité de l'offre et de ses composantes (Essombè Edimo, 2007).

Dans ce contexte : comment restituer le rôle des CTD dans le développement territorial ?

II. Quel rôle ou quelle gouvernance pour les CTD ?

Il faut d'abord situer la CTD dans la constellation des acteurs qui promeuvent, animent et encadrent le développement territorial. Parce qu'elles sont bien une des « parties prenantes » de celui-ci. Cela amène fondamentalement ensuite à interroger cette « boite à outils » que sont les « parties prenantes », avant de décliner les rôles des CTD dans le cadre de « la biodiversité territoriale des acteurs locaux » (Essombè Edimo, 2020a, *op.cit.*).

A. Situer les CTD dans la biodiversité territoriale des acteurs locaux

Il serait absolument fastidieux de faire un étalage exhaustif des actions relevant des CTD dans le cadre de leur rôle dans le développement local. L'observation empirique permet de constater, partout, que le développement territorial résulte d'une dynamique volontaire et volontariste des acteurs locaux divers (**Schéma 2**) :

- les CTD ;
- l'État central ;
- les institutions locales (formelles et informelles) ;
- les entreprises ;
- les chambres consulaires situées ;
- les Universités et Centre de recherche ;
- les diverses autres parties prenantes ;
- etc…

Schéma 2: Le développement territorial : résultat de l'action collective de « la biodiversité territoriale des acteurs locaux ».

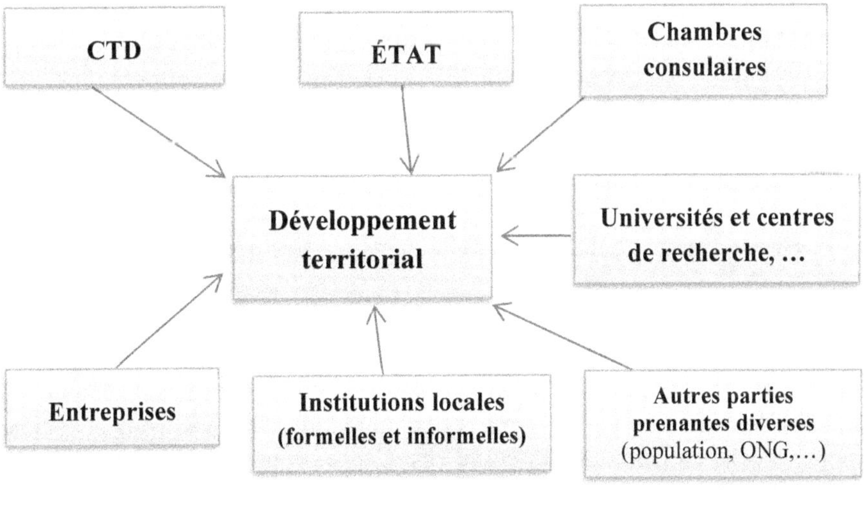

Cette constellation d'acteurs forme donc ce que nous avons pu appeler « *la biodiversité territoriale d'acteurs locaux* » (Essombè Edimo, 2020a, *op. cit.*). La question subsidiaire qui en découle ici se ramène donc à la suivante : « *Quel rôle pour les CTD en tant que partie prenante dans le développement local* ou alors « *Quelle gouvernance pour un développement territorial* » ?

Comme formulé précédemment en effet, le développement territorial est celui qui est porté par une dynamique d'acteurs locaux ou des parties prenantes situées, en vue de résoudre les problèmes de production de la valeur ajoutée au niveau d'un territoire. Cela s'effectuera dans un processus qui tendra à valoriser les ressources locales, que ces dernières soient révélées, idéelles, actives ou latentes. Pour bien situer le rôle de la CTD dans ce processus, il conviendra de procéder à une analyse comparative des différentes parties prenantes porteuses de cette dynamique. Le but, *in fine*, étant de ressortir le rôle effectif de chacune de ces parties dans le processus du développement à l'échelle du territoire.

Dans notre contexte, de cette biodiversité territoriale des acteurs locaux formant les parties prenantes du développement territorial, l'on peut distinguer :

- *les entrepreneurs* : qui portent les projets du territoire et structurent les relations locales ;
- *les collectivités territoriales* : qui sont un vecteur de l'efficacité collective à travers la mobilisation des ressources communes et l'activation des liens sociaux ;
- *les pouvoirs publics centraux* : dont le rôle se résume à des fonctions de redistribution, de médiation et de coordination. En définitive, l'impératif immédiat apparaît donc être celui de mettre en branle, les mécanismes à travers lesquels les parties prenantes vont mobiliser les relations sociales à leur avantage pour un développement territorial efficace.

Mais, avant d'aller plus loin dans l'analyse du rôle proprement dit des CTD, il convient d'essayer de débrouiller l'écheveau de la complexité de la notion de « parties prenantes ».

B. Brève approche définitionnelle des « parties prenantes »

1. Un cadre opératoire précis

L'expression « parties prenantes » est aujourd'hui chargée de sens et de valeurs, autant dans les Sciences de l'Organisation et du Management que dans les discours que les entreprises tiennent aujourd'hui vis-à-vis la société. Même si cela n'a pas toujours été le cas. Ce qu'on nomme communément «

parties prenantes » (ou *stakeholder*) est une approche que l'on doit aux travaux de Berle et Means (1932). Ces auteurs ont permis de constater la réalité ou l'existence d'une pression sociale qui s'exerce sur les dirigeants d'une firme pour qu'ils reconnaissent leur responsabilité auprès de tous ceux dont le bien-être peut être affecté par les décisions de l'entreprise.

Leur argumentation s'organise autour de deux grands facteurs, à savoir la légitimité et le pouvoir. Lesquels constituent aussi les deux justifications principales de la pertinence de l'approche *stakeholder* (Andriof et al., 2002 ; Sobczak et Berthoin Antal, 2010). Et ce sont ces deux concepts qui permettent de répondre à la question à laquelle renvoie le principe fondateur, à savoir « *Who and what really counts ?* » (ou « principe de Freeman », 1984).

Sans entrer dans beaucoup de détails théoriques, on peut simplement relever ici que les parties prenantes peuvent être définies comme « *tout groupe ou individu qui peut influencer ou être influencé par la réalisation des objectifs de la firme ou de l'organisation* » (Freeman, 1984, *Idem*).

Une telle approche définitionnelle, relativement large, permet alors d'englober l'ensemble des acteurs en interrelation avec l'organisation. Car ces parties prenantes contribuent à déterminer la performance globale des organisations qui se conçoivent alors comme un ensemble d'intérêts coopératifs ou divergents et se trouvent, par conséquent, dans l'obligation de gérer cette diversité (Essombè Edimo, 2020b, *op. cit.*).

2. Une invite pour une contextualisation à peine voilée pour le développement territorial

En effet, le développement territorial ne peut se faire sans l'existence et la participation active d'une multiplicité d'acteurs (les entreprises, les autorités locales, les institutions élues, les mouvements associatifs, etc.) ou cette biodiversité territoriale d'acteurs locaux que, pour leur part, Pecqueur et Landel (2011) appellent encore « les opérateurs territoriaux ». Cette biodiversité compose une entité territoriale dans laquelle ces différents agents définissent les objectifs du développement (création d'emplois et distribution de revenus, prise en charge et couverture des besoins des citoyens en matière de santé, de logement, de formation, d'éducation et de culture, d'aménagement et de préservation de l'environnement, de production des biens et de la valeur ajoutée, etc.).

L'implication de ces différents acteurs dans le processus de développement local suscite également l'existence de rapports entre les différents acteurs de cette biodiversité parce que, précisément, le système territorial est bâti à la fois sur :

- la proximité géographique de ses acteurs ;
- la dynamique commune qui les rassemble ;

- étant entendu, par ailleurs, que tout système économique est un ensemble de sphères qui animent les liens et les relations que tissent ses divers composants et éléments.

Le système territorial ainsi formé est donc appuyé par l'intensification des liens qu'il intègre. Les acteurs interagissent afin d'orienter leurs intérêts individuels autour de la réalisation des objectifs collectifs, à travers la mise en valeur des ressources locales, voire la promotion d'une dynamique d'accumulation industrielle située. Le tout se fixe sur un processus bâti autour des parties prenantes qui, rappelons-le, sont donc identifiées comme représentant tous les acteurs de développement présents sur un territoire et prêts à s'engager dans un réseau durable de relations plus ou moins institutionnalisées d'échanges (*cf.* **Schéma 2**, *Supra*).

3. Les collectivités territoriales décentralisées comme agents de la gouvernance et de fluidification des réseaux d'acteurs

Fondamentalement, les liens qu'entretiennent les agents reposent sur un ensemble de règles qui facilitent non seulement les modalités de leur coordination, mais également un accès moins coûteux à des données concernant leur environnement immédiat (Angéon, 2008). De ce point de vue, les CTD doivent donc « fluidifier » leur gouvernance. Pour ainsi dire, elles se doivent d'initier une gouvernance territoriale de développement.

Celle-ci est perçue comme le processus institutionnel de mise en compatibilité des compromis entre acteurs géographiquement proches, et composés de cette biodiversité territoriale d'acteurs locaux, en vue de résoudre des problèmes productifs ou de réaliser un projet collectif. Dans une perspective dynamique, ce type de gouvernance participe donc à la révélation et à la formulation des problèmes que posent les interactions et la coordination entre acteurs sur le territoire. Elle apparaît comme la mise en œuvre de nouvelles formes communes de planification et de gestion de la dynamique socio-territoriale.

À cette fin, elle invite le territoire à devenir la cible de l'action publique à travers la promotion d'expériences d'aménagement du territoire et de promotion des systèmes territoriaux de production industrielle. L'expérience montre aujourd'hui que ces derniers sont construits désormais autour de la promotion, par exemple, des systèmes territoriaux de production ou d'innovation. Ce faisant, les CTD apparaissent ainsi comme un élément-clé de la dynamique territoriale. Dans l'ensemble, leur rôle se caractérise par des interventions directes auprès des entreprises, afin que celles-ci s'installent ou pérennisent leurs activités sur leur territoire. Elles mettent par conséquent en lumière un ensemble de relations interpersonnelles dans lesquelles s'inscrivent les différentes parties prenantes au niveau local. Ceci aboutit, le plus souvent, à des réalisations multiformes comme la promotion de comités locaux de bassin d'emploi, et qui ont en commun d'être assis sur un espace géographique, culturel ou économique (Essombè Edimo, 2007, *op. cit.*), ou encore la mise en place des systèmes territoriaux de production industrielle ou d'innovation que sont :

- les Systèmes productifs localisés (ou S.P.L.),
- les clusters,
- les espaces serviciels,
- les pôles de compétitivité,
- les technopôles,
- les technopoles,
- les milieux innovateurs,
- les agglomérations spécialisées,
- etc.

Une telle démarche pourrait aussi se représenter de manière explicite (**Schéma 3**).

Schéma 3: Caractérisation du rôle des Collectivités locales dans le développement territorial.

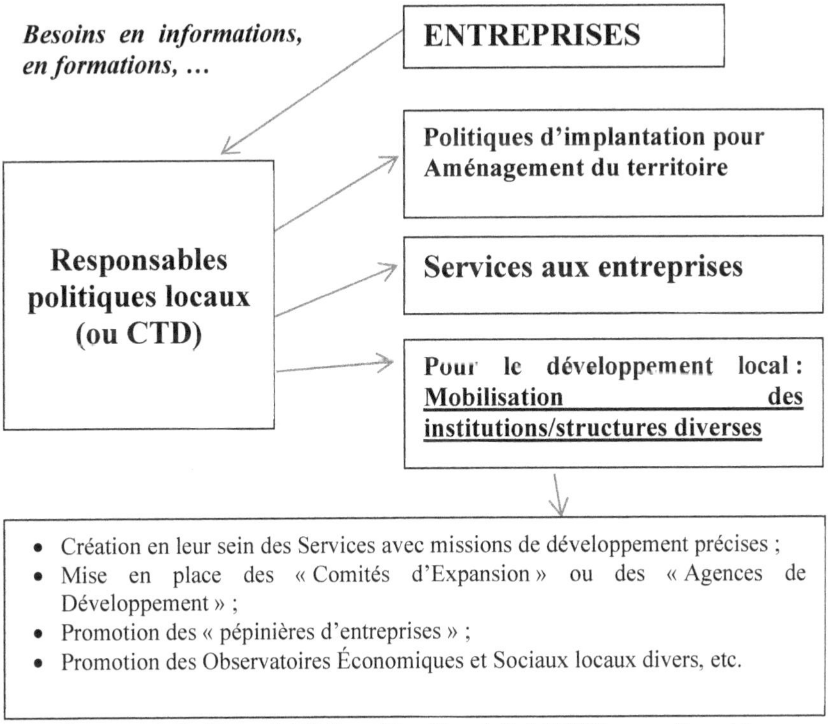

Source : J. R. Essombè Edimo Nya Bonabébé (2007), *op. cit.* p. 46.

Le principe directeur étant de mettre en commun des ressources pour atteindre des objectifs qui ne peuvent être atteints de manière individuelle, les CTD ont donc aussi à cœur de :

- faciliter les capacités d'anticipation des agents ;
- favoriser une meilleure compréhension de l'entourage ;
- encourager la transparence et la circulation d'informations entre les agents situés et, plus particulièrement, les parties prenantes.

Et c'est dans cette optique, très précisément, que les collectivités locales apparaissent comme le vecteur de l'efficacité collective, de par la manière qu'elles auront à mobiliser des ressources au travers des procédures d'activation collective de liens sociaux qui s'avèrent utiles au développement territorial et, par conséquent, à sa dynamique.

Rappelons à cet égard aussi que la mondialisation n'a pas disparu avec le covid-19, par exemple et que les territoires sont de plus en plus dépendants de systèmes décisionnels en matière d'investissements qui interviennent à une échelle géographique très large. Si bien que l'avenir des territoires dépend largement aussi de leur capacité à attirer les investissements désormais devenus plus mobiles. En conséquence, il s'est installé « *un marché des territoires* » (pour l'implantation des investissements) (Essombè Edimo, 2007, *op. cit.*). De sorte que tous les territoires sont dorénavant en concurrence. Ne peuvent véritablement tirer leur épingle que ceux des territoires ayant su se construire des « *avantages différenciatifs* » (Pecqueur, 2007, *op. cit.*) sur la base de la mise en place en leur sein d'une multitude de ressources construites avec :

- d'une part, la promotion des nouvelles configurations spatiales de la production (S.P.L, ...), et qui travaillent à exploiter des ressources spécifiques ou différenciantes du territoire, et
- d'autre part, la mise sur pied d'autres types de ressources spécifiques (en termes d'organisation institutionnelle dont la gouvernance territoriale, de compétences, de moyens de communication, de relations tissées avec le système territorial local d'acteurs.) (Crevoisier et Khébir, 2004 ; Pecqueur et Gumuchian, 2007).

En effet, comme le souligne encore avec pertinence Courlet (2008, *op. cit.*), c'est que l'on constate aujourd'hui la mise en place, un peu partout, d'un modèle de production postfordiste impliquant davantage le territoire (SPL, Clusters.) avec, à sa base, l'émergence de la « *ressource territoriale* » (Courlet et Gumuchian, 2007, *op. cit*), générique et idéelle. Si bien que le territoire est désormais passé de la situation de descripteur du maillage spatial (au sens juridico-administratif) au statut de concept opératoire. Celui-ci rend désormais compte de la complexité de la réalité des constructions socio-économiques ancrées dans un espace physique. Ce qui fait territoire dorénavant, c'est également le processus de ségrégation spatiale qui, avec une forme de gouvernance locale précise, fait surgir un « dedans » et un « dehors » et investit ce "dedans" comme une solution à un problème pour les acteurs du territoire. Ce sont donc essentiellement les stratégies d'acteurs et la gouvernance locale qui construisent le territoire. Ce faisant également, les acteurs (ou les parties prenantes) dans leurs actions quotidiennes, manipulent journellement aussi une matière qui est la ressource territoriale. Une ressource construite alors grâce à un processus industriel de révélation et de recherche des avantages différenciatifs pour le bien-être des populations situées.

Car, il faut bien le dire, la mondialisation a mis en évidence une mutation majeure dans la production industrielle internationale. Avec ses mouvements de délocalisation/relocalisation des firmes, elle a consacré le basculement du centre de gravité de la production industrielle des pays du Nord vers des pays en développement et, plus spécialement, asiatiques. En s'appuyant en effet sur des pratiques comme la décision des FMN[329] de spécialiser la production, la mise en place des chaînes d'approvisionnement internationales et la libéralisation des échanges, le processus de production qui en a découlé a pu être morcelé en étapes, les divers éléments de services pouvant désormais être divisés et externalisés et, souvent, confiés à des pays en développement bénéficiant ou ayant construit un environnement attractif capable de générer la réalisation des « économies d'agglomération » et de réseau pour les entreprises. L'on constate d'ailleurs que *« là où ce processus a réussi, ce qu'on appelle le "commerce de tâches" qui en a été le corollaire a eu un impact spectaculaire au niveau de la croissance économique et commerciale, de la réduction de la pauvreté et du progrès social. Le développement industriel est donc porteur d'un grand pouvoir de transformation »* (ONUDI, 2010).

La globalisation aidant donc, on est bien passé de l'économie de « *la richesse des nations* » d'Adam Smith (1776) à l'économie de « *la richesse des régions* » (Benko et Lipietz, 1992, *Idem*). Apparaît alors en effet « *une économie glocale*[330] » (Pecqueur, 2006) et où les avantages compétitifs durables, dans une économie mondialisée, sont à rechercher dans le tissu local, c'est-à-dire dans les ressources construites (et, non plus uniquement « naturelles »). Ces dernières résultent d'une concentration d'encadrements favorables et des compétences, des savoirs spécialisés et d'institutions dans une région donnée. Il en découle de nouvelles modalités de création de ressources essentiellement dues aux stratégies territoriales conduites par une gouvernance dite de développement (Essombè Edimo, 2019), à l'heure où, nonobstant la survenance de la pandémie du covid-19, l'on assiste à une

[329] Firmes multinationales (devenues, depuis, des firmes « globales »).

[330] Expression issue la « glocalisation », c'est-à-dire de la contraction de « global » et « localisation ».

polarisation de l'économie et de l'industrie autour des centres urbains développés c'est-à-dire, des métropoles désormais devenues ce que Scott (2005) appelait « *les moteurs régionaux de l'économie mondiale* ».

4. Faciliter véritablement la constitution des économies locales d'agglomération

De fait, comme plateforme importante des parties prenantes du développement territorial également, les CTD doivent désormais pouvoir promouvoir au sein de leurs réseaux d'acteurs de production (les entreprises de toutes tailles et de tous secteurs), une approche du travail en réseau. Une telle organisation génère alors de nombreuses externalités (ou externalités de réseaux) qui sont à la base des organisations des systèmes territoriaux de la production industrielle ayant actuellement cours dans le monde. Ce sont ces externalités qui sont aussi le fondement des « économies d'agglomération » et sans lesquelles, du reste, aucun développement n'est raisonnablement possible. Ainsi, si des entreprises se créent ***ici*** et pas ***là,*** c'est aussi et surtout parce qu'***ici,*** elles rencontrent et bénéficient de ces économies d'agglomération, et pas ***là*** (Essombè Edimo, 2015).

À cet égard encore, rappelons comme Pumain *et al.* (2006) que par *agglomération*, il convient bien d'entendre « le processus de concentration de construction d'activités ou de populations sur un espace restreint ». Ce phénomène d'agglomération résulte d'une interconnexion entre activités dans un espace déterminé. Ce qui peut conduire, par exemple, à la croissance urbaine et à un développement local. C'est dans ce même ordre d'idées que Fujita (1990) rappelle que les mécanismes d'agglomération dépendent des économies d'agglomération entendues comme l'ensemble des gains de toutes natures réalisés par les différentes activités du fait de leur proximité géographique et de leurs rendements croissants externes ainsi engendrés. De même, si l'on se réfère aux théories de la croissance endogène, voire à l'analyse Kaldorienne, l'on retrouve à peu de choses près que l'essentiel des mécanismes endogènes de croissance évoqués se déduisent également des économies d'agglomération. Selon les théories de la croissance endogène en effet, le progrès technique résulte de l'accumulation même des facteurs de production : capital physique ou capital humain. Il se « matérialise » sous la forme d'une accumulation de connaissances bénéfiques à l'ensemble de l'économie, par le biais d'externalités marshalliennes. En réalité, les différentes et nombreuses sources d'accumulation de connaissances proposées par les théoriciens de la croissance endogène reposent sur l'existence d'économies d'agglomération qui résultent simplement des besoins d'interactions économiques et sociales entre les agents (Baumont *et al.*, 1995). Cette interprétation reste d'ailleurs conforme au principe de recherche des fondements micro-économiques de la croissance, et qui mettent l'accent sur des facteurs de croissance spécifiques c'est-à-dire, qui intègrent *« tout ce qui est de nature à inciter et à faciliter les interactions entre les agents* » comme, par exemple, les concentrations spatiales d'activités économiques. C'est encore par la proximité géographique dans les agglomérations que se réalise l'amélioration de la composante collective de la connaissance évoquée par Lucas (1988), ou que s'opère, comme le montrait jadis Marshal (1919), toute forme de transmission des secrets de l'industrie et qui est largement favorable à la diffusion du progrès technique, notamment grâce aux rencontres aléatoires entre les agents.

L'expérience montre aussi que pour renforcer la dynamique de constitution des économies d'agglomération au niveau local, les CTD jouent généralement sur plusieurs tableaux (observatoires, agences de développement, jardins (hôtels) d'entreprises...). Tout comme les réseaux ordinairement mobilisés sont multiformes (Essombè Edimo, 2020b, *op. cit*). Et on y distingue les réseaux de flux matériels ; les réseaux de relations de nature institutionnelle, et les réseaux à caractère informel. Les entreprises, comme les CTD et les autres parties prenantes, sont désormais au cœur de ces réseaux dont les externalités leur bénéficient largement. Enfin, l'on admet également par expérience que la densité de ces réseaux aboutit bien à des économies d'agglomération qui, à leur tour, jouent comme un « miroir aux alouettes » pour attirer l'implantation d'autres entreprises. Ainsi, au même titre que l'innovation permanente, la formation du capital humain au niveau local, ou encore la gestion stratégique, la promotion de l'identité territoriale et les réseaux, l'innovation et la gouvernance territoriales sont bien désormais les éléments constituant « *les six nouveaux facteurs du développement territorial* » (Merenne-Schoumaker, 2007). Des facteurs qui permettent aujourd'hui d'organiser son propre développement et de pouvoir faire partie de ces « *régions qui gagnent* » (Beko et Lipietz, 1992, *op. cit.*).

Comme on peut s'en apercevoir, le rôle des CTD est capital en ce sens où, avec une bonne gouvernance territoriale de développement, elles apparaissent comme un élément majeur de la fluidification des réseaux et des parties prenantes en vue, à la fois, de la promotion et de la pérennisation du développement territorial. La gouvernance territoriale génère la possibilité d'un travail en commun avec les parties prenantes du développement local et la coordination de leurs actions. Bien entendu, le tout se fait à côté des autres acteurs que sont, par exemple, l'État central (qui est le vecteur du développement territorial) et les entrepreneurs qui, quant à eux, demeurent également les acteurs majeurs du territoire.

Conclusion

L'objectif de notre contribution était de proposer une grille de réflexion sur le rôle des CTD dans la gouvernance du développement territorial, de manière à prolonger la voie jadis ouverte sur la notion de gouvernance territoriale. Et, ce faisant, de permettre la poursuite des travaux spécifiques sur l'étude des structures susceptibles de construire le développement territorial au sujet duquel, du reste, plusieurs approches méritent aujourd'hui encore d'être interrogées et approfondies.

Plus spécifiquement, il s'agissait de voir quels sont les éléments constitutifs du type de gouvernance qui est indispensable au développement territorial. Il s'est agi, pour ce faire, de retracer l'évolution et le cadre d'analyse de la notion de « développement territorial », en articulant le tout autour du concept de « parties prenantes » de la dynamique de développement à l'échelle territoriale.

Il en ressort que le « *développement local* » génère une dynamique opératoire qui, désormais, s'articule autour du développement territorial. Ce dernier met l'accent sur le processus industriel qui, la mondialisation aidant, permet désormais aux territoires de proposer des « *avantages différenciatifs* » (Pecqueur, 2007, *op. cit.*), et de mieux résister aux forces hétéronomes extérieures. Il renforce également la dynamique de « développement local » en lui apportant un certain nombre de dimensions essentielles à savoir :

- les territoires ;
- leurs parties prenantes ;
- la mise en place d'une dynamique industrielle locale ;
- les usages des sols ;
- la qualité du processus de gouvernance territoriale, qui permet de sélectionner les innovations consensuelles ou conflictuelles et mettre en œuvre les projets d'accumulation industrielle pour le futur, avec des systèmes productifs territoriaux divers ;
- par temps de mondialisation, l'impérative construction de « l'attracti-compétitivité » du territoire.

Il s'avère en outre que, la gouvernance territoriale est indispensable. Sans quoi, il ne peut y avoir de développement territorial. Les parties prenantes (ou la biodiversité territoriale d'acteurs locaux) du processus de développement territorial se trouvent localisées et liées au sein d'un même espace géographique par des relations de proximité et de coordination. Celles-ci ne nécessitent d'ailleurs pas vraiment que les agents soient proches les uns des autres, mais qu'ils soient liés par l'existence d'interactions entre eux et façonnés par des règles de comportement qu'ils suivent. Un impératif immédiat à ce constat est donc qu'il faille répertorier les mécanismes à travers lesquels ces acteurs peuvent mobiliser des relations sociales à leur avantage pour un développement territorial efficace. Dans ce cas, un moyen raisonnable serait de jouer sur les avantages que procurent les relations sociales, ou encore ceux que génère une gouvernance territoriale optimale alors initiée et mise en musique en permanence par les collectivités locales.

En effet, l'enjeu des CTD consiste alors à repérer également quelles structures relationnelles aident à concrétiser les projets déterminés et portés par les acteurs en vue de promouvoir le bien-être de la population située. Cela laisse aussi entendre qu'il faut, sur un territoire donné, parvenir à mettre en compatibilité les différentes échelles de coordination des acteurs. Et, comme le soulèvent les territorialistes, le processus de développement territorial relève avant tout d'une mutation des mentalités à tous les niveaux, d'un changement des structures économiques et sociales, et de la mise en œuvre de projets nouveaux qui dépendent de la qualité du processus de gouvernance territoriale à l'origine d'une sélection des innovations consensuelles ou conflictuelles.

Dès lors, électron majeur des parties prenantes pour le développement territorial, les CTD promeuvent et fluidifient le système territorial d'acteurs en vue de rendre compatibles les compromis pour la réalisation de la dynamique de spécification et de valorisation locale des ressources, voire du projet du territoire : c'est ce qu'on pourrait appeler « la gouvernance territoriale de développement ». Et ce, dans un contexte où l'État central demeure le vecteur du développement territorial. Car, même si l'idée de décentralisation et de son processus s'est aujourd'hui largement intensifiée au point de foisonner, le caractère indivisible de l'État reste également essentiel et non négociable partout dans le monde. Une exigence fondamentale qui, du reste, peut être logiquement liée à au moins quatre règles (juridiques) inaltérables et inaliénables, à savoir que la loi doit conserver sa portée générale (parce qu'il appartient à l'État seul d'assurer l'égalité de tous devant la loi et, non aux collectivités locales). En outre, le pouvoir législatif relève de l'État (les régions et autres CTD n'ont qu'un rôle réglementaire dans le cadre de leurs compétences). Tout comme, par ailleurs, dans la décentralisation (en général), aucune collectivité locale ne peut en influencer une autre. Et, enfin, seul l'État dispose d'un pouvoir d'action à tous les niveaux.

Bibliographie

Andriof, J., Waddock, S., Husted, B., et Rahman, S., S., (eds.) (2002), *Unfolding Stakeholder Thinking,* Vol. 1: *Theory, Responsibility and Engagement*, Greenleaf Publishing, UK.

Angeon, V., (2008), L'explicitation du rôle des relations sociales dans les mécanismes de développement territorial. *Revue d'Economie Régionale Urbaine*, n°.2, Juin.

Aydalot, Ph., (1985), *Économie régionale et urbaine*, Économica, Paris.

Baumont, C., Bailly, A., Huriot, J-M., et Sallez, A., (1995), Représenter la ville, *Economica,* Paris.

Benko, A., et Lipietz, A., (1992) (éds), *Les Régions qui gagnent. Districts et réseaux : les nouveaux paradigmes de la géographie économique*. PUF, Coll. « *Economie et Liberté* », Paris.

Benko, G., (1996), Géographie économique et théorie de la régulation, *Finisterra*, vol. XXXI, n°62, DOI :10.18055/Finis1787

Berle, A., et Means, G., (1932), *The Modern Corporation and Private Property*, Transactions Publisher.

Blumer, H., (1969), *Symbolic Interactionism, perspectives and method,* Englewood Cliffs NJ, Prentice-Hall

Boisvert, M., (1996), L'analyse économique régionale : un éventail de concepts anciens et nouveaux », Cité par Proulx M. U., (2003), Stratégies Territoriales au Québec ? *Revue d'Économie Régionale et Urbaine*, n° 2003/5, Déc.

Courlet, C., (2010), L'Economie Territoriale, éd. PUG, Grenoble.

Courlet, C., et Pecqueur, B., (2017), Economie Territoriale, éd. PUG, Grenoble.

Crevoisier, O., et Khébir, L., (2004), *Ressources naturelles et culturelles*, www.ulb.ac.be/seco/ardlf

Didelon, C., (2014), De la mondialisation au monde : vers une approche renouvelée de l'espace mondial, https://tel.archives- ouvertes.fr/tel- 00871654

Essombè Edimo NyaBonabébé, J., R., (2007), *Spatialité et Développement économique à Douala : entre le hasard et la nécessité*, L'Harmattan, Paris.

Essombè Edimo NyaBonabébé, J., R., (2008), Douala et l'attractivité territoriale en zone CEMAC à l'heure de l'économie globale, in *Revue ENJEUX*, n°34-35.

Essombè Edimo NyaBonabébé, J., R., (2015), *Douala et la répartition spatiale des entreprises : polarisation et fragmentation*, L'Harmattan,

Essombè Edimo NyaBonabébé, J., R., (2019), *Quel apport de l'Economie Géographique ou de l'Economie Territoriale pour l'émergence de l'Afrique dans une économie globalisée* » ? Leçon Inaugurale, Université HEC-N'Djamena, Tchad, 24 Nov.

Essombè Edimo NyaBonabébé, J., R. (2020a). *Développement local et développement territorial : au-delà des concepts quel rôle pour les CTD dans le développement local ?* Leçon inaugurale, Université Catholique Saint-Jérôme de Douala, Juil, Douala.

Essombè Edimo NyaBonabébé, J., R., (2020b), *La concertation comme outil de gestion de la lutte contre le covid-19 dans des CTD Camerounaises*, dans Essombè Edimo, J., R., et Kamdem, E., (Dir)*« Concertation Locale, Nationale et Internationale contre le Covid-19 : quelles leçons pour le futur ? »,* en collaboration avec l'Université des Nations-Unies pour la Paix, la Fondation P. Cruigneau et le BIT, éd. PIPD, Genève-Yaoundé Sept.

Freeman, R., E., (1984), *Strategic Management: A Stakeholder Approach*, Éditions Pitman

Frémont, A., (1976), *La région : un espace vécu, éd. PUF,* Paris.

Fujita, M., (1990), *Spatial interactions and agglomeration in urban economics*, dans "*New frontiers in regional science*", Mac-Millan, Londres.

Friedmann, J., et Weaver, C. (1979). *Territory and Function*, London, Arnold Ed.

Le Gall, S., Bougeard-Delfosse, C., et Gentric, M., (2013), Les leviers stratégiques de l'ancrage territorial : le cas de SAUR dans la région Ouest, *Géographie, Economie, Société*, vol. 15, n°4.

Kaldor, N., (1978), *Further essays on economic theory*, Holmes and Meler Pubishers Inc. (éd. Corrigée, Déc.).

Lucas, R., E., (1988), On the mechanics of economic development, *Journal of Monetary Economics*; vol. 22

Marshal, A., (1919), *Industry and trade: a study of industrial technique and business organization*, Mac-Millan, Londres.

Merenne-Schoumaker, B., (2007), De la compétitivité à la compétence des territoires : comment promouvoir le développement économique ? Exposé de synthèse ; Revue *Territoires Wallons*, Hors-série,

ONUDI, (2010), *Rapport sur le développement industriel dans le monde : résumé analytique*, Washington DC,

Pecqueur, B., (1989), *Le développement local : mode ou modèle ?* Syros, coll. Alternatives, Paris,

Pecqueur, B., (2005), *Le développement territorial : une nouvelle approche des processus de développement pour les économies du Sud.* Dans Benoît, A. et Giraut, F. (eds.) (2005). *Le territoire est mort : vive les territoires ! : une refabrication au nom du développement*, éd. IRD, Paris.

Pecqueur, B., et Zimmermann, J., B., (Dir.) (2004), *Economie de proximités,* Ed. Hermès, Paris.

Pecqueur, B., (2006), Le tournant territorial de l'économie globale, *Revue Espaces et Sociétés*, n°1-2.

Pecqueur, B., (2007), L'économie territoriale : une autre analyse de la globalisation, Revue *Economie Politique*, n° 33, Fév-Mars.

Pecqueur, B., et Gumuchian, H., (Dir) (2007), *La ressource territoriale*, Anthropos, Paris.

Proulx, M., U., (2003, Stratégies Territoriales au Quebec ? *Revue d'Économie Régionale & Urbaine*, n° 2003/5, Décembre. pp. 733/753.

Pecqueur, B., et Landel, P., A., (2011), L'opérateur territorial : vecteur du changement, 48° colloque ASRDLF, Migrations et territoires, July, Fort de France, France. Ffhalshs-00616349ff, *HAL Archives Ouverts.fr*

Pumain, D., Paquot, Th., et Kleinschager, R. (2006), *Dictionnaire: la ville et l'urbain*, Anthropos-Economica, Paris,

Scott, A., J., (2005), Les moteurs régionaux de l'économie mondiale, *Géographie, Economie, Société*, n° 7.

Smith, A., (1776), *An Inquiry into the Nature and Causes of the Wealth of Nations,* éd. W. Strahan and T. Cadell, Londres

Sobczak, A., Berthoin Antal, A., (2010*), Nouvelles perspectives sur l'engagement des parties prenantes : enjeux, acteurs, recherches.* Management & Avenir, INSEEC/Management Prospective Ed. 2010,

Talbot, D. (2009), L'approche par la proximité : quelques hypothèses et éléments de définitions, Communication à la *XVIII*ème *conférence de l'AIMS*, Grenoble, 2/5 juin.

Torre, A. (2015). Théorie du développement territorial, *Géographie, Économie, Société,* n° 17. pp. 273/288.

Union Européenne, (2016), *Soutenir la décentralisation, gouvernance locale et développement local au travers d'une approche territoriale*, éd. U.E, Coll. « Outils et Méthodes », Doc de référence, n° 23, Bruxelles.

LA SÉCURITÉ AVEC LA RUSSIE, LE DÉVELOPPEMENT AVEC LA CHINE : UNE OPPORTUNITÉ DIPLOMATIQUE POUR L'AFRIQUE ?

Serge Paulin AKONO EVANG
Maître de conférences en science politique.

Résumé

En combinant le néo-réalisme et le relativisme culturel, nourris par l'actualité internationale, la présente contribution invite, modestement, les dirigeants africains et leurs populations à prendre encore plus au sérieux l'opportunité diplomatique de sécurité et de développement avec la Russie et la Chine, sans négliger les rapports de force internationaux. En effet, contrairement à une diplomatie capitaliste de longue durée désavantageuse pour l'Afrique du fait de la persistance de l'insécurité et de la pauvreté, la diplomatie communiste de courte durée, axée sur le développement avec la Chine et la sécurité avec Russie, paraît réellement avantageuse pour l'Afrique. Il importe alors de développer une intelligence diplomatique pour l'Afrique.

Mots-clés : opportunité diplomatique, sécurité, Russie, développement, Chine, Afrique.

Abstract

By combining neo-realism and cultural relativism, nourished by current international events, this contribution modestly invites African leaders and their populations to take even more seriously the diplomatic opportunity for security and development with Russia and China, without neglecting international power relations. Indeed, unlike a long-term capitalist diplomacy that is disadvantageous for Africa due to the persistence of insecurity and poverty, short-term communist diplomacy, focused on development with China and security with Russia, seems really advantageous for Africa. It is therefore important to develop diplomatic intelligence for Africa.

Keywords: *diplomatic opportunity, security, Russia, development, China, Africa.*

Introduction

Après la fin de la Guerre froide, et plus de trente ans du gouvernement du monde par le bloc capitaliste sous le leadership américain, avec l'idéologie de la mondialisation ou la globalisation[331], l'heure doit être au bilan. En effet, ce bilan s'impose dans un contexte de redéfinition de *« l'ordre mondial »*[332] avec la montée en puissance de la Chine et le retour de la Russie comme puissance sur la scène internationale, dont la diplomatie et les actions sont de plus en plus perceptibles en Afrique[333].

Le bilan est mitigé. Même s'il faut reconnaître quelques avancées et réalisations du fait des investissements directs à l'étranger (IDE) de l'Occident, il reste que l'Afrique n'ait pas véritablement gagné de la mondialisation capitaliste. L'instabilité, les conflits, les guerres et la pauvreté sont les maux qui caractérisent de plus en plus les États africains. Avec 30 % des ressources mondiales, l'Afrique demeure la pauvre mondiale. Certes, les responsabilités se partagent entre les dynamiques du dedans et les dynamiques du dehors, celles-là voulant à tout prix s'imposer et orienter celles-ci. Mais, notre humble avis est que, les intérêts des États africains et de leurs populations sont largement et profondément sacrifiés pour les intérêts de l'Occident capitaliste, animé par la logique et la dynamique de confiscation des richesses mondiales. Rien de plus normal parce que les États n'ont pas d'amis, mais des intérêts. Et, c'est fort à propos que les États d'Afrique doivent réviser et réorienter leur diplomatie internationale.

---

331 Lire, Bertrand Ateba, « Gouvernance mondiale et émergence », *Revue camerounaise de droit et de science politique*, n° 5, juin 2016, pp. 9-29. ; P. de Senarclens, *La mondialisation-Théories, enjeux et débats*, Paris, Armand Colin, 2005 ; J.-F. Bayart, *Le gouvernement du monde : Une critique politique de la globalisation*, Paris, Payot, 2004.

332 Ph. Moreau-Defarges, *L'ordre mondial*, Paris, Armand Colin, 2003.

333 Sur la Chine, lire, J.-P. Cabestan, « Les relations Chien-Afrique : nouvelles responsabilités et nouveaux défis d'une puissance mondiale en devenir », Hérodote, n°150, septembre 2013, 150-171 ; Peterson Nnajiofor, « Investissements chinois et occidentaux en Afrique », Informations et Commentaires, n°165, octobre-décembre 2013, pp. 50-56 ; T. Dzaka koukita, « L'investissement chinois en Afrique centrale », *Outre-Terre*, n° 30, 2011, pp. 207-226 ; Charles ateba eyene, *La pénétration de la Chine en Afrique, et les espoirs de la rupture du pacte colonial avec l'occident*, Yaoundé, Saint Paul, 2010 ; François LAFARGUE, « La Chine, une puissance africaine », *Perspectives chinoises*, n° 90, Varia, juillet-août 2005, pp.1-12. Sur la Russie, voir, D. Elzein, « L'Afrique face aux nouvelles ambitions de la Russie », *Géoéconomie*, n° 71, 2014, pp. 77- 88 ; A. Kaliba, « Le ''grand retour '' de la Russie en Afrique », *Russie.Nei.Visions*, n° 114, *Ifri*, avril 20019, pp 1-27 ; E. Kozlova, A. Feligonde de, « Entre géopolitique et affaires, quel retour pour la Russie en Afrique ? », in https://afrique.latribune.fr/think-tank/tribunes/2020-12-08/entre-geopolitique-et-affaires-quel-retour-pour-la-russie-en-afrique-864456.html, consulté le 18 mai 2022 ; M. BEAL, « Investissement en Afrique : la Russie s'impose », in https://www.energynews.pro/investissement-en-afrique-la-russie-simpose/, consulté le 3 mai 2022.

Les chantres et idéologues de l'Occident ont allègrement et hâtivement consacré et vanté *« La fin de l'histoire et le dernier homme»*[334]. Il s'agissait de la thèse selon laquelle la guerre des idées est terminée dans la mesure où il n'y avait plus aucune idéologie qui s'opposait au capitalisme libéral avec la chute du fascisme et du communisme. Pour Francis FUKUYAMA, cela annonçait *« La fin de l'histoire »* consacrant un consensus général autour du capitalisme occidental qui va englober et absorber les différents processus sociaux, idéologiques et culturels[335]. Au contraire, il y a une remise en cause de *« La fin de l'histoire et le dernier homme »*, qui amène à formuler l'hypothèse de la fin de *« La fin de l'histoire »*. D'abord, Samuel Huntington a subodoré, et cela se vérifie, *« Le choc des civilisations »*[336] par l'affrontement des civilisations structuré par la culture, avec une concentration des conflits et guerres autour de l'axe *« l'Occident contre le reste du monde »*, sur lequel va se focaliser toute la politique internationale[337]. Ensuite, il y a eu une assimilation regrettable du communisme au fascisme, alors que celui-là était suffisamment développé et ancré que celui-ci. Qui plus est, la fin de l'ex-URSS par la simple dislocation des États qui le composaient n'entraînait pas nécessairement la fin de l'idéologie communiste faisant sens ailleurs, et incarnée par la Russie en tant que héritière de l'ex-URSS[338]. Par ailleurs, pendant que le bloc capitaliste travaillait triomphalement à mondialiser son idéologie, de plus en plus critiquée du fait de son ethnocentrisme et de ses effets dévastateurs, la Chine et la Russie, moteurs du bloc communiste, préparaient leur retour en force sur la scène internationale. Enfin, le *« soft power »* de la Chine s'affirme et s'apprécie de plus en plus en Afrique, aussi bien que le *« hard power »* et le *« soft power »* de la Russie, au regard des investissements nets à l'étranger et du pragmatisme de leurs actions.

Si les pays capitalistes n'ont pas réellement aidé, mais ont davantage divisé, exploité et dominé, l'alternative diplomatique pour la sécurité et le développement de l'Afrique ne viendrait-elle pas des pays communistes pragmatiques ? Les dirigeants africains ne doivent-ils pas davantage tirer profit de cette nouvelle configuration de la scène

---

334 Francis Fukuyama, *La fin de l'histoire et le dernier homme*, Paris, Flammarion, col. Histoire, 1992.

335 *Idem.*

336 Samuel P. Huntington, *The Clash of Civilizations and the Remaking of World Order*, Simon and Schuster, 1996; Lawrence Harrison, « Le choc des civilisations de Samuel Huntington, Vingt ans plus tard », trad. De Sophie Sioutis, Géopoliticque des civilisations, Huntington, 20 ans après, 4/2013, https://journals.openedition.org/anatoli/457, consulté le 21 mai 2022.

337 Francisco Jarauta, « Mondialisation et conflit de civilisations », *L'Homme* [En ligne], 185-186 | 2008, mis en ligne le 01 janvier 2010. URL : http://journals.openedition.org/lhomme/24135 ; DOI : 10.4000/lhomme.24135, consulté le 20 mai 2022.

338 Jean-Baptiste Duroselle, *Histoire des relations internationales de 1945 à nos jours*, Tome 2, 10e éd., Paris, Armand colin, 2001.

internationale, influencée par deux puissances communistes : une puissance militaire, la Russie ; et, une puissance économique, la Chine ?

En combinant le néo-réalisme et le relativisme culturel, nourris par l'actualité internationale, la contribution invite, modestement, les dirigeants africains et leurs populations à prendre encore plus au sérieux cette opportunité diplomatique de sécurité[339] et de développement[340] avec la Russie et la Chine, sans négliger les rapports de force internationaux. Ceci est démontré à travers trois axes : d'abord, une diplomatie capitaliste de longue durée désavantageuse pour l'Afrique (I) ; ensuite, une diplomatie communiste de courte durée avantageuse pour l'Afrique (II) ; enfin, la nécessité d'une intelligence diplomatique pour l'Afrique (III).

I. Une diplomatie capitaliste de longue durée désavantageuse pour l'Afrique

Deux arguments aident à défendre cette réalité : d'une part, la perpétuation capitaliste d'une spécialisation internationale des tâches défavorable à l'Afrique (A) ; et, d'autre part, une insécurité et une pauvreté entretenues en Afrique (B).

A. La perpétuation capitaliste d'une spécialisation internationale des tâches défavorable à l'Afrique

La fin de la Seconde Guerre mondiale s'est soldée par l'organisation et l'imposition d'un nouvel ordre mondial dominé par le bloc capitaliste sous la direction des États-Unis. L'analyse de fond amène à souligner qu'il s'agit d'une division internationale des statuts et des rôles, qui distingue et consacre un centre et une périphérie dans la logique de continuité du partage du monde, notamment l'Afrique, même si certains acteurs ne sont plus les maîtres du

---

[339] Selon Philippe Hugon « *La sécurité est l'état d'un sujet (individuel et collectif) qui s'estime non menacé ou dispose de capacités de réponses face à des dangers réels ou anticipés* », in Philippe Hugon, « Conflits armés, insécurité et trappes à pauvreté en Afrique », *Afrique Contemporaine*, n° 218, 2006, pp. 33-47.

[340] Selon Frédéric Teulon, « *Le développement est un processus à long terme qui fait qu'une économie devient plus productive et capable d'assurer les besoins élémentaires de sa population (alimentation, santé, éducation logement)* », in Frédéric Teulon, *Problèmes économiques contemporains. Les pays en développement*, Paris, Hachette, 1999, p. 9. En réalité, le développement renvoie à l'amélioration des conditions de vie de l'État et de ses populations dans tous les domaines de la vie

jeu[341]. C'est le « système-monde » dont parle Immanuel Wallerstein[342], qui se nourrit de la dialectique centre-périphérie[343].

Le centre, largement capitaliste, est naturellement constitué des vainqueurs de la Seconde Guerre mondiale, auxquels s'ajoutent certains pays développés[344]. C'est le cœur du monde incarné par les États-Unis qui abritent la plupart des institutions internationales qui gèrent le cours du monde. La périphérie regroupe les autres pays, généralement les pays pauvres, les pays en développement, dans lequel se retrouve la quasi-totalité des pays d'Afrique.

La spécialisation fonctionnelle qui en découle est fort simple. C'est le centre qui définit et applique les règles du gouvernement du monde jusque dans la périphérie. Pour ce faire, afin de maintenir sa position et agir efficacement, les pays du centre ont besoin de nombreuses ressources ou richesses qui justifient leur présence, leur mainmise et leur contrôle sur la périphérie. La périphérie, pourvoyeuse de ressources, et confiné à recevoir le diktat, essaye en vain de s'autonomiser du contrôle du centre pour se développer. Ceci veut dire que le centre travaille à maintenir les pays de la périphérie, en dépit de leur résistance, à y demeurer, afin de ne pas remettre en cause l'équilibre mondial ainsi constitué. C'est la lutte entre la bourgeoisie et le prolétariat transposée à l'échelle internationale[345].

Pour parvenir à ses fins, le centre a d'abord procédé à une institutionnalisation organique et normative des relations internationales[346].

---

[341] Il s'agit d'un partage de l'Afrique qui remonte à la conférence de Berlin de novembre 1884 à février 1885.

[342] Immanuel Wallerstein, *Comprendre le monde. Introduction à l'analyse des systèmes-monde*, Paris, La Découverte, 2006. Lire également, Th. De Montgrial, *L'action et le système du monde*, Paris, PUF, 2012.

[343]Politicalsciencestudentblog, « Théorie centre-périphérie en relations internationales », *European's Politics, Theory*, avril 2016, https://politicalsciencestudentblog.wordpress.com/2016/04/25/theorie-centre-peripherie-en-relations-internationales/, consulté le 02 mai 2022 ; Van Den Abbee L-Blaise, Le Modèle centre/périphérie, 2013, [En ligne] http://www.geodutienne.be/documents/fgs/ch_centre.pdf (page consultée le 20 avril 2022). Samuel Baylet, *Le Développement inégal dans un système capitaliste — Étude de l'approche Centre-périphérie et des travaux de Samir Amin*, 2011, 31 p. Paul. James, "Post-Dependency: The Third World in an Era of Globalism and Late Capitalism" dans Alternatives, , n° 22, 1997, pp. 205-226 ; Samir Amin, *La Théorie du développement inégal*, Centre d'Études pour le Monde arabe moderne, 1993, 3 p. ; Jean-Marie Huriot et Jacky Perreur, « Centre et périphérie — Fondements et critères », dans *Laboratoire d'analyse et de techniques économiques*, Université de Bourgogne, n° 9505, mars 1995, 16 p.

[344] Nous pouvons citer les cas de l'Allemagne et de l'Italie, perdants de la guerre qui sont aujourd'hui des pays développés du Centre. Par leur puissance, la Chine et la Russie influence la prise de certaines décisions avec leur droit de veto à l'ONU.

[345] Il s'agit là de l'influence du marxisme dans l'analyse de la société internationale.

[346] Sur ces aspects, lire, S. SUR, *Les relations internationales*, 4e éd., Paris, Librairie Générale de Droit et Jurisprudence- Montchrestien, EJA, 2005.

L'institutionnalisation organique procède de la création d'organisations internationales, à vocation universelle, continentale et régionale, sur les plans politique, militaire, économique, financière, technologique, culturelle, etc. Ce qui se matérialise, entre autres, par l'Organisation des Nations Unies (ONU) avec ses programmes, l'Organisation du Traité atlantique Nord (OTAN), la Banque mondiale (BM), le Fonds monétaire international (FMI), l'Organisation mondiale du Commerce (OMC), l'Organisation mondiale de la Santé (OMS), l'Agence internationale de l'énergie atomique (AIEA), la Cour internationale de justice (CIJ), la Cour pénale internationale (CPI), etc. La plupart des organisations continentales ou régionales sont sous leur contrôle. Par contre, l'institutionnalisation normative se traduit par la production de normes qui doivent réguler les relations internationales au service de la paix et la sécurité internationales. D'où la consécration de nombreux principes à travers la charte de l'ONU, les traités, les accords internationaux et les coutumes à caractère universel : l'interdiction du recours à la force, le règlement pacifique des différends, la souveraineté, l'égalité des États, la coopération[347].

Ensuite, il y a mise en œuvre de ces institutions qui portent sur tous les domaines d'activités. Sous l'égide des acteurs du centre, les organisations internationales ainsi créées vont se mettre en mouvement à travers des représentations continentales, régionales et nationales, pour faire appliquer les principes et les règles ainsi édictés. Ceci est complété par les institutions des relations diplomatiques et consulaires que sont les ambassades et les consulats[348]. Les bases militaires ajoutent à cela pour saisir le ratissage mondial mené par le centre[349].

Enfin, afin d'uniformiser leur action et leur mainmise sur la périphérie, les États-Unis et leurs alliés ont formulé l'idéologie de la mondialisation dans le sens d'un *« village planétaire »*[350]. La logique et la dynamique de cette mondialisation sont d'ouvrir les frontières des États et d'imposer les mêmes manières de faire aux plans politique (la démocratie), économique et financier (libéralisme-capitalisme), culturel[351] (occident way of life), etc. En dehors de la carotte, les capitalistes ne lésinent pas à recourir à la chicotte, soit en faisant la guerre, soit en infligeant des sanctions, généralement économiques et financières contre les ''États rebelles''. Ces derniers qui sont ainsi stigmatisés par les capitalistes, sont généralement les pays socialistes influents comme la Chine, la Russie, l'Inde, et ceux qui s'en identifient, aussi bien que les pays

---

347 Lire, S. SUR, *Les relations internationales*, 4e éd., Paris, 2005.

348 Serge sur, *Les relations internationales*, *op.cit.*, p. 214.

349 En effet, la plupart des puissances du centre comme les États-Unis, la France, ont des bases militaires dans les autres pays.

350 Il s'agit d'une conceptualisation de Marshall Mc. Luhan. Lire à ce sujet Naïm Kattan, (1967). « Marshall Mc. Luhan ». *Liberté*, 9(5), 1967, pp. 15–20.

351 P. de Senarclens, *La mondialisation – Théories, enjeux et débats*, *op.cit.*, p. 158.

non-alignés de l'Afrique et de l'Amérique latine. Il s'agit de la régulation par la puissance dont parle Serge Sur[352]. Ceci veut dire que l'implémentation de la mondialisation capitaliste est à l'épreuve des idéologies et des cultures nationales développant ses usages plurivoques.

En réalité, il s'agit d'une mondialisation au service de la bourgeoisie capitaliste mondiale au regard de sa logique d'exploitation, de domination et de confiscation de la plus-value des richesses mondiales[353]. Conséquemment, toutes les revendications africaines tendant à une redéfinition de cet ordre mondial sont systématiquement rejetées, spécifiquement la revendication d'avoir un droit de veto. Or, le droit de veto permettrait, assurément à l'Afrique en tant qu'une identité, en dépit de ses divisions et manipulations, de s'opposer aux décisions qui ne lui seraient pas favorables. Par ailleurs, pour le déplorer, les puissances capitalistes se donnent le droit d'ignorer le droit de veto, à chaque fois que leur intérêt national est en cause, à tort ou à raison. Sous le fallacieux prétexte de la démocratie et des droits de l'homme, qu'ils ne respectent pas eux-mêmes, elles se retrouvent partout et en tout. La crise russo-ukraine en est une illustration patente qui donne à avoir la mobilisation idéologico-stratégique du bloc capitaliste contre la Russie, pays socialiste.

Cette spécialisation internationale des tâches, qui donne à voir une dialectique du maître et de l'esclave perpétuée par le centre capitaliste, rend problématiques la sécurité et le développement en Afrique.

B. Une insécurité et une pauvreté entretenues en Afrique

Les analyses qui précèdent amènent à souligner que la logique et la dynamique capitalistes des relations internationales sont défavorables pour les États d'Afrique. L'intérêt national de chaque État de la coalition capitaliste prime largement sur une supposée pacification des relations internationales, facteur de développement. Il faut préserver la paix et la sécurité dans les démocraties de marché par tous les moyens, même s'il faut sacrifier cette paix et cette sécurité dans les autres parties du monde, notamment en Afrique. En réalité, le désir de paix et de sécurité, ici et là, dans le monde, trahit l'idée d'une exploitation pacifique des richesses de l'Afrique. La guerre étant, entre autres, la continuation de la politique par d'autres moyens, le centre capitaliste s'arroge le droit et le pouvoir de recourir à la force, à la violence, donc, à la guerre, pour obtenir ce qu'il n'a pu obtenir diplomatiquement. Peut-il en être

[352] Serge Sur, *Les relations internationales*, *op.cit.*, pp. 237-290.

[353] En Afrique, cette logique capitaliste remonte depuis la colonisation en Afrique. Lire, S. P. Akono Evang, « Contribution à une science africaine de l'ethnie à partir de l'expérience camerounaise, *Droit et Société*, n° 86, 2011, p. 161.

autrement au regard de son avantage comparatif de puissance, au mieux de sa puissance structurelle ?[354].

Il y a un dévoiement de l'analyse fonctionnaliste des relations internationales par le retournement des postulats. En effet, les fonctions manifestes des institutions internationales deviennent les fonctions latentes, et celles-ci devenant inversement celles-là. Le centre capitaliste objective apparemment la fonction manifeste de la mondialisation comme une idéologie au service de la paix, de la sécurité, de la coopération, du développement, etc. Or, son modus operandi montre qu'en réalité, sa véritable fonction manifeste est son instrumentalisation au service du néo-impérialisme à travers l'exploitation, la confiscation de la plus-value et la domination de la périphérie. Ce sont ces facteurs externes qui sont les réelles sources ou causes d'insécurité et de la pauvreté en Afrique, en interaction avec les logiques, les dynamiques et pesanteurs internes.

L'insécurité et la pauvreté en Afrique entretiennent une complémentarité fonctionnelle, c'est-à-dire que l'insécurité entraîne la pauvreté, et inversement, la pauvreté entraîne l'insécurité. La posture dominante dans l'explication distingue les facteurs internes et les facteurs externes. Au nombre des facteurs internes sont cités, entre autres, la permanence des conflits armés, la mauvaise gouvernance, l'éducation, la santé, un taux d'investissement et d'épargne très faible. Les facteurs externes sont généralement les suivants : les strangulations économiques internationales, les mécanismes économiques et financiers, la division internationale du travail, le protectionnisme européen, le libre-échange et l'aide publique au développement.

Il importe de souligner qu'il y a une dialectique entre les acteurs internationaux et les acteurs nationaux qui entretient profondément l'insécurité et la pauvreté ou le sous-développement en Afrique. En effet, il existe des solidarités qui unissent ces acteurs : les loges, les idéologies, la race, la langue, la religion, la culture qui se fondent sur les logiques de domination, d'exploitation, d'exclusion et d'accumulation des richesses. À titre d'illustration, l'appartenance des acteurs du centre et de la périphérie aux mêmes loges aide à comprendre les logiques et dynamiques de domination, d'exploitation, d'exclusion et d'accumulation des richesses à l'échelle internationale et à l'échelle nationale. À l'échelle internationale, les détenteurs du centre, qui mobilisent leur position de maîtres, la corruption et la violence, dominent, exploitent, excluent les États de la périphérie et s'accaparent des richesses mondiales. De la même manière, les ordres dirigeants dans chaque État de la périphérie dominent, exploitent, excluent la majorité de leurs concitoyens et s'accaparent des richesses nationales. On peut aussi

[354] Susan Strange, *The Retreat of the State: the diffusion of power in the world economy.* Cambridge : Cambridge University Press, 1996. XVIII-218 p.

comprendre que la mobilisation de la race (blanche) nourrie du complexe de supériorité s'y superpose et puisse justifier les mêmes logiques et dynamiques de domination, d'exploitation et d'exclusion.

De ce fait, une simple évocation des facteurs internes et externes ne suffit pas dans l'explication de l'insécurité et de la pauvreté en Afrique. Une attention particulière doit être accordée aux interactions entre les élites dirigeante et bourgeoise capitalistes du centre et de la périphérie qui, à travers certaines solidarités, la complicité et la corruption, produisent des effets pervers en Afrique. Philippe souligne fort à propos ce qui suit : *« Les guerres sont également un indice de l'affairisme et du clientélisme qui lie l'Afrique au monde extérieur, parfois selon des relations de type mafieux »*[355]. Le continent africain devient ainsi un terrain et un théâtre de conflits et de guerres internationaux et nationaux entretenus parce que difficilement solubles, aussi bien espace de persistance de la pauvreté.

En analysant, entre autres, « le rôle des trappes à pauvreté dans l'explication des conflits » et « le rôle des conflits dans le sous-développement », Philippe Hugon écrit :

> *« Depuis 1990, 19 conflits majeurs africains ont été localisés dans 17 pays, dont un seul « classique », c'est-à-dire opposant deux États (Éthiopie-Érythrée). La baisse du nombre des conflits majeurs en Afrique entre 1990 et 1997 a fait place à une reprise entre 1998 et 2000 (11 conflits par an), puis à une réduction depuis 2001 (cinq conflits par an en moyenne). En 2006, le spectre des conflits continue de hanter la République démocratique du Congo (RDC), la Côte d'Ivoire, la Somalie, l'Érythrée et l'Éthiopie ainsi que le Darfour, avec une extension au Tchad voisin »*[356].

Seize (16) ans après, on constate que cette situation n'a pas fondamentalement changé avec un développement exponentiel des groupes terroristes et bandes armées. Il y a de nouveaux conflits, des guerres, ici et là, en Afrique : Libye, Cameroun, Mali, Centrafrique, Soudan, Nigeria, etc. Et, de manière contestable, on parle de guerres asymétriques, alors même qu'ils achètent armes et nourriture, communiquent allègrement et parfois vendent. *« Or, l'histoire politique et militaire occidentale nous enseigne et renseigne comment, avant de ''bombarder'', les cibles sont miraculeusement,*

---

355 Ph. Hugon, « Conflits armés, insécurité et trappes à pauvreté en Afrique », *Afrique Contemporaine*, n° 218, pp. 33-47.
356 *Idem.*

opportunément détectées et localisées, comme le témoignent récemment les situations en Libye, en Côte d'ivoire, au Mali, en Syrie ! »[357].

De ce fait, « les guerres africaines sont des facteurs essentiels de décomposition des États et de sous-développement économique, non seulement en raison des destructions des hommes ou des biens qu'elles entraînent, mais du fait de l'insécurité dans laquelle se trouvent les agents économiques. Elles conduisent à généraliser les migrations et les réfugiés. Elles participent de la prolifération des maladies tel le sida ; elles fragilisent les droits de propriété ou restreignent l'accès aux services sociaux de base. Ainsi, les trappes à conflit et à sous-développement s'auto-entretiennent » (Hugon, 2006). Le continent africain demeure ainsi le plus instable et pauvre.

Les pistes de solutions proposées et mises en œuvre s'avèrent inefficaces en regard de la longue durée de la domination du bloc capitaliste. La démocratie semble avoir des effets pervers plus que les autoritarismes tant décriés, les gouvernements de transition ou d'union nationale demeurent problématiques. Si les programmes d'ajustement structurel sont interminables, il est difficile d'observer les retombées des accords de partenariats économiques. En même temps, l'on constate que les actions de certains acteurs étatiques contribuent progressivement à la sécurité et au développement. Ce qui pourrait être une option secourable pour les États d'Afrique.

II. Une diplomatie socialiste de courte durée avantageuse pour l'Afrique

Les relations entre l'Afrique et les pays socialistes, notamment la Chine et la Russie ont une histoire qui s'origine pendant les mouvements de décolonisation et les politiques de construction nationale postindépendance. En effet, l'ex-URSS et la Chine ont apporté un soutien politique, militaire et économique à certains gouvernements et mouvements de libération, et durant la période de la Guerre froide. La fin de la Guerre froide qui aurait consacré une « fin de l'histoire », a conduit à un affadissement de ces relations, spécifiquement avec l'ex-URSS. La Russie, héritière de l'ex-URSS, qui s'est progressivement reconstituée en puissance, signe son retour en force sur la scène internationale, spécifiquement en Afrique. La Chine devenue une puissance économique et technologique a su maintenir et développer sa coopération avec de nombreux États africains. Ceci ne veut pas dire que la Russie et la Chine ne soient pas détentrices des autres éléments de puissance.

---

[357] S. P. Akono Evang, « Science politique francophone et développement en Afrique : contribution à une sociologie de la science politique », *Revue africaine de droit et de science politique*, n° 6, 2019, pp. 12-38.

La constatation est qu'en une période courte de diplomatie et de coopération, la Russie montre que par sa puissance militaire, l'Afrique pourrait compter sur elle pour relever le défi de la sécurité (A), alors qu'avec la Chine, les pays africains y trouveraient un atout de développement (B). Ici et là, les rapports sont structurés par les intérêts.

A. L'affirmation et le pragmatisme de la Russie comme une puissance militaire de sécurité pour l'Afrique

Il n'y a pas de surprise à souligner les *« mythes et réalités d'un retour opportuniste »*[358] de la Russie en Afrique dans la mesure où les rapports entre les États ne sont que des rapports d'intérêts. Il est donc normal que l'intervention de la Russie en Afrique soit motivée par la logique et la dynamique de la *« sécurité contre avantages économiques »*[359].

L'avantage comparatif de la Russie par rapport aux pays de la coalition capitaliste est que la sécurité dans les États est progressivement rétablie par la Russie en un laps de temps, là où avec les autres, l'insécurité allait crescendo au fil des années. Depuis la colonisation, les pays capitalistes et leurs actants sont plus préoccupés par leurs avantages économiques que par le rétablissement de la sécurité. En réalité, ils ont toujours développé et mobilisé l'insécurité comme une ressource d'action dans l'exploitation et la domination des États de la périphérie. En ce sens, les pays d'Afrique gagneraient à coopérer davantage avec la Russie qui est pragmatique, en apportant des solutions concrètes aux défis de la sécurité. Les pays africains coopérant largement avec la Russie, le continent africain deviendra progressivement stable, même si cela réchaufferait de nouveaux rapports de force entre la Russie et la coalition capitaliste.

À la fin de l'année 2014 consacrant la relance de la politique africaine de la Russie[360], l'efficacité de la coopération militaire avec certains pays africains est appréciable tant en matière d'exportation ou d'importation du matériel militaire russe qu'au regard de quelques actions sécuritaires russes dans les zones de conflits. Aussi, en ce qui concerne seulement l'année 2017, les informations sont les suivantes[361] :

[358] Arnaud Kalika, « Le ''grand retour '' de la Russie en Afrique », *op.cit.*, pp. 6-14.
[359] *Ibid.*, p. 9.
[360] A. Arkhangelskaya, « Le retour de Moscou en Afrique subsaharienne ? Entre héritage soviétique, multilatéralisme et activisme politique », *Afrique Contemporaine*, vol. 4, n° 248, 2013, pp. 6174.
[361] P. Wezeman, A. Fleurant, A. Kuimova, N. Tian et S. Wezman, « Trends in international Arms Transfers 2017 », *SIPRI, Fact, Sheet*, mars 2018, p. 7 ; Arnaud Kalika, Op. cit.,p. 8. Pour d'autres informations complémentaires, lire A. Dubien, « La Russie en Afrique, un retour en trompe-l'œil ? », *Monde Diplomatique*, janvier 2021, pp. 10-11, R. Koubakin, « Les alliés de

- l'Algérie : quatre systèmes *Iskander-E* de coutre portés, six Su-30MKA, six Mi- 28ME en plus des 42 commandés en 2013, les premiers chars lourds T-90 SA, des systèmes de missiles TOS-1 et BuK-M2E…en attendant une sous-marinade de la classe kilo ;

- l'Égypte : 46 MiG-29M/M2, 19 Kamov52 équipés des systèmes antichars AT-9 et AT-19, des systèmes missiles S-300… ;
- le Kenya : un Mi-17 pour la police ;
- le Nigeria : deux Mi-35 ;
- le Mali : deux Mi-35,
- l'Angola : rétrofit de 18 Su-30K ;
- la Guinée équatoriale : des armes automatiques, 12 systèmes sol-air de type E6 et de deux Pantsyr S1 ;
- le Burkina Faso : deux Mi-171.

On peut imaginer, quatre années après, que ces données soient en progression, si l'on prend en compte les situations du Mali, de la République centrafricaine et du Burkina Faso. Comme en ex-Yougoslavie et en Syrie par exemple, le pragmatisme russe fait sens dans le rétablissement de la normalité au Mali, en Centrafique et au Burkina Faso[362]. Depuis plusieurs années, ces pays du pré-carré français font face aux bandes armées et groupes terroristes, à l'instar d'autres pays africains tels que le Cameroun et le Tchad. Il n'y a aucune action efficace de la coalition capitaliste avec les missions des Nations Unies et la France elle-même qui refuserait d'appliquer les accords de coopération et de défense. Or, l'ouverture du Mali, de la Centrafrique[363] et du Burkina Faso à la Russie, notamment à travers des sociétés privées (Wagner) contribue efficacement à la sécurité, par le contrôle progressif des territoires occupés. Il s'agit de gagner des avantages économiques et financiers, et de les protéger par des bases militaires, dans un environnement pacifique. Pour le cas de la Centrafrique, l'Organisation des Nations Unies a accordé, en décembre 2017, la levée de l'embargo sur les armes au profit de la Russie pour équiper et former environ 1300 hommes des unités centrafricaines[364].

D'ailleurs, pour légitimer son droit de soutenir l'Afrique dans la lutte contre l'insécurité, et de devenir, entre autres, observateur du G_5 Sahel, la Russie a mis en avant son siège permanent au Conseil de sécurité[365]. Mais, le

la Russie en Afrique », in https://www.dw.com/fr/les-allies-russes-en-afrique/a-61069668, consulté le 10 mai 2022.

[362] Lire l'entretien de la ministre des armées F. Parly accordé à B. Roger » Nous sommes prêts à intervenir si le Burkina Faso nous le demande », *Jeune Afrique*, 1er novembre 2018. www.jeuneafrique.com.

[363] « Rencontre avec le Président de la République centrafricaine Faustin Archange Touadera », *Kremlin*, 23 mai 2018, http://kremlin.ru.

[364] Arnaud Kalika, *Op. cit.*, p.5.

[365] *Ibid.*, p.11.

G_5 Sahel en tant que coalition de lutte contre les groupes terroristes s'est retiré sous l'influence de la France. Les différentes visites de Sergeï Lavrov en Angola, [366] en Namibie, au Mozambique, au Zimbabwe et en Éthiopie ont consacré une coopération concrète[367], contrairement à certaines manipulations médiatiques capitalistes[368]. Bien plus, le Kremlin, en recevant officiellement certains Chefs d'État africains souhaite apparaître, dans une certaine mesure, comme le déclencheur d'une voie alternative pour l'Afrique[369].

Ce qui précède montre à suffisance le pragmatisme de la Russie au service de la sécurité, elle-même propice au développement des pays africains.

B. L'affirmation et le pragmatisme de la Chine comme une puissance économique de développement.

La Chine est devenue une véritable puissance dans le monde, contrairement aux discours et typologies capitalistes qui la classent comme pays émergent. C'est ce qui consacre, entre autres, la multipolarité dans la société internationale. Contrairement aux puissances capitalistes qui s'imposent, généralement, par la force pour coopérer, la Chine s'inscrit dans la logique et la dynamique du « *soft power* », reposant sur le *« win-win »*. Même s'il y a naturellement des critiques au regard du modus operandi de la coopération chinoise en Afrique[370], une analyse transversale doit reconnaitre son pragmatisme dans les actions de développement[371]. Ce n'est donc pas son rapport à la nature des régimes politiques qui influencent les représentations, mais c'est surtout son impact au développement des États et à l'épanouissement des populations. Chaque acteur tire profit, les États aussi bien que les populations.

---

366 P. TARASENKO, « La Russie va apprendre la lutte contre le terrorisme à l'Angola », *Kommersant*, 28 juin 2018, in www.kommersant.ru.

367 I. ABRAMOVA, « La tournée africaine de Sergueï Lavrov : nouveaux défis et perspectives de la coopération russo-africaine, *Azia i Africa*, n° 5, 2018, pp. 2-10.

368 Centre d'études stratégiques de l'Afrique, « des campagnes de désinformation russes ciblent l'Afrique : Entretien avec le Dr Shelby Grossman », 2020 ; Limonier, 2018), Arnaud KALIKA, *Op. cit.*, pp.25-27.

369 B. LO, « La Russie, la Chine et les BRICS : une illusion de convergence ? », *Russie. Nei. Visions, Ifri*, n° 92, mars 2016.

370 Philippe HUGON, « La Chine en Afrique, néocolonialisme ou opportunités pour le développement ? », *Revue internationale et stratégie*, vol. 4, n° 72, 2008, pp. 219-230.

371 Thierry PAIRAULT, « L'investissement direct chinois en Afrique », *Outre-Terre*, vol. 4, n° 30, 2011, pp. 89-114 ; T. DZAKA KOUKITA, « L'investissement chinois en Afrique centrale », *Outre-Terre*, n° 30, 2011, pp. 207-226 Chris ALDEN, Dan LARGE, Ricardo SOARES DE OLIVEIRA, « Chine-Afrique : facteur et résultante de la dynamique mondiale », *Afrique Contemporaine*, 2008/4 (n° 228), pp. 119-133 ; Philippe HUGON, « La Chine en Afrique, néocolonialisme ou opportunités pour le développement ? », *Revue internationale et stratégie*, vol. 4, n° 72, 2008, pp. 219-230. François Lafargue, « La Chine, une puissance africaine », Perspectives chinoises 90, juillet-août 2005, *Varia*, pp.1-12.

Au même titre que les États-Unis et la Russie, la Chine est une puissance structurelle, c'est-à-dire que ses facteurs de puissance se manifestent sur tous les domaines. Ce qui nous intéresse ici, c'est le déploiement de sa puissance économique et technologique en Afrique. La coopération chinoise dans ces domaines, tout en reconnaissant que les États n'ont d'amis que des intérêts, est fructueuse. Pour mesurer le rôle économique de la Chine, son impact sur le développement, Thierry PAIRAULT propose que l'on s'interroge davantage sur les investissements directs à l'étranger (IDE) que sur le montant de son aide au pays africains, sur l'importance de ses échanges commerciaux[372]. Les actions chinoises en termes d'investissements économiques et technologiques sont de plus en plus croissantes et considérables. Le stock total des investissements chinois en 2003 en Afrique, qui se cumule année après année, était de 4,9 milliards de dollars. De 130,4 milliards en 2010, à 346,9 milliards en 2015, il est passé à 473,5 milliards en 2020. On peut donc constater ce qui suit : *« Pour la première fois depuis 2003 et le début de notre suivi des investissements directs en Afrique, la Chine a dépassé les États-Unis en termes de capitaux investis dans la région »*[373]. En effet, le montant 36,1 milliards de dollars a été engagé par la Chine en 2016, soit quinze fois plus que l'année précédente (2,3 milliards de dollars). En conséquence, *« La Chine se place ainsi en tête des pourvoyeurs de capitaux étrangers en Afrique en 2016, alors qu'elle n'occupait que la neuvième place de ce classement un an plus tôt. C'est alors l'Italie, suivie des États-Unis et de la France, qui menaient la danse avec respectivement 7,4, 6,8 et 5,7 milliards de dollars investis »*[374]. Même sous la pandémie de covid-19, la Chine a créé 25 zones de coopération économique et commerciale dans 16 pays d'Afrique, par l'intermédiaire 623 entreprises, représentant un investissement total de 735 milliards USD à la fin 2020[375].

[372] Bates Gill et Reilly James, « The Tenuous Hold of China Inc. in Africa », *Washington Quarterly*, vol. 30, n° 30, 2007, pp. 37-52 ; Chris Alden et Martyn Davies, « A Profile of the Operations of Chinese Multinationals in Africa », *South African Journal of International Affairs*, vol. 13, n° 1, 2006, pp. 83-96 ; Thierry Pairault, « L'investissement direct chinois en Afrique », *Outre-Terre*, vol. 4, n° 30, 2011, pp. 89-114.

[373] *Financial Times (The Africa investment report 2017), in* Bénédicte Weiss, « La Chine, premier investisseur étranger en Afrique en 2016 », https://information.tv5monde.com/afrique/la-chine-premier-investisseur-etranger-en-afrique-en-2016-187897, consulté le 17 mai 2022.

[374] *Financial Times (The Africa investment report 2017), in* Bénédicte Weiss, « La Chine, premier investisseur étranger en Afrique en 2016 », https://information.tv5monde.com/afrique/la-chine-premier-investisseur-etranger-en-afrique-en-2016-187897, consulté le 17 mai 2022.

[375] *Rapport annuel sur les relations économiques et commerciales entre la Chine et l'Afrique*, 2021

En ce qui concerne, par exemple l'Éthiopie[376], plusieurs projets ont été réalisés : un périphérique (75 millions d'euros), l'échangeur de Gotera (11 millions), la première autoroute à six voies du pays (700 millions), une ligne ferroviaire Addis-Abeba-Djibouti (3,5 milliards) reliant ce pays enclavé à la mer, le premier métro de l'Afrique subsaharienne (par la China State Construction Engineering Corporation), une tour en verre de quarante-six étages [de 198 mètres] et le futuriste siège de l'Union africaine, offert à Addis-Abeba par Pékin en 2012. L'impact positif sur la résorption du chômage est louable. En effet, le groupe Huajian a investi quelque 10 millions de dollars pour créer une usine de chaussures. Avant de démarrer l'activité, il a envoyé plus de 90 employés suivre une formation technique en Chine. L'usine, ouverte en 2012, a été rentable dès la première année de fonctionnement. En 2013, ses 3 500 ouvriers ont produit 2 millions de paires de chaussures.

Au Nigéria[377], les investissements de la Chine sont aussi perceptibles. Le groupe chinois Yuemei a investi 1,2 million de dollars en 2006 pour subventionner les industries manufacturières locales et 50 millions de dollars en 2007 pour créer un parc industriel dédié au textile, avec une chaîne de production complète. En 2009, le parc abritait 5 entreprises textiles et employait 1 000 ouvriers locaux. Aujourd'hui, le groupe gère 10 usines au Nigéria, possède des bureaux de vente dans d'autres pays d'Afrique et a créé une nouvelle usine au Sénégal.

La Chine contribue au développement de la Tanzanie[378]. Ainsi, en 2012, le stock total d'investissements chinois atteignait 541 millions de dollars. La plupart des entreprises privées chinoises opèrent dans des secteurs de faible technologie et intenses en main-d'œuvre pour des produits destinés au marché local. Elles ont créé entre 80 000 et 150 000 emplois et la plupart assurent une formation managériale sur le tas. Plusieurs entrepreneurs locaux se sont lancés après un passage dans des firmes chinoises.

En Afrique centrale, spécifiquement au Cameroun, la Chine est devenue son premier partenaire économique depuis 2013. En effet, *« La Cameroun a bénéficié d'une annulation de dette dans le cadre de l'initiative Pays Pauvres Très Endettés en 2006. Entre 2007 et 2017, le montant des financements chinois a atteint 3 282 Mds FCFA (soit 5 Mds EUR) selon le ministère camerounais de l'Économie, de la Planification et de l'Aménagement du territoire (MINEPAT), faisant de la Chine le premier bailleur de fonds du pays. Ce montant se répartit*

[376] « La Chine et l'Afrique », file:///L:/investing-in-africa-forum-china-and-africa-fr.pdf, consulté le11 mai 2022.
[377] *Idem.*
[378] *Idem.*

en 459 Mds FCFA de prêts concessionnels, 1 092 Mds FCFA de prêts commerciaux, et 1 732 Mds FCFA de prêts « préférentiels »[379].

La coopération avec la Chine est bénéfiquement perceptible à travers la construction des infrastructures routières, sanitaires et sportives, les bâtiments, les barrages (Lom Pangar, Memvele)[380], le port en eau profonde de Kribi, les activités économiques en fonction de la clientèle ou du pouvoir d'achat, etc. On peut constater que dans ces domaines, la Chine a à son actif des réalisations qui sont largement au-dessus de celles réalisées par la France depuis la colonisation. Cet exemple sur le Cameroun est généralisable, toute proportion gardée, dans les autres pays africains qui coopèrent avec la Chine. Pour preuve, l'institutionnalisation du Forum sur la coopération sino-africaine (FCSA ou Zhong Fei Luntan), avec à son actif plusieurs éditions regroupant la Chine et 49 pays africains depuis 2000[381], parallèlement à la coopération bilatérale.

En Afrique, aussi bien qu'en Asie et ailleurs, la Chine n'affirme pas qu'elle est une puissance. Elle le démontre à travers le pragmatisme de sa coopération. Il s'agit d'une tradition de coopération dynamique et gagnante[382]. Les réalisations chinoises en Afrique ont un impact positif sur la relance et la croissance économiques, et sur les services sociaux essentiels, à savoir l'accès à l'eau potable, aux soins de santé primaire, à l'électrification, à l'éducation, au sport, aux infrastructures routières et aéroportuaires. En densifiant leur coopération avec la Chine, les États africains matérialisent progressivement le développement économique, social, sanitaire, sportif, technique, culturel. L'on observe un essor du commerce, en fonction du pouvoir d'achat, des motos, des vêtements, des chaussures, des portables, des ustensiles de cuisine, des accessoires de beauté des femmes, etc. Grâce à ces réalisations chinoises, les dirigeants africains aussi bien que leurs populations sont fiers des transformations de leur environnement et de l'amélioration de certaines de leurs conditions de vie.

Avec le *soft power* et le pragmatisme de la diplomatie chinoise, le gagnant-gagnant fait largement sens. Dans une certaine mesure, on peut dire que la coopération chinoise en Afrique « na njangui » : « tu me grattes, je te gratte », c'est la coopération « sharing » dans laquelle chaque acteur y trouve son

---

379 Voir, https://www.tresor.economie.gouv.fr/Articles/2018/10/04/la-chine-premier-partenaire-economique-du-cameroun-est-egalement-son-premier-creancier, consulté le 14 mai 2022.

380 Pour les détails et les chiffres, Voir, https://www.tresor.economie.gouv.fr/Articles/2018/10/04/la-chine-premier-partenaire-economique-du-cameroun-est-egalement-son-premier-creancier, consulté le 14 mai 2022.

381 À Pékin en octobre 2000, à Addis-Abeba en décembre 2003 et à Pékin en 2006

382 Alexandre Péguy Edjenguele, ''L'applicabilité du modèle chinois de développement au Cameroun'', Mémoire de science politique, Faculté des sciences juridiques et politiques, Université de Douala, 2014-2015, pp. 85-109.

compte. Il revient ainsi à chaque partie de faire une évaluation de ce qu'elle gagne et perd réellement.

III. La nécessité d'une intelligence diplomatique africaine

Les développements qui précèdent donnent l'impression que les choses sont toutes faites. Il n'en est rien du fait de la complexité qui caractérise les relations internationales structurées par les rationalités variables, malléables et situées ou datées des acteurs. Bien plus, l'historicité des sociétés politiques (Balandier, Bayart) amène toujours à relativiser les objets et recettes importés (Bourgoin). Il ne suffit donc pas de constater la diplomatie capitaliste infructueuse et la projection d'une diplomatie socialiste fructueuse. Encore faut-il que l'Afrique fasse preuve d'inventivité, d'ingéniosité, de génie dans un monde de plus en plus en mutation et dont l'issue est toujours incertaine.

La proposition est celle d'une intelligence diplomatique africaine. Deux réalités de la vie internationale aident à saisir cette nouvelle philosophie de la diplomatie africaine : la naïveté et le développement endogène. De ce fait, l'intelligence diplomatique africaine signifie que les dirigeants africains doivent toujours garder en esprit que la naïveté n'est pas pardonnée, il faut savoir évaluer les rapports de force (A) et comprendre que le véritable développement est endogène (B).

A. Savoir évaluer les rapports de force

De la colonisation à nos jours, l'Afrique a généralement perdu de nombreuses intelligences humaines, pour cause de naïveté dans ses rapports internationaux ou sa coopération. Des diverses propositions de définitions, nous retenons qu'une personne naïve est une personne confiante et simple, par inexpérience ou par nature ; une personne candide, ingénue ; une personne d'une crédulité ou d'une candeur excessive. En faisant montre d'un excès d'assurance et de confiance à l'égard de son partenaire, elle oublie parfois le petit dicton selon lequel « La confiance n'exclut pas la méfiance ».

Dans le champ des relations internationales, faire preuve de naïveté, c'est sous-évaluer ou sous-estimer les rapports de force internationaux qui sont structurés par les enjeux, les règles, les ressources, les contraintes et les stratégies des acteurs.

Dans le cadre de cette contribution, *« La sécurité avec la Russie, le développement avec la Chine »* se présente actuellement comme une opportunité diplomatique pour l'Afrique. Mais le succès de cette restructuration diplomatique doit prendre en compte la trajectoire diplomatique historique des pays africains avec les pays capitalistes du centre. Ignorer ou gommer cette réalité, c'est faire preuve de naïveté, car ce qui est en jeu, ce sont les intérêts nationaux de ces États. En ce sens, l'intérêt national de l'État est au-dessus de l'intérêt d'un individu, fût-il l'incarnation d'un autre État. C'est au nom de l'intérêt national qu'il y a la paix et la guerre entre les nations[383], que les impérialistes capitalistes ont tué/tuent des leaders et dirigeants africains. Ce faisant, grâce à leur avantage comparatif de puissance, ils légitiment leurs décisions et actions en mobilisant les règles et les ressources controversées du droit et des relations internationales[384].

En ce sens, les situations au Mali et en République centrafricaine doivent valoriser l'intelligence diplomatique. Le soutien sécuritaire de la Russie est-il total et à long terme ? La France va-t-elle finalement se résigner ? Qu'adviendrait-il avec le pouvoir civil après la transition ? Il faut prendre au sérieux ces réalités avant tout triomphalisme. Il n'est pas inutile de rappeler la naïveté avec laquelle les Présidents Lissouba, Kadhafi et Gbagbo, entre autres, ont géré les crises politiques dans leurs pays. Pour ces exemples, le centre capitaliste a publiquement montré de quoi il est capable pour préserver ses intérêts et sa domination. Il faut donc faire preuve d'intelligence et de vigilance diplomatique. La situation en Ukraine révèle la déception du Président ukrainien, lequel avait excessivement confiance au soutien de ses amis capitalistes, en cas de guerre.

L'intelligence diplomatique se donne à voir à travers le Rwanda. Le Président rwandais ayant procédé à une profonde rupture diplomatique à l'égard de la France au profit des États-Unis, s'est par la suite ravisé au regard des enjeux et des rapports de force. Aujourd'hui, la francophonie étant dirigée par une Rwandaise, la langue française est réhabilitée, les relations entre les deux pays sont stabilisées. De même, en affirmant que le Cameroun n'est pas la chasse gardée d'une puissance, le Président camerounais consacre la diversification et la compétition de la coopération entre le Cameroun et les autres États. Même si cela a pu heurter l'ego des partenaires traditionnels, le pays tire profit de cet élargissement diplomatique en contentant une diversité d'acteurs en fonction de leurs intérêts et capacités.

La coopération avec la Russie pour la sécurité et la coopération avec Chine pour le développement doivent s'inspirer d'une meilleure évaluation des rapports de force internationaux et puiser dans la culture africaine.

---

383 Raymond ARON, *Paix et guerre entre les nations*, Paris, Calman-Levy, (1962), nouv. Éd., 2004.

384 Jean COMBACAU et Serge SUR, *Droit international public*, 11e édi, Paris, LGDJ, 2014 ; Serge SUR, *Op. Cit.* ; NGUYEN QUOC DINH, *Droit international Public*, 2e éd., revue et augmentée par Patrick Daillier et Alain Pellet, Paris, LGDJ, 1987.

B. Promouvoir un développement endogène conciliant imitation et réalités africaines

L'histoire du développement enseigne que le véritable développement par l'amélioration du niveau de vie des populations est une affaire nationale et non une exigence ou une initiative internationale ou extérieure. La véritable impulsion vient des dynamiques du dedans en s'inspirant des modèles extérieurs de développement que l'on adapte à l'ingéniosité locale.

L'intelligence diplomatique doit amener les dirigeants africains à sortir leurs États et populations du culturalisme primaire qui postule, entre autres, que les pays africains ont des mentalités ataviques, rétrogrades au développement. D'où la précieuse et réfutable interrogation d'Axelle KABOU suivante : *« Et si l'Afrique refusait le développement ? »*[385]. En réalité, les États africains aussi bien que leurs populations, ne peuvent pas refuser le développement, non seulement parce que l'individu et la société aspirent naturellement à l'épanouissement, à l'amélioration des conditions de vie, mais aussi, parce que les évolutions et transformations politiques, sociales, économiques, etc, ailleurs, constituent des effets de mode et d'imitation dans un « village planétaire » (Luhan, 1967). Qui plus est, on peut aussi penser que l'on empêcherait l'Afrique à accepter le développement, à se développer au regard de la spécialisation internationale des rôles dans la dynamique du *« système-monde »*, des rapports centre-périphérie.

De nombreux cas démontrent que plusieurs nations se sont développées en allant apprendre ailleurs, pour ensuite implémenter, adapter et améliorer ce savoir localement. Pour ne citer quelques exemples, les Occidentaux (Grèce et Rome antiques) l'ont fait en Égypte ; la Chine aux États-Unis et ailleurs, Israël aux États-Unis, et, plus récemment, les sept dragons d'Asie. C'est lors de son séjour en Angleterre que Montesquieu fut séduit de la séparation des pouvoirs forgée par John Locke.

Les acteurs internationaux apportent leur appui au développement de l'Afrique en fonction de leurs propres intérêts. De ce fait, ce sont généralement les mêmes pays de l'Afrique qui bénéficient largement des IDE du fait de la diversité et de l'immensité des richesses de leur sous-sol et du vaste marché en fonction de la dimension de la population. Le pragmatisme de la Russie, de la Chine et les actions des autres États sont calculateurs et dépendent des conditions du moment, lesquelles sont changeables, historiques. Encore que les ressources naturelles qui font courir ces puissances en Afrique, aussi bien qu'ailleurs, sont périssables ou épuisables. Elles doivent être mobilisées par les Africains comme des conditionnalités, des ressources politiques de

[385] Axelle Kabou, *Et si l'Afrique refuserait le développement ?* Paris, L'Harmattan, 1991.

développement. Il s'agit d'aboutir à un véritable « rendez-vous du donner et du recevoir ».

L'intelligence diplomatique africaine au service du développement ne priorise pas la forme de gouvernement, la forme de l'État et le type d'économie. Il en est ainsi dans la mesure où toutes ces réalités donnent à voir le développement et le sous-développement. Il s'agit d'une intelligence diplomatique qui s'appuie sur des exigences à la fois externes et internes.

Les exigences internes se résument à la question de la gouvernance, ou au mieux, de la bonne gouvernance inclusive. La bonne gouvernance n'est possible et plausible que dans un environnement de promotion, de protection et de réalisation de l'intérêt national qui va au-delà du simple intérêt général. Tant que les Africains ne reprendront pas conscience que l'intérêt national ou collectif est au-dessus des intérêts individuels, la malgouvernance sera toujours bon marché. En réalité, la mobilisation de toute forme d'identité sociale et politique est toujours au service de quelques intérêts individuels, et non de tous les individus qui forment cette identité. L'identité africaine se fonde sur le collectif, le groupe, et non sur l'individuel en tant qu'héritage du contact avec l'Occident. L'individualisme est la source de tous les maux des pays africains dans la mesure où l'intérêt national est sacrifié au profit des intérêts personnels. L'on ne doit donc pas être surpris de la mauvaise gestion du patrimoine national des États. À quoi peut réellement servir l'aide internationale au développement dans ce contexte ? Pourquoi doit-on être surpris des contrats internationaux qui sacrifient l'intérêt national au profit des intérêts personnels ? Doit-on être surpris du non-paiement des impôts et taxes qui profitent à la nation par un contribuable afin d'accroître sa fortune personnelle ? Qu'est-ce qui entretient la corruption et la fraude si ce ne sont pas les intérêts personnels des acteurs nationaux et étrangers ? L'intelligence diplomatique ne saisit plus la bonne gouvernance comme un simple discours de mode, un vœu pieux. Elle fait de la bonne gouvernance une identité et une plus-value, qui rassurent les concitoyens et les partenaires nationaux au développement dans la conduite et la gestion des affaires publiques nationales et internationales.

C'est au prix du respect et de la mise en œuvre de cette exigence de bonne gouvernance que les exigences externes de développement, à savoir le transfert des technologies, la redéfinition des investissements directs étrangers, en termes de conditionnalités, se trouveraient renforcées. La première exigence est le transfert de technologies qui doit permettre aux Africains d'apprendre réellement la « science » ou le savoir des pays développés. C'est l'apprentissage, et partant la reproduction et l'imitation qui titillent et développent l'esprit et la curiosité scientifiques. En ce sens, il y a deux versants, l'un concernant l'implication et l'association des Africains ou de l'expertise africaine dans l'élaboration et l'exécution de tous les grands travaux d'infrastructures, de formation d'une main-d'œuvre locale en fonction des politiques publiques, au lieu de constater simplement que celle-ci n'existe pas. L'autre versant est la densification des bourses et formations professionnelles extérieures en fonction des domaines et activités de la coopération et des investissements directs étrangers. Il s'agit de réduire la fuite des cerveaux au regard de la durée de certains contrats et travaux, et de favoriser l'industrialisation locale. La seconde exigence externe est la redéfinition des IDE qui permettent d'évaluer effectivement la coopération internationale en matière de développement. L'Afrique a longuement souffert et souffre encore des conséquences de certains accords et contrats signés dès les indépendances. Aujourd'hui, il n'est plus normal que ces mêmes réalités aux effets dévastateurs pour le devenir des sociétés politiques africaines se reproduisent en engageant abusivement des générations d'Africains. Il n'est plus normal de continuer à signer des concessions de service public de 30 à 50 ans, pour quel motif de développement[386]. Et c'est le maintien forcé ou la rupture de tels contrats qui est souvent source de nombreux conflits, de guerre en Afrique. Certains contrats ont déjà fait l'objet d'annulation dans certains pays africains. On pourrait avantageusement signer des concessions de service public d'une durée n'excédant pas 20 ans, renouvelables, afin que de nouvelles générations d'individus ne croupissent pas sous le poids de la dette dont l'argent n'a pas impacté positivement sur le développement. La redéfinition des IDE doit consacrer la création d'universités, d'écoles, de centres et d'établissements de référence favorables à une formation adéquate limitant les dépenses aux bourses extérieures et la fuite des cerveaux. Ce qui contribuerait au renforcement de la mobilité des chercheurs.

Conclusion

L'on retient que, au regard des transformations actuelles de l'ordre international caractérisées par les logiques et stratégies de puissance des puissances mondiales capitalistes et socialistes, les pays africains et l'Afrique doivent en tirer profit. Ce qui exige une évaluation réaliste des rapports de force et des intérêts aussi bien qu'une conciliation efficace des opportunités internationales et du potentiel national.

Ceci veut dire que le temps de l'Afrique serait enfin arrivé ! Les secousses actuelles de l'ordre international, doivent être mobilisées comme des opportunités et non comme des moments d'alarmisme et d'attentisme entretenus. En effet, la covid-19 et la guerre en Ukraine, structurées, certainement, par le hasard des choses et la providence, montrent la vulnérabilité des ''grands'', et, dans une certaine mesure, la résilience des

[386] Entre autres actualités discutées au Cameroun, c'est la conclusion d'un accord d'une durée de 50 ans d'exploitation du minerai de fer de Lobé situé dans les encablures de la ville portuaire de Kribi, entre la multinationale chinoise Sinosteel Corporation et l'État du Cameroun.

''petits'', en dépit des dysfonctionnements internes. C'est, donc, le temps du courage et de l'action des dirigeants africains et de leurs populations qui doivent, ensemble et réciproquement, développer une communion d'esprit, de soutien et de légitimation. Par-delà l'enclenchement effectif et efficace de la sécurité et du développement de l'Afrique, valorisant suffisamment les ressources humaines et naturelles et les partenaires internationaux au développement.

Références bibliographiques

ABBEEL-BLAISE Van Den, Le Modèle centre/périphérie, 2013, [En ligne] http://www.geodutienne.be/documents/fgs/ch_centre.pdf (page consultée le 20 avril 2022).

ABRAMOVA I., « La tournée africaine de Sergueï Lavrov : nouveaux défis et perspectives de la coopération russo-africaine, *Azia i Africa*, n° 5, 2018, pp. 2-10.

AKONO EVANG Serge Paulin, « Science politique francophone et développement en Afrique : contribution à une sociologie de la science politique », *Revue africaine de droit et de science politique*, n° 6, 2019, pp. 12-38.

AKONO EVANG Serge Paulin, « Contribution à une science africaine de l'ethnie à partir de l'expérience camerounaise, *Droit et Société*, n° 86, 2011, p. 161.

ALDEN Chris et DAVIES Martyn, « A Profile of the Operations of Chinese Multinationals in Africa », *South African Journal of International Affairs*, vol. 13, n° 1, 2006, pp. 83-96.

ALDEN Chris, LARGE Dan, SOARES DE OLIVEIRA Ricardo, « Chine-Afrique : facteur et résultante de la dynamique mondiale », *Afrique Contemporaine*, 2008/4 (n° 228), pp. 119-133.

AMIN Samir, *La Théorie du développement inégal*, Centre d'Études pour le Monde arabe moderne, 1993, 3 p.

ARKHANGELSKAYA Alexandra., « Le retour de Moscou en Afrique subsaharienne ? Entre héritage soviétique, multilatéralisme et activisme politique », *Afrique Contemporaine*, vol. 4, n° 248, 2013, pp. 6174.

ARON Raymond, *Paix et guerre entre les nations*, Paris, Calman-Levy, (1962), nouv. Ed., 2004./2004

ATEBA Bertrand, « Gouvernance mondiale et émergence », *Revue camerounaise de droit et de science politique*, n° 5, juin 2016, pp. 9-29.

ATEBA EYENE Charles, *La pénétration de la Chine en Afrique, et les espoirs de la rupture du pacte colonial avec l'Occident*, Yaoundé, Saint-Paul, 2010 ;

BAYART Jean-François, *Le gouvernement du monde : Une critique politique de la globalisation*, Paris, Payot, 2004.

BAYLET Samuel, *Le Développement inégal dans un système capitaliste — Étude de l'approche Centre-périphérie et des travaux de Samir Amin*, 2011, 31 p.

BEAL Marine, « Investissement en Afrique : la Russie s'impose », in https://www.energynews.pro/investissement-en-afrique-la-russie-simpose/, consulté le 3 mai 2022.

CABESTAN Jean-Pierre, « Les relations Chien-Afrique : nouvelles responsabilités et nouveaux défis d'une puissance mondiale en devenir », *Hérodote*, n°150, septembre 2013, 150-171.

CASCAIS Antonio, KOUBAKIN Reliou., « Les alliés de la Russie en Afrique », in https://www.dw.com/fr/les-allies-russes-en-afrique/a-61069668, consulté le 10 mai 2022.

CENTRE D'ÉTUDES STRATÉGIQUES DE L'AFRIQUE, « des campagnes de désinformation russes ciblent l'Afrique : Entretien avec le Dr Shelby Grossman », 2020.

COMBACAU Jean et SUR Serge, *Droit international public*, 11e édi, Paris, LGDJ, 2014.

DUBIEN Arnaud, « La Russie en Afrique, un retour en trompe-l'œil ? », *Monde Diplomatique*, janvier 2021, pp. 10-11.

DUROSELLE Jean-Baptiste, *Histoire des relations internationales de 1945 à nos jours*, Tome 2, 10e éd., Paris, Armand colin, 2001.

DZAKA KOUKITA Théophile, « L'investissement chinois en Afrique centrale », *Outre-Terre*, n° 30, 2011, pp. 207-226.

EDJENGUELE Alexandre Péguy, *L'applicabilité du modèle chinois de développement au Cameroun*, Mémoire de science politique, Faculté des sciences juridiques et politiques, Université de Douala, 2014-2015, pp. 85-109.

ELZEIN Derek, « L'Afrique face aux nouvelles ambitions de la Russie », *Géoéconomie*, n° 71, 2014, pp. 77- 88.

FUKUYAMA Francis, *La fin de l'histoire et le dernier homme*, Paris, Flammarion, col. Histoire, 1992.

GILL Bates et JAMES Reilly, « The Tenuous Hold of China Inc. in Africa », *Washington Quarterly*, vol. 30, n° 30, 2007, pp. 37-52.

HARRISON Lawrence, « Le choc des civilisations de Samuel Huntington, Vingt ans plus tard », trad. De Sophie SIOUTIS, Géopolitique des civilisations, Huntington, 20 ans après, 4/2013, https://journals.openÉdition.org/anatoli/457, consulté le 21 mai 2022.

HUGON Philippe, « La Chine en Afrique, néocolonialisme ou opportunités pour le développement ? », *Revue internationale et stratégie*, vol. 4, n° 72, 2008, pp. 219-230.

HUGON Philippe, « Conflits armés, insécurité et trappes à pauvreté en Afrique », *Afrique Contemporaine*, n° 218, 2006, pp. 33-47.

HUNTINGTON Samuel P., *The Clash of Civilizations and the Remaking of World Order*, Simon and Schuster, 1996;

HURIOT Jean-Marie et PERREUR Jacky, « Centre et périphérie — Fondements et critères », dans *Laboratoire d'analyse et de techniques économiques*, Université de Bourgogne, n° 9505, mars 1995, 16 p.

https://www.tresor.economie.gouv.fr/Articles/2018/10/04/la-chine-premier-partenaire-economique-du-cameroun-est-egalement-son-premier-creancier, consulté le 14 mai 2022.

JAMES Paul, « Post-Dependency: The Third World in an Era of Globalism and Late Capitalism » dans *Alternatives*, n° 22, 1997, pp. 205-226.

JARAUTA Francisco, « Mondialisation et conflit de civilisations », *L'Homme* [En ligne], 185-186 | 2008, mis en ligne le 01 janvier 2010. URL : http://journals.openÉdition.org/ lhomme/24135 ; DOI : 10.4000/lhomme.24135, consulté le 20 mai 2022.

KABOU Axelle, *Et si l'Afrique refuserait le développement ?* Paris, L'Harmattan, 1991.

KALIBA Arnaud, « Le ''grand retour '' de la Russie en Afrique », *Russie. Nei.Visions*, n° 114, *Ifri*, avril 20019, pp 1-27.

KATTAN Naïm, « Marshall Mc. Luhan ». *Liberté*, 9(5), 1967, pp. 15–20.

KOZLOVA E., FELIGONDE A. (de), « Entre géopolitique et affaires, quel retour pour la Russie en Afrique ? », in https://afrique.latribune.fr/think-tank/tribunes/2020-12-08/entre-geopolitique-et-affaires-quel-retour-pour-la-russie-en-afrique-864456.html, consulté le 18 mai 2022.

« La Chine et l'Afrique », file :///L:/investing-in-africa-forum-china-and-africa-fr.pdf, consulté le11 mai 2022.

LAFARGUE François, « La Chine, une puissance africaine », *Perspectives chinoises*, n° 90, Varia, juillet-août 2005, pp.1-12.

LO B., « La Russie, la Chine et les BRICS : une illusion de convergence ? », *Russie. Nei. Visions, Ifri*, n° 92, mars 2016.

MONTGRIAL Th. (De), *L'action et le système du monde*, Paris, PUF, 2012.

MOREAU-DEFARGES Philippe, *L'ordre mondial*, Paris, Armand Colin, 2003.

NGUYEN QUOC DINH, *Droit international Public*, 2e éd., revue et augmentée par Patrick Daillier et Alain Pellet, Paris, LGDJ, 1987.

NNAJIOFOR Peterson, « Investissements chinois et occidentaux en Afrique », Informations et Commentaires, n°165, octobre-décembre 2013, pp. 50-56 ;

PARLY F., « Nous sommes prêts à intervenir si le Burkina Faso nous le demande », *Jeune Afrique*, 1er novembre 2018. www.jeuneafrique.com.

PAIRAULT Thierry, « L'investissement direct chinois en Afrique », *Outre-Terre*, vol. 4, n° 30, 2011, pp. 89-114 ;

Politicalsciencestudentblog, « Théorie centre-périphérie en relations internationales », *European's Politics, Theory*, avril 2016, https://politicalsciencestudentblog.wordpress.com/2016/04/25/theorie-centre-peripherie-en-relations-internationales/, consulté le 02 mai 2022 ;

Rapport annuel sur les relations économiques et commerciales entre la chine et l'Afrique, *2021*

« Rencontre avec le Président de la République centrafricaine Faustin Archange Touadera », *Kremlin*, 23 mai 2018, http://kremlin.ru.

SENARCLENS P. (de), *La mondialisation – Théories, enjeux et débats*, Paris, Armand Colin, 2005.

STRANGE Susan, *The Retreat of the State: the diffusion of power in the world economy.* Cambridge : Cambridge University Press, 1996.

SUR Serge, *Les relations internationales*, 4e éd., Paris, Librairie Générale de Droit et Jurisprudence- Montchrestien, EJA, 2005.

TARASENKO P., « La Russie va apprendre la lutte contre le terrorisme à l'Angola », *Kommersant*, 28 juin 2018, in www.kommersant.ru.

TEULON Frédéric, *Problèmes économiques contemporains. Les pays en développement*, Paris, Hachette, 1999.

WALLERSTEIN Immanuel, *Comprendre le monde. Introduction à l'analyse des systèmes-monde*, Paris, La Découverte, 2006.

WEISS Bénédicte, « La Chine, premier investisseur étranger en Afrique en 2016 », https://information.tv5monde.com/afrique/la-chine-premier-investisseur-etranger-en-afrique-en-2016-187897, consulté le 17 mai 2022.

WEZEMAN P., FLEURANT A., KUIMOVA A., TIAN N. et WEZMAN S., « Trends in international Arms Transfers 2017 », *SIPRI, Fact, Sheet*, mars 2018.

THÉORIE POSTCOLONIALE ET PROGRÈS ÉCONOMIQUE DE L'AFRIQUE : QUÊTE D'ORIGINALITÉ OU IMPOSITION DU MODÈLE NÉOLIBÉRAL À L'AFRIQUE ?

Louis-Dominique BIAKOLO KOMO
Université de Maroua/ENS (Cameroun)
E-mail : dominiquebiakolo@yahoo.fr

Résumé

Sous l'influence de plusieurs écoles de pensées contemporaines qui entendent délégitimer les Lumières et l'approche marxiste orthodoxe de l'analyse des sociétés fondée sur l'économie et la lutte des classes, approche jugée réductionniste, la théorie postcoloniale propose une lecture des sociétés africaines en décrochage avec le « paradigme du joug » et soucieuse de la prise en compte de « l'historicité propre » desdites sociétés ; « historicité propre » qui rendrait compte en dernière analyse de leurs crises et de leur hibernation. Toutefois, par « historicité propre », il faudrait moins entendre la traite négrière, la colonisation ou le néocolonialisme que les cultures africaines, l'ordre symbolique qui gouverne et structure les représentations du pouvoir et de la politique, et qui détermine la modalité propre d'inscription des sociétés africaines dans l'histoire. Or, cet ordre symbolique partagé à la fois par les gouvernants et les gouvernés se ramène à « la politique du ventre », « la chrématistique » et la « *pleonexia* » ; et se double d'une violence improductive empêchant d'intensifier l'exploitation des masses pour augmenter la productivité et générer le progrès économique. D'où l'appel à l'accumulation primitive considérée comme condition du développement de l'Afrique. L'intention théorique de cette réflexion consiste à délégitimer l'idéalisation, par la théorie postcoloniale africaine, du modèle économique néolibéral occidental, en soulignant l'intérêt de la création d'une voie endogène de développement et la nécessité de penser par nous-mêmes et de poser nos problèmes en fonction de nos intérêts.

Mots-clés : postcolonialisme, néolibéralisme, dépendance, développement de l'Afrique, autonomie.

Abstract

Under the influence of many contemporary theories opposed to "Enlightenment", orthodox Marxism and its approach of social crises based on economic and class struggle analysis, an approach considered by some scholars as reductionist, the Postcolonial theory has proposed an analysis of African Societies in contradiction with the domination paradigm and mindful of the "own historicity" of these societies as the key of explanation of their crisis situation and their stagnation. However, by "own historicity", one shall understand less slavery, colonization and neocolonialism than African cultures and the symbolic order, that is representations that shape African conception of politics and power and determine the way the create and are related to History. This symbolic order, shared both by those who govern and the people who are governed, is based on the "politics of abdomen", chrematistic and "pleonexia" which are accompanied by unproductive violence preventing African countries to develop by intensifying exploitation of labor populations in order to improve their productivity and stimulate economic progress. Therefore, primitive accumulation realized by Western countries is imposed by Postcolonialist Theorists as the unique condition of African development. The theoretical intention of this reflection is to delegitimize the idealization, by African Postcolonial Theory, of the western neoliberal economic paradigm, by underlining the importance of creating an autonomous African voice of development and the necessity to think by ourselves and raise the problems in accordance with our own interests.

***Keywords**: Postcolonialism, Neoliberalism, dependence, African development, autonomy.*

Introduction

Fidèle aux fondements théoriques de la théorie postcoloniale qui remet en cause entre autres les prétentions de la philosophie des Lumières à produire des théories ou concepts universels en minimisant la contextualité historique et les attaches culturelles de toute pensée ; les illusions réductionnistes du marxisme orthodoxe qui tend à ramener la complexité sociale à un fondement unique, l'économie, et l'appréhension dialectique de la réalité, non moins réductionniste, dont il se nourrit ; les théoriciens postcolonialistes africains se sont proposé d'analyser la situation économique du continent sous le prisme de la différence culturelle chère à cette théorie. Pour les postcolonialistes africains ou africanistes, les économistes et autres penseurs africains relevant de « l'École de la dépendance » se trompent de diagnostic en analysant la structure de l'économie africaine d'après les indépendances et surtout les causes du sous-développement de l'Afrique.

Pour eux, le sous-développement n'est pas nécessairement tributaire de la colonisation et des relations de domination qui perdurent entre l'Afrique et l'Occident. Ce n'est pas la domination occidentale qui est essentielle à la compréhension des mécanismes de stagnation, d'hibernation et de production du sous-développement en Afrique, mais les cultures africaines. Ces cultures recèleraient des tares qui empêchent leur arrimage aux principes de l'économie moderne. Plus précisément, les dirigeants africains postcoloniaux se distinguent par une culture politique particulière dont la genèse se situe à l'intersection des traditions africaines et des pratiques coloniales.

Les dirigeants africains postcoloniaux ont une représentation particulière de la politique et du pouvoir, qu'ils partagent d'ailleurs avec leurs populations, et qui en fait une source de jouissance. Ce qui aboutit à des pratiques et modes de gouvernance politiques finalisés non sur l'efficacité économique, mais sur le maintien et la conservation du pouvoir par diverses manœuvres aliénatrices. Par ailleurs, il est reproché aux dirigeants des États africains postcoloniaux leur incapacité à rompre avec les formes de solidarité traditionnelle présentes en Afrique qui empêchent l'organisation de l'exclusion et l'intensification de la domination nécessaires à la création d'une véritable classe bourgeoise et d'un prolétariat productif posées comme condition transcendantale du développement des États africains.

L'Afrique est renvoyée au modèle néolibéral alors qu'on se serait attendu à ce que, au nom de la différence culturelle qui lui est chère, l'approche postcoloniale nous proposât un modèle de développement économique prenant appui sur les traditions africaines. D'où le paradoxe de cette théorie, attachée à l'approche culturaliste dans l'étude et l'analyse de la situation économique de l'Afrique, mais faisant preuve de singerie vis-à-vis de l'Occident quand il s'agit d'inventer un schéma de développement propre à l'Afrique. Nous nous proposons par conséquent de procéder à un exposé de l'approche postcoloniale de l'économie africaine (1) pour en ressortir les insuffisances et paradoxes (2). Ce qui nous conduira à la nécessité de l'invention d'une voie propre de développement pour l'Afrique, loin de la singerie de l'Occident et de tout prêt-à-porter qu'on tenterait d'imposer à l'Afrique comme une camisole de force (3).

I. L'économie africaine sous le prisme de la théorie postcoloniale

Bien qu'elle s'abreuve à des sources hétéroclites renvoyant pour l'essentiel aux mutations théoriques survenues à la fin du XXe siècle, notamment la postmodernité, les *Cultural Studies*, les *Subaltern Studies* et la *French Theory* entre autres (Nkolo Ndjodo, 2021 :10), la théorie postcoloniale ne manque pas pour autant de présenter une certaine unité fondamentale d'intention : l'affirmation de la différence culturelle. On attribue souvent la genèse de cette théorie au penseur américain d'origine palestinienne Edward Saïd, qui publia en 1978 un ouvrage, *L'orientalisme : l'Orient créé par l'Occident*. Ce texte dénonce les préjugés occidentaux vis-à-vis de l'Orient, préjugés qui font que l'Orient présent dans les discours orientalistes occidentaux se situe à mille lieues de l'Orient historique (Saïd, 2005). Il en a découlé une vaste littérature tendant à souligner l'incapacité de l'Occident à penser la diversité, la différence culturelle et l'auto-illusion dans laquelle il s'enferme en se posant comme le centre du monde. Plus précisément, la théorie postcoloniale se situe dans le sillage des théories qui remettent en cause l'héritage des Lumières à travers leurs réserves vis-à-vis de ce qui en constitue le sacro-saint principe, la raison, ainsi que les idéaux d'universalité et de progrès. Toutes choses qui amènent les théoriciens postcolonialistes à souligner le droit à la différence culturelle (Bhabha, 2007 :16) à travers la remise en cause de la tradition analytique et du marxisme orthodoxe.

La tradition analytique est le support de l'illusion universaliste. Une telle illusion est présente dans la théorie marxiste qui ignore la différence culturelle en prétendant saisir les lois universelles de l'histoire des sociétés humaines. Pour Dipesh Chakrabarty (2000 :92), le prolétariat marxiste est une classe transculturelle. Voilà pourquoi il existe une tension, au sein de la théorie marxiste, entre ses racines européennes et sa prétention à l'universalité. L'histoire du monde est plus large que l'histoire du capital -Europe- ; cette dernière ne saurait donc contenir la première. Le marxisme, dans le cas d'espèce, serait donc insuffisamment armé pour analyser la modernité politique indienne (2000 :15).

À la tradition analytique, les postcolonialistes préfèrent souvent opposer la tradition herméneutique parce que cette dernière ne se laisse pas enfermer dans les canons de la rationalité pure et intègre l'histoire, les traditions, le langage, les affects, etc. La théorie postcoloniale, pour les mêmes raisons, sera donc hostile à la dialectique marxiste qu'elle accuse de réductionnisme. Les faits sociaux ne se ramènent pas à l'économie et cette dernière ne saurait tout expliquer. Les relations binaires traduisent des oppositions simplistes. La réalité sociale est plus complexe, plus large pour se laisser apprivoiser par la dialectique matérialiste et les binarités des Lumières. Il s'ensuit pour Chakrabarty qu'il faut « provincialiser l'Europe » en lui faisant prendre conscience de sa particularité culturelle dans l'espace mondial. Ce qui la rend inapte à produire des théories universelles.

C'est sur la base de ces acquis théoriques non exhaustifs que les théoriciens postcolonialistes africains ou africanistes analysent les sociétés africaines et dans le cas d'espèce, l'économie africaine. Pour Bayart (1989 :24), il faut se désolidariser des théories relevant du paradigme du joug et de la dépendance pour rendre compte de l'hibernation des sociétés africaines. Cette thèse sera reprise par Kabou (1991 :14, 146) qui considère le paradigme de la dépendance comme « un prêt-à-porter », sorte de camisole de force que doit arborer toute analyse des sociétés africaines, en occultant « la responsabilité historique des Africains dans les malheurs qu'ils ont subis » ; et Achille Mbembe qui rejette à la fois l'africanisme, l'afro-radicalisme, l'afro-centrisme et leurs variantes notamment le marxisme, le nationalisme, le panafricanisme, le nativisme et l'égyptomanie (2000 :IX-X).

Il ne s'agirait là que de discours haineux qui se nourrissent du ressentiment à l'égard de l'Europe. Pour Bayart (1989 :160), la colonisation ne constitue qu'un « intermède » et ne saurait par conséquent, comme telle, rendre compte de la déchéance de l'Afrique. Bien plus, pour Achille Mbembe, la dialectique marxiste ne rend pas compte de toutes les dialectiques existantes en Afrique. Elle fait par exemple l'impasse sur la dialectique entre les frères et la situation problématique de la sœur au sein de la fratrie. Par conséquent, une meilleure compréhension des sociétés africaines exige de procéder à la « psychanalyse de la connaissance » à travers le renoncement au paradigme du joug et de l'extraversion, préalable permettant d'aborder les sociétés africaines à partir de leur « historicité propre », c'est-à-dire « leur rapport à rien d'autre qu'à elles-mêmes » (Mbembe, 2000 :14).

Il devient dès lors aisé pour Bayart, après avoir anesthésié les théories de la dépendance et ignoré la soumission de l'Afrique à l'ordre international, d'indexer la culture politique des élites africaines au pouvoir en les rendant responsables de la stagnation économique de l'Afrique. Cette culture politique se ramène chez Bayart à « la politique du ventre ». En d'autres termes, les élites politiques africaines ont une représentation spécifique du pouvoir qui en fait une source de jouissance et d'enrichissement, loin de la préoccupation du bien-être des populations qui, elles-mêmes, partagent la même conception de la politique. Cette culture politique se manifeste de la part des dirigeants par des comportements immoraux et anti-progressistes : dépenses somptuaires, luxe du train de vie, prodigalité, lubricité et licence sexuelle (Mbembe, 2000 :151).

Toutefois, ce luxe du train de vie ne se maintient qu'au prix d'une économie de prédation fondée sur la vente des matières premières, la collecte des impôts, l'acquisition et la distribution des prébendes ainsi que la corruption. Il s'ensuit que l'État postcolonial n'est pas un État productif, mais un État prédateur, dépensier, consommateur et corrompu. C'est un « État vampire » et « sorcier » qui se nourrit de la substance vitale de ses membres (Eboussi, 1999). Plus grave encore, cet État use d'une violence improductive vis-à-vis des gouvernés dans le seul but de les contraindre à l'obéissance et à l'acceptation de l'ordre corrompu qui les gouverne ; alors que cette violence aurait dû être canalisée dans le sens d'une augmentation de la productivité à travers l'exploitation forcée de cette gigantesque force de travail que représentent les populations africaines. Bayart peut donc affirmer : « … le problème central des dominants au sud du Sahara est, si l'on peut dire, de trouver leurs dominés, de les contraindre à se sédentariser dans un espace social domestique où pourront s'accentuer la domination et l'exploitation. » (1989 :309). Aux moralistes qui redouteraient cet appel explicite à l'accumulation primitive, Achille Mbembe (2000 : 137-138), reprenant et assumant les propos de Bayart, rétorque : « … rien ne permet de dire que, sur le temps long, prospérité et démocratie ne peuvent pas naître du crime. »

En somme, pour les partisans africains de la théorie postcoloniale, le sous-développement économique de l'Afrique s'explique par la culture politique des dirigeants africains postcoloniaux, incapables de sortir du schéma de l'économie de prédation héritée du colonialisme ; et surtout par leur attachement à une forme d'économie affective incapable de générer une véritable classe bourgeoise qui intensifierait l'exploitation de la classe des producteurs pour créer la richesse nationale et sortir définitivement l'Afrique de la raque de l'histoire. La cause de la stagnation de l'Afrique n'est donc pas la domination, la dialectique Nord-Sud, mais la mentalité, la culture politique et les traditions africaines. Et pour sortir la tête de l'eau, les Africains doivent suivre la trajectoire économique de l'Occident en recourant à leur tour à l'accumulation primitive pour créer une véritable classe prolétarienne dont l'exploitation intense génèrera de nombreuses ressources matérielles qui permettront aux Africains de sortir de la précarité et de la situation de sous-développement, certainement sur la base de la théorie économique du ruissellement. L'Afrique est donc invitée à user des méthodes néolibérales, une façon à peine déguisée de l'appeler à se joindre et intégrer la caravane néolibérale mondialisante. Thèse que nous nous proposons de déconstruire.

II. L'inconsistance de la solution postcoloniale au problème du sous-développement de l'Afrique

L'inflation des études à caractère culturel et la propension prononcée à dissimuler les conflits économiques sous le couvert des luttes culturelles sont une tendance importante de la pensée occidentale contemporaine en général et américaine en particulier. *Le Choc des civilisations* de Huntington (2000) est un modèle exemplaire de cette tendance. Il n'y aurait donc plus de luttes des classes, le concept même de classes faisant désormais partie des « identités ambiguës » (Balibar et Wallerstein, 1988) au même titre que la race et la nation. Avec l'uniformisation du monde, les conflits économiques s'estompent au profit des conflits culturels.

Ce discours est démenti par la pratique quotidienne et nombreux sont les penseurs qui privilégient toujours l'approche dialectique dans l'intellection du fonctionnement de l'économie mondiale et singulièrement de l'économie africaine. C'est le cas de Samir Amin qui n'est jamais sorti de la théorie de la dépendance énoncée dès les années soixante, à travers laquelle il démontrait que l'exploitation du Sud est la condition du développement du Nord (Amin, 1976). Par conséquent, « développement » et « sous-développement » sont dans un rapport dialectique. Mais pour éviter un raisonnement circulaire, exposons des travaux plus récents sur la mondialisation économique pour mieux mettre en exergue la rémanence des pratiques de vassalisation de l'Afrique dans le fonctionnement de l'économie mondiale. Pour Samir Amin, la mondialisation ne fait que renforcer les États-Unis d'Amérique et l'Occident, dont les entreprises assurent désormais la gouvernance mondiale. Ce qui se traduit non seulement par la privation de leur souveraineté des États de la Périphérie, mais aussi par « l'aggravation des inégalités entre les peuples (une polarisation mondiale renforcée) et au sein des peuples (du Sud et du Nord) ».

Pour être plus explicite, Samir Amin ajoute que par polarisation, il convient d'entendre « l'approfondissement continu de l'écart - en termes de niveau de développement matériel - entre les centres du système mondial capitaliste et ses périphéries » (2003 :35). Il s'ensuit la folklorisation de la démocratie, la paupérisation des classes populaires urbaines et de la paysannerie, la ruse dans l'élaboration des politiques de protection de l'environnement et l'impossible conciliation entre la liberté et l'égalité. La tendance immanente au capitalisme est l'expansionnisme qui s'accompagne nécessairement de l'impérialisme. La concentration des capitaux au Centre a pour objectif de renforcer l'État central en affaiblissant les États périphériques soumis à l'obligation d'approvisionner le Centre en matières premières (Wallerstein, 2011 :31-32). L'exploitation de la périphérie semble être la contradiction principale, bien loin des conflits culturels qui ne peuvent relever que des contradictions secondaires. Mais il convient de mieux mettre en exergue le fonctionnement de la mondialisation actuelle pour prouver qu'on n'est jamais sorti du paradigme du joug, et que cette structure de domination constitue l'hypothèque principale à lever pour envisager le développement économique de l'Afrique.

À ce sujet, Joseph Stiglitz fait remarquer que dans son ensemble, la mondialisation fonctionne au profit des pays du Nord sans aucune considération pour les intérêts des pays du Sud. Ce qui se traduit globalement par une réglementation du commerce mondial défavorable aux pays du Sud. Les pays du Nord subventionnent leurs agriculteurs, imposent des tarifs exorbitants aux produits industriels en provenance du Sud, multiplient des conditions pour empêcher l'entrée dans leurs marchés des produits en provenance du Sud, font du chantage à l'aide au développement, dictent un fonctionnement antidémocratique aux institutions internationales chargées de la gouvernance économique mondiale -FMI, Banque mondiale, OMC-, protègent la propriété intellectuelle pour empêcher le Sud de mener des recherches à partir de leurs savoirs tout en pillant en même temps les savoirs traditionnels du Sud ; exigent des politiques de développement impertinentes aux pays du Sud sans en assumer les conséquences, captivent les ressources humaines du Sud, etc. Ce fonctionnement de l'économie mondiale à lui seul annihile tous les efforts de développement des pays du Sud. Voilà pourquoi pour Stiglitz, le bilan de la mondialisation actuelle est fort décevant pour les pays du Sud. Elle aura essentiellement consisté, pour les pays développés, à pousser « les pays pauvres à démanteler leurs barrières douanières, mais ils ont conservé les leurs, empêchant ainsi les pays en développement d'exporter leurs produits agricoles » (Stiglitz 2002 :34).

Parlant justement du libéralisme économique que les théoriciens postcoloniaux invitent les États africains à adopter sans nuance, on peut observer qu'il existe plusieurs formes de libéralisme. Tous les pays développés ne se sont pas libéralisés suivant un schéma unique : l'accumulation primitive. Celle-ci est surtout le fait des pays occidentaux. Les pays de l'Asie orientale se sont libéralisés selon leur propre schéma. Il est donc faux de poser l'accumulation primitive comme la condition transcendantale de tout développement économique. Le schéma de développement suivi par les pays de l'Asie orientale réfute deux principes fondamentaux du libéralisme. Ces pays « ont montré que l'inégalité n'était pas une condition préalable à la croissance, alors qu'il était largement admis jusque-là que seule l'inégalité pouvait générer les taux d'épargne élevés nécessaires […]. Et ils ont prouvé que les phases initiales du développement ne s'accompagnent pas forcément d'une montée des inégalités » (Stiglitz et Charlton, 2007 :52).

Pour Stiglitz et Charlton, le succès du modèle asiatique tient d'abord à son autonomie, loin de toute singerie des slogans néolibéraux ; et au rôle prépondérant joué par l'État, qui se situe aux antipodes de la théorie libérale classique. Les Asiatiques n'ont pas cru à la vertu des marchés libres et sans entraves. Même si les entreprises et les marchés ont contribué au miracle asiatique, il reste que l'État y a joué un rôle crucial en servant de catalyseur à l'activité économique. Les États asiatiques ont fourni aux marchés et aux entreprises les infrastructures et le cadre institutionnel dont ils avaient besoin pour bien fonctionner en remédiant, le cas échéant, à leurs échecs. Ils ont aussi stimulé l'épargne et le progrès technologique : « L'État est donc intervenu dans de nombreuses industries en fournissant des crédits par le biais de banques qu'il soutenait d'une façon ou d'une autre, en restreignant la concurrence des importations, en limitant l'entrée de nouveaux concurrents sur le marché intérieur et en créant des institutions de commercialisation à l'exportation » (Stiglitz et Charlton, 2007 :55). Ces composantes des stratégies asiatiques, mentionnent Stiglitz et Charlton, sont en déphasage avec le modèle économique orthodoxe du « laisser-faire » et donc, le « Consensus de Washington ».

En outre, on se serait attendu à ce que, au nom de la différence culturelle, les penseurs postcolonialistes africains ou africanistes privilégiassent un modèle de développement économique inspiré des cultures et de l'histoire africaines. Ailleurs, notamment en Inde, la théorie postcolonialiste charrie le nationalisme culturel en induisant dans une certaine mesure des attitudes décomplexées vis-à-vis de la culture occidentale. Elle aboutit même souvent à une forme de nationalisme épistémique consistant à réduire la science occidentale à une ethnoscience (Nandy, 2007), au nom de la diversité culturelle et de la surdétermination de tout savoir par le contexte culturel qui le porte. Mais en lieu et place d'une investigation dans le champ culturel africain pour s'en servir comme socle d'une révolution économique, les théoriciens postcolonialistes se contentent de railler les cultures africaines et de les rendre responsables de la stagnation de l'Afrique en dédouanant et en laissant chômer la question de la domination occidentale.

Cet « oubli » doublé de la volonté d'arrimer l'Afrique à l'idéologie néolibérale dévoile mieux les intentions des promoteurs de cette théorie en Afrique. Ce n'est pas le sort de l'Afrique qui les intéresse, mais le maintien de ses liens de vassalité entre l'Afrique et l'Occident. Du primat accordé à la culture dans l'analyse des questions économiques en rapport avec l'Afrique, nous aboutissons paradoxalement aux thèses de l'économie néoclassique qui repose sur des principes universalistes. Car « [l'] économie néo-classique ignore l'histoire et ne reconnaît que les prétendues lois économiques universelles qui s'imposeraient avec une force incontournable, entraînant un développement [...] presque fatal. » (Amin, 1985 :20-21).

Charles Romain Mbele a clairement perçu cet enjeu. Aussi considère-t-il le postcolonialisme comme un « code de l'inégalité » : « Le sous-continent est donc victime de lui-même, unique responsable de ses turpitudes et de sa faillite. Pour que les Africains sortent de leur impasse historique et culturelle, ces visions du monde exigent d'eux et l'affirmation de l'individualité, et la réalisation de l'accumulation primitive par la surexploitation des dominés et des « exclus » » (2010 :28). Le postcolonialisme est donc pour lui, en définitive, le besoin de rendre invisible le néocolonialisme. Cette posture théorique est d'autant plus surprenante qu'elle prend forme à l'ère de la mondialisation économique qui renforce - certes à des degrés divers - les liens d'interdépendance entre les économies, rendant ainsi infructueuse toute approche fragmentaire et partielle de l'analyse de l'économie d'un pays. Pour Samir Amin, la dialectique « Intérieur-Extérieur », « Centre-Périphérie » s'impose de plus dans l'analyse de l'économie mondialisée (1985 :19). Car, les économies sont imbriquées et dépendantes les unes par rapport aux autres. Aucune économie ne peut être comprise dans son « rapport à rien d'autre qu'à elle-même » puisqu'elle interagit avec l'économie internationale. Macroéconomie et microéconomie sont indissociables. Au lieu de quoi les théoriciens postcolonialistes se concentrent sur les facteurs internes et endogènes, rompant la dialectique « Intérieur-Extérieur ». Ce qui relève de l'abstraction et ne peut qu'aboutir à des conclusions biaisées, lacunaires, très insatisfaisantes et somme toute idéologiques : faire passer le système néolibéral pour une nécessité historique : « ...de là à conclure que l'action politique doit s'inscrire dans une ligne de soumission aux exigences de celles-là [la transnationalisation] parce qu'elle représenterait une force insurmontable et qu'en refuser les conséquences c'est être irréaliste, voire réactionnaire utopique, c'est également faire une option idéologique en défense de « l'action civilisatrice » du capitalisme » (Amin, 1985 :15). Face à ces impasses auxquelles conduit la théorie postcoloniale dans son analyse des économies africaines et compte tenu de la volonté de ses partisans de faire entrer de force l'Afrique dans le système néolibéral mondialisé, nous sommes amené à entrevoir autrement le développement économique de l'Afrique.

III. L'épure d'une voie africaine de développement à l'ère de la mondialisation économique

Nous voulons dans cette dernière articulation risquer quelques propositions en vue du progrès économique de l'Afrique. La première condition indispensable à notre avis, pour que l'Afrique se développe, est la liberté synonyme de pouvoir de choix et de création. Nous avons énoncé au début de cette réflexion quelques recettes imposées à l'Afrique et fatalement vouées à l'échec du fait de leur aliénation congénitale. En d'autres termes, on ne peut pas aimer les Africains plus qu'ils ne s'aiment eux-mêmes. Les attitudes paternalistes participent de l'infantilisation de l'Afrique. Nous ne pouvons rien entreprendre qu'à partir de nous-mêmes. On n'a donc pas à élaborer des schémas de développement pour l'Afrique en lieu et place des Africains eux-mêmes.

Cela signifie que nous devons renoncer à l'importation des modèles *a priori* de développement. L'adoption des modèles *a priori* a pour inconvénient qu'elle fait abstraction du travail de création du modèle. Or ce travail tient compte de la spécificité de l'objet auquel doit s'appliquer le modèle. C'est pourquoi Eboussi Boulaga dénonce la tendance des intellectuels et gouvernants africains à « l'emprunt d'institutions, de procédures, de codes pré-existants, qui précèdent ce qu'il y a à institutionnaliser, à « informer », à transmettre » (1977 :195). La copie des modèles extérieurs oblige les Africains à s'adapter, à entrer de force dans des schémas conçus ailleurs, dans des contextes différents et pour des fins différentes. L'adoption des modèles est une voie paresseuse qui dispense de l'effort de penser par soi-même ses problèmes et de leur trouver des solutions originales. À bien suivre Stiglitz, le succès économique des pays asiatiques se fonde d'abord sur leur refus de suivre de façon moutonnière le sermon des institutions de Bretton Woods. Ces pays ont élaboré des politiques de développement qui leur semblaient adéquates à leurs réalités et leurs aspirations. Dans cette optique, la souveraineté monétaire doit être défendue et réaffirmée. Pour démontrer que l'Afrique peut se développer avec une monnaie étrangère, il faut et il suffit que ceux qui fabriquent la monnaie pour les Africains renoncent eux-mêmes à leur souveraineté monétaire en se contentant d'utiliser une monnaie étrangère.

Toutefois, la liberté de choix, c'est-à-dire de création d'un modèle économique original, n'est pas synonyme d'autarcie. Les expériences des autres sont toujours susceptibles d'aider les Africains. Ce que nous dénonçons, c'est le fait de refuser de penser d'abord sa réalité, de penser ses problèmes et de créer conformément à ses aspirations pour se contenter de recueillir et recopier les créations des autres. Le point de départ de tout modèle doit être notre contexte, nos problèmes et nos aspirations. C'est en fonction de ce contexte et de nos aspirations que nous allons créer ou adopter tel ou tel aspect d'une création étrangère *mutatis mutandis*. Nous pensons à cet effet que le modèle asiatique peut, sur certains points, contribuer à l'effort de création de leur propre modèle par les Africains. Pour cela, ils ne suivront pas à la lettre la dictée des institutions de Bretton Woods. Stiglitz pense, avec plusieurs économistes, que le rôle de l'État est indéniable dans le développement économique de tout pays, y compris de ceux qui nous vendent l'illusion des vertus d'un désengagement de l'État. Les entreprises privées n'investiront jamais dans la construction des infrastructures de base, encore moins dans les domaines sociaux comme la santé et l'éducation pourtant indispensables au décollage économique d'un pays. Dans tous les pays développés ou en voie de développement, le rôle de l'État est central contrairement aux prescriptions du FMI et de la Banque mondiale.

Dans le même ordre d'idées, la libéralisation tous azimuts ne garantit pas nécessairement le succès économique (Stiglitz et Charlton, 2007 :41). L'ouverture aux marchés devrait se faire de façon rationnelle, en protégeant la production locale de la concurrence extérieure. L'autre mythe dont on doit se défaire selon Stiglitz consiste à penser que seules les entreprises privées peuvent être bien gérées et produire de bons résultats. Il y a des entreprises privées qui tombent en faillite alors que des entreprises publiques réalisent de bonnes performances. Enfin, l'austérité n'est pas toujours la voie conduisant au développement. Le véritable développement doit sortir l'ensemble de la société de la précarité et lui assurer le bien-être. Voilà autant de dogmes et de mythes qu'un projet africain endogène de développement peut réfuter et dont il doit se passer.

Dans cette optique, la création d'un schéma de développement propre à l'Afrique ne saurait ignorer la question de la mobilisation de l'épargne. Cet élément a participé au succès économique des pays asiatiques. Or, nous savons qu'en Afrique, une partie considérable des revenus des populations n'est pas bancarisée. La raison en est que les banques fonctionnent sur la base des principes et de la culture de leur lieu d'origine, l'Occident, alors que les sociétés africaines fonctionnent sur la base des principes différents. Les Africains feront donc davantage confiance aux tontines dont ils sont membres et participent directement à la gestion et au contrôle qu'aux banques étrangères dont ils ignorent le fonctionnement et la finalité. Les États africains peuvent donc inventer les modalités de mobilisation, voire d'introduction des tontines dans la structure formelle de l'économie pour que les sommes d'argent importantes qui y circulent nourrissent l'activité économique.

Un effort devrait aussi être fait dans le sens du désenclavement des bassins de production et des voies de transport des marchandises tant à l'intérieur d'un pays que dans la sous-région à laquelle ce pays se rattache. Le fait est que les échanges entre pays africains sont très faibles du fait des obstacles d'ordre infrastructurel et monétaire. Or, une intensification des échanges économiques entre pays africains permettrait de réduire l'évasion des devises et de rééquilibrer la balance commerciale extérieure de l'Afrique.

En outre, l'Afrique devra tourner le dos aux politiques néolibérales génératrices de pauvreté, de violence et de l'accroissement des inégalités. Ces politiques non seulement s'opposent à la plupart des cultures africaines généralement fondées sur le communalisme, mais aussi, sont génératrices de conflits et de violence en ce sens qu'elles créent l'exclusion sociale et la misère en conférant du superflu à une minorité. De ce point de vue, les manœuvres postcolonialistes tendant à faire entrer de force l'Afrique dans l'Empire néolibéral doivent être dénoncées. Si ce système sert les intérêts des puissants en réduisant à l'impuissance les États périphériques, alors espérer se développer requiert « la déconnexion ».

Pour Samir Amin, celle-ci n'est pas l'autarcie, tant s'en faut. S'il est vrai que l'économie mondiale, en tant qu'elle est régie par le capitalisme, produit inéluctablement l'impérialisme, alors les pays africains n'ont aucune chance de se développer dans le cadre de ce système : « la déconnexion est une condition nécessaire de toute avancée socialiste dans le Nord comme dans le Sud » (Amin, 1985 :6). Le socialisme, faut-il le rappeler, ne s'oppose pas au marché encore moins à la libéralisation -ne serait-ce que partielle- de l'économie.

Enfin, l'Afrique doit s'industrialiser. Il s'agit d'un impératif catégorique. En effet, les nombreuses ressources naturelles dont dispose l'Afrique ne peuvent générer suffisamment de la richesse que si elles sont transformées. Il est connu de tous que la transformation des matières premières génère la valeur ajoutée et crée des emplois. Elle constitue le seul moyen d'éviter le chômage et de produire des richesses en abondance. La valeur ajoutée issue de la transformation des matières premières est largement supérieure à la valeur commerciale de celles-ci.

C'est le lieu de dénoncer une fois de plus les politiques hypocrites des institutions de Bretton Woods qui font croire aux gouvernements africains que seules l'austérité, la libéralisation et la privatisation sont à la base du progrès économique. Ce mythe ne s'est vérifié nulle part dans le monde. L'Afrique a besoin de financements massifs de son économie pour créer des infrastructures et des industries afin de tirer avantage de ses ressources naturelles. Or le FMI et la Banque mondiale ne financent que très peu les projets de construction d'infrastructures en Afrique. Ils ne financent presque jamais les projets d'industrialisation et ne font jamais de celle-ci la condition du développement de l'Afrique. Ils se contentent des mesures cosmétiques, du saupoudrage, du harcèlement fiscal et du sacrifice des populations souvent offertes en holocaustes. La vérité est que l'industrialisation de l'Afrique signifie la rupture de ses liens de dépendance économique avec l'Occident. C'est la raison pour laquelle elle n'intéresse ni les institutions de Bretton Woods ni l'Occident. Ces institutions feraient donc preuve de sincérité en posant radicalement le problème du développement de l'Afrique au lieu de se contenter de pis-aller. L'Afrique n'a rien à attendre de ces institutions en cette matière. Il revient une fois de plus aux Africains eux-mêmes de s'atteler à la réalisation de leurs projets d'industrialisation en explorant des possibilités de financement alternatives car, l'Occident n'acceptera jamais de perdre le contrôle des ressources naturelles africaines.

Conclusion

La théorie postcolonialiste fait l'impasse sur la domination occidentale en rendant les Africains seuls responsables de la tragédie de leur continent. Leur culture politique fondée sur la chrématistique et l'abrutissement dans la jouissance inhibe toute possibilité de progrès économique. Par conséquent, les Africains sont invités à suivre la voie occidentale de l'accumulation primitive, gage de progrès et de développement économique. Une posture théorique qui contraste avec le privilège accordé à la culture, qui laissait suggérer la recherche d'un modèle de développement propre à l'Afrique. Pourtant, les théoriciens postcolonialistes nous invitent plutôt à renoncer à nos cultures pour entrer de force dans le système néolibéral mondialisé. Une posture théorique dont nous avons souligné les insuffisances et les contradictions. Car, il est désormais établi que l'organisation de l'exclusion et l'aggravation des inégalités ne constituent pas la condition du développement économique. Bien plus, il n'existe pas de schéma unique de développement. Chaque pays est appelé à inventer son propre modèle de développement inspiré de sa culture, son histoire et ses aspirations. Aussi préconisons-nous avec Samir la « déconnexion » par rapport au système mondial de domination qui se nourrit de la substance vitale des Périphéries. Dans cette quête d'une voie africaine de développement originale, les pays africains sont conviés à se détourner des diktats et mensonges du FMI et de la Banque mondiale. En revanche, ils mettront l'accent sur l'industrialisation, condition *sine qua non* d'optimisation de l'exploitation des ressources naturelles, d'endiguement du chômage et de création des conditions du bien-être pour les populations.

Références bibliographiques

Amin S. (1976). *L'impérialisme et le développement inégal*, Paris, Les Éditions de Minuit.

Amin S. (1985). *La Déconnexion. Pour sortir du système mondial*, Paris, Éditions La Découverte.

Amin S. (2003). *Le Virus libéral*, Pantin, Le Temps des Cerises.

Balibar E. et Wallerstein I. (1990). *Race, nation classe. Les identités ambiguës*, Paris, Éditions La Découverte.

Bayart J.-F. (1989). *L'État en Afrique. La politique du ventre*, Paris, Fayard.

Bhabah H.K. (2007). *Les lieux de la culture. Une théorie postcoloniale*, Paris, Payot et Rivages.

Chakrabarty D. (2000). *Provincializing Europe. Postcolonial Thought and Historical Difference*, Princeton, Princeton University Press.

Eboussi Boulaga F. (1977). *La Crise du Muntu. Authenticité africaine et philosophie*, Paris, Présence Africaine.

Eboussi Boulaga F. (1999). *Lignes de résistance*, Yaoundé, Éditions CLE.

Huntington, S.P. (2000). *Le Choc des civilisations*, trad. J.-L. Fidel, G. Joublain, P. Jorland, J.-J. Pédussaud, Paris, Odile Jacob.

Joxe A. (2004). *L'Empire du chaos. Les Républiques face à la domination américaine dans l'après-guerre froide*, Paris, Édition La Découverte.

Kabou A. (1991). *Et si l'Afrique refusait le développement ?* Paris, L'Harmattan.

Mbele C.R. (2010). *Essai sur le postcolonialisme en tant que code de l'inégalité*, Yaoundé, Éditions CLE.

Mbembe A. (2000). *De la postcolonie. Essai sur l'imagination politique dans l'Afrique contemporaine*, Paris, Karthala.

Nandy A. (2007). *L'Ennemi intime. Perte de soi et retour à soi sous le colonialisme*, trad. A. Montaut, Paris, Librairie Arthème Fayard.

Nkolo Ndjodo L.-M. (2021). *La théorie postcoloniale. Culture, capitalisme et chaos*, Stuttgart, Ibidem-Verlag.

Saïd E. (2005). *L'Orientalisme. L'Orient créé par l'Occident*, trad. C. Malamoud, Paris, Éditions du Seuil.

Stiglitz J.E. (2002). *La Grande désillusion*, trad. P. Chelma, Paris, Librairie Arthème Fayard.

Stiglitz J.E. et Charlton A. [2005] (2007). *Pour un commerce mondial plus juste*, trad. P. Chelma, Paris, Librairie Arthème Fayard.

Wallerstein I. (2011). *Le Capitalisme historique*, trad. P. Steiner et C. Tutin, Paris, Éditions La Découverte.

LA PLANIFICATION DU DÉVELOPPEMENT ET L'INTÉGRATION RÉGIONALE EN AFRIQUE SUBSAHARIENNE

Michel Auguste ATANGANA
Ministre plénipotentiaire
Ph.D. Science Politique

Résumé

Les plans de développement et l'intégration régionale en Afrique au sud du Sahara constituent des phénomènes qui ont connu une acuité particulière à l'aube des indépendances. La contextualisation, la conceptualisation, l'interconnectivité ainsi que la complexification de ces deux occurrences du point de vue de leur contenu, de leur cohérence, ou de leur applicabilité découlent de la pluralité et de la diversité des initiatives prescrivant leur mise en place. Elles procèdent à la fois des sources africaines et non africaines ; ce qui constitue autant de contraintes et d'entraves possibles à leur coordination ou à leur concordance aux fins d'atteinte des objectifs qui leur sont assignés ; lesquels visent à mettre un terme ou tout le moins à réduire le niveau de sous-développement de l'Afrique dans sa composante subsaharienne. La période charnière qui servira de repère est l'année 1980 au cours de laquelle a été adopté le plan d'action de Lagos pour le développement socio-économique de l'Afrique. Le premier niveau d'analyse présentera les plans de développement ainsi que l'intégration régionale tels qu'ils sont appréhendés durant la période d'avant 1980, compte tenu de la conjoncture globale et régionale prédominante. Le second niveau de la réflexion mettra en lumière les évolutions substantives des deux occurrences dans leur saisie et dans leur mise en œuvre, notamment les éléments de rupture ou de continuité ou ceux de concordance et de discordance.

Mots clés : Planification, Intégration, Développement, Afrique subsaharienne.

Abstract

Development plans and regional integration in sub-Saharan Africa are phenomena that became particularly acute at the dawn of independence. The contextualisation, conceptualisation, inter-connectivity and the complexity of these two occurrences in terms of their content, coherence and applicability stem from the plurality and diversity of the initiatives that prescribe their implementation. They derive from both African and non-African sources, which constitute possible constraints and obstacles to their coordination or concordance in order to achieve the objectives assigned to them, which aim to put an end to or at least reduce the level of underdevelopment in Africa in its sub-Saharan component. The pivotal period to be used as a benchmark is the year 1980, when the Lagos Plan of Action for the Socio-Economic Development of Africa was adopted. The first level of analysis will present the development plans and regional integration as they are understood in the pre-1980 period, taking into account the prevailing global and regional context. The second level of reflection will highlight the substantive evolutions of the two occurrences in their seizure and in their implementation, notably the elements of rupture or continuity or those of concordance and discordance.

Key words: *Planning, Integration, Development, Sub-Saharan Africa.*

Introduction

La configuration de l'ordre planétaire à la fin du Second Conflit mondial a connu des transformations et une stratification substantive avec la survenue d'une nouvelle classe d'acteurs étatiques, issus pour la plupart de la domination occidentale. Bien que regroupés en variantes ou sous-types selon des critères spécifiques et les aires régionales (sous-type africain, sous-type asiatique, sous-types latino-africain), ces nouveaux États ont en commun d'accuser un retard structurel en rapport avec la situation socio-économique plus relevée des pays dits industrialisés. Ils sont diversement qualifiés de « pays sous-développés », ou suivant des appellations plus habillées de « pays en développement » ou « en voie de développement » « la périphérie ». L'ensemble plus ou moins cohérent qu'ils forment est désigné sous le vocable de « Tiers-monde ». Dans leur quasi-totalité, ces États ont comme objectif partagé de combler l'anfractuosité qui les sépare des pays nantis. Les États africains en général et ceux de l'Afrique au sud du Sahara en particulier ont inscrit l'essentiel de leurs actions dans cette ligne de conduite. Dans le but d'impulser une dynamique dans ce sens, ils ont entrepris à la fois en commun et individuellement, et bien souvent en collaboration avec les acteurs non africains, d'élaborer et de poser les fondements de leur cheminement vers la sortie du non développement.

Les projections effectuées dans cette ligne ont pour aires de référentialité et de primordialité, du point de vue de la territorialité, le cadre national étatique et le cadre des regroupements interétatiques régionaux. La planification du développement en Afrique subsaharienne a été faite selon une orientation qui inclinait à prendre en compte cette double « territorialisation » intrinsèque de la collectivité à développer. Il convient dès lors de clarifier les concepts clés tels que : la « planification ; le développement », l'intégration régionale et l'« Afrique subsaharienne ». La planification désigne un procédé technique de définition des objectifs assorti de moyens et ressources pertinentes en vue de l'atteinte de ces objectifs suivant un échéancier précisant des phases ou étapes à surmonter. Elle suppose une mise en ordre dans le temps d'actions ou de faits successifs aux fins de réalisation d'un dessein ou d'un programme spécifique. La planification se décline généralement sous la forme ou l'expression d'un plan (d'action). Le concept de développement dans une acception substantive et compréhensive désigne un ensemble de transformations techniques, sociales, territoriales, démographiques et culturelles accompagnant la croissance de la production. Il traduit tout aspect structurel et qualitatif de la croissance et peut être assorti à l'idée de progrès économique et social. L'intégration régionale quant à elle désigne des processus par lesquels des États ayant un certain nombre d'affinités de plusieurs ordres se constituent en un ensemble territorialement plus étendu et pouvant prendre l'expression institutionnelle d'une organisation internationale ; dans bien des cas et de bien des manières, les liens pluriels ainsi noués peuvent atteindre un point où le principe de la souveraineté nationale peut connaitre une remise en cause partielle (Hermet *et al.*, 1994 :131), les liens prenant généralement la forme institutionnelle des ententes régionales sous l'expression la plus courante de l'organisation internationale.

La dimension sous-régionale est particulièrement prononcée en Afrique et le professeur Boutros Ghali, parlait en son temps d'un pluralisme sous-régional dans une réflexion consacrée au « système régional africain » (Boutros Ghali, 1977 : 61). La floraison des organisations internationales régionales africaines au compte notamment de l'intégration régionale s'étend sur deux paliers au moins : les paliers sous-régional, régional ou continental. Face au nombre élevé d'organisations internationales sous-régionales, l'Organisation de l'Unité Africaine (OUA) et l'Union Africaine (UA) beaucoup plus tard ont entrepris de donner une orientation permettant aux paliers sous-régional, régional et continental de l'intégration régionale d'œuvrer de manière coordonnée. Cette approche a connu un début d'effectivité, bien que limitée, avec le plan d'action de Lagos de 1980 ainsi que les perspcctives programmatiques de l'Union Africaine prescrivant une mise en ordre, par palier, de l'intégration régionale africaine.

La perspective d'analyse de la construction et de la déconstruction des modèles existants permet de ressortir des séquences historiques d'appropriation et de désappropriation de la planification du développement dans ses rapports à la construction de l'État et à l'intégration régionale. Elle élucide également les influences des acteurs africains et non africains ainsi que les complexités y afférentes dans le contexte africain subsaharien. D'où l'orientation qu'a pu prendre dans un sens ou dans un autre le phénomène de la planification du développement aussi bien les cadres initiaux que les cadres alternatifs. L'analyse de la planification du développement et de l'intégration régionale dans le cadre de la présente contribution sera ordonnée comme suit : la prévalence du champ national sur le champ de l'intégration régionale dans le schéma originel de la planification du développement (I), puis le rétablissement des plates-formes de planification et l'avènement du régionalisme international nouveau en Afrique (II).

I. Prédominance du champ national sur le champ de l'intégration régionale dans le schéma originel de la planification du développement

Dans le schéma initial de la planification du développement, notamment au cours des deux premières décennies après les indépendances africaines, la construction et la consolidation de l'ordre étatique ont pris le pas sur l'intégration régionale sans pour autant que les projections applicables à cette dernière ne fassent l'objet de remise en cause.

A. L'échelon national, aire de prédilection des plans originels de développement en Afrique subsaharienne

Si les États africains nouvellement constitués ont servi de cadre référentiel de prédilection pour la mise en application des plans de développement économique et social au lendemain des indépendances, les suites ressortent des résultats en demi-teinte selon une vue d'ensemble.

1. Établissement des plans de développement initiaux en Afrique subsaharienne

Les plans de développement ne constituent pas en Afrique subsaharienne un phénomène nouveau. Sous l'ère de la domination étrangère, les métropoles avaient initié à l'intérieur des différents territoires sous administration, des plans de développement économique et social. La France et la Grande Bretagne en constituent des illustrations (Boris Samuel, 2017 :7).

Au moment de leur avènement comme États souverains, les pays africains ont tôt fait d'adopter l'exercice des plans de développement économique et social, en œuvrant à observer, tout au moins dans la forme, quelque distance vis-à-vis des usages en la matière, suspects d'avoir partie liée avec le fait colonial.

Le recours à la planification du développement par les dirigeants des pays africains et même du tiers-monde en général est adossé à un certain nombre de considérations :

- La forte attractivité du succès visible de la planification centralisée, de l'Union Soviétique, établie à la fin des années 1920 dont les plans quinquennaux constituaient les instruments fondamentaux ;
- La fiabilité donnée à l'idée de planification nationale par les expériences britannique, hollandaise et française après le Second Conflit mondial (plan Monnet, plan Marshall…) ;

- La forte inspiration attribuée à la théorie du développement adossée à l'école structuraliste, d'essence néo-libérale, qui souligne la primordialité du rôle de l'État dans l'allocation des ressources financières indispensables à la modernisation (Pierre Jacquemot, 1984 :245).

Ces sources d'inspiration mettent en lumière l'instrumentalité de la planification dans le franchissement de certaines contraintes à l'industrialisation pour l'ex-Union Soviétique, dans la reconstruction des économies ouest-européennes détruites par le Second Conflit mondial et dans la centralité du rôle, de l'acteur étatique dans la redistribution des ressources (Pierre Jacquemot, 1984 :245). La planification a été perçue par les gouvernants africains comme un procédé concret permettant de parvenir de manière accélérée à l'indépendance économique et politique véritable (Ben Yacine Touré, 1983 :17). Cette idée maîtresse s'inscrit en droite ligne de la logique de tous les responsables politiques qui ont défini la croissance comme objectif crucial de développement à atteindre au début des années 60.

L'expansion de la planification au sein du continent africain fera l'objet d'un soutien de la part des acteurs multilatéraux. La présentation d'un « plan de développement économique cohérent » par un État bénéficiaire fera ainsi partie des conditionnalités exigibles par des institutions internationales telles que la Banque Mondiale (Ben Yacine Toure, 1998 :17).

Les États africains nouvellement indépendants ont adopté avec un engouement et une hâte certains des plans de développement d'une grande variabilité, ainsi que d'une grande diversité dans la durabilité et la teneur. À titre illustratif et indicatif, certains plans se concentrent uniquement sur le secteur public, d'autres couvrent l'intégralité de l'économie. Quelques-uns prennent l'expression de simples programmes ; quelques autres déclarent parvenir à une planification réelle. Certains sont intérimaires, d'autres sont beaucoup plus structurés (Robert Badouin, 1965 :1086).

La durabilité couvre une périodicité quinquennale pour le plus grand nombre d'États (environs 45) et quadriennale, triennale ou intérimaire pour le reste.

Près de vingt-cinq ans après leur accession à l'indépendance, soit au milieu des années 1980, les états Africains avaient mis en place chacun une structure de planification (Pierre Jacquemot, 1984 :245 ; voir également Abdallah El Kouraichi, 2020).

La planification du développement a acquis, durant sa période de forte attractivité, une essentialité « critique » voire cruciale. Elle reposait fondamentalement sur une économique dirigée par l'État dont les démembrements assuraient à titre principal l'allocation des ressources ; les entreprises existant dans la plupart des secteurs de la production appartenaient à l'État. La vision ou la logique stato-centrée se trouve être la perspective sur laquelle étaient enracinés les modèles de la planification. Perspective du reste lacunaire car en plus de ne pas prendre en compte la dimension du développement local, quasiment absente ou marginale, elle ne considérait pas davantage les aspects liés aux acteurs sociaux (Abdallah El Kouraichi, 2020 ; Pierre Jacquemot, 1984 :248).

Une discutabilité sur la positivité ou la négativité des effets de la planification du développement en Afrique subsaharienne a été posée.

Les appréciations sont partagées et font ressortir des résultats mitigés ou en demi-teinte en considération des attentes. Une tendance militant pour une positivité relative met en évidence le contexte prédominant et favorisant le recours aux plans nationaux de développement à savoir : l'avènement du tiers-monde dans les trois décennies 1950-1980 marquées par des taux de croissance élevés, l'aboutissement des luttes de libération nationale et la revendication d'un nouvel ordre économique mondial propre à assurer une redistribution plus équitable de la richesse mondiale.

Le rôle de l'État comme facteur déterminant et moteur du développement s'est trouvé accru. Selon une autre tendance, partisane de la négativité des résultats des plans de développement, les plans nationaux de développement ont été peu conclusifs du fait des effets conjugués de plusieurs circonstances entre autres : les lacunes intrinsèques des documents de la planification, la nature prétentieuse des objectifs visés, les insuffisances propres aux instructions et bureaucraties, les chocs externes, les déterminants sociopolitiques (Carlos Lopes, 2013).

Dans la même ligne de considération de l'insuccès des plans nationaux de développement de première génération, il leur est concédé le fait que dans la période qui suit les indépendances, l'élaboration quasi généralisée des plans incarne la souveraineté, ceux-ci se trouvent être la clé de voûte des projets de transformation des sociétés qui, socialistes ou capitalistes, entendent rompre avec le pouvoir colonial en même temps que promouvoir le développement, on parle ici de développementalisme (Boris Samuel, 2017 :7).

Les effets de la planification sur le développement paraissent avoir été d'une ampleur limitée ; bien plus, ils seraient en étroite corrélation avec l'évolution intrinsèque de l'acteur ou de la société qui l'a généré (e) à savoir l'État africain. Celui-ci à une période donnée de sa construction a été le lieu d'une crise profonde qui a entraîné une certaine déliquescence. Cette crise reconnue comme celle de l'État, notamment à la fin des années 1970 et au début des années 1980, a entraîné celle de la planification du développement. Cette dernière a elle-même été substituée par une planification de crise, échappant variablement au contrôle des États africains.

2. Crise de la planification du développement et développement d'une planification de crise (les plans d'ajustement structurel)

Il importe de souligner que la crise qui a affecté l'État en Afrique subsaharienne au début des années 80, bien que globale, c'est-à-dire touchant à la totalité de l'ordre étatique, a d'abord une essentialité socioéconomique et est de grande amplitude. L'échelle de l'internationationalité a connu une importante dégradation consécutive aux chocs pétroliers de 1973 et 1979 qui ont entraîné une forte diminution de la demande des exportations ainsi qu'une réduction des prix des produits de base. Concomitamment, l'augmentation des taux d'intérêt a ostensiblement entraîné celle du coût du service de la dette externe.

Le facteur principal mis en cause et décrié par les institutions financières internationales est le caractère défaillant de la stratégie de développement (Verne et Husseur, 2015). Des propositions de solutionnement ont été faites aussi bien au niveau africain que non africain avec selon toute évidence des diagnostics et des réponses différentes, voire contradictoires. Elles se déclinent dans deux stratégies de développement concurrentes : le plan d'action de Lagos (1980-2000) et le célèbre et emblématique rapport Berg de la banque mondiale de 1981 avec pour intitulé « Accelerated development in sub-saharan Africa ; an agenda for action ».

Le Plan d'Action de Lagos qui a été adopté en 1980 pose comme diagnostic que la crise socioéconomique africaine avait comme causes principales les facteurs exogènes en l'occurrence l'échange inégal généré par l'ordre économique international. Il prescrit comme mode de traitement un développement endogène et autocentré sur le fondement des ressources autonomes. En outre, il avait aussi pour but de ringardiser à tout jamais l'irrationalisme senghorien en posant comme objectif la maîtrise du mode de travail industriel. Par conséquent, il s'inscrivait objectivement dans le cadre du consciencisme développé par Nkrumah, Fanon, Cabral.

Le Plan Berg explique la crise socioéconomique africaine par des facteurs endogènes comme éléments de causalité. Au rang de ceux-ci, la mauvaise gestion des économies qui aurait généré des déséquilibres d'ordre macroéconomique (Kwam Kouassi, 1990 ; Touré, 1983). Il préconise comme mode de traitement l'adoption des Plans (ou programmes) d'Ajustement Structurel appliqués dans les années 1980 sous l'encadrement du Fonds Monétaire International et de la Banque Mondiale. Ces programmes comprennent principalement des mesures de stabilisation macroéconomiques (dérégulation des taux d'intérêt, dévaluation des monnaies, rééquilibrage des finances publiques) couplées à des réformes structurelles (privatisation, réduction des barrières douanières) (Vergne et Asseur, 2015).

Le rapport (ou plan) Berg a été élaboré en réaction au Plan d'Action de Lagos et les pays africains devaient choisir l'une des options. Se placer dans la ligne du Rapport Berg, de l'avis de Kwam Kouassi, « c'est décider pour le maintien des anciennes structures de domination consacrées par les règles du droit international public actuel » ; porter le choix sur le Plan d'action de Lagos, c'est, au contraire, contribuer à l'avènement d'un droit international nouveau appelé à légitimer les revendications des pays du Tiers-Monde pour l'instauration d'un Nouvel Ordre Économique International (Kwam Kouassi, 1990). En définitive, les préconisations faites dans le cadre du Plan Berg ont prévalu sur celles du Plan d'Action de Lagos. L'adoption de l'exercice des Plans d'Ajustement Structurel qui s'en est suivi a conduit au démantèlement des plateformes antérieures de la planification principalement à l'échelle du palier national ; le palier régional s'en trouvera pour autant affaibli et paralysé.

La diminution des capacités d'encadrement de l'État a amené à s'interroger sur la menace directe que les Programmes d'Ajustement Structurel(PAS) par leurs conséquences sociales et culturelles pouvaient représenter pour la cohésion des sociétés du sud (Bruno Dujardin, M. Dujardin et I. Hermans Dujardin, 2003 :505).

Les analyses conclusives sur les effets des plans d'ajustement structurel comme cadre d'une planification de crise ont eu un caractère controversé. Selon l'opinion d'une certaine tendance, qui pointe la nature désastreuse des effets des programmes d'ajustement structurel, « l'ajustement structurel a eu pour vocation non point de favoriser la croissance des pays en voie de développement comme on le prétend, mais de mettre un coup d'arrêt aux projets qu'ils avaient accomplis de 1950 à 1980, ces trente années dont on dit parfois qu'elles furent leurs ...Trente Glorieuses » (Walden Bello et Shea cunninghan, 1995 :55). Les PAS sont également imputés d'avoir accru la pauvreté ; chômage ; sous-emploi, ... en sont des indices visibles dans les pays par lesquels cette planification de crise... » est passée en Afrique subsaharienne (Mali, Cote d'ivoire). Cette dimension justifiera la mise en place d'autres programmes notamment les documents de stratégie de réduction de la pauvreté.

La désétatisation, pierre angulaire constitutive de l'application des PAS, n'est pas sans ambiguïté. Elle a entre autres consisté dans le « dégrossissement » ou plus exactement « l'amaigrissement » de l'appareil étatique jugé hypertrophié et budgétivore.

Une certaine concordance se dégage de cet aspect considéré comme ayant permis de discipliner et de mettre en ordre les économies nationales des pays en développement affectés par la crise financière. La réduction radicale de l'État comme partie prenante dans l'économie nationale participe également de sa mise aux normes pour le compte de son arrimage à l'ordre néo-libéral en cours de restauration par les États-Unis principalement à partir du milieu des années 1980. L'affaiblissement consécutif des pays en voie de développement en raison de leurs capacités d'action restreintes de manière significative aura comme conséquence la diminution de leur marge de manœuvre en interne comme en externe.

B. Le champ régional, aire à synchronicité faible des plans de développement

Le champ régional comme cadre ou échelle de mise en œuvre des plans de développement, aux premières années des indépendances, ressort une perspective d'ensemble présentant un caractère dispersif ou éclaté. Cet état de choses peut être déduit des initiatives relatives à l'établissement du régionalisme international mais consécutives aux indépendances nationales. Ce régionalisme international, contemporain du nationalisme africain originel, peut également être considéré comme de première génération.

Un certain nombre de stratégies économiques perçues comme les précurseurs de la Stratégie de Monrovia et du Plan d'Action de Lagos ont été mises en place à l'échelle de tout le continent africain dès les premières années des indépendances dans le cadre d'une collaboration entre la Commission des Nations Unies pour l'Afrique et l'Organisation de l'Unité Africaine à savoir ;

La stratégie de l'Afrique de la CEA adoptée en février 1971 par la première réunion de son conseil des ministres ;

La déclaration africaine de l'OUA sur la coopération et l'indépendance économique adoptée par les chefs d'États et de gouvernements en mai 1973 lors du 10e anniversaire de l'organisation panafricaine ;

Les stratégies globales adoptées au titre de la première et de la seconde décennie des Nations Unies pour le développement respectivement dans les années 60 et 70 (Adebayo Adedeji, 1983 :5).

Selon les observations du Professeur Adcbayo Adedeji, ancien Secrétaire général adjoint des Nations Unies et ex Secrétaire exécutif de la commission économique des Nations Unies pour l'Afrique, ces stratégies de développement pionnières n'ont pas été des réussites ; parmi les raisons les plus significatives, l'on peut retenir les suivantes :

- Ces stratégies reposaient principalement sur des « théories héritées du développement et la croissance économique » ; l'attachement aux dites théories héritées du développement a consolidé la nature coloniale du développement du continent africain ; lesdites stratégies n'ont pas osé prôner une rupture entière de la dépendance excessive du monde extérieur.
- L'orientation vers l'exportation de la stratégie de l'Afrique pendant des décennies ; il s'en est suivi que des décennies durant, tout le

capital tenu pour revenu a été dépensé dans le cadre de l'exportation des produits miniers, des hydrocarbures, du bois d'œuvre... Pour autant, il n'y a pas eu d'alternative visant au renforcement et à la diversification de la croissance (Adebayo Adedeji, 1983, pp. 4-8).

La demande insistante d'un nouvel ordre économique dans les années 70 serait la conséquence de l'échec des premières stratégies de développement. La nécessité aurait été ressentie pour l'Afrique d'amorcer une démarche à l'échelle africaine de la régionalité dès 1975.

La CEA a élaboré un document de base intitulé « plan directeur révisé pour l'instauration du nouvel ordre économique international en Afrique ». Ce document a servi de fondement à la stratégie de Monrovia et au Plan d'Action de Lagos.

Deux considérations peuvent être analysées comme axes de repérage pour mettre en lumière ce régionalisme international africain de première génération, en relation avec les idées de planification et d'intégration régionale à savoir : le socle idéologico-politique et institutionnel constitué par le panafricanisme dont l'Organisation de l'Unité africaine est l'aboutissement (1) et les regroupements régionaux qui ont été mis en place à sa suite. (2)

1. L'idéal panafricain et la planification du développement à l'échelle de la continentalité

Le panafricanisme est un courant idéologique et politique recherchant l'unité des peuples noirs à l'origine avec des racines externes à l'Afrique mais dont le continent africain se trouve être le lieu de réalisation. Il est à rappeler pour le souligner qu'au moment de la mise en place de l'organisation panafricaine continentale, l'OUA, deux projets étaient en présence ; l'un maximaliste, d'essence ''néo-marxiste'' et globaliste, militait pour une organisation continentale intégrée des pays africains'', les États-Unis d'Afrique''.

Ce projet prônait à l'échelle continentale : un gouvernement, un parlement, une armée, une monnaie... Sa vocation était supra-nationale. Il était soutenu par le groupe dit de Casablanca qui était partisan d'une union politique continentale à établir dans l'immédiat. L'autre projet, minimaliste et régionaliste, d'essence ''néo-libérale'', était favorable au maintien des États souverains déjà existant dans le ''respect des limites territoriales établies par le fait colonial''. L'idée dominante au sein de ce courant porté par le groupe dit de Brazzaville, est celle d'une organisation souple à caractère interétatique. La plupart des États africains issus des aires d'influence française en Afrique ont soutenu ce projet qui sera finalement retenu et servira de fondement idéologique à la création de l'organisation de l'Unité Africaine en 1963-1964 à Addis Abeba. L'OUA est une expression institutionnelle du panafricanisme au lendemain des indépendances.

Le compromis apparent trouvé à Addis Abeba a écarté le projet d'une organisation intégrée et retenu celui d'une organisation de coordination et de coopération inter-États. Deux grands objectifs ont été fixés à l'OUA un objectif politique, premier : la libération de tous les États africains encore sous domination coloniale, à laquelle est inclue la lutte antiapartheid.

Un objectif économique second, le développement socioéconomique des États devenus indépendants (Simao El Makiadi, 2016).

L'impossibilité dans laquelle les pères fondateurs de l'OUA se sont retrouvés pour la mise en place d'un gouvernement à l'échelle du continent a ouvert la voie à la coopération économique et technique. Elle a été retenue comme le secteur privilégié dans lequel les États africains allaient coopérer et autour duquel s'organiseraient la régionalisation et même l'intégration régionale. L'arrière-pensée consistait dans le fait d'initier le processus d'intégration globale et continentale à partir de l'échelle régionale ; l'effectivité à venir de l'unification à l'échelle du continent devant constituer l'aboutissement des efforts d'intégration effectués à l'échelon régional. Cette orientation s'inscrit dans la ligne du projet du courant « régionaliste » panafricain. En conséquence, l'espace continental africain a été éclaté en quatre puis cinq zones régionales avec le concours de la commission économique des Nations-Unies pour l'Afrique (CEA), comme suit : l'Afrique Centrale, l'Afrique Occidentale, l'Afrique Orientale, l'Afrique Australe et l'Afrique du Nord.

Le régionalisme international en Afrique, outre la dimension continentale couverte et encadrée par l'OUA, organisation internationale à compétence générale, a connu des constructions plus restreintes et plus ou moins circonscrites à l'échelle des régions et sous- régions avec une connectivité plus ou moins existante avec l'organisation panafricaine au niveau continental.

Il s'ensuit que les plans de développement inclinent à suivre une logique de vase clos propre à chaque institution internationale régionale ou sous-régionale. Le fait de la « clôture » des plans de développement dans un cadre régional donné ressort le caractère fragmentaire attribué au régionalisme africain ; en d'autres termes, il y aurait une prolifération institutionnelle à laquelle serait assortie, dans chaque cas, une perspective programmatique plus ou moins propre. Qui plus est, la collaboration interinstitutionnelle ou « inter-programmatique » serait quasiment inexistante.

2. La planification du développement et les niveaux de la régionalité en matière d'intégration

L'existence d'un pluralisme sous-régional serait une tendance caractéristique voire typique propre au système régional africain ; la présence d'une pluralité d'organisations au sein des régions et sous régions y est admise. Pour autant, des vues critiques pointent le nombre très élevé des organisations internationales, lesquelles seraient par ailleurs dans une situation de très faible « synchronicité » du point de vue d'une possible interaction entre elles. L'existence d'une pluralité d'organisations internationales en Afrique est somme toute le reflet d'une vitalité certaine du régionalisme au sein du continent.

De nombreuses vues mettent en évidence le nombre très élevé d'organisations régionales ; elles seraient quantitativement plus nombreuses en Afrique que sur tout autre continent. La majorité des États africains sont membres de plusieurs organisations ayant vocation à l'intégration régionale (Ochozias A. Gbaguidi, 2013 : 46). L'Afrique battrait le record en matière de création d'organisations régionales d'intégration multisectorielle et plus de 120 initiatives bilatérales ou multinationales auraient été décomptées (Kakdeu, 2013 ; Gbaguidi, 2013 ; Mamane Sani Adamou, 2015 :5). L'on ne saurait occulter le fait de la mise en place antérieure, par l'administration coloniale, des communautés sur une base géographique[387].

L'établissement des organisations sous-régionales d'intégration a constitué une dimension importante de la stratégie de développement de l'Afrique dès le commencement même du processus de décolonisation. S'il est évident que virtuellement, l'intégration régionale peut comporter plusieurs aspects : commercial, financier, monétaire, économique et sectoriel, on peut néanmoins observer que concrètement jusqu'au début des années 1980, la coopération économique et technique a été prédominante dans la mise en place de nombre d'organisations internationales économiques (Gbaguidi, 2013 :48).

Pour autant, les organisations intercontinentales régionales et sous-régionales de première génération ont adopté un modèle d'intégration régionale. Selon les termes du professeur Bekolo Ebe Bruno, la conception dudit modèle est « implicitement ou explicitement celle que formule la théorie classique des customs unions ou la théorie des unions douanières » (Bekolo Ebe, 2001 :82)

---

[387] Dans les territoires sous administration française et Afrique Équatoriale Française ont été créés en 1895 pour la première et 1906 pour la seconde. Deux territoires sous administration britannique ont suivi une évolution analogue : l'union douanière sud-africaine en 1910 et la communauté de l'Afrique de l'Est en 1917 (Sani, 2015).

Ces éclairages mettent en lumière le fait qu'une union régionale est déterminée par l'élimination des droits de douane en interne, l'adoption d'un tarif extérieur commun, l'unification des régimes applicables aux investissements, la libre circulation des personnes et des biens (Bruno Bekolo Ebe, 2001 :83). Cette orientation n'aura pas donné lieu à la poussée attendue aussi bien dans les échanges à l'intérieur des communautés que pour ce qui est du commerce extérieur. En substance, les mesures incitatives n'ont pas permis l'atteinte des objectifs projetés d'autant que les centres d'attractivité et de prédilection sont demeurés les pays développés et principalement les anciennes puissances dominantes. Les échanges à l'intérieur des communautés sont restés très faibles (Bruno Bekolo Ebe, 2001 :85).

Cette approche traditionnelle et fortement réductrice voire partielle qui a caractérisé la plupart des organisations régionales et sous-régionales africaines d'intégration de première génération a montré ses limites et insuffisances.

Les lacunes imputées aux organisations internationales régionales et sous-régionales africaines ont partie liée avec les conduites et les capacités propres aux États. Un lien causal a même été établi entre les crises financières des États africains et la paralysie de nombreuses organisations africaines qui entre autres ne bénéficiaient plus de ressources en provenance des États pour assurer leur fonctionnement structurel (Bruno Bekolo Ebé, 2001 :82).

Plusieurs de ces organisations internationales ont été purement et simplement mises à l'arrêt. L'essoufflement généralisé des institutions régionales africaines de référence en matière d'intégration économique a donné lieu à des réponses portées par des stratégies réputées appropriées et alternatives. L'essentiel de ces réponses, africaines et non africaines, a mis en relief la substantialité et la primordialité des plateformes programmatiques qui ont connu une certaine résurgence.

II. La résurgence des plates-formes programmatiques et l'avènement du régionalisme international nouveau en Afrique subsaharienne.

Les plateformes programmatiques réfèrent aux stratégies ou documents constitutifs des actes de planification ainsi qu'à leur mise en œuvre qui fondent les conduites des acteurs impliqués à un titre ou à un autre. Une vue d'ordre théorique et philosophique nécessite d'être prise en compte. En corrélation avec le développement socioéconomique et l'intégration régionale, la planification a donné lieu à des regards critiques. Ils soulignent le caractère très mitigé voire peu reluisant et peu élogieux du bilan de sortie du sous ou du mal développement des États de l'Afrique subsaharienne. L'approximation faite par Adebayo Adedeji, au début des années 80, soit près de deux décennies après les indépendances, mentionne l'acuité d'une dépendance économique vis-à-vis de l'extérieur pour ce qui est notamment du personnel spécialisé, du savoir-faire, des matières premières, des biens d'équipement, des services, des biens de consommation et même des produits alimentaires (Adebayo adedeji, 1983 :1). Avec une certaine indignation, il poursuit plus grave encore, nous (l'Afrique) dépendons encore davantage du monde extérieur dans le domaine des idées devant servir à définir concrètement notre développement socioéconomique et les moyens de le réaliser. (Adebayo Adedeji, 1983 :1). Il n'y a rien de surprenant, conclut-il, que l'Afrique connaisse une crise de développement de grande envergure (Adebayo Adedeji, 1983 :1)

À l'appui de cette perspective d'extraversion et de dépendance extérieure, des clés de sortie du sous-développement sont mises en relief des prémisses réputées fausses mais faisant toutefois l'objet d'une acceptation des élites gouvernantes africaines, notamment « la conception même du développement comme solution universelle et la conception de la science, de la planification et de la technologie comme clés du développement économique et socio-culturel des peuples africains » (Ben Yacine Toure,1983 :17).

La critique est faite ici sur l'absence d'une théorie formulée du développement qui soit enracinée dans les réalités propres au continent africain et en phase avec celles-ci ; d'autant que « la voie empruntée n'a permis ni développement, ni construction nationale, ni indépendance réelle ». (Ben Yacine Toure, 1983 :17).

Le questionnement interpellatif posé sur les prémisses du développement, en raison de leur caractère extraverti, met en lumière le développement dans sa signification idéologique. L'attention se porte à ce niveau sur la dimension prédominante dans les différentes stratégies de développement à savoir : l'internalité, l'externalité (ou internationalité) ou alors la combinaison des deux premières. Le plan d'action de Lagos de 1980 pour la mise en œuvre de la stratégie de Monrovia a privilégié la dimension d'internalité en mettant l'accent sur le caractère autocentré du développement ; le traité d'Abuja qui est un volet majeur du plan d'action de Lagos a accordé une part importante à l'internationalité et le NEPAD a entrepris de garder une ligne associant à la fois l'internalité et l'internationalité.

Le plan d'action de Lagos et le NEPAD à l'échelle continentale africaine constituent les principales perspectives programmatiques globales et référentielles qui informent variablement le régionalisme international africain nouveau dans ses différentes échelles de régionalité.

B. Les plateformes programmatiques et le régionalisme international africain nouveau

Le régionalisme international africain de première génération encore déclinable comme régionalisme ''ancien'' couvre la période située entre 1960 et 1980. Ce régionalisme a connu sa phase terminale au milieu des années 1980 du fait notamment de la crise des institutions africaines de référence à savoir : les États et les organisations internationales. Le régionalisme de seconde génération ou régionalisme nouveau aurait débuté au milieu des années 80 (Désiré Avom, 2007 :199). Cela correspond aux premiers moments de la mise en application du Plan d'Action de Lagos. Le PAL avait une échéance bi-décennale.1980-2000. Un de ses volets majeurs à savoir, le traité d'Abuja, lui a survécu. Le NEPAD, depuis 2001, malgré sa visibilité discrète et son caractère quelque peu controversé, se trouve être la stratégie globale existant en Afrique et adoptée formellement par les Chefs d'État et de Gouvernement de l'Union Africaine. Un bref survol des principales stratégies globales précitées permet de rendre compte de leur niveau d'influence dans la construction du régionalisme international africain nouveau.

1. Les principales stratégies globales africaines et l'intégration régionale

- **Le Plan d'action de Lagos**

Le Plan d'Action de Lagos (PAL) est un document de stratégie pour le développement de l'Afrique, d'où l'intérêt de ressortir quelques idées essentielles qui y sont contenues. Le PAL se proposait d'inscrire l'Afrique sur la voie du développement soutenable. Le procédé central de restructuration du cadre continental africain en vue de sa transformation en unités socioéconomiques plus ordonnées et plus solides, aux échelles régionale et sous-régionale, était constitué par l'intégration ou la fusion au niveau de ces différents paliers. L'intégration régionale réelle par l'entremise ou le moyen de l'autonomie ou de l'autosuffisance au niveau des États ou des regroupements régionaux, tel peut être présente l'objectif primordial du Plan d'Action de Lagos (Ochozias A. Gbaguidi, 2013 :48).

Le PAL a été suivi d'un instrument juridique international de premier plan, au titre de son implantation, le traité instituant le marché commun africain ou la communauté économique Africaine.

- **Le traité d'Abuja instituant la Communauté Économique Africaine (CEA)**

Encore connu sous l'appellation de traité d'Abuja parce qu'il y fut signé en juin 1991, ledit traité est entré en vigueur le 12 mai 1994 et constitue un début de mise en application des engagements du Plan d'Action de Lagos. Le traité d'Abuja a comme objectif de promouvoir le développement économique, social et culturel ainsi que l'intégration des économies africaines.

Le Plan d'Action de Lagos et le traité d'Abuja instituant la communauté économique africaine régionale peuvent être tenus pour fondations ou bases de l'intégration économique africaine. Le traité a fixé les étapes ainsi que le calendrier propre au renforcement de l'intégration économique à l'échelle sous-régionale de manière à permettre que les communautés économiques régionales soient des composantes constitutives au niveau continental de la communauté économique africaine (CEA-CAPC). Il importe de préciser que le traité d'Abuja est adopté à une phase charnière de l'ordre mondial. En 1989, l'architecture géopolitique planétaire est bouleversée par la fin de la bipolarité en raison de l'effondrement du bloc de l'Est dirigé par l'ancienne Union soviétique. La communauté économique européenne procède au début des années 1990 à des transformations institutionnelles et normatives en vue de son renforcement, lesquelles feront porter la dénomination d'Union européenne.

Le traité d'Abuja qui est une réponse africaine à ce contexte de mutations internationales critiques a, peut-on noter, précédé de près de dix ans l'Acte Constitutif de l'union Africaine. Il a contribué substantivement à l'avènement du nouveau régionalisme international en Afrique. Le régionalisme a tout d'abord affecté les organisations internationales et accords sous régionaux avant d'être au centre des mutations institutionnelles, structurelles et normatives de l'OUA qui allaient donner naissance à l'Union Africaine.

Il peut d'ailleurs être observé qu'avec l'avènement de l'UA, certaines lignes politiques écartées par le courant panafricain "modéré" ou ''conservateur'' mais défendues par le courant panafricain "réformateur" ou "progressiste" ont été relancées et dans une certaine mesure reconsidérées positivement : le parlement panafricain, la cour de justice, les forces armées… en sont des indices. Cependant, la mise en place d'un gouvernement panafricain a de nouveau fait l'objet d'une mise entre parenthèses, voire d'un rejet, tout au moins dans l'immédiat.

L'Union Africaine a procédé à une réappropriation des premiers résultats du traité d'Abuja par une certaine mise en ordre. Sans nécessairement remettre en cause le pluralisme régional ou sous-régional, elle a développé des conduites allant dans le sens d'une progressivité accélérée et d'une africanisation du processus d'intégration. Les communautés économiques régionales ci-après ont été retenues et reconnues comme piliers : l'Union du Maghreb arabe (UMA), le Marché Commun de l'Afrique de l'Est et de l'Afrique Australe (COMESA), la Communauté des États Sahélo Sahariens (CENSAD), la Communauté Économique des États de l'Afrique Centrale (CEEAC), la Communauté Économique des États de l'Afrique de l'Ouest (CEDEAO), la Communauté de Développement de l'Afrique Australe

(SADC), la Communauté de l'Afrique de l'Est (CAE) et l'Autorité Gouvernementale pour le Développement (IGAD)

Les CER sont au nombre de huit et ont en commun entre autres d'être inscrites dans la trajectoire du PAL et d'être constituées uniquement d'États africains. Tout en ayant une plateforme programmatique propre c'est-à-dire un calendrier et un agenda, elles sont également arrimées à la plateforme programmatique continentale de l'UA, les deux niveaux inclinent à agir avec un certain niveau de concordance.

- **Le Nouveau Partenariat pour le Développement de l'Afrique (NEPAD)**

Le NEPAD se veut un programme global qui prend en compte toutes les dimensions en matière de développement du continent africain. Il est la fusion de deux projets présentés par quatre Chefs d'État africains à savoir le Plan Omega d'Abdoulaye Wade du Sénégal et le Partenariat du Millenium pour le Programme de Redressement de l'Afrique de Thabo Mbeki d'Afrique du Sud, Olusegun Obasanjo du Nigeria et Abdelaziz Bouteflika d'Algérie.

La fusion a fait l'objet d'une finalisation le 3 juillet 2001 et donne naissance à la Nouvelle Initiative pour l'Afrique (NIA) approuvée le 11 juillet 2001 par le Sommet des Chefs d'État et de Gouvernement de l'OUA. La formalisation définitive du cadre stratégique de la Nouvelle Initiative Africaine en date du 23 octobre 2001 constitue l'acte de naissance du Nouveau Partenariat pour le Développement de l'Afrique. L'objectif primordial de cette perspective programmatique est le rattrapage du retard accusé par le continent africain en matière de développement et qui se trouve le dernier parmi les autres.

Le NEPAD ambitionne de combler l'écart considérable qui sépare l'Afrique des pays développés. Il se veut un plan de conception et d'élaboration africaines, initié par les dirigeants africains et ayant pour but la sortie des peuples africains de l'état de non développement. Il est destiné à être mis en œuvre avec le concours des pays industrialisés et des instances multilatérales. Des objectifs à long terme ont été fixés, assortis des priorités jugées urgentes que l'on pourrait tenir pour « super priorités » et qui sont les suivants : promouvoir la croissance accélérée et le développement ; éradiquer la pauvreté généralisée et extrême ; mettre fin à la marginalisation de l'Afrique dans le processus de la mondialisation. Les priorités parmi les priorités ou super priorités au nombre de dix se présentent comme suit : la bonne gouvernance politique ; la bonne gouvernance économique et les flux de capitaux privés ; les infrastructures; l'éducation ; la santé ; les Nouvelles Technologies de l'Information et de la Communication ; l'agriculture ; l'énergie ; l'accès aux marchés des pays développés ; l'environnement.

Le renforcement des capacités et la mise à niveau de l'Afrique sont fortement envisagés dans le cadre des super priorités et dans les domaines considérés, en conformité aux normes à l'échelle de la globalité. Une lisibilité des actions propres et communes de l'UA et des CER est ostensible dans les avancées vers l'intégration régionale en Afrique et dans l'approfondissement du régionalisme international nouveau ou de seconde génération au sein du continent. A contrario du plan de Logos, l'objectif du NEPAD est de créer les conditions endogènes d'acceptation des contraintes du désendettement et d'accumulation du capital.

2. L'instauration d'indications de mesurabilité de l'intégration régionale

La restauration de la planification dans les conduites des organisations régionales et sous-régionales africaines a permis d'avoir une lisibilité en matière d'intégration du point de vue aussi bien de la régressivité que de la ''progressivité''. Un effort de systématisation a été initié pour apprécier la poussée intégrative en Afrique. Un pan de l'analyse de la planification au développement en matière d'intégration régionale permet de procéder à une certaine mesurabilité des processus y relatifs dans le cadre des institutions régionales et sous-régionales.

Un des exercices consistant à mesurer l'intégration en Afrique est une initiative établie par la Commission Économique des Nations Unis pour l'Afrique. Il y est question de l'établissement d'un indice de l'intégration régionale en Afrique (IIRA) ; son but est d'amener les différentes communautés et leurs membres à considérer l'intégration avec beaucoup d'attention (Christian Deblock, 2017 : 11). Il constitue à la fois un outil pour estimer et une invite à agir. Il se distingue par son caractère simple ; cinq dimensions et 16 indicateurs en sont constitutifs. Les cinq dimensions sont les suivantes : l'intégration commerciale, les infrastructures régionales, l'intégration productive, la libre circulation des personnes et l'intégration financière et macroéconomique.

Dans la même lignée mais suivant une méthodologie différente, un indice global de développement régional a été élaboré qui a recours à la multidisciplinarité dans l'approche. Elle fait appel à l'économie, la politique, le social, le développement technologique. Méthode attribuée à PARK, l'indice de développement global est calculé sur la base des quatre aspects précités, lesquelles prennent en compte les niveaux de développement de tous les États de la région ainsi que les différences entre les régions. L'idée sous-jacente dans cette approche est que le développement régional favorise l'intégration régionale (Ochozias A. Gbaguidi, 2013 :52).

À titre illustratif et indicatif, il se révèle à la lumière de cet exercice que la CAE et la CEDEAO présenteraient un indice de développement régional compris entre 34% et 67% ; ce qui permet de les qualifier de zones en voie de développement régional. Les six autres CER seraient tenues pour aires régionalement sous-développées (Ochozias A. Gbaguidi, 2013 :54).

C. Ambivalence des incidents de la planification du développement sur l'intégration régionale africaine et perspectives d'action

Les lignes alternatives d'approche de la planification du développement en Afrique subsaharienne en matière d'intégration régionale ressortent des incidences ayant un caractère ambivalent sur les avancées de la régionalité.

1. Ambiguïté des incidences

- **Les incidences positives**

Il existe comme une convergence d'opinions avisées sur le fait des incidences positives consécutives à la mise en application des stratégies de planification du développement relativement à l'intégration régionale en Afrique subsaharienne. Des nuances peuvent néanmoins survenir du point de vue du caractère significatif desdites incidences. Bruno Bekolo Ebe mentionne comme éléments importants dans ce sens : ''le profond renouvellement de la conception de l'intégration régionale, le caractère contraignant des mutations organisationnelles, structurelles et institutionnelles, le rôle déterminant de l'extérieur dans la relance de l'intégration'' (Bruno Bekolo Ebe, 2001 :82).

Théoriquement, l'intégration économique vise à garantir une plus grande prospérité aux pays membres au moyen de l'accroissement des échanges, l'extension de la taille des marchés qui ouvre la voie aux économies d'échelle et l'établissement d'un environnement approprié pour les affaires (Ochozias A. Gbaguidi, 2013 :50). Ces préoccupations sont variablement inscrites dans les traités des regroupements régionaux.

Depuis 2004, la CEDEAO et l'UEMOA ont signé un accord de coopération sur la base duquel a été un processus de convergence de leurs programmes de développement. À cet effet, les deux organisations internationales régionale et sous-régionale tiennent régulièrement une session commune en présence des présidents de Commission. La CEEAC et la CEMAC ont de leur côté mis en place depuis plusieurs années un Comité de pilotage de la rationalisation des communautés économiques régionales en Afrique Centrale présidé par le Cameroun. Les textes fondateurs dont le futur traité constitutif de la nouvelle communauté économique régionale de l'Afrique Centrale ont été présentés suite à leur finalisation par le secrétariat technique ; la formule proposée est celle de la fusion-constitution et la nouvelle CER est à terme destinée à remplacer la CEEAC et la CEMAC.

Le cours normal et courant de la progressivité fait noter une forte propension des organisations internationales africaines ou des États à mettre en forme, et en application, des plans avec des agendas couvrant une période plus ou moins longue et portant sur des objectifs globaux. On pourrait ainsi évoquer le programme économique triennal adopté par la communauté économique et monétaire d'Afrique centrale (CEMAC) et autres agendas analogues d'organisations régionales africaines. La panoplie des plans nationaux d'émergence adoptés par la quasi-totalité des États africains visant à devenir des nouveaux pays industrialisés, dans un horizon défini, peut être considérée comme inscrite dans cette ligne d'évolution.

Les processus d'intégration régionale en Afrique, en raison de nombreuses insuffisances en matière de ressources, font recours aux acteurs extérieurs pour soutenir certains programmes globaux tels que le NEPAD qui est l'alternative de l'UA au PAL. Les partenaires sont entre autres européens, asiatiques...

- **Les incidences négatives**

Au compte des entraves qui peuvent être mentionnées en matière d'intégration régionale en Afrique subsaharienne, figure le nombre très élevé d'organisations internationales régionales et sous-régionales. De nombreux États appartiendraient concomitamment à plusieurs organisations régionales différentes. Il y a nécessairement des possibilités de chevauchement ou d'interférences entre les projets, les agendas et la pluri- appartenance des États. Des problèmes de concurrence et même de coordination peuvent survenir (Mogoum Annette, 2016).

Les communautés économiques régionales africaines aussi bien à l'échelle continentale de l'UA qu'à l'échelle régionale, connaissent une dépendance relativement forte vis-à-vis de l'extérieur. Cette tendance peut être de nature à favoriser le poids de l'influence de l'extérieur dans la mise en œuvre des agendas et des calendriers. C'est à juste titre qu'il peut être considéré que le continent n'est pas à l'abri des programmes de développement plus globaux en provenance des organisations internationales, ou même des directives de certains bailleurs de fonds qui conditionnent l'aide publique au développement (Mogoum Annette, 2016).

La dépendance plus ou moins importante vis-à-vis de l'extérieur bat en brèche l'idée au centre des stratégies de développement de l'Afrique qui est celle du développement endogène ou autocentré.

2. Perspectives

Le recours aux plans de développement de première génération par les acteurs nationaux et autres organisations a montré, malgré leur caractère lacunaire, la primordialité de la planification de développement. Cette perspective a révélé l'importance de cet outil stratégique en matière d'intégration régionale notamment à la suite du Plan d'Action de Lagos, stratégie globale pour le développement endogène et autocentré du continent. L'ensemble des mécanismes et les Communautés Économiques Régionales sous l'égide de l'UA ont adopté cet important outil d'action. Il est important que son usage soit maintenu mais continue d'être sans cesse réévalué et réajusté pour des buts de bonne performance, en concordance avec les réalités africaines en matière d'intégration régionale.

En matière d'intégration régionale, l'Afrique connaît une floraison d'organisations régionales d'intégration économique qui témoignent d'un dynamisme certain dans ce domaine. Il y a lieu de s'interroger sur les problèmes qui se posent à la coordination, à la synchronisation ou à la complémentarité entre les plans nationaux régionaux, continentaux ou internationaux du fait de cette multiplicité dans les visions, les stratégies, les agendas et autres perspectives en matière de développement de l'Afrique (Mogoum Annette, 2016).

La préoccupation de la nécessité d'une coordination appropriée se pose avec une certaine insistance. Trois niveaux pertinents, pour un possible solutionnement, pourraient être envisagés : le niveau continental, le niveau régional et le niveau national. La rationalisation tel qu'envisagée en Afrique avec se trouve être une conduite appropriée.

Conclusion

L'analyse du régionalisme international et notamment de l'intégration régionale au sein du continent africain met en lumière la primordialité et la substantialité du phénomène de la planification et de ses inhérences, sans oublier les aspects extrinsèques. Elle est un champ d'affrontement des influences. En toute logique, il existerait une interconnectivité entre la qualité de la planification comme exercice et la performance, sous l'angle de sa mise en application régionale ou continentale pour le cas d'espèce. Une planification mal établie a été un facteur ayant favorisé la détérioration des économies africaines et la paralysie des institutions régionales et sous-régionales de coopération et d'intégration en Afrique. *À contrario*, une planification bien élaborée et prenant bien en compte les réalités propres au milieu, en dépit des lacunes, a permis de surmonter de nombreux obstacles et de développer un régionalisme nouveau avec plus d'acuité visuelle et de lisibilité. Un suivi outillé et scrupuleux devrait lui être consacré pour plus de résultats.

Bibliographie indicative

Ouvrages

CHAUPRADE AYMERIE et THUAL François., *Dictionnaire de géopolitique*, Paris, ellipses 1999

Drain Michel et DUBERNET Cécile., *Relations internationales*, Bruylant, 2017-2018, coll Paradigme.

GAZIBO, MAMOUDOU., *Introduction à la politique africaine*, Presses de l'université de Montréal [open Édition Books] 2002.

TOURE BEN YACINE, *Afrique, l'épreuve de l'indépendance,* graduate institute Publications [open édition bords], 1983.

Articles et autres contributions

ABDOULAYE Niandou Souley,''Ajustement et effondrement des modèles idéologiques ; crise et renouveau de l'État africain'' in *Etudes Internationales* Quebec 1991n° 22[

ADEDEJI ADEBAYO, ''L'évolution de la stratégie de Monrovia et du plan d'action de Lagos, une conception régionale de la décolonisation économique'' conférence trenchart Hall Université d'IBADAN 24 mars 1983 Allocution.

AVOM Désiré, ''Intégration régionale dans la CEMAC : des problèmes institutionnels récurrents'', *Afrique contemporaine* no222 2007/2 pp199-221.

BADOUIN Robert, ''La planification économique en Afrique noire francophone'' *Revue tiers monde*, 1965, PP 1086-1092.

BEKOLO EBE Bruno, ''L'intégration régionale en Afrique : caractéristiques, contraintes et perspectives'' *Mondes en développement*, janvier 2001, n° 115-116, PP 81-88.

BELLO WALDEN et CUNNINGHAM SHEA, ''Subir l'ajustement structurel '' manière de tour 28 *Le monde diplomatique*, Paris, novembre 1995 (Les Nouveaux Maitres du monde) pp54-57.

BORELLA FRANÇOIS, ''Le régionalisme africain et l'organisation de l'unité africaine'', *Revue américaine, français de droit international* 1963-19 PP 838-865

BORIS Samuel, ''Planifier en Afrique'' in *Politique Africaine*, 2017, n°145, pp5-26

BOUTROS-GHALI, BOUTROS, ''Le système régional africain'' Régionalisation et universalisme dans le droit international contemporain SFDI (Colloque de Bordeaux) Paris, A Pedone, 1977, PP 61-72.

DEBLOCK Christian, '' L'indice d'intégration régionale en Afrique'' *Interventions économiques* dans série 2017 (journal open Édition org. Interventin).

DUJARDIN Bruno, DUJARDIN, M. Hermans., ''L'ajustement structurel'', *Santé publique* 2003/4 VOL.15 PP 503

EL KOURAICHI ABDOLLAH, '' L'histoire tumultueuse de la planification du développement en Afrique'' (atlas for développement ATLAS DEV) décembre 2020.

GBAGUIDI OCHOZIAS A, ''Cinquante ans d'intégration régionale en Afrique : un bilan global'' techniques financières et développement 2013 (N°III) PP 47-62

HUGON Philippe et SIDRIE Olivier., ''La crise de la planification africaine diagnostic et remèdes'', *Revue tiers-monde* année 1937, pp 407- 434

HUGON Philippe, ''Régionalisme et internationalisme, limites de jure et réussites contrastées'', *Revue Interventions Economiques* Hors-série, transformations, 2017

JAQUEMOT Pierre, ''Crise et renouveau de la planification du développement '' *Revue Tiers monde,* vol 25 N° 98 avril-juin 1984 PP 245-268

KAKDEU Louis Marie, ''Les Organisations Internationales régionales freinent l'integration africaine'' juin 2017.

LOPEZ Carlos, ''Cinquante ans de planification du développement en Afrique'' commission économique des nations unies pour l'Afrique, 14 Mars 2013.

MAMANE Sani Adamou, ''Indépendance régionale, dépendance et espace sahélo saharien'' in *La pensée*, (Fondation Gabriel Peri) 2015, no1, pp. 5-27.

MOGOUM Annette, ''La planification du développement de l'Afrique, entre stratégies nationales, sous-régionales et continentales'', Nkafu Policy Institute janvier, 2016.

Autres documents

Célébration des 10ans du NEPAD [intervention de Mr IBRAHIM Assan Mayaki, ancien Secrétaire exécutif de l'Agence du NEPAD] décembre 2011.

Rapports de la commission (de l'UA) sur la rationalisation des communautés économiques régionales, Khartoum, Réunions consultative sur la rationalisation des CER pour les régions d'Afrique du Centre, du Nord et de l'Ouest (Khartoum janvier 2005 ; Accra, Octobre 2005).

POLITIQUE DES TRANSPORTS MARITIMES POST-COLONIAUX ET PERSPECTIVES DE DÉSENCLAVEMENT DES CORRIDORS EN AFRIQUE CENTRALE

Albert JIOTSA

Résumé

Le poids de la continentalité reste un des goulots d'étranglement qui plombent le développement des États d'Afrique centrale. Tributaires des pays de la côte atlantique pour la quasi-totalité de leur trafic extérieur, ces États doivent acheminer leurs exportations vers les ports maritimes, distants les uns des autres parfois d'environ 1000km, d'où un allongement du temps des transferts et une augmentation du coût des transports (Ginette Pallier, 1984 : 5). De telles conditions sont susceptibles de décourager les bonnes volontés locales et de détourner celles qui viendraient de l'extérieur. Notre objectif est de montrer que l'établissement des corridors maritimes sous la forme que nous lui connaissons en Afrique centrale reste ancien. Bien plus, l'approche historique et sociocritique nous permet de relever qu'après les indépendances, les axes hérités de la colonisation sont loin d'être érigés en voies pionnières ou point névralgique d'un réseau prompt à déployer sa trame jusqu'aux frontières des États.

Mots-clés : politique des transports ; corridors maritimes coloniaux ; corridors maritimes post-coloniaux ; désenclavement régional ; Afrique centrale.

Abstract

The weight of continentality remains one of the bottlenecks that lead to the development of Central African States. Depending on the countries of the Atlantic coast for almost all of their external traffic, these States must route their exports to the seaports, which are distant from each other sometimes by approximately 1000km, hence an extension of the time of transfers and an increase in the cost of transportation (Ginette Pallier: 1984). Such conditions are likely to discourage local goodwill and divert those from the outside. Our objective is to show that the establishment of the maritime corridors in the form we know of them in Central Africa remains old. Much more, the historical and sociocritical approaches allow us to note that after independence, the axes inherited from colonization are far from being erected in pioneering paths or hotspot of a network prompt to deploy its frame to the Borders of the states.

Key words: *Transport policy; colonial maritime corridors; post-colonial maritime corridors; regional opening up; Central Africa.*

Introduction

Les Relations Internationales sont par essence opposées à toute politique de l'autarcie. Ainsi, la diplomatie des transports, entendue comme toute politique de coopération fondée sur l'ouverture des frontières plurielles entre les États, est le meilleur gage de relations internationales. Pendant la colonisation, les États africains ont subi cette forme de diplomatie sans en être les principaux acteurs. Depuis les indépendances, les logiques structurelles mises sur pied tardent jusqu'à présent à porter des fruits, notamment pour ce qui est du désenclavement régional via les corridors maritimes. Le cas des pays d'Afrique centrale nous intéresse particulièrement dans la présente étude. L'intensification à grande échelle de l'économie moderne que connaît le monde de nos jours nécessite la conjugaison d'importants facteurs qui lui sont favorables. Les corridors en constituent ainsi un facteur incontournable. Les économies africaines, longtemps sclérosées du fait d'un déficit de corridor, sont plus interpellées par cette nouvelle dynamique dans la mesure où le système économique dominant a toujours travaillé à contre-courant de leurs intérêts (Samir Amin, 1996 : 12). Pendant la période coloniale, la mise en place des corridors en Afrique française obéissait principalement à une logique économique destinée à assurer l'évacuation des matières premières brutes vers les métropoles. Les moyens de transport mis à contribution à cet effet n'étaient pas prompts à favoriser l'intégration de grands ensembles territoriaux. Dans la plupart des pays jadis colonisés, les infrastructures de transport mises en place n'étaient orientées que vers les régions côtières. C'est le cas des voies ferroviaires dont la vocation première était d'assurer le transport des produits pondéreux vers les espaces portuaires en vue de leur exportation.

Au lendemain des indépendances, l'économie locale renaît des cendres de l'économie coloniale. Le défi majeur est de mettre sur pied une logique économique qui ne soit plus essentiellement extravertie. L'urgence s'impose donc de redynamiser le tissu économique partant notamment d'une politique de désenclavement local et régional[388]. Toutefois, plus d'un demi-siècle après les indépendances, le poids de la continentalité ne cesse de peser négativement et de façon ravageuse sur les ressorts économiques des pays africains. L'Afrique centrale affiche un tableau peu reluisant eu égard à son niveau actuel de désintégration. Les corridors régionaux d'envergure sont quasi inexistants. Les principaux centres portuaires maritimes qui desservent les pays n'ont pas véritablement une vocation régionale. Cette réalité à la fois alarmante et anachronique suscite une double interrogation : le désenclavement local et régional ne suppose-t-il pas un réel cloisonnement

[388] Le désenclavement local suppose l'ouverture de l'espace continental de l'intérieur, c'est-à-dire au niveau de chaque pays, tandis que le désenclavement régional renvoie à l'ouverture de cet espace plutôt de l'extérieur, ou mieux par rapport aux États de la côte atlantique.

des logiques structurelles entre les corridors maritimes coloniaux et post-coloniaux ? Comment se départir de la conception coloniale des corridors maritimes ?

Le régionalisme ouvert[389], mobilisé dans le cadre de cette étude comme modèle théorique à travers une démarche à la fois historique, structuro-analytique et sociocritique, permet de proposer un modèle prospectif de gestion en vue d'une meilleure planification du développement des corridors maritimes en Afrique centrale. Bien plus, cette étude vise à contribuer à la réalisation d'un projet de désenclavement local et régional.

L'armature de cette étude se décline en trois orientations principales. La première porte sur la présentation de la conception coloniale de la politique des corridors maritimes. La deuxième quant à elle dresse un état des lieux des corridors maritimes post coloniaux. La troisième enfin énonce quelques modèles prospectifs de développement et de modernisation des corridors maritimes en Afrique centrale.

I. De la conception coloniale de la politique des corridors maritimes

L'ouverture des corridors maritimes à l'époque coloniale était basée sur des considérations d'ordre géostratégique. Dans la quasi-totalité de territoires coloniaux ouverts sur la mer, les corridors avaient une vocation essentiellement mercantiliste et non distributive.

A. Une politique adossée à des considérations stratégiques et administratives

À l'image de l'économie de traite, l'organisation de l'économie coloniale était basée sur un circuit d'échanges selon lequel les produits locaux devaient partir de « l'hinterland » pour les côtes. Les comptoirs commerciaux étaient alors installés le long des côtes maritimes. L'évacuation des produits issus de ces comptoirs vers la métropole se faisait à travers les corridors maritimes.

Du point de vue stratégique, les corridors maritimes étaient considérés comme étant le centre névralgique du circuit des échanges commerciaux dans la mesure où le transport maritime était le mode de transport le plus usité. Leur installation était fonction et de la politique économique et des intérêts commerciaux de la métropole. La nature des produits transportés exigeait

[389]Le « régionalisme ouvert » dont il est question ici renvoie à une région intégrée qui maintient une politique commerciale extérieure avec le reste du monde, en encourageant des interactions sur les marchés régionaux et mondiaux, à travers notamment la création d'infrastructures régionales adéquates en matière de transport des échanges inter et intra commerciaux entre les États d'un même espace régional.

nécessairement l'utilisation de ce mode de transport en ce sens qu'il s'agissait essentiellement des produits pondéreux.

Il est tout aussi important de relever que l'installation de ces corridors n'avait pas pour but de favoriser une intégration quelconque des territoires et peuples d'une région donnée en vue de leur large ouverture sur le reste du monde. On pourrait alors parler d'une installation à vocation locale et non régionale dans la mesure où chaque métropole créait ses propres comptoirs commerciaux sur la côte, lesquels étaient en même temps le terminus de ces corridors maritimes sur son pré-carré ou sa zone d'influence. Il faut tout de même signaler que certains corridors maritimes étaient utilisés pour desservir les territoires d'un même empire colonial, même si le but visé ici n'était aucunement de favoriser leur interpénétration, encore moins un éventuel inter échangisme. C'est le cas des territoires de l'AEF[390] (Afrique Équatoriale Française) et de l'AOF (Afrique Occidentale Française) dont les comptoirs commerciaux installés le long des côtes atlantiques devaient permettre à la France métropolitaine d'assurer l'évacuation des matières premières.

Les puissances impérialistes occidentales après avoir conquis parfois à la suite de combats violents et farouches les terres africaines, par la mise en valeur de celles-ci n'aurait pas été une réussite si les corridors maritimes n'étaient pas mis à contribution. C'est dire que les corridors maritimes ont été au service de la mise en valeur des colonies européennes. Cela est d'autant plus logique que même les voies ferroviaires mises en place pendant la colonisation étaient essentiellement destinées à assurer l'évacuation des produits de l'intérieur vers la côte en vue de leurs embarcation et transport via les corridors maritimes.

Du point de vue administratif, les corridors maritimes ont été au service du déploiement de l'administration coloniale de la métropole vers les colonies et vice-versa. Les officiels de l'administration coloniale ont utilisé ce mode de transport pour rallier les côtes et les territoires coloniaux d'une part et convoyer leurs documents et bagages d'autre part. L'expérience fructueuse de l'utilisation des navires à l'époque de la traite arabe et transatlantique a ainsi été capitalisée. Les bateaux ont alors été mis à contribution à la fois pour le transport des produits coloniaux et pour le déplacement des Hommes. Les intérêts recherchés étaient plus mercantilistes que philanthropiques.

---

[390] L'Afrique Équatoriale Française était dotée d'un certain nombre de cours d'eau navigables dont l'Oubangui et le Congo étaient les plus importants. Le chercheur A. F. Dikoumé nous apprend ainsi que "ces fleuves permettaient l'évacuation vers Pointe Noire au Congo des produits en provenance du Tchad et de l'Oubangui, mais aussi de l'arrière-pays du Congo". Lire à ce sujet » Le rôle des transports dans la dynamique d'intégration de l'Afrique équatoriale française et du Cameroun", in D. Abwa *et al.*, *Dynamiques d'intégration régionale en Afrique centrale, Yaoundé*, Presses Universitaires de Yaoundé, Tome 1, Novembre 2001, p.742.

B. Une politique axée sur la promotion des intérêts mercantilistes

En dehors du transport des Hommes, les corridors maritimes mis en place étaient surtout utilisés comme étant des zones de transit des produits de rente pour la métropole. La raison fondamentale des enjeux mercantilistes dont il est question ici repose sur le fait que les corridors maritimes avaient pour vocation première d'accroître les dividendes de l'économie coloniale. En effet, ces corridors n'intervenaient dans le circuit-retour que lorsque les produits étaient déjà acheminés de « l'hinterland » vers la côte. Le transport des bagages des colons de la côte vers « l'hinterland » et de leurs produits de l'intérieur vers les ports d'embarquement était plutôt et surtout assuré par les porteurs issus d'une main-d'œuvre locale et forcée (Kaptué, 1978 :10). Considérés comme des zones de transit, les corridors maritimes avaient pour rôle primordial d'assurer le transport des produits issus d'importantes activités semi-agricoles et préindustrielles. Ces activités étaient entre autres l'agriculture commerciale, l'exploitation forestière et minière.

Le chercheur Osendé Afana souligne qu'en raison de cette conception de la politique des corridors, « le réseau des communications est extrêmement lâche ». À titre d'illustration, la densité du réseau ferré par 1000km^2 se présente comme suit :

Tableau 4 : densité du réseau ferré par 1000km^2.

Territoire ou Pays	Densité par 1000km2
A.E.F.	0,2
A.O.F.	0,9
Cameroun oriental	1,2
Nigéria	3
Ghana	4
France	95
Grande-Bretagne	134

Source : Synthèse des données (Osendé Afana, 1966 :78).

Il poursuit son analyse en indiquant que :

Ces chiffres globaux cachent d'ailleurs une desserte extrêmement inégale : les voies de communication coloniales se présentent comme des lignes de pénétration perpendiculaires aux ports ; leur réseau ne se ressert qu'autour des centres fortement peuplés d'Européens ou riches de produits immédiatement exportables, phénomènes particulièrement nets au Ghana et au Cameroun Oriental où les régions à café, bananes et cacao sont de loin les mieux desservies de tout le pays (Osendé Afana, 1966 :78).

Compte tenu de l'importance de ces activités pour l'économie coloniale, les corridors maritimes ont été pensés et utilisés aux fins d'en assurer leur plus grande floraison. C'est ainsi qu'ils ont été à la fois au service de la collecte, de la commercialisation et de l'évacuation des produits locaux[391]. Parlant de la forme actuelle du réseau de communication en Afrique occidentale, le chercheur Ginette Pallier relève à juste titre que :

> *Elle remonte à l'époque coloniale, qui a superposé sa trame à celles des pistes traditionnelles. Mais la finalité n'était pas le développement des territoires. À l'origine, elle était stratégique. Il s'agissait d'atteindre puis d'occuper la boucle du Niger, et d'unir entre eux les postes administratifs les plus importants. Par la suite, elle devint économique, mais elle n'était pas favorable aux États. Les voies de communication devaient canaliser vers les colonies de la Côte la main-d'œuvre nécessaire à la mise en valeur des plantations, ou évacuer vers les centres de consommation et les ports, les denrées commercialisables : les arachides, le coton, puis le riz (Pallier, 1984 :633).*

Eu égard à ce qui précède, les corridors maritimes transatlantiques ont été la clé de voûte de l'économie coloniale. Ils ont été le point de départ et de chute du circuit des échanges coloniaux. Leur installation a été fonction d'un certain nombre d'enjeux géostratégiques et mercantilistes. Toutefois, la logique ayant sous-tendu la politique des corridors maritimes n'était pas de nature à favoriser l'essor ou mieux le développement économique des territoires conquis. Pendant la période coloniale, il est surtout question de redéfinir la politique des corridors maritimes.

---

[391]Un rapport des Nations Unies indique à propos de la conception coloniale de la politique des communications ou des corridors qu'en réalité, c'est tout à fait de manière fortuite que des moyens de transport modernes ont été mis à la disposition des économies agricoles indigènes, car ces moyens de transport n'ont pas été essentiellement créés pour favoriser le développement de ces économies. En particulier, l'expansion des réseaux ferrés a été liée principalement à l'exportation des produits miniers et parfois à des considérations stratégiques et administratives. Lire à ce sujet ''Nations Unies : Développement de l'économie de marché en Afrique'', 1964, p.46. Dans le même ordre d'idée, le commissaire au plan de modernisation et d'équipement des territoires d'Outre-Mer pour la période 1953-1957 déclarait fort à propos que « le deuxième plan doit se limiter à la réalisation en toute priorité des moyens de transport et des voies de communication directement liés aux objectifs de production prévus par le plan, apporter des améliorations réelles, immédiatement substantielles aux conditions actuelles de collecte, de commercialisation et d'évacuation des productions locales ». Voir : Commissariat Général au Plan : Deuxième Plan de modernisation et d'équipement des T.O.M., Paris, 1954, p.92.

I. État des lieux des corridors maritimes post-coloniaux : rupture ou continuité ?

Au lendemain des indépendances, les pays africains jadis colonisés ont hérité des corridors maritimes dont la mission essentielle était de faciliter leur extraversion économique au profit des puissances impérialistes occidentales. Le principal défi à relever pour ces pays était donc d'inverser la tendance, en faisant de ces corridors des zones d'import-export plutôt que de simples zones de transit ou d'évacuation des produits dans un sens quasiment unilatéral. Au regard de l'évolution de la situation depuis l'indépendance jusqu'à nos jours, peut-on parler de rupture ou de continuité ? La suite des analyses permettra d'en faire le point.

A. La mise en place déficitaire de nouveaux corridors maritimes

Plusieurs décennies après les indépendances, le déficit en matière d'installation et d'aménagement des corridors maritimes est criard (Voir graphique1). Dans la sous-région Afrique centrale, les infrastructures portuaires existantes n'ont pas toujours été mises en place dans le but de favoriser le désenclavement sous-régional.

Graphique 1: Situation du trafic portuaire conteneurisé dans le monde (2017).

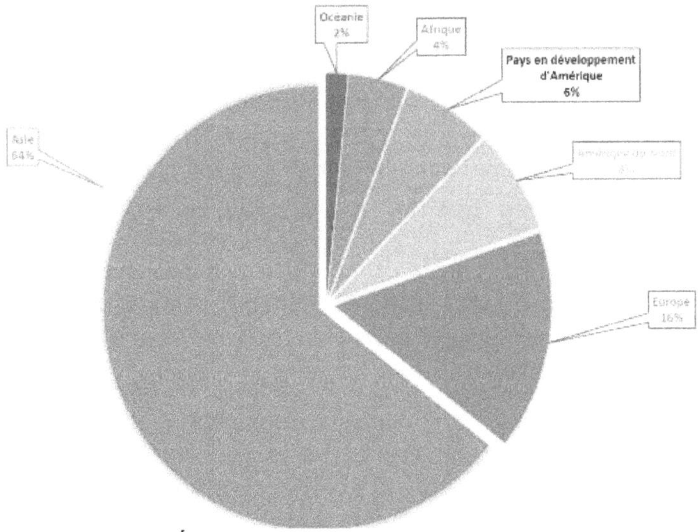

Source : CNUCED –Étude sur les transports maritimes, 2018.

Ce graphique affiche des chiffres très contrastés sur les trafics portuaires conteneurisés au niveau des continents. Il apparaît clairement que l'Asie mène le peloton avec 64%, suivie de l'Europe (16%), l'Amérique du Nord (8%), l'Amérique du Sud (6%), l'Afrique (4%) et l'Océanie (2%). Le faible pourcentage dévolu au continent africain se justifie surtout par le fait qu'il ne dispose pas d'un grand nombre de ports capables d'accueillir de grands navires provenant d'autres continents. Cette situation constitue un écueil important pour la mise en place des corridors maritimes inter-régionaux ou intercontinentaux. La figure 2 présente la situation du trafic maritime par continent.

Graphique 2: Situation du trafic maritime par continent (en pourcentage).

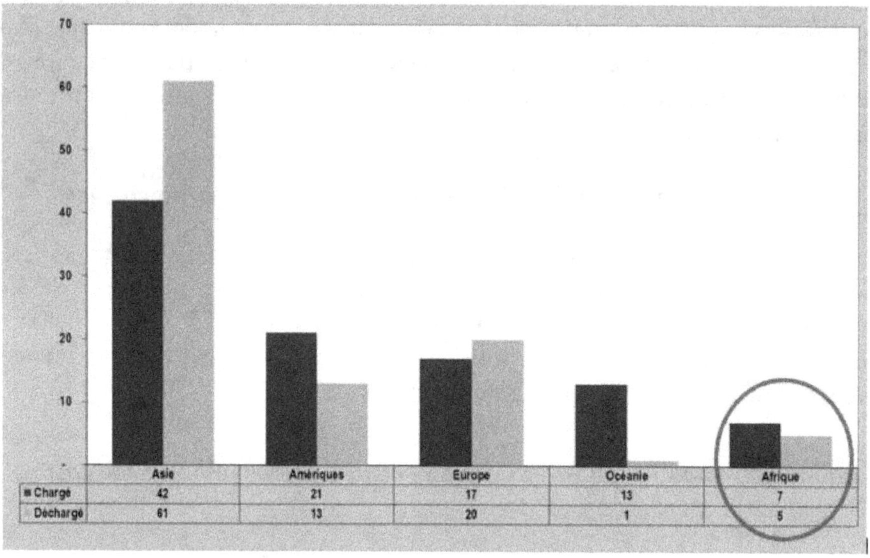

Source : CNUCED –Étude sur les transports maritimes, 2018.

Au regard des chiffres contenus dans ce graphique, il apparaît que le pourcentage du tonnage africain est suffisamment faible pour qu'il soit relégué au dernier rang. En réalité, l'Afrique présente seulement 7% de tonnage mondial chargé et 5% du tonnage déchargé. Ainsi que relevé plus haut, l'insuffisance des lignes maritimes inter-régionales, le faible équipement à quoi s'ajoute la congestion des ports et bien d'autres, sont autant de raisons qui expliquent ce faible pourcentage du tonnage africain.

La situation au Cameroun, considéré comme la locomotive de toute l'Afrique centrale, n'est pas reluisante. Il n'y existe que deux ports maritimes ouverts sur la mer et dont un seul est fonctionnel (celui de Kribi) ; un seul port maritime intérieur à vocation sous-régional existe malgré son engorgement (le port autonome de Douala) ; un seul port fluvial en baisse de régime et dont les activités sont au ralentie (le port de Garoua) (Touna Mama, 2010 : 130). Cette situation est identique, voire plus médiocre dans d'autres pays. Bien plus, les pays totalement enclavés, ne disposant d'aucune ouverture sur la mer, tels que le Tchad et la RCA (République Centre Africaine) sont essentiellement tributaires, sur le plan import-export, de ces corridors maritimes à vocation sous-régionale. Pourtant, "ces pays sans ressources naturelles majeures et enclavés de surcroît côtoient ceux ayant facilement accès à la mer et potentiellement riches, à l'instar du Gabon et du Cameroun[392]". À ce déficit d'infrastructures portuaires maritimes s'ajoute une balance économique toujours déficitaire.

B. Les corridors maritimes à l'avant-garde des importations au détriment de la croissance des économies africaines

Toute économie moderne et compétitive repose sur l'import-export. Cependant, une embellie économique nécessite que la valeur des exportations soit nettement supérieure à celle des importations. Cet idéal est loin d'être atteint par le continent africain en général et l'Afrique centrale en particulier. Ceci dans la mesure où, malgré une certaine amélioration de la balance commerciale liée aux échanges entre les pays de la sous-région, le taux d'échange reste largement déficitaire pour ces derniers vis-à-vis de l'extérieur. Durant de nombreuses années, le solde de la balance commerciale est resté négatif pour beaucoup de ces pays, y compris le Cameroun (Touna Mama, 2008 : 166) qui, sur le plan économique, est considéré comme la locomotive en Afrique centrale.

Pendant la colonisation, le contraire a été observé à la faveur des matières premières qui étaient convoyées vers les ports africains pour être embarquées à destination de l'Occident. De nos jours, l'on devrait logiquement assister à un renversement de situation après les indépendances. Malheureusement, plusieurs années après les indépendances, la balance économique des pays jadis colonisés est restée déficitaire (Voir tableau suivant). La situation est d'autant plus préoccupante que les effets de la crise ukrainienne sur les économies des pays d'Afrique subsaharienne ont poussé de nombreux gouvernements à réinstaurer les politiques d'import-substitution. La principale conséquence de cette crise sur les économies des États africains est la forte flambée des prix des denrées de première nécessité, lesquelles denrées sont jusqu'ici pour la plupart importées.

[392] J.P. Ndamé, "Dynamismes marchands illégaux, perméabilité des frontières et intégration régionale en Afrique centrale. L'UDEAC : bilan critique de ses 35 années d'existence", in D. Abwa *et al.*, *Dynamiques d'intégration régionale en Afrique centrale, Yaoundé*, Presses Universitaires de Yaoundé, Tome 1, Novembre 2001, p.431.

Tableau 5 : Évolution du trafic portuaire au Cameroun de 1997 à 2002.

Année	Trafic	Douala-Bonabéri	Kribi	Limbé-Tiko	Garoua	Trafic total
1997	Importations	2477512	140	0	0	2477652
	Exportations	2347331	219200	13321	0	2579852
1998	Importations	2839700	132	0	0	2839832
	Exportations	2280549	140203	0	4600	2425352
1999	Importations	2999027	68	0	0	2999095
	Exportations	2183474	144299	0	0	2327771
2000	Importations	3210211	17	0	0	3210228
	Exportations	2152689	121798	0	0	2274487
2001	Importations	3709445	0	0	0	3709445
	Exportations	2000554	69998	0	0	2070552
2002	Importations	3939088	//	0	0	3939088
	Exportations	1933778	//	0	0	1933778

Source : INS, Annuaire statistique 2004.

L'exemple de l'évolution du trafic portuaire au Cameroun de 1997 à 2002 dont les chiffres sont contenus dans le tableau ci-haut témoigne à suffisance de l'ampleur de la situation. En effet, quarante ans après l'indépendance, il y a lieu de constater que les importations sont restées largement supérieures aux exportations : soit notamment 3939088 tonnes de produits importés contre 1933778 pour l'année 2002. Le constat le plus alarmant ici est la quasi-inactivité des ports de Limbé-Tiko et de Garoua pendant cette même période. Le difficile accès à certaines infrastructures portuaires reste l'un des défis auxquels les États continentaux sont confrontés.

C. La problématique de l'exiguïté et de la vétusté des corridors hérités de la colonisation

S'il est une chose de densifier et de viabiliser les corridors maritimes, il en est une autre d'assurer leur jonction avec l'arrière-pays. L'exiguïté des axes qui desservent ces corridors n'est pas à même de permettre un désenclavement réel des zones de l'intérieur ou des pays continentaux. Les axes routiers et ferroviaires qui existent sont anciens et très vétustes. Cette situation entraîne une difficile accommodation du trafic entre la côte et l'arrière-pays.

La sous-région Afrique centrale est très concernée par cette situation dans la mesure où les voies de communication qui relient les corridors maritimes au reste des pays n'avaient pas été réalisées dans le but de permettre une certaine fluidité du trafic inhérent à ces corridors. De nos jours, les corridors routiers dits « Douala-Bangui », « Douala-N'djamena » et « Sangmelima-Ouesso » ne sont que des routes nationales et/ou sous-régionales dont la conception et la réalisation n'étaient pas toujours axées sous le prisme de desserte sous-régionale. Bien plus, de nombreux itinéraires transfrontaliers entre ces pays ne sont en réalité que de simples pistes ou "sentiers traversant les mayo à gué sans le moindre débroussaillement ou soupçon d'infrastructure"[393]. Même la voie ferroviaire n'est toujours pas utilisée comme un instrument de desserte sous-régionale dans la mesure où les différents tronçons qui existent jusqu'à nos jours ne sont que le fruit de l'œuvre coloniale. Le projet de construction du chemin de fer Ngaoundéré-N'djamena longtemps annoncé est resté virtuel pendant des décennies. Pourtant, le meilleur déploiement des corridors maritimes dont l'une des spécialités est de faciliter l'évacuation ou le transport des produits lourds passe nécessairement par une juxtaposition avec les lignes ferroviaires en continu et rattachées aux coins et recoins de l'espace continental pourvoyeur de ces produits.

Le maintien des axes anciens est davantage à l'origine de l'hétérogénéité du réseau de communication, lequel est d'ailleurs resté incomplet. Cette logique a ceci d'inconvénient qu'elle favorise la mise en place des infrastructures portuaires de manière sommaire, sans réelle prise sur la dynamique d'intégration géoéconomique tant souhaitée par les pays d'une même sphère continentale.

L'enclavement demeure le maître-mot qui caractérise les territoires jadis colonisés d'Afrique. Il est notamment dû au maintien de vieilles « pistes traditionnelles » comme voie de desserte régionale et à un réseau de communication incomplet et hétérogène. Cet enclavement se perçoit à plusieurs niveaux. Il peut être local, sous-régional et même régional. Cela constitue une entrave majeure à la modernisation et l'exploitation optimale des corridors maritimes, entraînant ainsi une difficile accommodation du trafic entre la côte et l'*hinterland*. Eu égard à toutes ces contraintes, cette étude propose néanmoins quelques modèles prospectifs pouvant conduire au développement et à la modernisation des corridors maritimes en Afrique centrale.

[393]Dans son article scientifique intitulé "Les échanges commerciaux et culturels entre la région du Tchad actuel et le nord du Cameroun avant l'arrivée des Européens", TchagoBouimonnous apprend ainsi que "ces pistes étaient empruntées essentiellement par des commerçants ambulants ou colporteurs, des convois de marchands ou de porteurs". Lire à ce sujet : D. Abwa et al, *Dynamiques d'intégration régionale en Afrique centrale, Yaoundé*, Presses Universitaires de Yaoundé, Tome 1, Novembre 2001, p.95. Comme exemples d'itinéraires transfrontaliers entre le Nord-Cameroun et certaines régions du Tchad, il y a Yagoua-Bongor ; Garoua-Binder ; Kousseri-Damazé ; Pala-Laka ; Méri-Fianga.

II. Quelques modèles prospectifs de développement et de modernisation des corridors maritimes en Afrique centrale

Au-delà du rôle classique qu'ils jouent en tant que zone de transit, les corridors maritimes doivent également servir de pôles industriels dans leur espace géographique donné. En Afrique centrale, les États gagneraient à mettre sur pied une stratégie portuaire sous- régionale.

A. Le désenclavement régional via une stratégie portuaire commune

L'intégration régionale est une donne qui ne s'accommode pas d'égoïsmes nationaux. Dans un même ensemble géographique, il existe des pays disposés à viabiliser naturellement des corridors multiformes tout comme il en existe aussi qui ne possèdent pas ces atouts. Ces derniers, encore appelés pays sans littoral, ne peuvent bénéficier des fruits et autres facilités qu'offre la régionalisation qu'à partir du moment où l'ensemble des États du même espace se met ensemble pour définir et adopter des mesures communes en matière d'intégration régionale. Le désenclavement régional suppose qu'il existe une interconnexion ou encore une interpénétration entre les ensembles territoriaux et/ou étatiques d'une région donnée. Cela passe notamment par la mise en place d'une stratégie portuaire commune.

En Afrique post-coloniale, la réalisation d'infrastructures portuaires par les États n'a pas toujours reposé sur la dynamique de décloisonnement des frontières. Malgré le fait qu'il existe des organismes communautaires d'échanges économiques et monétaires entre les pays d'un même regroupement géographique, la question de la stratégie d'intégration commune en matière des corridors n'a pas encore été véritablement adressée. À ce titre, les États gagneraient à réaliser des infrastructures physiques modernes et adéquates ayant une vocation régionale telles que les routes et autoroutes régionales ou sous-régionales. Ces infrastructures permettraient d'ouvrir plus facilement les centres portuaires aux États enclavés ou sans littoral. Les mesures de désengorgement des ports devraient être pensées de manière concertée entre les États-parties. Il en est de même des procédures de dématérialisation. La nature, la spécialité et la régulation des trafics devraient se faire selon les priorités et besoins économiques des États. La stratégie portuaire commune nécessite en outre que les centres portuaires soient rattachés directement aux lieux de convergence d'autres modes de transport interrégionaux.

La stratégie portuaire commune entre les États d'une même sphère géographique devrait conduire, à terme, à la mise en place des compagnies régionales ou sous-régionales de transport maritime. L'intégration géographique ou territoriale au sein d'un même ensemble nécessite l'usage d'un vecteur commun non seulement pour sa mise en œuvre, mais surtout pour sa consolidation permanente. L'autre avantage inhérent à cette stratégie est la mobilisation et la synchronisation d'importants moyens opérationnels liés à la sécurisation des couloirs de transit en milieu maritime. Les résultats positifs issus de la lutte contre la piraterie maritime dans le golfe de Guinée menée par l'ensemble des pays concernés en sont une illustration parfaite[394]. Le contexte post-colonial et d'intégration tous azimuts actuel recommande aux États voisins d'harmoniser leurs stratégies en vue d'une meilleure traçabilité et/ou fluidité en matière d'échange des biens et services. C'est en cela que l'idée de cloisonnement des logiques structurelles entre corridors maritimes coloniaux et post-coloniaux revêt tout son sens. Ainsi, les corridors maritimes déboucheraient sur de grands centres industrialo-portuaires.

B. L'ouverture des corridors maritimes aux grands pôles et parcs industriels

Le niveau de développement économique actuel de la quasi-totalité des pays d'Afrique jadis colonisés affiche des performances peu reluisantes. Cette situation est principalement due au fait que les politiques économiques longtemps entretenues n'étaient pas enclines à promouvoir la transformation des ressources locales nécessaires à la consommation en vue de limiter les importations. La conception des corridors maritimes n'avait pas entrevu les enjeux qui résultent de leur ouverture aux pôles et parcs industriels divers.

Les pôles industriels régionaux ou sous-régionaux devraient être mis en place par les États non loin des centres portuaires. Certains pays ont entrepris d'implémenter cette mesure en réalisant d'importants complexes industrialo-portuaires. C'est le cas, au Cameroun, du port autonome de Kribi qui a été conçu et réalisé sous le modèle d'un véritable foyer de transformation des ressources économiques et de transit. Cette ouverture des corridors maritimes aux grands pôles et parcs industriels fait des centres portuaires des points d'intersection névralgiques entre États côtiers et continentaux. En dehors des retombées qu'offre une telle mesure en matière de désenclavement régional, cela devrait également contribuer à désenclaver le reste du territoire des pays concernés dans la mesure où ces pôles et parcs industriels devront être desservis par des voies de communication viables[395]. De toute évidence,

[394]Cette lutte s'inscrit d'ailleurs en droite ligne des missions assignées au Comité Consultatif Permanent des Questions de sécurité en Afrique centrale créé en 1992. Ce Comité qui fut mis sur pied sous la bannière de l'ONU a pour objectif » la poursuite des idéaux de paix, de sécurité et de développement dans la sous-région ». Lire à cet effet » Rapport sur les conditions économiques et sociales en Afrique centrale", CEA, Nations Unies, 1997, p.54.

[395]L'amélioration de la gestion des ports à travers notamment la mise en place des stratégies de décongestion et de dématérialisation est une condition *sine qua non* à la poursuite du développement du secteur des transports maritimes en Afrique. Selon le Programme de politiques de transport en Afrique subsaharienne (2007), cela est d'autant plus impératif que « Pour les compagnies maritimes, le temps de séjour à quai est devenu de plus en plus facteur

l'ouverture des corridors maritimes aux grands pôles et parcs industriels contribue inéluctablement au désenclavement local et régional.

Conclusion

Les États africains post-coloniaux ont pour défi majeur de fédérer leurs ensembles régionaux aux fins d'aboutir à une intégration effective à tout point de vue. La logique qui a sous-tendu la mise en place des corridors maritimes coloniaux n'était pas encline à favoriser une ouverture large de l'espace aux peuples et territoires divers. Pendant toute la période coloniale, les corridors maritimes n'auront été que de simples prolongements des lieux de transit sans réelle incidence sur le développement économique des territoires africains. Au regard du contexte actuel, il est impératif pour ces derniers de se départir de cette logique en éventant des stratégies novatrices pouvant faire des corridors maritimes de véritables stimulants pour la relance de l'économie. À ce titre, la modernisation des corridors maritimes devrait à terme permettre : la création des pôles industriels régionaux ou sous-régionaux susceptibles de favoriser la limitation des importations et de booster les productions locales ; la réalisation du désenclavement régional et local ; la conception et la réalisation d'une stratégie portuaire régionale ou sous-régionale ; la mise sur pied des compagnies régionales et sous-régionales de transport maritime. Toutes ces mesures et bien d'autres constituent des modèles prospectifs de développement et de modernisation des corridors maritimes en Afrique post-coloniale.

Sources et références bibliographiques

Abwa D. *et al.* (2001), *Dynamiques d'intégration régionale en Afrique centrale,* Yaoundé, Presses Universitaires de Yaoundé, Tome 1.

Commissariat Général au Plan : Deuxième Plan de modernisation et d'équipement des T.O.M., Paris, 1954.

CNUCED – Étude sur les transports maritimes, 2018.

Dikoumé A.-F. (2001),"Le rôle des transports dans la dynamique d'intégration de l'Afrique équatoriale française et du Cameroun", in *Dynamiques d'intégration régionale en Afrique centrale,* Yaoundé, Presses Universitaires de Yaoundé, pp.739-746.

---

de décision d'accoster dans un port. Un jour supplémentaire passé dans un port par un navire de 2 200 EVP coûte plus de 35 000 dollars à la compagnie maritime concernée ». Lire à cet effet A. Harding *et al.*, *Ports et transport maritime en Afrique de l'Ouest et du Centre. Les défis à relever*, document édité et publié par Monique Desthuis-Francis, in www.worldbank.org/afr/ssatp, p. xiii.

Pallier G. (1984), *Les problèmes de développement dans les pays intérieurs de l'Afrique occidentale*, Tome 1, Paris, Repro-Buro.

Harding A. *et al.* (2007), "Ports et transport maritime en Afrique de l'Ouest et du Centre. Les défis à relever", Programme de politique de transport en Afrique subsaharienne (SSATP).

INS, Annuaire statistique 2004.

Kaptué L. (1978), *Travail et main-d'œuvre au Cameroun sous le régime français (1952-1962)*, Paris, L'Harmattan.

Ndamé J.-P. (2001), "Dynamismes marchands illégaux, perméabilité des frontières et intégration régionale en Afrique centrale. L'UDEAC : bilan critique de ses 35 années d'existence", in *Dynamiques d'intégration régionale en Afrique centrale,* Yaoundé, Presses Universitaires de Yaoundé, pp.429-442.

Rapport de l'ONU., Nations Unies : Développement de l'économie de marché en Afrique, 1964.

Rapport sur les conditions économiques et sociales en Afrique centrale, CEA, Nations Unies, 1997.

Osendé Afana, (1966), *L'économie de l'ouest-africain, perspectives de développement*, Paris, François-Maspero.

Samir Amin, (1996), *Les défis de la mondialisation*, Paris, L'Harmattan.

Tchago Bouimon, (2001), "Les échanges commerciaux et culturels entre la région du Tchad actuel et le nord du Cameroun avant l'arrivée des Européens", in *Dynamiques d'intégration régionale en Afrique centrale,* Yaoundé, Presses Universitaires de Yaoundé, pp.83-106.

Touna Mama, (2010), *L'économie camerounaise. Pour un nouveau départ*, Yaoundé, afredit.

UNE ANALYSE DU PROGRAMME CHINOIS « ONE BELT ONE ROAD » POUR LE DÉVELOPPEMENT DE L'AFRIQUE

Hanse Gilbert MBENG DANG (MC-HDR)

Enseignant-chercheur, Département d'Histoire,
Université de Douala

Résumé

La Chine est devenue un partenaire économique incontournable de l'Afrique, laquelle est partiellement englobée dans l'ambitieux programme chinois « One Belt One Road ». Son engagement sur le continent africain prend des formes très diverses suivant les sous-régions et les pays considérés comme prioritaires. La *Belt and Road Initiative*, développée dans le cadre du « Rêve Chinois » de Xi Jinping, souligne une grande diversité d'intérêts chinois pour l'Afrique et le reste de ses partenaires. Ce projet de développement d'infrastructures à grande échelle pourrait être bénéfique diplomatiquement et économiquement pour nombre de pays Africains si la Chine assure sa viabilité à long terme. Il offre de nouvelles perspectives de financement pour les grands projets d'intégration en gestation sur le continent depuis six décennies. En effet, la Chine envisage de construire 30 000 km de nouvelles routes en Afrique. Ce projet One Belt One Road contribue également à l'agenda 2063 de l'Union africaine (UA). Dès lors, quels sont les objectifs de la Belt and Road initiative ? Comment la Chine contribue-t-elle à l'économie et au développement de l'Afrique ? La nouvelle route de la soie : quels intérêts pour l'Afrique ? Cet article ambitionne à présenter les motivations à l'origine de l'élaboration d'une telle politique, à souligner les défis de sa mise en place et sa contribution au développement de l'Afrique.

Mots clés : Chine, Afrique, BRI, Rêve chinois, nouvelle normalité, Nouvelle Route de la Soie, développement.

Abstract

China has become a key economic partner for Africa, which is partly included in China's ambitious "One Belt One Road" programme. Its commitment to the African continent takes very different forms depending on the sub-regions and countries considered as priorities. The Belt and Road Initiative, developed within the framework of Xi Jinping's "Chinese Dream", underlines a wide range of Chinese interests for Africa and the rest of its partners. This large-scale infrastructure development project could be diplomatically and economically beneficial to many African countries if China ensures its long-term sustainability. It offers new financing prospects for the major integration projects that have been in the making on the continent for six decades. Indeed, China plans to build 30,000 km of new roads in Africa. This One Belt One Road project also contributes to the African Union's (AU) Agenda 2063. So what are the objectives of the Belt and Road initiative? How is China contributing to Africa's economy and development? The New Silk Road : What interests for Africa? This article aims to present the motivations behind the elaboration of such a policy, to highlight the challenges of its implementation and its contribution to Africa's development.

Keywords: *China, Africa, BRI, Chinese Dream, New Normal, New Silk Road, development.*

Introduction

Lorsque Xi Jinping est devenu le chef du Parti Communiste Chinois (PCC) en 2012[396], celui-ci a présenté sa propre devise politique afin d'assurer la prospérité, la qualité de vie et la sécurité du peuple chinois[397]. Cette devise politique a été avancée par le nouveau président comme étant le « Rêve chinois »[398], succédant à la « société harmonieuse»[399] de son prédécesseur[400]. Ce rêve signifie la grande renaissance de la nation chinoise au niveau national, régional et international[401]. La *Belt and Road Initiative* vise le développement d'infrastructures terrestres, maritimes, énergétiques et communicationnelles afin de connecter l'Asie, l'Europe et l'Afrique[402]. Pour augmenter la connectivité entre ces régions, ce projet est constitué de deux composantes principales. Xi Jinping modifie progressivement la stratégie économique du pays pour offrir un environnement d'affaires plus adéquat et affirmer sa compétitivité économique à travers la relance d'une croissance économique constante (Kennedy et Parker, 2015). C'est cette perspective, qui vise la prospérité et la qualité de vie à long terme, que l'on nomme la « nouvelle normalité » chinoise[403]. Dans ce cadre, le gouvernement central chinois

---

[396] M. Duchâtel et J. Zylberman, (2012), *Les nouveaux communistes chinois*, Armand Colin, pp. 11-12.

[397] B. Pedroletti, (2013). ''Xi Jinping, l'homme du "rêve chinois", élu nouveau président de Chine populaire'', in *Le Monde* (Paris), 14 mars 2013.

[398] Le rêve chinois ou rêve de la Chine est un slogan politique lancé par Xi Jinping, secrétaire général du Parti communiste chinois et président de la République populaire de Chine, depuis le 14 mars 2013 et repris en de nombreuses occasions.

[399] A. Monteil, (2022), "La Chine en quête d'une « société harmonieuse »", *CERISCOPE Pauvreté*, 2012, [en ligne], consulté le 08/05/2022, URL : http://ceriscope.sciences-po.fr/pauvrete/content/la-chine-en-quete-dune-societe-harmonieuse.

[400] Lire Michel Nazet, (2014), ''La renaissance du grand rêve chinois'', in *Studyrama Grandes Écoles*, 4 décembre 2014.

[401] R. Aoyama, (2016). "One Belt One Road": China's New Global Strategy. *Journal of Contemporary East Asia Studies*, 5 (2), pp. 3-22.

[402] *Idem.*

[403] Su, Zhan (2016). Trade and The Chinese's Economy "New Normal". *Options Politiques*, 2 septembre 2016. http://policyoptions.irpp.org/magazines/september-2016/les-relations-

propose plusieurs actions gouvernementales. On pense notamment au programme *Made in China 2025* et à l'innovation de masse dans les industries du pays. Mais la démarche la plus ambitieuse de Xi Jinping se reflète dans la *Belt and Road Initiative* (ci-après BRI), laquelle vise la construction d'infrastructures à la fois terrestres et maritimes à travers l'Eurasie[404]. Cet article met en exergue l'évolution de la BRI depuis 2013 tout en soulignant les intérêts politiques et économiques qui ont motivé sa mise en place. Il s'agit aussi d'analyser les nombreux défis que pose cette initiative ambitieuse, dont le financement du projet, la méfiance au niveau régional et l'inquiétude occidentale envers la viabilité du projet à long terme, puis son apport au développement de l'Afrique.

I. Les mobiles de l'élaboration et de l'implémentation de la Belt and Road Initiative de la Chine

À l'automne 2013, Xi Jinping a annoncé la mise en place d'un réseau d'infrastructures régional d'envergure. La Belt and Road Initiative vise le développement d'infrastructures terrestres, maritimes, énergétiques et communicationnelles afin de connecter l'Asie, l'Europe et l'Afrique. Pour augmenter la connectivité entre ces régions, ce projet est constitué de deux composantes principales. D'une part, une route terrestre est prévue grâce à la construction de voies ferrées et de routes qui traversent l'Asie centrale et l'Europe. D'autre part, la mise en place d'une route maritime a pour objectif de soutenir la construction et le développement d'activités portuaires et de voies maritimes afin de relier les États d'Asie du Sud-Est et les pays limitrophes de l'océan Indien. On parle ainsi de ''la Nouvelle route de la Soie et de La route maritime de la Soie du XXIe siècle''[405].

Dans le cadre de cette initiative, la Chine développe six corridors économiques pour mettre en avant ses projets d'infrastructures terrestres et maritimes régionaux. La BRI est constituée du corridor Chine-Pakistan, du corridor Chine-Asie centrale-Asie de l'Ouest, du corridor Eurasiatique, du corridor Chine-Mongolie-Russie, du corridor Chine-Indochine et du corridor Bangladesh-Chine-Inde Myanmar (BCIM)[406].

---

commerciales-du-canada-avec-la-chine-dans-le-contexte-de-la-nouvelle-normalite-economique/, c. le 18 novembre 2017.

404 R. Aoyama, (2016). "One Belt One Road": China's New Global Strategy, pp. 3-22.

405 *Idem.*

406 Dans le cadre de son initiative pour les Nouvelles Routes de la Soie, le gouvernement chinois met en exergue les six corridors essentiels du continent eurasien. Depuis la Chine jusqu'en Europe en passant par la péninsule indochinoise, l'Asie centrale et les autres parties du continent, ces corridors sont jugés essentiels pour *établir et développer les partenariats et la connectivité entre les différents pays, et construire un marché Asie-Europe efficace*. E. Mottet et Lasserre (2018). ''L'initiative "Belt and Road", stratégie chinoise ou "Grand Jeu" ?'', in Diplomatie, (90), pp 36-40.

À ce jour, près de 70 pays sont impliqués dans cette initiative et environ 4.8 milliards de personnes sont touchées par la BRI[407]. La route la plus développée du projet est celle qui devrait, à terme, former le corridor économique Eurasiatique. Dans ce corridor, certaines infrastructures sont fonctionnelles et sont régulièrement utilisées par des trains de marchandises qui circulent entre la Chine et certaines villes européennes[408]. En ce qui concerne les autres corridors économiques, leur évolution varie considérablement[409]. Par exemple, à cause de blocages financiers et techniques, les travaux du corridor économique Chine-Indochine n'ont débuté qu'en 2017, et le corridor économique BCIM reste peu développé, faute d'accord transnational[410].

Pour assurer une coopération politique active avec les États parties à l'initiative, le gouvernement central chinois a promu le projet dans des organisations régionales existantes et dans de nouveaux forums. La Chine a mis de l'avant son ambitieux projet à travers l'Organisation de coopération de Shanghai pour l'Asie centrale, l'Association des nations de l'Asie du Sud-Est[411], le Forum sur la coopération sino-arabe pour le Moyen-Orient, le Forum sur la coopération sino-africaine pour l'Afrique et dans une moindre mesure, le groupe des BRICS (Brésil, Russie, Inde, Chine et Afrique du Sud)[412]. Pour promouvoir le projet et renforcer les liens entre l'Asie et l'Europe, la Chine a mis sur pied le Format 16+1 qui réunit la Chine et seize pays de l'Europe centrale et orientale[413]. Ce partenariat se développe principalement autour de la BRI, à travers la création de réseaux commerciaux et d'opportunités d'investissement reliant la Chine et l'Europe[414]. Il est important de souligner que la Chine a inauguré le *Belt and Road Forum for International Cooperation* en mai 2017, afin d'aligner les stratégies politiques et

---

[407] F. Zhai (2018). ''China's belt and road initiative: A preleminary quantitative assessment''. *Journal of Asian Economics*, 1 (55): 84-92.

[408] E. Mottet et Lasserre (2018). ''L'initiative "Belt and Road", pp 36-40.

[409] Z. Zhai, (2018). *op.cit.*, pp. 84-92.

[410] E. Mottet et Lasserre (2018). Belt and Road Initiative : Quelle géopolitique des nouvelles routes de la soie ? *Faculté d'administration de l'Université Laval*, 1er mars 2018. http://www.cms.fss.ulaval.ca/recherche/upload/hei/fichiers/programmeroutesoiefinal.pdfc. 15 mars 2022.

[411] L'Organisation de Shanghai pour la coopération est une organisation intergouvernementale créée à Shanghai le 15 juin 2001. Elle se compose actuellement de huit États membres (Chine, Fédération de Russie, Inde, Kazakhstan, Kirghizistan, Ouzbékistan, Pakistan et Tadjikistan), de quatre États observateurs souhaitant devenir membres à part entière (Afghanistan, Bélarus, Iran et Mongolie) et de six « interlocuteurs » (Arménie, Azerbaïdjan, Cambodge, Népal, Sri Lanka et Turquie).

[412] G. Grieger, (2016). *One Belt, One Road (OBOR): China's regional integration initiative*. European Union, European Parliamentary Research Service (EPRS), pp. 17-18.

[413] Albanie, Bosnie-Herzégovine, Bulgarie, Croatie, Estonie, Hongrie, Lettonie, Lituanie, Macédoine, Monténégro, Pologne, République Tchèque, Roumanie, Serbie, Slovaquie, Slovénie.

[414] *Idem.*

commerciales des pays participants à l'initiative. Pendant ce sommet, près de 70 pays et organisations internationales se sont engagés à soutenir la BRI à travers des accords bilatéraux[415].

En termes économiques, la Chine désire atteindre un commerce annuel d'une valeur de 2,5 milliards de dollars américain entre les États parties à l'initiative, et ce, dans un délai de dix ans[416]. Mais pour ce faire, la BRI exige des investissements variant entre 1.4 milliards de dollars américain et 6 milliards de dollars américain[417]. La Chine doit donc utiliser des sources de financement publiques et privées pour amasser cette somme. L'investissement chinois dans 59 pays couverts par la BRI a totalisé 14,4 milliards de dollars américain en 2017, selon les données publiées par le ministère des Affaires étrangères et du Commerce de la Chine[418]. De nouvelles institutions régionales, telles que la Banque asiatique d'investissement dans les infrastructures (AIIB) et le Fonds de la Route de la Soie (NSRF)[419], complètent et soutiennent financièrement le développement de la BRI[420]. La Chine, à travers ces investissements, affirme la création de nombreux emplois. Selon des sources d'informations chinoises, la BRI aurait généré près de 200 000 emplois en date de 2017[421]. La BRI semble aussi constituer une opportunité pour satisfaire les entreprises chinoises afin qu'elles bénéficient de nouvelles occasions de développement à travers l'élaboration du projet[422]. Les entreprises pourront relancer leurs activités en investissant dans les pays voisins où il existe une demande notable pour les produits manufacturés, en plus d'y partager leur savoir-faire[423].

---

[415] Z. Zhai, (2018). China's belt and road initiative: A preleminary quantitative assessment, pp. 84-92.

[416] G. Grieger, (2016). *One Belt, One Road (OBOR): China's regional integration initiative*, pp. 17-18.

[417] Z. Zhai, (2018). *Op.cit.*, pp. 84-92.

[418] *Idem.*

[419] Le Fonds de la Route de la soie est un fonds souverain chinois, créé le 29 décembre 2014. Il est destiné à financer les initiatives de Nouvelle route de la soie[2]. Sa présidente en 2015 est Jin Qi. Il a été créé conjointement par les réserves en devises étrangères, la China Investment Corporation, la Banque d'exportation et d'importation de Chine et la Banque de Développement de Chine (BDC). Il finance d'autres projets dans le cadre du Corridor économique Chine-Pakistan et soutient l'initiative « Une Ceinture, Une Route ».

[420] Audrey Camonfour-Jobin, Alice Lopez, Anaïs Gayraud et Victoria Gaudr La Belt and Road initiative : enjeux et défis pour la Chine, Université Laval, Québec, Canada. RG v4 n3, 2018, https://cqegheiulaval.com/la-belt-and-road-initiative-enjeux-et-defis-pour-la-chine, consulté le 08 mai à 16 heures 27 min.

[421] D. Tian, (2017). ''180 000 jobs generated by Belt and Road Initiative'', in *China Daily* (Pékin), 11 mars 2017.

[422] C. Callahan, A. William. (2016). ''China's "Asia Dream": The Belt Road Initiative and The New Regional Order'', in *Asian Journal of Comparative Politics*, 1 (3), pp. 226-243.

[423] *Idem.*

Il est important de noter que la portée de l'initiative est de plus en plus ambitieuse. Le Plan d'action chinois publié en 2015 souligne que l'initiative s'étend bien au-delà de la construction d'infrastructures[424]. D'autres champs d'action y sont inscrits, soit la coordination des politiques, l'intégration financière, la libéralisation du commerce, et ce, à l'échelle du continent asiatique[425]. La connectivité entre les peuples y est promue et va bien au-delà des infrastructures physiques. Il s'agit de promouvoir la connectivité culturelle, académique et même diplomatique[426]. En octobre 2017, lors du 19e Congrès National du Parti Communiste Chinois (PCC), la BRI a été inscrite dans la Constitution du pays[427].

II. Les motivations chinoises pour l'initiation voire l'implémentation de ce projet d'envergure

A. Faire face aux difficultés sécuritaires et commerciales

Il est prévu que la BRI améliore la connectivité à travers l'Eurasie et connecte la région du Xinjiang aux États voisins d'Asie Centrale, et plus à l'Ouest à ceux du Moyen-Orient et de l'Europe. Historiquement, ce sont des régions où le rôle de la Chine et son influence ont été limités à cause d'enjeux sécuritaires[428]. Or, la stabilité du Xinjiang est particulièrement vulnérable aux débordements du terrorisme et de l'extrémisme venant d'Afghanistan dus aux liens étroits entre les Talibans, Al-Qaida et les groupes terroristes du Xinjiang. Cette réalité cause des problèmes de sécurité au Xinjiang, ce qui affecte également la stabilité de la Chine[429].

En outre, la BRI a été lancée et élaborée par la Chine dans le but de développer l'économie régionale. La réallocation prévue des moyens de production dans les pays en voie de développement (PED) permettrait aux pays en question de bénéficier du savoir-faire, du partage de compétences et de technologies, en plus de développer leurs infrastructures, selon les

[424] S. Kennedy et D. A. Parker, (2015). *Building China's "One Belt, One Road"*. Washington, DC, Center for Strategic and International Studies (CSIS), 3 avril, pp. 47-48.
[425] R. Aoyama, (2016). "One Belt One Road": China's New Global Strategy'', in *Journal of Contemporary East Asia Studies*, 5 (2): 3-22.
[426] C. Callahan, William A. (2016). ''China's "Asia Dream", pp. 226-243.
[427] A. Laparra, (2017). Enjeux stratégiques de la Route de la Soie. *Geolinks*, 20 novembre 2017. http://www.geolinks.fr/grands-enjeux/les-enjeux-geopolitiques/enjeux-strategiques-de-la-route-de-la-soie/, consulté le 5 mai 2022.
[428] Lire à ce propos, M. Clarke, (2017). *The Belt and Road Initiative and China's Xinjiang Dilemma: "Connectivity" Versus Control?* Washington, DC, Central Asia-Caucasus Institute & Silk Road Studies Program, 20 juillet.
[429] R. Zongze et *al*. (2016). *China's New Neighborhood Diplomacy: Seeking Stability Through Management and Planning*. Beijing, China Institute of International Studies (CIIS), Report n°9 et Z. Huasheng, (2016). ''Afghanistan and China's New neighbourhood diplomacy'', in *International Affairs*, 94 (4), pp. 891-908.

ambitions du projet. Grâce à ce type d'investissements, les voisins de la Chine pourraient dynamiser leur économie et accélérer leur processus d'industrialisation[430].

De plus, la BRI est l'occasion de renvoyer une image positive et rassurante de l'Asie concernant son modèle économique et faire un certain contrepoids face à la région occidentale, omniprésente jusqu'à présent dans les projets de grande envergure[431]. Par ailleurs, la Chine a mis en place au fil du temps un modèle d'affaires particulier : « sortir en entrant » ou, mieux connu en anglais, « going out by going in ». Celui-ci mise sur l'attraction d'investissements extérieurs dans des régions locales encore isolées et économiquement peu développées, dans le but d'obtenir des recettes et partenariats étrangers qu'elle n'aurait pu atteindre autrement[432]. Si le projet ne vient pas à bout ou s'il traverse de sévères difficultés, il se pourrait que l'image et la confiance envers le modèle d'affaires asiatique soient ternies, en plus d'appauvrir l'économie chinoise. Ces défis ne sont, cependant, pas insurmontables, si la Chine mène une planification minutieuse de sa stratégie d'affaires pour être prête à gérer l'imprévu[433].

B. Connecter et ajuster les régions pour stimuler le développement

Le « Rêve chinois » est devenu la devise politique de Xi Jinping ; celle-ci vise à améliorer la qualité de vie du peuple chinois et à assurer sa prospérité. Le président chinois veut consolider le régime, gagner en légitimité et mettre en œuvre sa propre devise politique qui vise à assurer une croissance économique constante dans les années à venir[434]. Dans cette optique, la Chine mise sur un développement plus homogène entre les régions du pays. En effet, il existe des déséquilibres socio-économiques entre les provinces côtières de l'Est de la Chine, qui sont florissantes et très développées, et les provinces moins développées de l'Ouest et du Centre de la Chine[435]. La BRI s'inscrit dans cet objectif d'homogénéisation afin de connecter les régions et stimuler une croissance économique constante.

---

430 H. Yu, (2017). ''Motivation behind China's "One Belt, One Road" Initiatives and Establishment of the Asian Infrastructure Investment Bank'', in *Journal Of Contemporary China*, 26 (105), pp. 353-368.
431 Lire Economist Intelligence Unit [EIU] (2015). *Prospects And Challenges On China's "One Belt, One Road": A Risk Assessment Report.* Washington, DC, The Economist Group.
432 M. W. Meyer, (2017). ''Going Out by Going In: Business Model Innovation with Chinese Characteristics'', in *Thunderbird International Business Review*, 59 (4), pp. 473-482.
433 Economist Intelligence Unit [EIU] (2015). *Prospects And Challenges On China's "One Belt, One Road": A Risk Assessment Report.* Washington, DC, The Economist Group.
434 R. Aoyama, (2016). "One Belt One Road": China's New Global Strategy, in *Journal of Contemporary East Asia Studies*, 5 (2), pp. 3-22.
435 G. Grieger, (2016). *One Belt, One Road (OBOR): China's regional integration initiative.* European Union, European Parliamentary Research Service (EPRS), pp. 111-112.

En plus de rechercher cette homogénéité au niveau national, la Chine désire atteindre un développement économique plus intégré au niveau régional. C'est pourquoi elle modifie progressivement sa stratégie diplomatique. En octobre 2013, le PCC a organisé un forum sur la diplomatie de voisinage, portant le nom de *Work Forum on Chinese Diplomacy Toward the Periphery*[436]. La tenue d'un forum axé sur un aspect spécifique de la diplomatie était une première en Chine. Ainsi, les piliers de la nouvelle diplomatie de voisinage comme l'ouverture, la non-exclusion, le bénéfice mutuel et la coopération sont au cœur du projet[437]. En effet, la BRI se veut une initiative qui engendre des bénéfices mutuels pour l'ensemble des pays participants, de par une approche basée sur le dialogue, la recherche d'intérêts communs et la coopération.

La BRI s'inscrit aussi dans l'objectif de la nouvelle diplomatie chinoise selon lequel il s'agit de créer en Asie une communauté qui partage à la fois des intérêts-notamment le développement économique et des responsabilités comme la nécessité de coopérer en matière de sécurité. La vision chinoise d'une communauté partageant une même destinée implique donc d'accroître la coopération et l'intégration dans la région[438]. C'est ce que cherche à faire le gouvernement chinois à travers ce projet ambitieux[439].

À travers la BRI, le champ géographique des efforts diplomatiques ne se limite pas simplement à la région asiatique[440]. La mise en place d'un tel projet constitue aussi une politique globale qui vise à construire une « *community of shared future for mankind* »[441]. Tel que mentionné ci-dessus, la Chine désire étendre sa sphère d'influence au nom du « Rêve chinois »[442]. La crise économique mondiale de 2008 a constitué un tremplin pour promouvoir la renaissance de la nation chinoise sur la scène internationale. Sa réserve monétaire de plus de 2 milliards de dollars a permis de fournir une aide

---

436 R. Zongze *et al.* (2016). *China's New Neighborhood Diplomacy: Seeking Stability Through Management and Planning*. Beijing, China Institute of International Studies (CIIS), Report n°9, pp. 123-125.

437 W. A. Callahan, (2016). ''China's "Asia Dream": The Belt Road Initiative And The New Regional Order'', in *Asian Journal Of Comparative Politics*, 1 (3), pp. 226-243 et lire National Development and Reform Commission (NDRC) (2015). *Vision and Actions on Jointly Building Silk Road Economic Belt and 21st-Century Maritime Silk Road.* China, Ministry of Foreign Affairs and Ministry of Commerce of the People's Republic of China, pp. 1-75.

438 R. Zongze *et al.* (2016). *China's New Neighborhood Diplomacy: Seeking Stability Through Management and Planning*. Beijing, China Institute of International Studies (CIIS), Report n°9, pp. 123-125.

439 Y. Wang, (2017). *Forge Ahead under the Guidance of General Secretary Xi Jinping's Thought on Diplomacy*. Beijing, Ministry of Foreign Affairs of the People's Republic of China, p. 4.

440 R. Aoyama, (2016). "One Belt One Road": China's New Global Strategy, in *Journal of Contemporary East Asia Studies*, 5 (2), pp. 3-22.

441 *Ibid.* pp. 3-22.

442 *Idem.*

substantielle à la relance économique mondiale, donnant une voix plus importante à la Chine dans les relations internationales[443]. Cette situation a été propice pour l'émergence d'une Chine qui défend davantage ses intérêts et étend sa sphère d'influence à travers le monde[444]. La Chine met maintenant l'accent sur un développement pacifique régional, et ce, en misant sur son *soft power*[445]. Cette dernière repose principalement sur des ressources de nature non militaire : le pouvoir économique, le pouvoir diplomatique, le pouvoir culturel et la stabilité au niveau national[446].

Ce *soft power* a permis à la Chine de prendre part à la formulation de règles et de normes régissant des domaines émergents sur la scène internationale, tels que les affaires polaires, le cyberespace, la sécurité nucléaire et les changements climatiques[447]. La BRI s'inscrit dans cet objectif d'accroître l'influence de la Chine au niveau mondial[448]. Le déploiement, dans les pays visés, de diplomates et d'académiciens chargés de faire connaître le projet et de mettre en avant ses avantages, illustre la place importante que tient cette initiative dans la politique étrangère chinoise[449].

C. Mettre en œuvre la « nouvelle normalité » chinoise dans le monde et en Afrique

La Chine a aussi propulsé le projet de la BRI afin de satisfaire des intérêts économiques. Selon les sources officielles chinoises,

> *the initiative is intended to further economic integration and create a regional economic cooperation framework of benefit to all countries along both the land route in the Belt and maritime route in the Road,*

443 I. Foucaud, (2009). ''L'année du miracle chinois'', in *Le Figaro*, Paris, 29 décembre 2009, p. 3.

444 J. Men, (2009). La crise financière fera-t-elle de la Chine une superpuissance ? *Revue de l'OTAN*, non daté. https://www.nato.int/docu/review/2009/FinancialCrisis/Financial-Crisis-China/FR/index.htm, consulté le 3 mars 2022, à 11 heures 18 min.

445 Le soft power est un concept utilisé en relations internationales. Développé par le professeur américain Joseph Nye, il a été repris par de nombreux dirigeants politiques.

446 R. Zongze et *al.* (2016). *China's New Neighborhood Diplomacy: Seeking Stability Through Management and Planning*. Beijing, China Institute of International Studies (CIIS), Report n°9, p. 17.

447 Y. Wang, (2017). *Forge Ahead under the Guidance of General Secretary Xi Jinping's Thought on Diplomacy*. Beijing, Ministry of Foreign Affairs of the People's Republic of China, p. 4.

448 National Development and Reform Commission (NDRC) (2015). *Vision and Actions on Jointly Building Silk Road Economic Belt and 21st-Century Maritime Silk Road*. China, Ministry of Foreign Affairs and Ministry of Commerce of the People's Republic of China, pp. 1-75.

449 W. A. Callahan, (2016). China's "Asia Dream": The Belt Road Initiative and the New Regional Order. *Asian Journal of Comparative Politics*, 1 (3), pp. 226-243.

through the orderly free-flow of factors of production and the efficient allocation of resources » (Chen et Zhang, 2017).

L'intégration économique inter-régionale est combinée à un deuxième axe majeur de la politique chinoise : le développement de la « nouvelle normalité ». Ce concept, tel que précédemment évoqué, reflète l'intérêt chinois d'atteindre une croissance moins rapide, mais plus stable à long terme[450]. En somme, le pays veut offrir un environnement d'affaires plus adéquat et affirmer sa compétitivité commerciale à travers la relance d'une croissance économique constante.

Pour comprendre l'enjeu de la Chine à appliquer cette « normalité », il faut revenir aux années 1960. La Chine connaissait alors une forte croissance, due notamment aux réformes économiques du gouvernement ainsi qu'à sa main-d'œuvre bon marché, à ses taux d'intérêt avantageux pour les investissements, à la forte utilisation de ressources naturelles, à la promotion de son industrie manufacturière et au développement du secteur de la construction[451]. Cela lui a permis de devenir, en 2016, la deuxième économie mondiale, en termes de Produit Intérieur Brut (PIB), le premier détenteur de réserves monétaires étrangères et le plus grand exportateur mondial[452]. Toutefois, suite à la crise mondiale survenue en 2008-2009, pour maintenir la croissance, le gouvernement chinois a dû injecter des fonds dans l'économie nationale. La mesure a donc répondu à l'objectif de maintenir la croissance, mais la Chine se retrouve à présent en surcapacité de production, la production étant excédentaire par rapport aux besoins réels, en plus d'avoir fait augmenter les coûts associés[453]. De plus, l'économie chinoise a beaucoup ralenti depuis les années 2010, deux enjeux que le pays devra surmonter, mais face auxquels, la BRI se présente comme une solution[454]. La recherche de cette « normalité » s'explique donc par les fluctuations de l'économie chinoise dans les dernières décennies[455].

---

[450] S. Kennedy et D. A. Parker, (2015). *Building China's "One Belt, One Road"*. Washington, DC, Center for Strategic and International Studies (CSIS), 3 avril, pp. 47-48.

[451] J. Chenet et J. Zhang, (2017). ''Introduction to China's New Normal Economy'', in *Journal of Chinese Economic and Business Studies*, 15 (1), pp. 1-4.

[452] C. Chance, (2017). *China's One Belt, One Road: Opportunities And Challenges*. Londres, Clifford Chance LLP, p. 14.

[453] *Idem.*

[454]Banque Mondiale (2017). GDP Growth Annual (%), *The World Bank*, 2017. https://data.worldbank.org/indicator/NY.GDP.MKTP.KD.ZG?end=2016&locations=CN&start=1961&view=chart , consulté le 6 mai 2022, à 4 heures 15 min.

[455] Lire Audrey Camonfour-Jobin, Alice Lopez, Anaïs Gayraud et Victoria Gaudr La Belt and Road initiative : enjeux et défis pour la Chine, Université Laval, Québec, Canada. RG v4 n3, 2018, https://cqegheiulaval.com/la-belt-and-road-initiative-enjeux-et-defis-pour-la-chine, consulté le 08 mai à 16 heures 27 min.

D'un point de vue théorique, le concept de la nouvelle normalité fait référence à une situation nouvelle, voire révolutionnaire[456]. Le gouvernement chinois, en lançant dès les années 2000 la politique « *zouchuqu* » ou « *going-out* », visait l'expansion des activités des entreprises chinoises à l'étranger[457]. La BRI s'inscrit dans cette continuité, tout en offrant l'opportunité aux entreprises chinoises de se développer, suite à la stagnation à laquelle elles font actuellement face, dans les secteurs de la construction, manufacturier et bancaire[458]. Elle permet aussi à la Chine de sortir ses réserves étrangères, de populariser l'utilisation de sa monnaie nationale, le renminbi. Cette intention n'est pas nouvelle : le renminbi est actuellement largement utilisé comme monnaie d'échange en Asie de l'Est, mais son utilisation n'est pas encore associée à l'investissement ou aux réserves monétaires. La Chine espère, grâce au financement de la BRI via l'AIIB et le NSRF, diffuser le renminbi, afin qu'il devienne monnaie d'usage dans la région, et se défaire de son surplus de réserves étrangères[459].

III. Les défis face à ce projet et l'appui au développement de l'Afrique

Le projet de la BRI présente également de nombreux défis pour la Chine, tant sur le plan politique que sur le plan économique. Ils se retrouvent au niveau régional, dus au faible développement des pays participants au projet, à l'instabilité et aux antagonismes en Asie, mais également au niveau international, où la BRI suscite de profondes inquiétudes quant à ses objectifs réels et sa faisabilité.

A. Le financement du projet

Un facteur limitant potentiellement l'évolution du projet concerne la capacité de financement que possèdent les pays de la BRI. Certains ne détiennent que peu de réserves étrangères (euros, dollars ou renminbi) pour financer le projet, et d'autres sont très endettés. Une question qui préoccupe la Chine, par rapport au financement du projet et au paiement des entreprises mandatées, mais également les pays concernés. Si certains gouvernements n'ont pas les moyens de répondre aux besoins financiers de la BRI, la Chine entend « [...] disposer en échange d'un plus grand contrôle direct sur les

456 Li, Yanfei (2017). China's Economy: The New Normal And The Virtuous Circle. *The Diplomat,* 2 février 2017. https://thediplomat.com/2017/02/chinas-economy-the-new-normal-and-the-virtuous-circle/, , consulté le 6 mai 2022, à 5 heures 38 min.

457 J. Chen et J. Zhang, (2017). ''Introduction To China's New Normal Economy'', in *Journal Of Chinese Economic And Business Studies,* 15 (1), pp. 1-4.

458 C. Chance, (2017). *China's One Belt, One Road: Opportunities And Challenges.* Londres, Clifford Chance LLP, p. 17.

459 *Ibid.,* p. 17.

projets concernés et sur les politiques nationales associées »[460]. Au final, cette situation complexe agrémente les tensions géopolitiques[461].

Pour faire face aux risques financiers associés à ce projet, rappelons que la Chine a instauré les deux fonds d'investissement : la AIIB et le NSRF. Ces institutions constituent un moyen de favoriser l'intégration, participent à l'objectif de populariser le renminbi et, surtout, permettent de financer le projet[462].

B. La méfiance vis-à-vis de la BRI au niveau régional

Il existe de profonds ressentiments, antagonismes et rivalités vis-à-vis de la Chine qui sont largement répandus à tous les niveaux de la société dans les États d'Asie centrale. Bien que les élites politiques veuillent se rapprocher de la Chine et attirer des investissements majeurs et attractifs sans condition, les nationalismes et ressentiments économiques créent un environnement instable capable de ralentir l'expansion chinoise en Asie centrale[463]. Ces ressentiments sont souvent utilisés par les leaders politiques pour mobiliser la population contre les compagnies chinoises[464].

Par ailleurs, les anciennes rivalités et hostilités en Asie rendent difficile une coopération soutenue entre les États[465]. L'incapacité de la Chine et de l'Inde à maintenir une forme de relation stratégique les prive de bénéfices économiques et commerciaux et se fait au détriment des autres pays de la région. En effet, la BRI attise l'antagonisme entre les deux États en excluant l'Inde du projet et en étant perçue par cette dernière comme une stratégie de *containment*[466] réfléchie plutôt qu'un projet amical et inclusif[467]. Cela s'explique par le fait que la Chine étende ses projets d'infrastructures près des frontières de l'Inde. On pense notamment au Plateau Doklam, au niveau de la

---

[460] S. Aris, (2016). *One Belt, One Road: La Nouvelle Route De La Soie*. Zürich, Center for Security Studies (CSS), n° 195, septembre. pp. 31-33.

[461] H. Yu, (2017). ''Motivation behind China's "One Belt, One Road" Initiatives and Establishment of the Asian Infrastructure Investment Bank'', in *Journal Of Contemporary China*, 26 (105), pp. 353-368 et P. Wolff, (2016). *China's "Belt and Road" Initiative: Challenges and Opportunities*. Bonn, German Development Institute, pp. 51-52.

[462] S. Kennedy et D. A. Parker, (2015). *Building China's "One Belt, One Road"*. pp. 47-48.

[463] Economist Intelligence Unit (EIU) (2015). *Prospects And Challenges On China's "One Belt, One Road": A Risk Assessment Report*. Washington, DC, The Economist Group, pp. 11-12.

[464] *Idem*.

[465] Lire Mackerras, Colin (2017). The Belt and Road to China-based globalization. *East Asia Forum*, 31 août 2017. http://www.eastasiaforum.org/2017/08/31/the-belt-and-road-to-china-based-globalisation/, consulté le 6 mai 2022.

[466] L'endiguement est la stratégie de politique étrangère adoptée par les États-Unis après-guerre. L'endiguement visait à stopper l'extension de la zone d'influence soviétique au-delà de ses limites atteintes en mars 1947 et à contrer les États susceptibles d'adopter le communisme.

[467] Z. Huasheng, (2016). ''Afghanistan and China's New neighbourhood diplomacy'', in *International Affairs*, 94 (4), pp 891-908.

frontière du Bhoutan, dont l'Inde est le garant de la sécurité, et à la région contestée du Cachemire que doit traverser le corridor Chine-Pakistan[468]. Ce corridor est destiné à relier directement la Chine à l'océan Indien, en connectant à travers un réseau d'infrastructures la région chinoise du Xinjiang aux ports de Gwadar et de Karachi au Pakistan, afin d'éviter le passage du détroit de Malacca et réduire les coûts et délais qui en découlent[469].

Il existe également des tensions et une méfiance de longue date liées aux pratiques d'affaires des entreprises chinoises avec certains États. Notamment, les préférences historiques de la Chine pour traiter avec des régimes autoritaires, en s'inquiétant peu de la gouvernance de ces États, ont engendré des ressentiments parmi les citoyens et communautés locales de ces pays[470]. De plus, les pratiques commerciales de la Chine sont remises en cause dans certains États d'Asie centrale. Ces derniers reprochent aux entreprises chinoises d'engager des travailleurs chinois plutôt que des ouvriers locaux. Les affaires de corruption, les craintes concernant la vente ou la location importante de terres aux investisseurs chinois[471] accentuent la méfiance des communautés locales et renforcent l'idée que les projets chinois ne bénéficient pas à toute la population[472].

Malgré le but avancé par la Chine d'atteindre un développement commun en Asie et des bénéfices mutuels à travers la BRI, certains doutes ont surgi dès l'annonce du projet. Plusieurs hypothèses ont été avancées quant aux motivations et aux objectifs réels de la Chine dans la réalisation de la BRI. Certains pensent qu'elle cherche à étendre ses routes commerciales à travers l'océan Indien ; d'autres pensent que la Chine cherche à atteindre l'hégémonie au niveau régional et au niveau mondial pour surpasser les États-Unis ; d'autres encore estiment qu'elle se sert de la BRI pour étouffer les disputes territoriales et maritimes avec ses voisins[473] ou encore qu'il s'agit d'un moyen

---

[468] S. M. Khasru (2017). The geopolitical landscape of Asia Pacific is changing dramatically. Here's how. *World Economic Forum*, 28 juillet 2017. https://www.weforum.org/agenda/2017/07/the-geopolitical-landscape-of-asia-pacific-is-changing-dramatically-here-s-how, consulté le 10 mai 2022.

[469] D. S. Markey et J. West, (2016). Behind China's Gambit in Pakistan. *Council on Foreign Relations*, 12 mai 2016. https://www.cfr.org/expert-brief/behind-chinas-gambit-pakistan, consulté le 28 avril 2022, à 11 heures 56 min.

[470] D. Shipley, (2017). China's Ambitious Road to Somewhere. *Bloomberg*, 11 mai 2017. https://www.bloomberg.com/view/articles/2017-05-11/china-needs-to-be-careful-with-new-silk-road-project, consulté le 13 avril 2022.

[471] Economist Intelligence Unit (EIU) (2015). *Prospects And Challenges On China's "One Belt, One Road": A Risk Assessment Report.* Washington, DC, The Economist Group, pp. 11-12.

[472] C. Mackerras, (2017). The Belt and Road to China-based globalization. *East Asia Forum*, 31 août 2017. http://www.eastasiaforum.org/2017/08/31/the-belt-and-road-to-china-based-globalisation/, consulté le 6 mai 2022.

[473] A. Stanzel, (2017). China's Belt and Road Initiative-new name, same doubts? *European Council of Foreign Relations,* 19 mai 2017. http://www.ecfr.eu/article/commentary_chinas_belt_and_road_new_name_same_doubts,

pour la Chine de regagner sa puissance traditionnelle sur les autres régions d'Asie[474].

C. Les inquiétudes occidentales face à la mise en place de la BRI

Face aux nombreuses situations complexes au niveau politique, sécuritaire et social qui défient la mise en place de la BRI, certains observateurs sont sceptiques quant à la faisabilité de ce projet, qu'ils considèrent trop ambitieux, cher, risqué et vague[475]. Certains voient ainsi le projet comme inefficacement organisé pour être soutenable et viable à long terme. L'une des critiques adressées est notamment que les principaux États impliqués dans le projet ne sont pas encore assez engagés[476]. En effet, le manque d'engagement de certains États a été noté lors du premier sommet majeur sur la BRI, organisé par la Chine les 14 et 15 mai 2017, où seulement 29 dirigeants et chefs de gouvernements étaient présents sur les 65 États alors impliqués dans le projet[477].

Un autre problème avancé par les États européens est le fait que la BRI traverse de nombreux PED qui ont un Indice de Développement Humain (IDH) très bas, qui souffrent de sous-investissements et qui possèdent des infrastructures en mauvais état[478]. De plus, certains pays asiatiques ont connu un ralentissement économique, une hausse de l'inflation, une dépréciation de leur monnaie et une fuite de leurs capitaux suite à la crise financière internationale[479]. Même si la Chine fait l'hypothèse que le développement économique puisse réduire ces problèmes, certains observateurs soulignent que la BRI pourrait détériorer la situation, car l'hypothèse d'une amélioration ne serait valable que si les bénéfices sont équitablement partagés, si les communautés locales sont consultées et si les institutions et systèmes de

consulté le 10 mai 2022 et R. Zongze et *al.* (2016). *China's New Neighborhood Diplomacy: Seeking Stability Through Management and Planning*. Beijing, China Institute of International Studies (CIIS), Report n°9, p. 65.

[474] C. Mackerras, (2017). The Belt and Road to China-based globalization. *East Asia Forum*, 31 août 2017. http://www.eastasiaforum.org/2017/08/31/the-belt-and-road-to-china-based-globalisation/, consulté le 6 mai 2022.

[475] M. Kovrig (2017). *The Twists and Turns along China's Belt and Road*. Bruxelles, International Crisis Group, 2 octobre, pp. 23-25.

[476] C. Mackerras, (2017). The Belt and Road to China-based globalization. *East Asia Forum*, 31 août 2017. http://www.eastasiaforum.org/2017/08/31/the-belt-and-road-to-china-based-globalisation/, consulté le 6 mai 2022.

[477] A. Stanzel (2017). China's Belt and Road Initiative-new name, same doubts? *European Council of Foreign Relations,* 19 mai 2017. http://www.ecfr.eu/article/commentary_chinas_belt_and_road_new_name_same_doubts, consulté le 10 mai 2022.

[478] Kovrig, Michael (2017). *The Twists and Turns along China's Belt and Road*. Bruxelles, International Crisis Group, 2 octobre, pp. 23-25.

[479] R. Zongze *et al.* (2016). *China's New Neighborhood Diplomacy: Seeking Stability Through Management and Planning*. Beijing, China Institute of International Studies (CIIS), Report n°9.

gouvernance parviennent à gérer les afflux d'investissements, conditions difficiles à mettre en place dans les PED. D'autres défis sociaux sont également à relever tels que la santé, l'éducation, la gouvernance, la discrimination, la corruption et l'exclusion sociale. Sans la résolution de ces problèmes, les États d'Asie centrale resteront fragiles[480].

En outre, les pays européens émettent d'importantes inquiétudes environnementales et sociales, car les projets d'infrastructures prévus par la BRI à travers l'Europe semblent ne pas être conformes aux normes sociales et environnementales européennes et internationales[481]. On relève aussi des cas d'entreprises chinoises qui ne respectent pas certaines pratiques sociales et environnementales dans des États d'Asie centrale et du Sud, pouvant causer l'annulation ou le retard de certains projets[482].

Enfin, pour les observateurs occidentaux, ce projet, lorsqu'initié en 2013, semblait être la meilleure option pour la Chine afin de contrer la stratégie américaine de rééquilibrage en Asie-Pacifique – initiée par l'administration Obama fin 2011 et pour étendre son influence mondiale[483]. Considérant la compétition marquée entre les deux puissances dans certains domaines, ce projet pourrait donc faire l'objet d'une escalade de tensions, voire transformer cette compétition en confrontation généralisée selon certains experts[484]. Face à cette méfiance en Asie centrale ainsi qu'aux doutes des États occidentaux, il faudra des actions concrètes de la part de la Chine pour convaincre de ses réelles motivations dans la construction de la BRI. Il s'agira d'influencer positivement les perceptions des plus réticents et gagner la confiance et le soutien de tous les États participants, avant le prochain sommet sur la BRI planifié pour 2019, sans quoi l'initiative chinoise risque de connaître des débuts difficiles.

D. Le « One Belt One Road » pour le développement de l'Afrique

Si la Chine assure sa visibilité à long terme, elle offre de nouvelles perspectives de financement. En effet, la Chine envisage de construire 30 000

---

480 Economist Intelligence Unit (EIU) (2015). *Prospects And Challenges On China's "One Belt, One Road": A Risk Assessment Report.* Washington, DC, The Economist Group, pp. 11-12.

481 A. Stanzel, (2017). China's Belt and Road Initiative-new name, same doubts? *European Council of Foreign Relations,* 19 mai 2017. http://www.ecfr.eu/article/commentary_chinas_belt_and_road_new_name_same_doubts, consulté le 10 mai 2022.

482 *Economist Intelligence Unit* (EIU) (2015), pp. 11-12.

483 D. Dollar (2015). China's Rise as a Regional and Global Power: The AIIB and the BRI. *Horizons*, (4), pp. 162-172.

484 Z. Huasheng, (2016). "Afghanistan and China's New neighbourhood diplomacy", in *International Affairs*, 94 (4), pp 891-908.

km de nouvelles routes en Afrique. Ce projet One Belt One Road contribue également à l'agenda 2063 de l'Union africaine (UA).

1. Construction d'infrastructures et multiplication de nouveaux chantiers à grande échelle pour les pays Africains

L'Afrique de l'Est et l'Afrique australe ont enregistré un nombre important d'investissements chinois dans le domaine des infrastructures ces dernières années.

Près de 4 milliards $ ont ainsi permis à l'empire du milieu de relier Djibouti à l'Éthiopie sur près de 756 km de voies ferrées. Au Kenya, la *China Eximbank* a financé à hauteur de 90% la construction d'une ligne ferroviaire reliant la ville portuaire de Mombasa à Nairobi. Près de 13 milliards $ sont consacrés par la Chine à l'agrandissement du réseau ferroviaire dans le pays.

Au Mozambique et en Angola, de grands projets infrastructurels sont financés et développés par Pékin. En 2018, les autorités mozambicaines ont inauguré un pont suspendu de plus de 680 mètres de long au-dessus de la baie de Maputo pour un coût total de 725 millions $. Cette image l'illustre à suffisance.

Photo 1: Un pont suspendu de plus de 680 mètres de long au-dessus de la baie de Maputo.

Source : *https://www.agenceecofin.com/hebdop, consulté le 6 mai 2022, à 15 heures 54.*

Pour le président mozambicain Filipe Nyusi, financé à 95% par la Chine, l'ouvrage devait faire partie d'un tronçon routier destiné à assurer « la connexion entre le nord et le sud de l'Afrique par la route »[485]. Entre 2000 et

[485] Moutiou Adjibi Nourou, ''La nouvelle route de la soie : quels intérêts pour l'Afrique ?'', in *Ecofin Hebdo*, consulté le 6 mai 2022, à 15 heures 50.

2014, la Chine a investi près de 2,28 milliards $ dans les infrastructures mozambicaines.

En Angola, la valeur des projets d'infrastructures mis en place par la Chine en 2017 a dépassé les 10 milliards $ d'après Cui Amin, l'ambassadeur de Chine à Luanda[486].

Les ports font également l'objet d'investissements intenses de la part du géant chinois. Pékin a ainsi fourni 85% des 580 millions $ nécessaires pour la construction du port polyvalent de Doraleh à Djibouti. Le pays asiatique détient par ailleurs 23,5% du capital de l'autorité portuaire Djiboutienne[487].

Avec la multiplication de ces financements, c'est « plus de la moitié des investissements prévus par la Chine dans le cadre de cette nouvelle Route de la soie qui iront à l'Afrique », indique *Le Monde*.

2. Le projet One Belt One Road et sa contribution à l'agenda 2063 de l'Union africaine (UA)

En septembre 2013, le président chinois Xi Jinping révélait au monde un nouveau projet qui pourrait à terme bouleverser le paysage commercial mondial : le *« Belt and Road »* Initiative (initiative *« La ceinture et la route »*). Estimé à plusieurs milliers de milliards de dollars, il vise à relier la Chine à l'Europe en passant par l'Afrique. Aujourd'hui de nombreuses interrogations surgissent quant au rôle que pourrait jouer le continent, dans ce projet.

La mise en œuvre de la nouvelle route de la soie a été accompagnée d'une vague de financements en faveur des pays africains. Entre 2000 et 2015, la Chine a accordé pas moins de 94,4 milliards $ de prêts aux pays africains[488].

Le projet One Belt One Road contribue également à l'agenda 2063 de l'Union africaine (UA)[489]. Il offre de nouvelles perspectives de financement pour les grands projets d'intégration en gestation sur le continent depuis six décennies. En effet, la Chine envisage de construire 30 000 km de nouvelles routes en Afrique. Ces investissements devraient permettre au continent d'améliorer la densité de son réseau routier, qui est la plus faible au monde avec 7km de route pour 100km².

---

486 https://fr.africanews.com/2018/11/10/mozambique-inauguration, consulté le 6 mai 2022, à 16 heures 30.

487 *Idem.*

488 *Idem.*

489 Les projets phares de l'Agenda 2063 font référence à des programmes et initiatives clés qui ont été identifiés comme essentiels pour accélérer la croissance économique et le développement de l'Afrique, ainsi que pour promouvoir notre identité commune en célébrant notre histoire et notre culture dynamique.

La modernisation des ports, aéroports, routes et chemins de fer du continent, permettra surtout de réduire les coûts des transports sur le continent qui sont parmi les plus élevés au monde.

Conclusion

La mise en place des infrastructures terrestres et maritimes de la BRI nécessite une coordination politique et économique d'envergure. Ce projet répond tout d'abord à des considérations politiques puisqu'il s'agit de la pièce maîtresse de la nouvelle diplomatie chinoise développée par Xi Jinping. Au niveau régional, cette dernière vise à former une communauté qui partage des intérêts, des responsabilités ainsi qu'une même destinée. Dans l'arène internationale, elle promeut une Chine plus proactive, capable de mener une politique extérieure digne d'une grande puissance. La mise en place de la BRI répond aussi à des motivations économiques afin d'accroître l'intégration économique inter-régionale et d'assurer une prospérité à long terme au peuple chinois grâce à la « nouvelle normalité » chinoise. Toutefois, la BRI comporte de nombreux défis liés au financement du projet, aux inquiétudes occidentales ainsi qu'à l'instabilité et à la méfiance régionales. Afin d'assurer le succès de cette initiative, les pays impliqués dans la BRI devront intensifier leur coopération dans tous les domaines, poursuivre leur développement grâce à l'intégration et renforcer leurs liens économiques, politiques et sociaux[490].

La mise en œuvre de la nouvelle route de la soie facilitera l'accès au marché africain pour les entreprises chinoises ; l'inverse pourrait être moins évident pour les entreprises africaines.

Bibliographie sélective

Aoyama, Rumi (2016), "One Belt One Road": China's New Global Strategy, in *Journal of Contemporary East Asia Studies*, 5 (2), pp. 3-22.

Aoyama, Rumi (2016), "One Belt One Road": China's New Global Strategy'', in *Journal of Contemporary East Asia Studies*, 5 (2), pp. 3-22.

Aris, Stephen (2016), *One Belt, One Road: La Nouvelle Route De La Soie*. Zürich, Center for Security Studies (CSS), n° 195, septembre, pp. 31-33.

Banque Mondiale (2017), GDP Growth Annual (%), *The World Bank*, 2017. https://data.worldbank.org/indicator/NY.GDP.MKTP.KD.ZG?end=2016&locations=CN&start=1961&view=chart , consulté le 6 mai 2022, à 4 heures 15 min.

[490] Zongze, Ruan *et al.* (2016). *China's New Neighborhood Diplomacy: Seeking Stability Through Management and Planning*. Beijing, China Institute of International Studies (CIIS), Report n°9, pp. 7-9.

Bittner, Peter (2017). "Trump's Wavering Stance on China's One Belt One Road. *China-US Focus*, 21 décembre 2017 ». https://www.chinausfocus.com/foreign-policy/trumps-wavering-stance-on-chinas-one-belt-one-road, consulté le 5 mars 2022, à 15 heures 12 minutes.

Bittner, Peter (2017). "Trump's Wavering Stance on China's One Belt One Road. *China-US Focus*, 21 décembre 2017 ». https://www.chinausfocus.com/foreign-policy/trumps-wavering-stance-on-chinas-one-belt-one-road, consulté le 5 mars 2022, à 15 heures 12 minutes.

Callahan, William A. (2016), ''China's "Asia Dream": The Belt Road Initiative And The New Regional Order'', in *Asian Journal Of Comparative Politics*, 1 (3), pp. 226-243.

Chance, Clifford (2017), *China's One Belt, One Road: Opportunities And Challenges*. Londres, Clifford Chance LLP.

Chen, Jian et Zhang, Jing (2017), ''Introduction To China's New Normal Economy'', in *Journal Of Chinese Economic And Business Studies*, 15 (1), pp. 1-4.

China Power Team (2017), How will the Belt and Road Initiative advance China's interests? *China Power*, 11 septembre 2017. https://chinapower.csis.org/china-belt-and-road-initiative/, consulté le 7 mars 2022 à 03 heures 37 minutes.

China Power Team (2017), How will the Belt and Road Initiative advance China's interests? *China Power*, 11 septembre 2017. https://chinapower.csis.org/china-belt-and-road-initiative/, consulté le 7 mars 2022 à 03 heures 37 minutes.

Clarke, Michael (2017), *The Belt and Road Initiative and China's Xinjiang Dilemma: "Connectivity" Versus Control?* Washington, DC, Central Asia-Caucasus Institute & Silk Road Studies Program, 20 juillet, p.36.

Dollar, David (2015), ''China's Rise as a Regional and Global Power: The AIIB and the BRI'', in *Horizons*, (4), pp. 162-172.

Dollar, David (2015), China's Rise as a Regional and Global Power: The AIIB and the BRI. *Horizons*, (4), pp. 162-172.

Echeverri-gent, John et Herlevi, April (2015), *Economic Interdependence and Strategic Interest: China, India, and the United States in the New Global Order*. San Francisco, California, Paper Prepared for the American Political Science Association Annual Meeting 2015, pp. 11-13.

Echeverri-gent, John et Herlevi, April (2015), *Economic Interdependence and Strategic Interest: China, India, and the United States in the New Global Order*. San Francisco, California, Paper Prepared for the American Political Science Association Annual Meeting 2015, pp. 11-13.

Economist Intelligence Unit (EIU) (2015), *Prospects And Challenges On China's "One Belt, One Road": A Risk Assessment Report*. Washington, DC, The Economist Group, pp. 11-12.

Foucaud, Isabelle (2009), ‘‘L’année du miracle chinois’’, in *Le Figaro*, Paris,29 décembre 2009.

Gao, Charlotte (2018), China Issues Its Arctic Policy. *The Diplomat*, 26 janvier 2018. https://thediplomat.com/2018/01/china-issues-its-arctic-policy/, c. le 15 juin 2018.

Gao, Charlotte (2018), China Issues Its Arctic Policy. *The Diplomat*, 26 janvier 2018. https://thediplomat.com/2018/01/china-issues-its-arctic-policy/, consulté le 17 mars 2022, à 23 heures 04 min.

Grieger, Gisela (2016), *One Belt, One Road (OBOR): China’s regional integration initiative*. European Union, European Parliamentary Research Service (EPRS).

Huasheng, Zhao (2016), ‘‘Afghanistan and China’s New neighbourhood diplomacy’’, in *International Affairs*, 94 (4), pp 891-908.

Kennedy S. et Parker D. A., (2015), *Building China’s “One Belt, One Road”*. Washington, DC, Center for Strategic and International Studies (CSIS), 3 avril, pp. 47-48.

Khasru, Syed M. (2017), The geopolitical landscape of Asia Pacific is changing dramatically. Here’s how. *World Economic Forum*, 28 juillet 2017. https://www.weforum.org/agenda/2017/07/the-geopolitical-landscape-of-asia-pacific-is-changing-dramatically-here-s-how, vonsulté le 10 mai 2022.

Kovrig, Michael (2017). *The Twists and Turns along China’s Belt and Road*. Bruxelles, International Crisis Group, 2 octobre, pp. 23-25.

Laparra, Alexandre (2017), Enjeux stratégiques de la Route de la Soie. *Geolinks*, 20 novembre 2017. http://www.geolinks.fr/grands-enjeux/les-enjeux-geopolitiques/enjeux-strategiques-de-la-route-de-la-soie/, consulté le 5 mai 2022.

Li, Yanfei (2017), China’s Economy: The New Normal And The Virtuous Circle. *The Diplomat,* 2 février 2017. https://thediplomat.com/2017/02/chinas-economy-the-new-normal-and-the-virtuous-circle/, consulté le 6 mai 2022, à 5 heures 38 min.

Mackerras, Colin (2017), The Belt and Road to China-based globalization. *East Asia Forum*, 31 août 2017. http://www.eastasiaforum.org/2017/08/31/the-belt-and-road-to-china-based-globalisation/, consulté le 6 mai 2022.

Markey, Daniel S. et West, James (2016), Behind China’s Gambit in Pakistan. *Council on Foreign Relations*, 12 mai 2016. https://www.cfr.org/expert-brief/behind-chinas-gambit-pakistan, consulté le 28 avril 2022, à 11 heures 56 min.

Men, Jing (2009). La crise financière fera-t-elle de la Chine une superpuissance ? *Revue de l’OTAN*, non daté. https://www.nato.int/docu/review/2009/FinancialCrisis/Financial-Crisis-China/FR/index.htm, consulté le 3 mars 2022, à 11 heures 18 min.

Meyer, Marshall W. (2017), ''Going Out by Going In: Business Model Innovation with Chinese Characteristics'', in *Thunderbird International Business Review*, 59 (4), pp. 473-482.

Mottet, Éric (2018), Belt and Road Initiative : Quelle géopolitique des nouvelles routes de la soie ? *Faculté d'administration de l'Université Laval*, 1ier mars 2018.

Mottet, Éric et Lasserre, Frédéric (2018), ''L'initiative "Belt and Road", stratégie chinoise ou "Grand Jeu" ?, in *Diplomatie*, (90), pp 36-40.

National Development and Reform Commission (NDRC) (2015), *Vision and Actions on Jointly Building Silk Road Economic Belt and 21st-Century Maritime Silk Road.* China, Ministry of Foreign Affairs and Ministry of Commerce of the People's Republic of China, pp. 1-75.

Pedroletti Brice, (2013), ''Xi Jinping, l'homme du "rêve chinois", élu nouveau président de Chine populaire'', in *Le Monde* (Paris,), 14 mars 2013.

Stanzel, Angela (2017), China's Belt and Road Initiative-new name, same doubts? *European Council of Foreign Relations,* 19 mai 2017. http://www.ecfr.eu/article/commentary_chinas_belt_and_road_new_name_same_doubts, consulté le 10 mai 2022.

Su, Zhan (2016), Trade and The Chinese's Economy "New Normal". *Options Politiques*, 2 septembre 2016. http://policyoptions.irpp.org/magazines/september-2016/les-relations-commerciales-du-canada-avec-la-chine-dans-le-contexte-de-la-nouvelle-normalite-economique/, consulté le 4 mai 2022, à 15 heures 03 min.

Swaine, Michael D. (2015), "Chinese Views and Commentary on the "One Belt, One Road" Initiative", in *China Leadership Monitor*, (47), pp. 1-24.

Swaine, Michael D. (2015), "Chinese Views and Commentary on the "One Belt, One Road" Initiative", in *China Leadership Monitor*, (47), pp. 1-24.

The White House (2017), *National Security Strategy of the United States of America.* Washington, DC, Thc White House.

The White House (2017), *National Security Strategy of the United States of America.* Washington, DC, The White House.

Tian, Dai (2017), ''180 000 jobs generated by Belt and Road Initiative'', in *China Daily* (Pékin), 11 mars 2017.

Wolff, Peter (2016), *China's "Belt and Road" Initiative: Challenges and Opportunities*. Bonn, German Development Institute, pp. 51-52.

Yu, Hong (2017), ''Motivation behind China's "One Belt, One Road" Initiatives and Establishment of the Asian Infrastructure Investment Bank'', in *Journal of Contemporary China*, 26 (105), pp. 353-368.

Zhai, Fan (2018), ''China's belt and road initiative: A preleminary quantitative assessment'', in *Journal of Asian Economics*, 1 (55), pp. 84-

92.http://www.cms.fss.ulaval.ca/recherche/upload/hei/fichiers/programmeroutesoiefinal.pdfc. 15 mars 2022.

Zongze, Ruan *et al.* (2016), *China's New Neighborhood Diplomacy: Seeking Stability Through Management and Planning*. Beijing, China Institute of International Studies (CIIS), Report n°9.

Nazet Michel, (2014), ''La renaissance du grand rêve chinois'', in *Studyrama Grandes Écoles*, 4 décembre.

Duchâtel Mathieu, Zylberman Joris, (2012), *Les nouveaux communistes chinois*, Paris, Armand Colin.

Monteil Amandine, (2022), "La Chine en quête d'une « société harmonieuse »", *CERISCOPE Pauvreté*, 2012, consulté le 08/05/2022, URL : http://ceriscope.sciences-po.fr/pauvrete/content/la-chine-en-quete-dune-societe-harmonieuse.

Audrey Camonfour-Jobin, Alice Lopez, Anaïs Gayraud et Victoria Gaudr La Belt and Road initiative : enjeux et défis pour la Chine, Université Laval, Québec, Canada. RG v4 n3, 2018, https://cqegheiulaval.com/la-belt-and-road-initiative-enjeux-et-defis-pour-la-chine, consulté le 08 mai à 16 heures 27 min.

Moutiou Adjibi Nourou, ''La nouvelle route de la soie : quels intérêts pour l'Afrique ?'', in *Ecofin Hebdo*, consulté le 6 mai 2022, à 15 heures 50.

https://fr.africanews.com/2018/11/10/mozambique-inauguration, consulté le 6 mai 2022, à 156 heures 30.

LA COOPÉRATION EUROPÉENNE AU DÉVELOPPEMENT POUR L'AFRIQUE : UNE POLITIQUE AUX EFFETS LIMITÉS

Guy MAHOUNGOU

Résumé

Menée dans le cadre des principes et objectifs de son action extérieure, la politique d'aide au développement conduite par l'Europe s'est toujours efforcée de poursuivre l'objectif de développement, tout en privilégiant les pays d'Afrique, des Caraïbes et du Pacifique (ACP). Elle se fonde dès l'origine sur un certain nombre d'accords conclus par la Communauté puis par l'Union au titre de sa compétence commerciale, incluant l'établissement des préférences généralisées. Ces accords, qui ont incontestablement permis de mettre en place une véritable coopération économique et commerciale avec ces pays ACP, ont eu souvent des résultats décevants en termes de développement. C'est pourquoi il a été nécessaire de revenir sur les objectifs particulièrement ambitieux de cette politique ainsi que sur ses modalités de mise en œuvre en Afrique pour en comprendre les limites. Il en résulte que la réduction voire l'élimination de la pauvreté demeure un idéal difficile à concrétiser, en raison entre autres de son caractère multidimensionnel mais surtout de la conditionnalité politique associée à l'aide au développement. Par ailleurs, l'absence de cohérence entre les politiques externes de l'Union et la concurrence des politiques de développement des États membres contribuent fortement à l'inefficacité de la politique européenne de coopération au développement.

Mots clés : coopération, développement, Afrique, politique, effets limités.

Abstract

Europe's development aid policy, conducted within the framework of the principles and objectives of its external action, has always endeavoured to pursue the objective of development, while giving priority to the African, Caribbean and Pacific (ACP) countries. From the outset, it has been based on a number of agreements concluded by the Community and then by the Union under its trade competence, including the establishment of generalised preferences. These agreements, which have undoubtedly made it possible to establish genuine economic and trade cooperation with these ACP countries, have often had disappointing results in terms of development. This is why it was necessary to look back at the particularly ambitious objectives of this policy and the way it was implemented in Africa in order to understand its limitations. As a result, poverty reduction or even elimination remains an ideal that is difficult to achieve, partly because of its multidimensional nature, but especially because of the political conditionality associated with development aid. Furthermore, the lack of coherence between the EU's external policies and the competition between Member States' development policies contribute greatly to the ineffectiveness of European development cooperation policy.

Keywords: *cooperation,* development, *Africa, policy, limited impact.*

Introduction

L'action économique extérieure de l'Union européenne (UE) se décline en deux politiques à savoir la politique commerciale commune et la politique de coopération avec les pays tiers, encore appelée politique européenne de coopération au développement (PCD). Celle-ci renvoie à l'expression d'aide au développement[491], définie comme l'ensemble des dons et des prêts à des conditions très favorables, accordés par des organismes publics aux pays et territoires figurant sur la liste des bénéficiaires du comité d'aide au développement (C.A.D.) de l'organisation de coopération et de développement économique (O.C.D.E.). Dispensée généralement sur une base bilatérale[492], cette aide est également constituée par des apports en ressources fournis par certaines institutions multilatérales (Fonds monétaire international et Banque mondiale principalement) aux pays qui répondent à certains critères[493]. Prévue au sein de la cinquième partie du traité sur le fonctionnement de l'UE (TFUE) relative à l'action extérieure de l'Union[494], la coopération européenne au développement remonte au traité de Rome du 25 mars 1957 portant création de la Communauté économique européenne (C.E.E.)[495]. Elle révèle le souci d'une Europe en construction de tisser des liens économiques avec ses anciennes possessions coloniales et d'outre-mer, ayant le statut de pays ou territoires d'outre-mer (dits P.T.O.M.). Disposant

---

[491] Expression apparue pour la première fois dans le point IV du Discours d'investiture du Président américain Harry Truman, prononcé à la Maison Blanche le 20 janvier 1949.

[492] L'aide bilatérale correspond aux opérations qu'un donneur mène directement avec un PED.

[493] Selon l'OCDE, ces apports doivent en effet émaner d'organismes publics (États et collectivités locales) ou d'organismes agissant pour le compte d'organismes publics. En outre, chaque opération doit remplir deux conditions supplémentaires : d'une part elle doit avoir pour but essentiel de favoriser le développement économique et l'amélioration du niveau de vie des pays en développement ; d'autre part elle doit être assortie de conditions favorables et comporter un élément de libéralité au moins égal à 25.

[494] Plus précisément dans un titre III intitulé « La coopération avec les pays tiers et l'aide humanitaire », incluant la coopération au développement, la coopération économique, financière et technique avec les pays tiers et l'aide humanitaire.

[495] Entré en vigueur le 14 janvier 1958, ce traité était accompagné d'un second traité instituant la Communauté européenne de l'énergie atomique (C.E.E.A. ou Euratom), adopté le même jour.

d'une grande expérience de l'Afrique, la France[496] avait réussi à convaincre les autres États membres originels de l'Europe[497] de l'intérêt de mettre en place l'association de l'outremer au marché commun. Ce régime spécial d'association consiste à l'abolition des barrières tarifaires et douanières entre la C.E.E. et les pays associés et à la création d'un Fonds européen de développement (F.E.D.)[498] financé par les contributions des États membres pour rendre opératoire cette association. Situés hors de la Communauté, les P.T.O.M. sont traités comme des pays tiers à la différence des États membres, soumis quant à eux, au droit interne de la C.E.E. Dès son apparition dans le préambule du traité de Rome, la PCD s'est imposée comme l'une des dimensions essentielles de la construction européenne[499]. Ayant accédé à l'indépendance, les États africains et malgaches associés (E.A.M.A.) ont été liés à la C.E.E., au titre des Conventions de Yaoundé[500]. À partir de 1975, la PCD s'est étendue au groupe des pays d'Afrique subsaharienne nouvellement indépendants, des Caraïbes et du Pacifique (ACP) avec les Conventions de Lomé[501], ainsi qu'à l'ensemble du Maghreb[502]. Aujourd'hui, la relation UE-

[496] La France avait fait de l'intégration des P.T.O.M. au marché commun européen la condition *sine qua non* pour sa participation à la C.E.E. L'Afrique représentait en 1957 près de 40% des échanges commerciaux de la France. Lire à cet effet : HANSEN (P.) et JONSSON (S.), *Eurafrique. Aux origines coloniales de l'Union européenne*, La Découverte, 2022, 372 pages ; GERBET (P.), « La relance européenne Marché commun et Euratom (1955-1957) », in *La construction de l'Europe*, Paris, Armand Colin, 2007, p.154.

[497] Les six pays fondateurs de la C.E.E. sont l'Allemagne, le Luxembourg, la Belgique, la France, l'Italie et le Pays-Bas.

[498] Au total, onze (11) FED se sont succédé depuis l'origine, le premier couvrant la période 1959-1963 et le dernier la période 2014-2020. Le 11è FED avait une enveloppe financière de 31,6 milliards d'euros.

[499] Les six pays fondateurs de la C.E.E. y exprimèrent leur volonté de confirmer la solidarité qui lie l'Europe et les pays d'Outre-mer de même que leur « désir d'assurer le développement de leur prospérité, conformément aux principes de la Charte des Nations Unies ».

[500] Les deux conventions de Yaoundé, d'une durée de cinq années chacune, furent signées à Yaoundé (République du Cameroun), respectivement le 20 juillet 1963 (entrée en vigueur le 1er juin 1964, JO n° L 93, 11 juin 1964) et le 29 juillet 1969 (entrée en vigueur le 1er janvier 1971, JO n° L 282, 28 décembre 1970.

[501] L'élargissement de la communauté au Royaume-Uni amena la conclusion à partir de 1975 de la première Convention de Lomé signée le 28 février. La deuxième sera signée le 31 octobre 1979 et la troisième le 8 décembre 1984. Enfin Lomé IV sera signée le 15 décembre 1989.

[502] Les pays d'Afrique du Nord sont concernés par la politique européenne de voisinage (PEV) et le partenariat euro-méditerranéen (PEM).

ACP a pour cadre formel l'Accord de partenariat de Cotonou[503] (APC) du 23 juin 2000, révisé tous les cinq ans[504].

Si la logique associative poursuivie par l'Europe lui a permis de mettre en œuvre une « vaste entreprise d'aide au développement »[505], il faut souligner que la PCD a manqué de base juridique spécifique jusqu'à l'adoption du traité de Maastricht le 7 février 1992. Celui-ci a érigé la coopération au développement au rang d'objectif de la politique étrangère et de sécurité commune (PESC). On y voit une ambition d'affirmation de l'Union sur la scène internationale et un certain attachement au multilatéralisme, confortés par l'article 217 TFUE relatif aux accords d'association[506].

Dans le langage ordinaire, le développement correspond à un « un état, tantôt un processus connoté par les notions de bien-être, de progrès, de croissance, d'épanouissement personnel»[507]. Il peut être conçu de façon plus large comme « un facteur d'équilibre dans les relations internationales »[508]. Mais en réalité, la PCD cantonne les pays africains au rôle de fournisseurs de matières premières de l'industrie européenne, sur lesquelles ceux-ci n'ont que peu de contrôle. Malgré le fait que le traité de Lisbonne a donné aux objectifs du développement un caractère transversal dans l'action extérieure de l'Union[509], il semble cependant que l'UE a une approche principalement commerciale du développement et que ses autres composantes n'ont qu'un caractère symbolique. Pourtant, dans la pratique, on reproche à cette aide

---

[503] Entré en vigueur le 1er avril 2003 après sa ratification par les 15 États membres de l'UE de l'époque, la CE et les deux tiers (52 sur 77) des États ACP (JO, n°317, 15/12/2000), l'APC a fixé de nouveaux objectifs à savoir l'éradication de la pauvreté, le développement durable et l'intégration progressive des ACP dans l'économie mondiale. Arrivé à expiration le 29 février 2020, l'APC a été remplacé par une proposition d'accord Post-Cotonou signé le 16 avril 2021. En attendant sa ratification, les parties se sont accordées sur des mesures transitoires pour proroger l'application de l'Accord Cotonou jusqu'au 30 juin 2023.

[504] L'APC a été révisé à deux reprises : d'abord le 25 juin 2005 au Luxembourg, puis le 22 juin 2010 à Ouagadougou.

[505] CASSAN (H.), MERCURE (P-F.) , ABDELWAHAB BEKHECHI (M.), *Droit international du développement*, Paris, Pedone, 2019, p.153.

[506] Cet article dispose : « L'Union peut conclure avec un ou plusieurs pays tiers ou organisations internationales des accords créant une association caractérisée par des droits et obligations réciproques, des actions en commun et des procédures particulières ».

[507] RIST (G.), Le Développement – Histoire d'une croyance occidentale, Paris, presses de Sciences politiques, 2013, p.19.

[508] NTUMBA (L-L.), La communauté européenne et les intégrations économiques régionales de pays en voie de développement, Bruxelles, Bruylant, Collection Organisation internationale et relations internationales, 1990, p.197.

[509] Cf. article 21 paragraphe 2 al. d) et e) TUE. Les traités d'Amsterdam et de Nice n'ont pas apporté de changement majeur en la matière.

d'avoir des effets peu perceptibles, de manquer de cohérence, bref de ne pas toujours être efficace.

Ces quelques carences, alliées à l'environnement international mouvant, à la réticence de certains États membres de l'UE et aux nouveaux défis auxquels sont confrontés les États bénéficiaires, impliquent de repenser la PCD tant dans ses objectifs que dans ses principes et ses modalités. En effet, de nombreuses voix n'hésitent pas à dénoncer la relation de dépendance des destinataires que sont les pays en développement (PED) à l'égard des donateurs (pays européens), compte tenu des résultats mitigés, parfois insignifiants de l'aide au développement. Non seulement la pauvreté n'a pas disparu dans les PED, mais elle s'y est aggravée. On est donc bien loin de la piste lancée lors de la Déclaration Schuman, unanimement qualifiée de texte fondateur de l'Europe, en ces termes : « L'Europe pourra, avec des moyens accrus, poursuivre la réalisation d'une de ses tâches essentielles : le développement du continent africain »[510]. La question qui se pose logiquement est de savoir quelle est la nature des facteurs limitant l'efficacité de la politique de développement de l'Union européenne à destination de l'Afrique ? Il s'agit en filigrane de s'interroger sur l'affirmation de la PCD de l'UE par rapport aux politiques bilatérales des États membres, de sa place par rapport aux politiques communes de l'Union et de son financement. La présente contribution y apporte une réponse nuancée et soulève, en même temps, des interrogations. Sans vouloir retracer l'évolution historique de la PCD de l'UE en Afrique subsaharienne et les données statistiques y relatives, cette contribution ambitionne de porter un regard critique sur les aspects touchant à la mise en œuvre de cette politique. L'approche juridique de cette contribution incite à une analyse comparative des dispositions du traité de Lisbonne relatives au développement et de celles de l'Accord de Cotonou. Suivant cette orientation sera mise en exergue la finalité de la coopération au développement de l'UE, respectivement à travers les limites en lien avec les objectifs ambitieux de la politique européenne (**I**) et celles tenant à sa spécificité par rapport aux autres politiques externes de l'Union (**II**).

I. Les limites en lien avec les objectifs ambitieux de la politique européenne de coopération au développement

Considérée comme le deuxième pilier du partenariat global ACP-UE établi par l'Accord de Cotonou, la coopération au développement fait l'objet des articles 208 à 211 TFUE. L'objectif prioritaire de réduction ou d'éradication de la pauvreté y est consacré (**A**) ; et il s'étend désormais aux objectifs transversaux de l'action extérieure de l'Union **(B).**

---

510 Point 8 de la Déclaration du 9 mai 1950 prononcée par Robert Schuman, ministre français des Affaires étrangères de l'époque.

A. Un recentrage clair sur la réduction et l'élimination de la pauvreté

L'article 1er de l'Accord de Cotonou confirme la priorité de lutte contre la pauvreté affichée par le traité de Lisbonne. Il affirme que le partenariat est centré sur l'objectif d'éradication de la pauvreté, c'est-à-dire d'amélioration des conditions de vie des populations vivant dans les pays ACP. Cela se traduit par la définition de stratégies de développement d'une part et la mobilisation d'instruments de coopération financière d'autre part.

Trois domaines prioritaires de coopération sont pris en compte dans les stratégies de développement à savoir : le développement économique[511], le développement social et humain[512] et l'intégration et les coopérations régionales[513]. L'Accord prône donc une approche globale et intégrée du développement, en ce sens que les objectifs de la coopération au développement sont poursuivis suivant des stratégies qui combinent les composantes économiques, sociales, culturelles, environnementales et institutionnelles du développement et qui doivent être appropriées au niveau local. Ce principe d'appropriation est notamment souligné par la seconde révision de l'Accord de Cotonou, au travers du rôle reconnu aux parlements nationaux ainsi qu'aux autorités locales des États ACP. Il prévoit la responsabilité des États ACP dans le processus de développement, en leur garantissant le choix souverain de leurs stratégies de développement.

On peut considérer que le choix d'une telle approche est dicté par le caractère multidimensionnel de la pauvreté[514] que nul ne conteste. Souvent appréhendée d'une manière absolue ou relative, la pauvreté varie en fonction des individus, du contexte et des périodes. Dans la situation générale des pays ACP, la problématique de pauvreté recouvre une dimension collective liée à la vie quotidienne et qui relève plus d'une approche des inégalités[515]. Aujourd'hui, la communauté des États admet la conception selon laquelle la pauvreté serait absorbée par le concept de développement dont le droit international du développement est la traduction juridique[516]. C'est dans cette perspective que l'UE et les États ACP ont longtemps témoigné leur volonté

---

[511] Accord de Cotonou, art. 21 à 24.

[512] Accord de Cotonou, art. 25 à 27.

[513] Accord de Cotonou, art. 28 à 30.

[514] La pauvreté peut rimer avec la mauvaise santé, l'éducation insuffisante, le faible revenu, le logement précaire, l'insécurité alimentaire, etc.

[515] Selon la théorie de l'échange inégal de Samir Amin, l'économie mondiale est constituée de deux pôles : le « centre » capitaliste formé des nations occidentales industrialisées et la « périphérie » regroupant les pays du Tiers-monde. La périphérie destinataire de l'aide ne pourrait jamais effectuer le rattrapage supposé par l'idéologie dominante du développement qui n'aboutirait qu'à entretenir l'inégalité. Pour sortir de cette dépendance, il prône alors un développement « autocentré » ou « intégré » basé sur l'investissement national.

[516] MASRINUAN (P.), Le droit international et la pauvreté, Thèse de doctorat en Droit international, Université Panthéon-Sorbonne, 2005.

d'intégrer l'impératif de lutte contre la pauvreté dans toutes les actions et politiques internationales. L'éradication de la pauvreté serait donc un objectif substantiel dans l'objectif large de développement.

Le cadre général de l'Accord de Cotonou s'appuie sur des engagements internationaux pris par les parties contractantes au sein des Nations unies[517] ; il est aussi défini par le « Consensus européen pour le développement »[518]. En conséquence, le partenariat ACP-UE repose désormais, dans le domaine de l'aide, sur le principe fondamental de « différenciation », à partir des critères de performance et de besoins et reprend les cinq principes d'efficacité de l'aide définis à l'article 2 de l'Accord de Cotonou révisé[519]. Il convient de noter que l'Europe a pratiqué l'aide alimentaire dans les années 60 et mis en place un office de l'aide humanitaire d'urgence en 1991. Elle avait de même mis en œuvre dès 1971 un système de préférence généralisé (SPG) pour les produits industriels et les produits agricoles transformés des pays ACP[520].

L'assistance financière a longtemps reposé essentiellement sur le FED, sans cesse critiqué pour sa complexité et son absence de budgétisation[521], limitant le contrôle parlementaire émanant des députés européens. Si l'appui budgétaire général demeure l'instrument privilégié de la politique européenne de développement en ce qu'il permet de transférer directement les fonds au budget des pays bénéficiaires, force est de relever que les interventions de l'UE n'ont permis de réaliser que certaines améliorations visées dans le domaine de l'éducation. La Cour des comptes européenne décrit cette situation en ces termes : « Le succès est mitigé, mais les réalisations ne devraient pas être sous-estimées. Celles-ci démontrent cependant à quel point une bonne gestion est nécessaire pour garantir que les fonds de l'UE sont correctement ciblés et qu'ils font l'objet d'un suivi afin d'en garantir une utilisation optimale »[522].

---

[517] Cf. Accord de Cotonou, art. 19, § 2.

[518] PE, Cons. et Com., déclaration conjointe sur la politique de développement de l'Union européenne, adoptée le 22 déc. 2005, JOUE n° C 46, 24 févr. 2006, p. 1.

[519] Il s'agit des principes suivants : l'appropriation, l'alignement, l'harmonisation, la gestion axée sur les résultats et la responsabilité mutuelle.

[520] Le volet commercial de l'Accord de Cotonou comprenait deux instruments ou mécanismes de stabilisation des prix à savoir : le Système de stabilisation des recettes d'exportation de produits de base agricoles (STABEX) instauré le 28 janvier 1975 et celui sur les produits miniers (SYSMIN), mis en place le 8 décembre 1984.

[521] Les instruments du FED ont été rationalisés et regroupés dans deux enveloppes distinctes : les dotations non remboursables constituées des subventions affectées au financement de programmes de développement dans les pays ACP, dans le cadre des programmes indicatifs nationaux (PIN), élaborés en fonction du programme indicatif régional (PIR) ; et la Facilité d'investissement gérée par la Banque européenne d'investissement (BEI), et qui fournit ainsi des aides remboursables à l'appui des projets conduits dans les ACP.

[522] En effet, seulement 45% des objectifs fixés dans les conventions de financement auraient été entièrement atteints, soit moins de la moitié. Lire à propos, VERLUISE (P.), UE/APD :

On le voit, la Cour regrette que la gestion de la Commission européenne n'ait pas toujours permis de garantir la programmation et la mise en œuvre appropriée des interventions de l'UE. Lorsque le mode d'acheminement de l'aide était l'appui budgétaire sectoriel, ce choix était généralement conforme aux orientations de la Commission. Le bilan fort décevant de la coopération financière apparu dans le cadre des Conventions de Lomé[523] puis de l'Accord de Cotonou a entraîné l'adoption d'un nouvel instrument financier inscrit dans l'actuel cadre financier pluriannuel (CFP) 2021-2027 et entré en vigueur le 14 juin 2021. Il s'agit de l'instrument de voisinage, de coopération au développement et de coopération internationale financier, « IVCDCI-Europe dans le monde »[524], lequel fusionne plusieurs dont le FED. Le changement le plus notable consiste dans le fait que le FED n'est plus hors budget de l'Union ; ce qui est un facteur de transparence et d'efficacité. Toutefois, les dépenses obéissent généralement à une logique plus large intégrant la transversalité des objectifs de l'action extérieure de l'Union, lesquels objectifs sont marqués par le sceau de conditionnalité.

B. La poursuite d'objectifs transversaux empreints de conditionnalité politique

Aux termes de l'article 21 du traité sur l'UE (TUE), l'action extérieure de l'Union repose sur des principes « qui ont présidé à sa création, à son développement et à son élargissement et qu'elle vise à promouvoir dans le reste du monde ». Ainsi, le traité de Lisbonne a approfondi les objectifs de la politique d'aide au développement de l'UE fixés par le traité de Maastricht, par l'intégration dans son corpus des valeurs de démocratie, d'État de droit, de respect des droits de l'Homme et des libertés fondamentales.

En effet, le caractère multidimensionnel de la pauvreté et l'hétérogénéité des niveaux de développement des partenaires de l'Union incitent cette dernière à agir en vue d'un dialogue politique fondé sur ces valeurs fondatrices dont le respect conditionne souvent l'octroi de son aide. C'est ce que relève le point 61 du nouveau consensus européen pour le développement « Notre monde, notre dignité, notre avenir »[525]. Dans le même sillage, l'Accord de

---

Aide au développement. Entre autosatisfaction et autocritique, Diploweb.com : la revue géopolitique, 5 février 2012.

[523] FLAESCH-MOUGIN (C.), « Les nouvelles logiques de la coopération financière », in D. Perrot (dir.), *Les relations A.C.P./U.E. après le modèle de Lomé – Quel partenariat ?* Coll. Rencontres européennes, Bruxelles, Bruylant, 2007, XXVI p. et 533 p., pp. 313-370, spéc. p. 32

[524] Cet instrument est doté de 79,5 milliards d'euros au titre du cadre financier pluriannuel (CFP) 2021-2027.

[525] « La bonne gouvernance, la démocratie et l'État de droit sont essentiels pour le développement durable. L'État de droit est une condition préalable à la protection de tous les droits fondamentaux (…) », JOUE n° C 210, 30 juin 2017.

Cotonou précise : « Les parties réaffirment que la démocratisation, le développement et la protection des libertés fondamentales et des droits de l'homme sont interdépendants et se renforcent mutuellement »[526].

La question des valeurs confère un objectif « identitaire » de l'affirmation de l'Union sur la scène internationale, associé à un objectif « transversal »[527] qui transcende l'action extérieure de l'Union et s'applique invariablement aux différents domaines de ses interventions. La Cour européenne des Droits de l'Homme (CEDH) a eu l'occasion de rappeler que les dispositions du traité relatives à la coopération au développement doivent faire l'objet d'une interprétation large, en tant qu'elles « visent non seulement le développement économique et social durable de ces pays, leur insertion harmonieuse et progressive dans l'économie mondiale ainsi que la lutte contre la pauvreté, mais également le développement et la consolidation de la démocratie et de l'État de droit ainsi que le respect des droits de l'homme et des libertés fondamentales, tout en respectant les engagements pris dans le cadre des Nations unies et des autres organisations internationales »[528].

Le lien entre la démocratie et le développement a été officialisé au début des années 90 avec la fin de la bipolarisation Est-Ouest. En effet, à cette époque, « la communauté internationale découvrait qu'il n'y avait pas de développement sans un certain degré de démocratie, pas de démocratie sans respect des droits de l'Homme et, enfin, pas de démocratie sans développement »[529]. Ce lien justifie le recours à la conditionnalité politique. Il s'agit en réalité des conditions d'ordre politique que le pays bénéficiaire de l'aide doit remplir avant le versement de celui-ci. Mais les PED sont souvent réticents à l'idée d'introduire une conditionnalité dans le cadre de la relation avec l'UE et cela d'autant plus qu'elle constitue une manifestation de la projection des valeurs de celle-ci. Abordant la question sur la conditionnalité des institutions financières internationales, Maurice KAMTO affirme : « La conditionnalité est devenue un véritable instrument de politique internationale des pays riches qui avancent souvent masqués derrière les institutions de Bretton Woods, et parfois à visage découvert lorsqu'ils veulent faire ressentir plus directement leur poids à un gouvernement»[530].

---

526 Cf. Article 9, paragraphe 2, alinéa 1er, de l'Accord de Cotonou.

527 BOSSE-PLATIERE (I.), L'affirmation de l'Union européenne sur la scène internationale, in NEFRAMI (E.), *Objectifs et compétences dans l'Union européenne,* Bruxelles, Bruylant, p. 267.

528 CJCE, 23 oct. 2007 Aff. C-403/05, Parlement européen c/ Conseil.

529 SIMMA (B.), ASCHENBRENNER (J.-B.), SCHULTEYE (C.), « Observations relatives aux droits de l'homme en ce qui concerne les activités de coopération au développement de la communauté européenne », in ALSTON (P.), (sous la direction de), *L'Union européenne et les droits de l'Homme*, pp.596-597.

530 KAMTO (M.), *Actes du Colloque sur la conditionnalité dans la coopération internationale*, Yaoundé, 2004, p.32.

La conditionnalité a toujours été intégrée et systématisée en tant que principe dans le cadre des relations extérieures de l'Union. De nombreux accords conclus avec les États tiers contiennent en effet une clause de suspension en cas de manquement aux principes démocratiques : c'est le cas de la clause « Droits de l'homme » de l'article 96 de l'Accord de Cotonou. C'est sur le fondement de cette disposition que les pays ACP accusés de violer les droits de l'Homme et les principes démocratiques encourent des sanctions. Ce mécanisme prend appui sur le dispositif de violation substantielle d'un élément essentiel de l'accord qui figure à l'article 60 de la Convention de Vienne du 23 mai 1969 sur le droit des traités. C'est à ce titre qu'après avoir suspendu partiellement l'aide octroyée au Togo de 1993 à 2007, en raison de nombreuses violations des droits de l'Homme, l'UE avait conditionné, quatre années plus tard, la reprise de sa coopération à la tenue d'élections libres et démocratiques[531]. De même en 2016, l'UE a suspendu les appuis financiers directs fournis à l'administration burundaise, y compris les appuis budgétaires, en réponse aux violences qui ont émaillé le scrutin présidentiel de 2015. Ces restrictions n'ont été levées que le 8 février 2022 par le Conseil de l'UE[532].

De manière générale, la clause de conditionnalité est un élément essentiel de l'accord impliquant que sa violation par l'une des parties autorise son cocontractant à l'invoquer, pour mettre fin au traité ou le suspendre. Cependant, l'approche européenne de la conditionnalité fait l'objet d'une critique récurrente concernant son manque d'effectivité qui peut donner l'image d'une Union principalement intéressée par d'autres questions[533]. L'on observe qu'il n'est pas toujours nécessaire que les États bénéficiaires de l'aide se livrent à une violation des valeurs démocratiques pour l'activer. En effet, il suffit parfois que seul le mode de gouvernement ne soit conforme à ce que l'UE pourrait attendre d'un État respectueux de certaines valeurs politiques. À cet égard, on s'interroge si, au nom de la relation partenariale que l'on cherche à mettre sur pied, l'on doit tout accepter de son partenaire. N'est-ce pas là une forme de légitimation d'un droit d'ingérence dans les affaires intérieures du pays bénéficiaire de l'aide ?

Par ailleurs, l'UE ne peut prétendre s'ériger en donneur de leçons en voulant projeter à l'extérieur son modèle d'État de droit alors qu'il est contesté

---

[531] Décision 2006/863/CE du Conseil du 13 novembre 2006 modifiant la décision 2004/793/CE portant conclusion de la procédure de consultation avec la République togolaise au titre de l'article 96 de l'accord de Cotonou.

[532] Décision (UE) 2022/177 du Conseil du 8 février 2022 abrogeant, au nom de l'Union, la décision (UE) 2016/394.

[533] Dans les négociations sur l'Accord post-Cotonou, l'UE avait souhaité que soient notamment inscrits dans le texte final plusieurs principes comme la reconnaissance de l'orientation sexuelle et de l'identité du genre, l'abolition de la peine de mort et la collaboration avec la Cour pénale internationale (CPI). Des évolutions dont les pays ACP n'ont pas voulu entendre parler.

en intérieur[534]. Le droit de l'Union prévoit une procédure similaire à celle de l'Accord de Cotonou, notamment à l'article 7 TUE, pouvant aller jusqu'à la suspension du droit de vote au Conseil. Mais cette procédure n'a jamais abouti car elle nécessite une décision prise à l'unanimité des membres de l'UE, sauf l'État en question. Pour pallier cette difficulté, un mécanisme de conditionnalité et de primauté du droit européen[535] permettant à l'UE de priver de fonds européens les États membres accusés de ne pas respecter un certain nombre des principes dont l'État de droit a été adopté. Particulièrement visée, la Pologne a utilisé l'arme migratoire dans le contexte du conflit russo-ukrainien pour faire pression sur l'UE et obtenir le déblocage des fonds[536]. On le voit, la question de l'État de droit a été encore une fois sacrifiée sur l'autel des considérations politiques comme à l'occasion de la signature du pacte migratoire avec la Turquie[537].

L'Union doit être crédible, c'est-à-dire respecter elle-même ses valeurs et se conformer au droit international, comme le mentionne l'article 21 du TUE[538]. L'ensemble de ces valeurs n'a de sens que si l'Union s'ancre dans leur promotion. Celle-ci n'est pas garantie puisque plusieurs éléments contribuent à renforcer la complexité de la mise en œuvre de la PCD. Ces éléments dérivent de sa spécificité par rapport aux autres politiques externes de l'Union.

II. Les effets tenant à la spécificité de la politique européenne de coopération au développement par rapport aux autres politiques externes

La mise en œuvre de la PCD fait apparaître deux limites importantes à savoir, le respect du principe de cohérence dans la mise en œuvre des

---

534 Les paroles de l'évangile de Matthieu (7 :4) « *Comment peux-tu dire à ton frère : Laisse-moi ôter une paille de ton œil, toi qui as une poutre dans le tien* » sont en résonnance avec la situation de l'UE. Cf. HAMONIC (A.), « La projection du standard de l'État de droit dans l'action extérieure de l'Union européenne », RTDEur., 2019/2, p. 337.

535 Ce mécanisme est en vigueur depuis le 1er janvier 2021. La CJCE a confirmé sa légalité le 16 février 2022 (cf. Arrêts dans les affaires C-156/21 Hongrie/Parlement et Conseil et C-157/21 Pologne/Parlement et Conseil).

536 Le 2 juin 2022, la Présidente de la Commission européenne Ursula VON DER LEYEN a annoncé que la Commission européenne donnait son feu vert au plan de relance polonais de 35,4 milliards d'euros. Celui-ci demeurait bloqué depuis plus d'un an à cause de manquements en matière d'indépendance de la justice.

537 Pacte signé à Ankara et à Bruxelles le 18 mars 2016.

538 « L'action de l'Union (…) vise à promouvoir dans le reste du monde : la démocratie, l'État de droit, l'universalité et l'indivisibilité des droits de l'homme et des libertés fondamentales, le respect de la dignité humaine, les principes d'égalité et de solidarité et le respect des principes de la charte des Nations unies et du droit international ».

politiques européennes **(A)** et la compétence partagée entre l'Union et ses États membres **(B)**.

A. Une mise à l'épreuve politique externe de l'Union face à l'exigence de cohérence

Depuis le traité de Maastricht, la politique de développement repose sur trois principes essentiels à son efficacité, ce qu'il est convenu d'appeler les « 3 C »[539] : la complémentarité, la coordination et la cohérence. L'article 208 TFUE dispose que la politique de développement est « menée dans le cadre des principes et objectifs de l'action extérieure de l'Union » qui veille par ailleurs « à la cohérence entre les différents domaines de son action extérieure »[540]. En clair, l'Union « tient compte des objectifs de la coopération au développement dans la mise en œuvre des politiques qui sont susceptibles d'affecter les pays en développement » [541]. Ce faisant, tous les engagements de l'UE sont normalement soumis à l'exigence de cohérence. Celle-ci vise la cohérence entre les différentes politiques de l'UE, la coordination de la politique commune avec celle des États membres et la coopération avec les organisations internationales compétentes.

Le Conseil de l'UE a réaffirmé l'objectif consistant à promouvoir et à renforcer la cohérence des politiques en mai 2005. Il a exhorté les États membres et la Commission à « assurer une plus grande cohérence des politiques relatives aux procédures, instruments et mécanismes en faveur du développement et à prévoir des ressources adéquates au sein de leurs administrations respectives, en s'inspirant des meilleures pratiques élaborées par certains États Membres »[542]. Les États membres ont en effet la possibilité d'user de leur influence auprès de la Commission, que ce soit à titre individuel ou dans le cadre d'alliances stratégiques, pour améliorer la cohérence des politiques menées par les diverses institutions européennes.

L'approche du développement plébiscitée par l'UE est empreinte de conceptions libérales puisqu'elle est fondée sur le postulat des effets vertueux de la libéralisation des échanges, la croissance et le développement économique et social. Le développement n'apparaît plus comme l'objectif d'une politique en soi, mais l'effet d'une autre, une conséquence assez

---

[539] La complémentarité des politiques vise à concentrer l'aide bilatérale, européenne et multilatérale là où elle peut avoir la plus grande valeur ajoutée. La coordination politique et opérationnelle pour sa part vise à assurer cette complémentarité et éviter les incohérences ou les doubles emplois. La cohérence lie les objectifs de la politique de développement et ceux des autres politiques communautaires (commerce, agriculture, etc.). Lire à cet effet : BUE (C.), « La politique de développement de l'Union européenne : réformes et européanisation », Critique internationale, vol. 53, no. 4, 2011, pp. 83-99.

[540] Article 21§3TUE.

[541]Article 208§TUE.

[542] COM (2005) 80 final, Varsovie, 17 mai 2005.

lointaine. De même, le mandat donné par le Conseil, dans le cadre des accords de partenariat économique (APE)[543] reste très exposé au risque d'un échec, en ce qu'il couvre les négociations sur les seuls aspects commerciaux et ferme le volet développement. Les négociateurs européens tentent souvent d'imposer aux partenaires ACP davantage de libéralisation que ne l'exige en réalité la seule compatibilité au droit de l'organisation mondiale du commerce (OMC)[544], provoquant de fait, une moindre intégration de la dimension développement[545].

Mais, en réalité, l'Accord de Cotonou présente l'ambiguïté selon laquelle il transforme l'accord pour le développement que constituait le partenariat de Lomé en un cadre pour développer le libre-échange, affirmant la primauté du commerce, même si l'objectif d'éradication de la pauvreté figure en bonne place ainsi que le soutien à l'intégration régionale. Le problème résulterait davantage de l'interprétation de la Commission européenne[546], à tel point que le processus de négociation est aux yeux du groupe des États ACP réduit simplement à une discussion commerciale. L'Accord de Cotonou affirme clairement que les APE visent la mise en place des zones de libre-échange et le renforcement de tous les domaines de la coopération en lien avec le commerce.

On comprend donc aisément que l'objectif de développement par les APE est un idéal difficile à concrétiser. La libéralisation des échanges est censée être la voie royale pour la mise en œuvre des APE. Les accords d'association qui devaient servir l'objectif de développement des PTOM par le renforcement des relations économiques étroites entre ceux-ci et la Communauté, ont appliqué la même logique commerciale. Les moyens choisis à l'époque étaient également l'accroissement des échanges libéralisés et une assistance financière dispensée par le FED. En effet, les deux conventions conclues à Yaoundé comportaient un régime commercial de

---

543 L'article 36 de l'APC Cotonou avait prévu la mise en place des APE régionaux au 1er janvier 2008, avec chacune des six régions ACP à savoir les Caraïbes, l'Afrique de l'Ouest, l'Afrique Centrale, l'Afrique de l'Est et la Corne de l'Afrique, l'Afrique Australe et la région du Pacifique. Pour mieux appréhender ces accords, lire l'ouvrage : EBALE (R), *Comprendre les accords de partenariat économique entre l'UE et les pays ACP*, L'Harmattan, 2015, 172 pages.

544 L'OMC est l'organisation multilatérale spécialisée en matière du commerce née des Accords de Marrakech, signés le 15 avril 1994 et entrés en vigueur le 1er janvier 1995.

545 De profondes divergences subsistent quant à l'approche sur le développement à suivre dans le cadre des négociations des APE dans l'impasse. Craignant de perdre le libre accès de ses produits au marché européen dont il a besoin, notamment pour ses bananes, le Cameroun a signé un accord intérimaire avec l'UE le 17 décembre 2007.

546 Rapport d'information déposé par la commission des affaires européennes sur les accords de partenariat économique entre l'Union européenne et les pays d'Afrique, des Caraïbes et du Pacifique, Document de l'Assemblée nationale n° 2133 déposé le 2 décembre 2009, par MM. Hervé Gaymard et Jean-Claude Fruteau, p. 9.

libre-échange fondé sur le système de préférences inversé et une aide multilatérale communautaire par le jeu du FED.

S'il est vrai que les articles 208 à 211 TFUE comportent des dispositions sur la coopération au développement qui codifient les pratiques acquises sans modifier le système institutionnel propre de l'UE, il n'en demeure pas moins que l'article 207 TFUE sur la politique commerciale commune constitue toujours une base juridique utile puisque le lien avec les problèmes de développement ne fait pas échapper un acte du domaine de la politique commerciale[547]. Le Parlement européen a rendu public le 5 mai 2010 un rapport de la Commission du développement à la tonalité critique[548]. Malgré son engagement en matière de cohérence des politiques au service du développement (CPD), « l'Union européenne mène des politiques qui nuisent aux objectifs de développement de plusieurs façons », déplorent les députés européens dans ce rapport. La Commission du développement y dénonce le fait que dans les PED, « les marchés sont inondés de produits européens lourdement subventionnés, ce qui contribue à l'affaiblissement des infrastructures sociales et économiques de ces pays, aggrave la malnutrition et la famine et expose les agriculteurs locaux à la pauvreté et l'aggravation de leur dépendance vis-à-vis de l'aide extérieure ».

Le respect de la cohérence des politiques est également difficile avec la politique agricole commune (PAC) puisque l'UE continue de protéger excessivement son agriculture par des règles limitant l'accès au marché européen (mesures sanitaires et phytosanitaires) et des subventions aux exportations agricoles. Dans ce domaine, les intérêts des États à l'instar de la France, divergent avec les objectifs européens en matière de développement ; ce qui témoigne de la souplesse du partage de compétences entre les deux entités.

B. Un partage de compétences en pratique difficile entre l'Union et les États membres

La PCD présente la particularité de constituer un domaine de compétence partagée entre l'Union européenne et des États membres. Mais en réalité, le régime de la compétence partagée est plus complexe. En principe, l'Union et les États peuvent agir dans les domaines en cause, mais une fois que l'Union agit, les États membres perdent leur compétence. Si l'Union décide de ne plus agir, les États membres regagnent leur compétence. C'est ce que l'on appelle le principe de préemption. L'action de l'Union préempte l'action des États membres. Dès lors, un État membre ne peut être empêché de la possibilité de

---

547 Commission c/. Conseil, 26 mars 1987.

548 Parlement européen, 5 mai 2010, Rapport sur la cohérence des politiques européennes pour le développement et « l'aide publique au développement plus » (APD-plus), consultable sur le site https://eur-lex.europa.eu/legal-content/FR/TXT/HTML/?uri=CELEX%3A52010IP0174.

conduire, sa propre politique d'aide au développement, parallèlement à l'action menée dans le cadre de l'UE, dans la mesure où celle-ci est cohérente à la politique européenne[549].

D'une certaine manière, on peut dire que la compétence partagée, devient une compétence exclusive lorsqu'elle est exercée par l'Union. Même si elle est dépourvue de compétence exclusive, la PCD permet tout de même à l'Union d'affirmer une identité externe et d'atteindre les objectifs qui lui sont assignés[550]. C'est l'article 4 TFUE qui inscrit la coopération au développement dans le cadre des compétences partagées. Il s'agit d'une pratique ancienne au sein de l'Union puisque le traité de Nice prévoyait que dans le domaine de la coopération au développement, la politique de la communauté est complémentaire de celles menées par les États membres. La coexistence de ces deux politiques est confirmée par le traité de Lisbonne, notamment à l'article 2018 TFUE qui précise qu'elles se complètent et se renforcent. Cette formulation qui implique un rapport fondé sur davantage de réciprocité, a permis à l'UE d'adopter des mesures unilatérales selon la procédure législative ordinaire[551] et d'utiliser des instruments autonomes. Pour exemple, l'on peut citer le règlement (UE) n° 233/2014 portant établissement d'un instrument de financement de la coopération au développement[552], doté d'une enveloppe financière pour la période 2014-2020.

La distinction entre aides des États membres et aides de l'UE est d'autant plus importante que la coordination prescrite par l'article 180 entre les politiques de coopération des États membres opérée par la commission est demeurée largement théorique[553]. Si l'article 4 paragraphe 4 TFUE reconnaît aux États membres de l'UE le droit à l'exercice de leur compétence en matière de coopération au développement, sous le régime du traité de Nice, la politique de la Communauté dans ce domaine était complémentaire à celle menée par les États membres. L'absence de compétence exclusive avait d'ailleurs été relevée par la Cour de justice : « La compétence de la Communauté [devenue l'Union] dans ce domaine n'est pas exclusive. Les États membres sont donc en droit de souscrire eux-mêmes des engagements à l'égard des États tiers

[549] Deux exceptions au principe de préemption existent dans les domaines de la recherche et de l'aide humanitaire (Article 4, paragraphe 3 et 4, TFUE). Cela s'explique par le fait que dans ces domaines les actions de l'Union sont complémentaires et l'action de l'un n'entravera pas celle de l'autre.
[550]NEFRAMI (E.), *L'action extérieure de l'Union européenne : fondements, moyens, principes*, Paris, LGDJ, 2010, 216 pages.
[551] Article 209 TFUE (ex-article 179 CE).
[552] JO L 77 du 15.3.2014, p. 44, Règlement du Parlement européen et du Conseil du 11 mars 2014 instituant un instrument de financement de la coopération au développement pour la période 2014-2020.
[553] PETITEVILLE (F.), *La politique internationale de l'Union européenne*, Paris, Presses de Sciences Po, 2006, p.45.

collectivement ou individuellement, voire conjointement avec la Communauté ... »[554].

Mais en pratique, soucieux de leur souveraineté, les gouvernements résistent à tout changement susceptible de les priver de leur « domaine réservé » et continuent de gérer bilatéralement environ 80 % de l'aide publique au développement (APD) européenne. Ce qui a l'avantage de préserver in fine leur liberté lorsqu'il s'agit d'appliquer des décisions prises au niveau européen. Devant l'incapacité de plusieurs États à tenir leurs engagements spécifiques par rapport aux résultats collectifs attendus, la Commission européenne a récemment imputé aux États membres l'échec à certains États, alors que d'autres assument tant bien que mal leur responsabilité. En raison de leur passé colonial, certains États comme la France ont mis en place des structures techniques[555] dans le but de maintenir leur influence et de défendre leurs intérêts relevant parfois de la politique étrangère.

Pourtant, les avantages attendus de cette complémentarité sont nombreux. Elle permet tout d'abord d'éviter des chevauchements entre les actions européennes et les actions bilatérales et, inversement, des lacunes dans la couverture de certains besoins. Par ailleurs, une rationalisation des modalités de l'action contribue à la réduction des coûts, ce qui garantirait une plus grande efficacité et visibilité à l'aide européenne[556]. Du fait de son statut de premier pourvoyeur mondial d'APD[557], l'UE serait également la mieux placée pour affirmer des conceptions propres au sein des instances internationales œuvrant à l'harmonisation des procédures et modalités d'octroi de l'aide, à l'instar de l'OCDE. Cela éviterait en même temps que le pays donateur applique ses propres procédures opérationnelles et de gestion de l'aide à l'égard du pays bénéficiaire.

Conclusion

La politique d'aide de l'UE a considérablement évolué au cours des dernières années : d'un « paternalisme bienveillant »[558] à l'imposition de conditionnalités et, depuis deux décennies, à la prise en compte des enjeux mondiaux. Malgré la profonde réforme réalisée à partir des années 2000

---

[554] CJCE, 30 juin 1993, Parlement c/ Conseil et Commission, C-181/91 et C-248/91.

[555] Crée par De Gaulle en 1941, l'Agence Française de Développement (AFD) est l'établissement financier public chargé de mettre en œuvre la politique de développement de la France.

[556] BALLEIX (C.), *L'aide européenne au développement*, éditions LJDJ, Paris, 2010, p.23.

[557] L'UE et les vingt-sept États membres fournissent ensemble 46% de l'APD mondiale , pour un montant de 66,8 milliards d'euros en 2020, en hausse de 15% par rapport à 2019.

[558] DIETER (F.), La politique de développement de l'Union européenne : un regard personnel sur 50 ans de coopération internationale. (Rapport de gestion des politiques n°15), Maastricht, ECDPM, 2008.

portant sur une gestion déconcertée du système, elle continue à faire l'objet de nombreuses critiques et son efficacité reste une œuvre de longue haleine. La Commission européenne a présenté début décembre 2021 sa nouvelle stratégie d'aide au développement « Global Gateway», un plan d'investissement visant à mobiliser 150 milliards d'euros sur la période 2021-2027 dans les projets d'infrastructures. Cette enveloppe sera engagée via le Fonds européen pour le développement durable Plus (FEDD+), des subventions au titre du budget de l'UE et des investissements d'institutions financières telles que la Banque européenne d'investissement (BEI) et les agences nationales de développement. On peut s'interroger si cette initiative ambitieuse constitue la meilleure réponse pour une aide à l'avenir plus efficace. Est-elle en adéquation avec les attentes et les besoins des pays bénéficiaires, là où le FED a révélé ses insuffisances ? Quelle influence vont avoir sur ce plan les nouveaux critères d'attribution et de modulation de l'aide financière de l'Union prévus à l'article 17 de l'instrument financier IVCDCI ?

Face à « l'enjeu le plus important dans le monde aujourd'hui, en particulier en Afrique et dans les pays les moins avancés »[559] que représente la lutte contre la pauvreté, l'UE devrait rechercher à chaque fois une meilleure coordination entre États membres et poser des actes à réel impact social. Ce qui exige un renforcement des mécanismes de suivi et évaluation. Parallèlement, elle devra encourager les États membres réticents – qui ne sont pas d'anciennes puissances coloniales – à s'intéresser à l'Afrique. Le relèvement des contributions nationales à l'APD s'avère également indispensable[560]. Les États africains quant à eux doivent promouvoir une amélioration de la gouvernance associant davantage la société civile. L'Union est appelée à être un « partenaire » et non un donateur d'un continent qui offre d'innombrables opportunités[561].

Références bibliographiques

1- Ouvrages

ALSTON (P.), (sous la direction de), *L'Union européenne et les droits de l'Homme*, Paris, LGDJ, 2001, 986 pages.

BALLEIX (C.), *L'aide européenne au développement*, éditions LJDJ, Paris, 2010, 222 pages.

[559] ONU, Assemblée générale, Deuxième décennie des Nations Unies pour l'élimination de la pauvreté (2008-2017), 19 décembre 2008, A/RES/63/230 (2008).

[560] L'aide européenne au développement représente 0,50% du revenu national brut (RNB) de l'Union en 2020. Ceci reste certes encore éloigné de l'objectif fixé à 0,7% pour 2030.

[561] Josep BORRELL, Haut représentant de l'UE pour les affaires étrangères et la politique de sécurité, session plénière du Parlement européen, Bruxelles, le 9 février 2021.

CASSAN (H.), MERCURE (P.-F.) , ABDELWAHAB BEKHECHI (M.), *Droit international du développement*, Paris, Pedone, 2019, 628 pages.

PERROT (D.), (dir.), *Les relations A.C.P./U.E. après le modèle de Lomé – Quel partenariat ?* coll. Rencontres européennes, Bruxelles, Bruylant, 2007, 533 pages.

EBALE (R.), *Comprendre les accords de partenariat économique entre l'UE et les pays ACP*, L'Harmattan, 2015, 172 pages.

GERBET (P.), *La construction de l'Europe*, Paris, Armand Colin, 2007, 584 pages.

HANSEN (P.) et JONSSON (S.), *Eurafrique. Aux origines coloniales de l'Union européenne*, La Découverte, 2022, 372 pages.

NEFRAMI (E.), *Objectifs et compétences dans l'Union européenne*, Bruxelles, Bruylant, 440 pages.

NEFRAMI (E.), *L'action extérieure de l'Union européenne : fondements, moyens, principes*, Paris, LGDJ, 2010, 216 pages.

NTUMBA (L.-L.), *La communauté européenne et les intégrations économiques régionales de pays en voie de développement*, Bruxelles, Bruylant, Collection Organisation internationale et relations internationales, 1990, 541 pages.

PETITEVILLE (F.), *La politique internationale de l'Union européenne*, Paris, Presses de Sciences Po, 2006, 272 pages.

RIST (G.), *Le Développement – Histoire d'une croyance occidentale*, Paris, presses de Sciences politiques, 2013, 512 pages.

2- Articles

BUE (C.), « La politique de développement de l'Union européenne : réformes et européanisation », Critique internationale, vol. 53, no. 4, 2011, pp. 83-99.

HAMONIC (A.), « La projection du standard de l'État de droit dans l'action extérieure de l'Union européenne », RTDEur., 2019/2, p. 337.

3- Rapports

DIETER (F.), La politique de développement de l'Union européenne : un regard personnel sur 50 ans de coopération internationale. (Rapport de gestion des politiques n°15), Maastricht, ECDPM, 2008.

GAYMARD (H.) et FRUTEAU (J.-C.), Rapport d'information déposé par la commission des affaires européennes sur les accords de partenariat économique entre l'Union européenne et les pays d'Afrique, des Caraïbes et du Pacifique, Document de l'Assemblée nationale n° 2133 déposé le 2 décembre 2009.

PARTIE 2 :

LES OBSTACLES DANS LA MARCHE DE L'AFRIQUE VERS LE DÉVELOPPEMENT

TÉLÉCOMMUNICATIONS AFRICAINES ET DÉPENDANCE À L'OCCIDENT AU XXÈME SIÈCLE : ORIGINE, LEGS, DÉFIS ET PERSPECTIVES

Yves Barthélémy ZOA ATEBA
Chargé de cours
Université de Douala, FLSH

Résumé

Au XVIème siècle pendant la traite négrière, le continent africain dépendait étroitement du marché européen concernant les échanges. Cette antériorité de la dépendance a continué et s'est accentuée pendant et après la colonisation sur tous les plans. Parlant des télécommunications, la dépendance africaine vis-à-vis des pays occidentaux a causé beaucoup de problèmes, notamment le sous-équipement. Les indépendances semblaient une circonstance convenable pour les pays africains afin de moderniser ce secteur de pointe. Seulement, cela ne s'est pas fait sans heurts puisqu'ils ont fait face à la cherté des coûts et aux rapides mutations des technologies des télécommunications. Cette situation complexe a inévitablement entraîné des conséquences néfastes dans les autres secteurs de l'activité économique, notamment le commerce, l'agriculture, l'élevage, la pêche ainsi que les industries extractive, alimentaire, forestière, etc. Ces pays africains vont alors s'organiser, sur les plans sous-régional et régional, à travers divers projets et conférences pour développer leur système de télécommunications. Le but final était de s'arrimer à cette mouvance mondiale.

Mots clés : défis, dépendance, legs, Occident, perspectives, télécommunications africaines.

Abstract

In XVIth century during the slave trade, the African continent depended closely on the European market concerning foreign trade. This anteriority of dependence continued and became more marked during the colonization on all the plans. Speaking about telecommunications, the African dependence towards the western countries caused many problems, in particular the lack of equipment. The independences are suitable a circumstance for the African countries to modernize this high-tech sector. Only, this was not made without clashes because they face the highed prices and the fast transformations of telecommunications techniques. This complex situation pulls inevitably fatal consequences in the other economic business sectors. These African countries are then going to get organized, on the sub-regional and regional plans, *through diverse projects and conferences to develop their telecommunication systems. The final objective was to bind itself in the world sphere of influence.*

Keywords *: challenge, dependence, inheritance, West, perspective, african telecommunications.*

Introduction

L'Afrique aujourd'hui fait partie du monde dit sous-développé, bien que des pays comme la République sud-africaine (RSA) et quelques pays du Maghreb aient une avancée notable au plan économique. Il est évident que les traits d'archaïsme qui ont subsisté en RSA sont issus de la politique raciale développée depuis l'époque coloniale[562]. Il ne s'agit pas dans ce travail de refaire l'état des lieux des économies africaines, mais de dégager les différents problèmes issus de la dépendance africaine vis-à-vis des pays occidentaux dans le domaine des télécommunications. Les télécommunications sont considérées comme la transmission, l'émission ou la réception d'informations par fil, radioélectricité, optique ou d'autres systèmes électromagnétiques. On peut distinguer les procédés de télécommunications du son (téléphone, radiodiffusion sonore), de l'image (vidéographie), du son et de l'image (télévision), des textes (télégraphe, télex, télécopie, télétexte), des données informatiques (téléinformatique), etc.[563] Étant l'un des secteurs importants et dynamiques de l'activité humaine, les télécommunications ont connu un début timide depuis la fin du XVIIIème siècle, puis une croissance rapide et permanente à la fin du XIXème siècle jusqu'à nos jours[564]. L'Afrique s'est arrimée à cette mouvance mondiale du XXème siècle en tentant de se doter d'infrastructures adéquates tout en se heurtant, le plus souvent, à la cherté des coûts et aux perpétuelles mutations des technologies des télécommunications[565]. Cette situation difficile a laissé apparaître le faible niveau de développement des télécommunications qui a nécessairement eu des conséquences néfastes dans les autres secteurs de l'activité économique[566]. L'étude que nous nous proposons de mettre en lumière soulève la question de l'origine même de la notion de dépendance des télécommunications africaines à l'Occident. Ensuite, nous ferons allusion au legs et aux défis auxquels sont confrontées les télécommunications africaines dans ce contexte de

---

562 C. Coquery Vidrovitch, H. Moniot, *L'Afrique noire de 1800 à nos jours*, 4e édition, Collection Nouvelle Clio, Paris, PUF, 1993, p. 430.

563 www.larousse.fr.

564 Y. B. Zoa Ateba, "Le centre de télécommunications par satellite de Zamengoé et les incidences socioéconomiques au Cameroun et dans le monde (1972-2002)'', mémoire de DEA en histoire, Yaoundé, Université de Yaoundé, 2008, p. 1.

565 *Ibid., p. 2.*

566 En Afrique, les infrastructures existantes sont dépassées, ce qui a une forte incidence sur les économies nationales, plus précisément sur le produit intérieur brut (PNB).

mondialisation technologique dans laquelle l'Afrique semble absente. Par ailleurs, la question des enjeux reste incontournable dans le secteur des télécommunications puisqu'elle est charnière dans le processus de développement socioéconomique des pays africains. Enfin arrive le concept de perspectives ou solutions aux faiblesses de l'investissement dans les télécommunications en Afrique. Telles sont les grandes articulations autour desquelles sera bâtie notre réflexion.

I. Les télécommunications africaines : les déterminants d'une dépendance accrue à l'Occident

Pour mieux appréhender la notion de dépendance des télécommunications à l'Occident, il serait judicieux de s'attarder sur son origine et sur les investissements européens en Afrique coloniale. La quasi-absence des écoles spécialisées du domaine des télécommunications, le refus du transfert des technologies et les faibles investissements dans ce secteur constituent les déterminants à cette dépendance voulue par l'Occident à des fins égoïstes.

A. Origine

Dans les pays en développement et plus particulièrement ceux d'Afrique, le secteur des télécommunications était peu développé, voire faible à la fin du XXème siècle. Les infrastructures étaient pour la plupart obsolètes et ne participaient pas, en conséquence, au décollage économique des États[567]. La question de la dépendance des télécommunications africaines était liée à l'économie du continent étant déjà assujettie à l'Occident bien avant les indépendances africaines. Ces deux notions étaient donc indissociables. Dans la première moitié du XIX^{ème}siècle, la progressive accoutumance de l'Afrique au marché mondial aurait pu lui permettre d'absorber le "boom" des échanges, sauf que l'écart était trop grand entre les économies en présence. En fin de compte, l'expansionnisme européen a fini par avoir raison des sociétés africaines, inaugurant ainsi un processus accentué de dépendance du secteur des télécommunications en particulier[568].

B. Les investissements européens en Afrique pendant la colonisation

Les investissements européens dans le secteur des télécommunications en Afrique coloniale ont fait l'objet de peu d'études de la part des chercheurs. On note les travaux du géographe Jean Dresch et ceux de Jean Suret-Canale sur lesdits investissements, participant de ce qu'on a appelé " la mise en valeur" des territoires coloniaux[569]. Contrairement à l'Asie et à l'Amérique latine,

[567] Y. B. Zoa Ateba, "Le centre de télécommunications", p. 2.
[568] Coquery-Vidrovitch, Moniot, *L'Afrique noire*, p. 431.
[569] *Ibid., p. 435.*

l'introduction des premiers câbles transocéaniques en Afrique a eu lieu avant la construction des premiers réseaux terrestres. Les premiers réseaux télégraphiques et téléphoniques construits par les militaires entre 1850 et 1900 progressaient avec la pénétration de l'*hinterland*. À ce sujet, Headrick note que " les services des postes et télégraphes ont dû être créés à partir de rien, leur développement fut de ce fait correlé à l'occupation de ces immenses territoires et non d'aider à un quelconque développement économique, mais bien pour des objectifs d'ordre stratégique et politique''[570]. Ainsi, deux grandes routes de câbles océaniques existantes de cette époque étaient celles à destination de l'Amérique du Nord et l'autre à destination des Indes et de l'Extrême-Orient. La construction de ces routes se justifiait par d'importants flux commerciaux entre l'Europe et ces deux continents. En Afrique en 1866, seules l'Égypte, l'Algérie et l'Afrique du Sud possédaient des réseaux télégraphiques intérieurs avant la pose des premiers câbles transocéaniques[571].

Toutefois, la faiblesse des investissements est relevée par Catherine Coquery-Vidrovitch et Henri Moniot. Une analyse sur l'orientation de la politique des investissements démontre par exemple que la France privilégiait le développement de son économie au détriment de son empire colonial[572]. Paul Noumba Um pousse la réflexion plus loin en précisant que les faibles capitaux prévus étaient orientés vers les investissements de rente comme l'immobilier et le commerce entre 1900 et 1940. D'après lui, ces investissements étaient improductifs puisqu'ils ne concernaient pas les télécommunications et d'autres secteurs de l'activité économique[573]. C'était une incohérence du système colonial en général.

Dans les colonies françaises et britanniques par exemple, un constat est fait selon lequel il était appliqué un mode de gestion dichotomique aux services des télécommunications : dans un premier temps, les réseaux de câbles transocéaniques et les liaisons électromagnétiques relevaient de l'administration métropolitaine des PTT[574]. Quant aux réseaux locaux des

---

[570] D. R. Headrick, *The invisible weapon, telecommunications and international politics (1851-1945)*, London, Oxford, 1991, cité par P. Noumba Um, *La privatisation des télécommunications : le cas des pays en développement*, Paris, l'Harmattan, 1997, p. 51.

[571] Noumba, *La privatisation des télécommunications*, pp. 51-52.

[572] Vidrovitch et Moniot, *L'Afrique noire*, pp. 434-435.

[573] Noumba, *La privatisation*, pp. 58-59.

[574] En réalité, ces liaisons sont attribuées à des opérateurs privés comme la compagnie française des câbles sud-américains (SUDAM), ancêtre de France câble et radio (FCR) pour les territoires français, et Cable &Wireless pour les territoires britanniques. La SUDAM est créée en 1913 du rachat par la France des concessions de la South American Telegraph Company, opérateur télégraphique sud-américain dont les câbles reliaient Dakar à Pernambouc. Cf. Pascal Griset, '' L'État et les télécommunications internationales au début du 20e siècle : un monopole stérile'' in *Histoire, économie et société*, Paris, Armand Colin, 1987, 6e année, n° 2, p. 186.

colonies, ils dépendaient des administrations locales concernant leur construction et leur exploitation[575].

Après la Seconde Guerre mondiale, l'Europe devait inévitablement se reconstruire. C'est l'Europe de l'Ouest qui avait bénéficié en exclusivité de l'assistance des USA à travers le plan Marshall ayant conditionné la création de l'Organisation européenne de coopération économique (OECE). La mission principale de cette dernière était la mise en œuvre de cette aide pour relancer l'économie européenne[576]. Pour le cas français par exemple, le fonds d'investissements et de développement économique et social des territoires d'outre-mer (FIDES) et la caisse centrale de la France d'outre-mer sont créés à la suite de la conférence de Brazzaville de 1944[577].Ces institutions devaient se charger de financer un plan d'équipement et de développement dans les territoires d'outre-mer. Mais, il va sans dire que le plan Marshall a largement contribué à financer ces deux institutions puisque la France fait partie des États bénéficiaires. Ainsi, entre 1947 et 1957, le FIDES prévoyait 186 millions de francs d'investissements pour l'AOF et l'AEF, soit respectivement 133 891 millions pour l'AOF et 51 525 millions pour l'AEF et le Cameroun[578]. Tous ces efforts entrepris peuvent laisser croire que les télécommunications en ont aussi bénéficié[579]. On peut le confirmer au Cameroun. Bien que certaines ressources locales aient été mises à contribution, c'est surtout le FIDES qui a constitué l'essentiel du financement du secteur télégraphique (filaire et sans fil) et celui de la téléphonie[580]. Toutefois, il est clair que les télécommunications des colonies n'étaient pas prioritaires et, par conséquent, l'accession à leur indépendance était une occasion idoine de donner un souffle nouveau à ce secteur névralgique.

II. L'après-indépendance africaine : héritage et défis à relever dans le secteur des télécommunications

En Afrique en général, le legs colonial en matière des télécommunications n'est guère substantiel s'il faut considérer les réalisations européennes[581]. En effet, un bilan rapide permet de le constater lorsque la plupart des États africains ont accédé à la souveraineté internationale. Les lignes télégraphiques

575 Noumba, *La privatisation*, pp. 58-59.
576 P. Reuter, *La communauté européenne du charbon et de l'acier*, Paris, Librairie générale de droit et de jurisprudence, 1953, p. 17.
577 Vidrovitch et Moniot, *L'Afrique noire*, p. 441.
578 *Idem*.
579 Noumba, *La privatisation*, pp. 59-60.
580 Y. B. Zoa Ateba, ''Des télécommunications terrestres aux télécommunications par satellite au Cameroun : enjeux, évolution, stratégies et incidences socioéconomiques (1890-1991)'', thèse de doctorat Ph/D en histoire, Université de Yaoundé I, Yaoundé, juillet 2021, p. 108.
581 M. Seck et P. Touzard, *L'encyclopédie de la République unie du Cameroun. La vie de la nation*, tome 4, Dakar, NEA, 1981, p. 171.

et téléphoniques ainsi que les bureaux de poste et télécommunications existants étaient le plus souvent désuets, mal entretenus et sujets aux intempéries, surtout en saison des pluies. Le colonisateur, qui trouvait les investissements très coûteux, avait choisi de ne pas étendre le réseau dans tout le territoire, mais seulement dans les grandes métropoles économiques qui étaient des villes commerciales, agricoles et portuaires. Tous ces équipements étaient dépassés pendant les indépendances. Il faut néanmoins reconnaître qu'il existait déjà les télécommunications conventionnelles de base appliquées par des firmes commerciales, notamment en Afrique de l'Ouest[582].

En Afrique de l'Est par exemple, une institution des postes et télécommunications était déjà créée en 1893, mais les réalisations majeures de cet ordre avaient véritablement débuté sur le continent dans les années 1960. Seulement, ces grands changements ne pouvaient s'opérer sans l'assistance technique et financière des organisations internationales et régionales. On peut citer l'Organisation de l'Unité Africaine (OUA), l'Union Internationale des Télécommunications (UIT), la Banque Mondiale (BM), le Programme des Nations Unies pour le Développement (PNUD), la Commission Économique des nations unies pour l'Afrique (CEA) et bien d'autres. Ainsi, le développement des infrastructures des télécommunications sous l'impulsion desdites organisations constituait un véritable défi auquel l'Afrique devait faire face. Il en était de même d'une série de projets et conférences conçus pour le développement des télécommunications africaines : le projet *Panafrican telecommunications network* (PANAFTEL), les conférences sous-régionales et le programme décennal des télécommunications africaines[583].

A. Le projet Panafrican télécommunications network (PANAFTEL)

Après les indépendances des années 1960, certains pays africains, avec le concours de la Commission économique pour l'Afrique (CEA) et de l'UIT, insistèrent sur la nécessité de créer en urgence le premier réseau panafricain de télécommunication adéquat[584]: le projet *Panafrican telecommunications network*, communément appelé PANAFTEL. C'est ainsi qu'était organisée en 1962, à Dakar, la conférence des administrations des postes et télécommunications à l'issue de laquelle il est adopté[585]. PANAFTEL avait pour objectif l'interconnexion de l'ensemble des réseaux nationaux africains des télécommunications et devait avoir l'avantage d'effectuer le transit inter-

---

[582] C. Aloo, "Development of telecommunications infrastructure in Africa : network evolution, present status and future development'' in *Africa Media Review*, vol.2, n° 3, 1988, p. 19.
[583] *Ibid., pp. 19-21.*
[584] UIT, ''PANAFTEL, le réseau panafricain des télécommunications'', fascicule n° 13, UIT, Genève, 1974, p. 5.
[585] UIT, PANAFTEL, le réseau panafricain de télécommunication, rapport d'étude, UIT, Genève, 1979, p. 2.

africain sans passer par d'autres continents et, parallèlement, de freiner la sortie des devises[586]. C'était une avancée majeure pour ces jeunes États africains qui devaient désormais se prendre en main[587]. Entre 1965 et 1970, ce plan est revu au cours des différents meetings qui s'en sont suivis et c'est celui d'Addis Abeba, en Éthiopie, qui fut finalement adopté avec la caractéristique qu'il mettait un accent détaillé sur les télécommunications du continent[588].

Par ailleurs, la CEA a apporté sa contribution au développement des télécommunications africaines sur le plan socioéconomique. De 1966 aux années 1980, elle a adopté les résolutions du projet PANAFTEL en sa huitième session tout en mobilisant presque l'ensemble des États africains, l'UIT, le PNUD, la Banque Mondiale et même l'Agence Canadienne de Développement International (ACDI) afin de financer ce domaine névralgique pour les populations[589]. Précisément sur l'ACDI, bras séculier du Canada en Afrique, elle a commencé à participer au développement des télécommunications africaines au début des années 1970. D'après ses promoteurs, les interventions de l'ACDI étaient largement inspirées par une volonté politique de jouer un rôle important dans le développement de l'Afrique francophone, et non d'exploiter les opportunités commerciales pouvant en découler. S'il est judicieux de reconnaître les réalisations majeures de l'ACDI sur le continent, il serait illusoire de penser que le Canada y investissait sans contrepartie. Parmi les projets de désenclavement des pays africains dévolus à l'ACDI, le plus coûteux et le plus ambitieux fut le PANAFTEL[590].

À la conférence des chefs d'États et des gouvernements organisée par la CEA à Addis Abeba en 1972, le projet PANAFTEL était estimé à environ 140 millions de dollars US pour la construction de 20 000 km de lignes télégraphiques et téléphoniques. Si l'on s'en tient au rapport de la CEA issu de la troisième conférence africaine des télécommunications de Monrovia au Liberia en 1980, un pas important est franchi en 1981 avec la création de 20 centres internationaux de télex répartis sur 30 000 km, de 4 000 km de câbles sous-marins posés au Nord-Ouest de l'Afrique et de 38 centres de télécommunications par satellite mis en service[591]. Quelques années plus tard, c'est à la conférence de l'Union Panafricaine des Télécommunications

586 Anonyme, ''Africa Telecom 90 : l'intégration africaine par les télécommunications'', in *Revue des postes et télécommunications*, n° 9, Yaoundé, MINPOSTEL, mars 1991, pp. 11-13.
587 Il faut remarquer qu'une grande partie des États africains accèdent à la souveraineté internationale au début des années 1960 et, de ce fait, veulent absolument prendre en charge les secteurs prioritaires d'activités économiques de leurs pays. C'est ainsi que des sommets sont régulièrement organisés pour réfléchir au développement futur de ces jeunes États.
588 UIT, PANAFTEL, p. 3.
589 Aloo, "Development of telecommunications'', p. 21.
590 ACDI, Évaluation du projet PANAFTEL, rapport d'étude, Canada, ACDI, 2000, pp. 1-2.
591 Aloo, "Development of telecommunications'', pp. 22-23.

(UPAT) de Monrovia du 23 mars 1990 qu'il est constaté que les États ouest-africains étaient presque tous interconnectés, tandis que ceux d'Afrique centrale accusaient un retard considérable. C'est la raison pour laquelle il était impératif que la Conférence des Administrations des Postes et Télécommunications d'Afrique centrale (CAPTAC) se saisisse du problème[592].

En Afrique centrale, la mise en œuvre de PANAFTEL a été influencée par les disparités des politiques nationales de développement des télécommunications et les désaccords dans les décisions. Ceci pourrait s'expliquer par la forte influence française sur les États avec pour conséquence ces divergences d'opinions. De fait, communiquer de l'Afrique centrale vers l'international obligeait le destinateur à transiter par la France au vu des accords de coopération de transit comme c'était le cas au Cameroun avec les centres de télécommunications par satellite (CTS) de Zamengoé et Douala au Cameroun. Il faut noter qu'ils ont été créés respectivement en décembre 1973 pour le premier et en avril 1987 pour le second par ALCATEL-TELSPACE, et desservaient presque toutes les stations terriennes d'Afrique centrale désirant communiquer à l'international par voie satellitaire. Étant le sixième au monde en 1973 au regard de ses spécificités techniques, le CTS de Zamengoé bénéficiait, en plus de sa station terrienne, d'une station de contrôle des satellites INTELSAT qui couvraient la zone Afrique centrale[593]. C'est cette particularité qui faisait de lui le leader des télécommunications dans la sous-région, mais sous le joug français. C'est cette dépendance que PANAFTEL voulait briser, ce qui n'était pas du goût de la France qui n'entendait pas perdre ses droits de transit et s'arrangeait à faire pression sur chaque État de la sous-région pour faire échec à ce projet[594]. Ci-après une photo de la station terrienne de Zamengoé située à 17 km de Yaoundé.

[592] J. Choundong, '' Quatrième conférence panafricaine des télécommunications à Monrovia : la double distinction du Cameroun'', in *Revue des postes et télécommunications*, n° 6, Yaoundé, MINPOSTEL, juillet 1990. p. 11.

[593] Zoa Ateba, "Le centre de télécommunications'', p. 17.

[594] Zoa Ateba, ''Des télécommunications terrestres aux télécommunications par satellite'', p. 294.

Photo 2: La station terrienne de Zamengoé.

Source : INTELCAM, *La maîtrise des communications*, rapport d'étude, Yaoundé, INTELCAM, 1992, p. 4

Néanmoins, six liaisons de PANAFTEL virent le jour en Afrique centrale : la liaison Mbinda (Congo) – Bakoumba (Gabon), la liaison Ebolowa (Cameroun) – Bitam (Gabon), la liaison par satellite Rwanda – Cameroun et Rwanda – Congo, la liaison Brazzaville – Ouesso, la liaison Bangui – Berberati – Gamboula, la liaison Cameroun – Tchad[595].

En outre, l'ACDI a effectué une vaste étude pour présenter sa contribution au développement des télécommunications en Afrique. En effet, elle avait exécuté le projet PANAFTEL en trois phases dans cinq pays ouest-africains francophones de 1975 à 1994 dont le montant initial était estimé à 171 millions de dollars canadiens. Il s'agissait du Sénégal, du Mali, du Burkina Faso, du Niger et du Bénin. La phase 1, qui était la plus importante, allait de 1975 à 1984 et était estimée à 76 millions de dollars. La phase 2 dont le montant prévu était de 46 millions s'étendait de 1985 à 1989. Quant à la phase 3 d'un montant de 49 millions, elle couvrait la période allant de 1989 à 1994[596]. Bien que les difficultés économiques de ces pays se soient aggravées

[595] Anonyme, ''Africa Telecom 90 : l'intégration africaine par les télécommunications'', in *Revue des postes et télécommunications*, n° 9, Yaoundé, MINPOSTEL, mars 1991, pp. 13-14.
[596] ACDI, Évaluation du projet PANAFTEL, p. 2.

au cours des années 1980, l'ACDI s'était attelée à assurer la mission qui lui incombait[597].

La première phase avait pour composante principale la construction d'un réseau de faisceaux hertziens entre les capitales des cinq pays concernés. Ce réseau, baptisé réseau Dakar-Cotonou (RDC), s'étendait sur plus de 3 500 km, comptait 55 stations et permettait la transmission de 960 voies téléphoniques et du signal de télévision. La seconde phase avait pour objectif de renforcer les projets initiés à la première phase. Durant la troisième phase, la téléphonie rurale avait été implantée dans les régions non desservies de chacun des pays, sauf au Burkina Faso, dont le réseau interurbain avait été modernisé. Le tableau suivant présente les investissements initiaux du projet PANAFTEL.

Tableau 6: Composantes du projet PANAFTEL.

Extrants du projet	Composantes	Phase I (1975-1984)	Phase II (1985-1989)	Phase III (1989-1994)	Total (M$)	%
Infrastructu-res physiques	**Réseau Dakar-Cotonou (RDC)** : réseau analogique 3 000 km ; Tronçon numérique 500 km. **Téléphonie rurale** : 10 réseaux locaux	69 M$ -	17 M$	10 M$ 16 M$	96 M$ 16 M$	70
Appui institu-tionnel	**Maintenance et exploitation du RDC** : procédures de maintenance, formation, pièces de rechange. **Appui à la gestion des ONT** : systèmes de gestion et formation. **Autres**	7 M$ - -	18 M$ 6 M$ 5 M$	7 M$ 13 M$ 4 M$	32 M$ 19 M$ 9 M$	30
Ensemble		76 M$	46 M$	49 M$	171 M$	100%

Source : ACDI, Évaluation du projet PANAFTEL, p. 2.

[597] La crise économique qui a secoué les États africains pendant les années 1980 a fait que le secteur des infrastructures et son intérêt commercial soient devenus moins attrayants pour tous les donateurs et même l'ACDI. Cette situation a poussé l'ACDI à orienter ses priorités vers le développement rural et les besoins essentiels des populations, notamment, la sécurité alimentaire.

Cet ouvrage majeur dont le coût initial de réalisation était de 171 millions de dollars canadiens, y compris celui de l'assistance à la maintenance et l'exploitation, aurait finalement atteint 240 millions de dollars aux prix de 1996[598]. Il était question de remplacer l'héritage colonial des télécommunications par des équipements de dernière génération. Mais les différentes crises économiques ayant secoué le continent, notamment les crises pétrolières des années 1979-1980, la crise des matières premières des années 1985-1986 et la crise économique de 1992-1993 ayant abouti à la dévaluation du franc CFA, pourraient expliquer le renchérissement de ce montant. Cet autre défi devait nécessairement être surmonté.

Le projet incluait également un volet important d'appui institutionnel en gestion aux organismes nationaux de télécommunications (ONT)[599]. Toujours dans l'optique de l'expansion des télécommunications africaines, des conférences sous-régionales et des plans de développement des télécommunications furent mis sur pied.

B. Les conférences sous-régionales et le programme décennal des télécommunications africaines

Les conférences sous-régionales et le programme décennal des télécommunications africaines étaient des étapes incontournables pour le développement conjoint des télécommunications du continent. Il serait utile d'en faire mention pour une meilleure compréhension.

1. Les conférences sous-régionales

Pour solutionner les problèmes de planification et d'administration des télécommunications, il était nécessaire d'organiser des conférences africaines sous-régionales du domaine. C'est en Afrique de l'Est qu'elles ont débuté au début des années 1960, fortement soutenues par des organisations internationales et régionales. Leur organisation s'opérait sur une base annuelle à travers la révision des différents plans antérieurs et les quatre sous-régions concernées étaient celles de l'Afrique de l'Est et du Sud, l'Afrique centrale, l'Afrique du Nord et l'Afrique de l'Ouest[600]. Qu'en est-il de la décade des Nations unies concernant les transports et les communications en Afrique ?

2. La décade des Nations unies pour le transport et les communications en Afrique

Il faudrait tout de même reconnaître que les efforts entrepris par les pays africains pour développer le secteur des télécommunications sont louables. Cependant, l'Afrique qui n'a pas suffisamment progressé dans ce domaine a

598 ACDI, Évaluation du projet PANAFTEL, p. 2.
599 *Idem.*
600 Aloo, "Development of telecommunications", p. 23.

fait face à la difficulté de l'accès aux ressources financières, lesquelles sont nécessaires à la dotation en infrastructures. Selon le rapport mondial sur les statistiques du téléphone publié en janvier 1987 par l'UIT, le taux de pénétration du téléphone fixe en Afrique depuis les indépendances était de 4 % d'habitants comparé à l'Amérique du Sud (4,5 %) et l'Asie (5,2 %). Cette situation délétère poussa l'Assemblée générale des Nations unies à adopter la résolution n° 32/160 en sa 32ème session de mars 1978, portant sur la décade des transports et des communications pour l'Afrique[601]. Ainsi, de 1978 à 1987, la CEA, désignée comme l'organe pilote, va mettre en œuvre ce projet de développement des télécommunications africaines.

Pendant les conférences de l'Assemblée des chefs d'États et de gouvernements de l'OUA de juillet 1979 à Monrovia, le plan d'action de Lagos était adopté. Il prévoyait le développement du secteur des transports et des communications. Confirmé lors de la deuxième session extraordinaire de l'Assemblée des chefs d'États et de gouvernements de l'OUA d'avril 1980 à Lagos, le plan d'action de Lagos s'est vu incorporer les secteurs des télécommunications, de la poste, du développement des ressources humaines et les communications par satellite[602]. Toutes ces mesures prises devraient être réalisées avec le concours des États africains afin de développer des infrastructures efficientes, nécessaires pour le développement socioéconomique du continent. Ainsi, ces mesures devaient être axées sur cinq axes :

- l'augmentation et l'expansion des services nationaux,
- le développement des télécommunications urbaines et rurales,
- le développement des institutions des télécommunications,
- l'exploitation des nouvelles technologies de communication sur le plan national et sous-régional et la continuité du projet PANAFTEL,
- la promotion de l'implantation et de la fabrication des équipements des télécommunications[603]. De ce fait, qu'en est-il des enjeux et perspectives liés à l'expansion de ce secteur de pointe ?

III. Enjeux et perspectives des télécommunications pour un développement durable en Afrique

Les enjeux des télécommunications pour l'Afrique sont multiples. En plus des enjeux socioéconomiques considérables, il faut aussi tenir compte des

[601] Ceci traduit clairement la faiblesse de la télédensité en Afrique en général. Les infrastructures existantes à cette époque dataient pour la plupart de l'époque coloniale, ce qui faisait que leur obsolescence et la saturation du réseau constituaient un obstacle criard à l'émancipation des télécommunications.

[602] Aloo, "Development of telecommunications'', p. 24.

[603] *Ibid., p. 25.*

enjeux politique, stratégique, scientifique, technologique et même environnemental. De ce fait, les perspectives pour l'Afrique peuvent globalement toucher la déréglementation, la concurrence, les réformes et les privatisations des télécommunications dans un environnement soumis aux exigences des mutations rapides des technologies des télécommunications[604].

A. Les enjeux

1. Au plan socioéconomique

Aujourd'hui dans le monde de l'économie du savoir et de l'information, les réseaux modernes d'information et de communication sont des instruments de la compétitivité nationale et internationale. De plus, ils offrent surtout des opportunités de création des richesses et d'emplois. Jusqu'au milieu des années 1980, la plupart des États africains ne voyaient pas encore l'intérêt de se doter des moyens de télécommunications pour booster leurs activités. Or, l'on sait que les télécommunications sont d'une importance capitale pour le développement d'un pays. On ne trouve que quelques entreprises qui utilisaient certaines technologies à cause de leur cherté. On peut citer les banques, les sociétés pétrolières et forestières comme TEXACO, EXXON MOBIL, les sociétés de transport, les sociétés agricoles, etc.[605]

L'éducation, la recherche et la santé ne sont pas en reste. Avec l'utilisation d'Internet, l'enseignement à distance s'était désormais étendu. Les universités y ont découvert "un marché du 21ème siècle" et ont investi une énergie colossale dans l'expansion de services en ligne, plus précisément aux États-Unis. L'Afrique en général s'est également mise à niveau dès le milieu des années 1990[606]. Dans le domaine de la santé par exemple, les médecins africains pouvaient déjà accéder aux informations de première main sur les médicaments et les découvertes médicales grâce à des revues en ligne. C'est ce qu'on a appelé l'accès à la télémédecine[607]. La télémédecine est une pratique médicale à distance utilisant les technologies de l'information et de la communication. Elle peut notamment aider à lutter contre les déserts médicaux, améliorer le suivi et la qualité de vie des patients et participer à une meilleure gestion des crises sanitaires[608].

---

604 Toutes ces mesures conjoncturelles sont loin d'être exhaustives. Celles qui sont évoquées ci-dessus vont constituer les éléments principaux ou fondamentaux sur lesquels nous allons bâtir notre argumentation.

605 Zoa Ateba, "Le centre de télécommunications", pp. 72-73.

606 CEA-Cameroun, "Une proposition pour la transformation de l'économie et de la société camerounaise à l'ère de l'information et du savoir", Plan national des infrastructures de la communication et de l'information (Plan NICI Cameroun), Yaoundé, mai 2001, p. 30.

607 Zoa Ateba, "Le centre de télécommunications", p. 88.

608 Quel rôle pour la télémédecine ? , in www.leem.org.

2. Au plan scientifique et environnemental

L'enjeu des télécommunications est tout aussi important sur le plan scientifique et environnemental en Afrique. Les principaux aspects intéressants de ce domaine sont la prévention des catastrophes, la protection des vies humaines et des écosystèmes, le développement de l'océanographie, l'expansion de l'agriculture de précision, l'apport de la climatologie et des missions spatiales. Tout ceci ne peut se faire sans l'apport incontestable des satellites de communication. En effet, les États dits développés utilisent ces satellites spécialisés pour faciliter la vie quotidienne de l'homme et d'autres secteurs d'activités[609]. L'Afrique devrait s'en inspirer profondément, malgré la tentative ratée de la mise en orbite du premier satellite panafricain RASCOM QAF-1 le 21 décembre 2007 qui avait pour mission la fourniture des services de base des télécommunications[610].

3. Au plan politique et stratégique

a) **Souveraineté et désenclavement du territoire**

Les enjeux politiques des télécommunications sont aussi importants dans un contexte de mondialisation croissante des échanges d'informations. Cependant, l'accès et l'utilisation des nouvelles technologies sont très inégalement répartis entre les différentes régions du monde, surtout en Afrique. Grâce à une large couverture satellitaire, les télécommunications ont aussi pour vocation de limiter ces déséquilibres et d'accélérer le désenclavement[611]. Certaines populations de certaines localités enclavées ne se sentiraient plus lésées et auraient désormais accès à l'information en temps réel. Malheureusement, on observait encore ce retard technologique en Afrique au XXème Siècle, ce qui causait parfois des tensions politiques entre des communautés dont les régions étaient équipées et celles qui étaient défavorisées. En conséquence, quelles solutions les pays africains ont-ils prises pour résorber ce déséquilibre ?

b) **Défense et sécurité du territoire**

Les télécommunications ont également des enjeux stratégiques, ce qui explique notamment que les armées en soient le premier client. Grâce à des dispositifs spécifiques, les militaires disposent d'équipements résistants au brouillage leur permettant de communiquer en permanence et en toute confidentialité pendant des opérations[612].

---

609 Zoa Ateba, "Le centre de télécommunications", p. 89.

610 S. Niang, "RASCOM-1 : le 1er satellite de télécommunication panafricain sur orbite", in www.lesafriques.com.

611 N. Sennequier, *Les satellites de télécommunications*, Paris, PUF, 2000, p. 3.

612 Philip's Encyclopedia, p. 260.

Les satellites militaires ont constitué la première forme de satellites d'observation. De fait, en 1959 dans le cadre de la "guerre froide", les États-Unis et l'URSS ont développé des satellites militaires d'observation appelés couramment "satellites-espions" dont les premiers furent la série des Discoverer. Ils permettaient d'observer les ressources militaires de l'ennemi dans des zones peu accessibles, afin d'évaluer le danger qu'elles étaient susceptibles de représenter. Cela a donc servi de base aux autres applications civiles des satellites d'observation[613].

B. Les perspectives : réformes et restructuration des télécommunications en Afrique

En Afrique, plusieurs États ont adopté des réformes et la restructuration du secteur des télécommunications comme étant des perspectives vers le milieu des années 1990. Plus concrètement, ces solutions étaient particulièrement la déréglementation, les contraintes institutionnelles et le remodelage sectoriel, la privatisation et la concurrence du domaine des télécommunications.

1. Les tentatives de déréglementation des télécommunications

L'ensemble des pays industrialisés et non industrialisés ont aussi été concernés par le mouvement de déréglementation qui s'est développé depuis les années 1950. Comme première perspective, la déréglementation des télécommunications désigne à la fois la privatisation de l'exploitant public et l'ouverture de son marché[614]. Parmi les modèles adaptatifs, l'auteur Laurence Bancel-Charensol en a retenu deux : le modèle américain et le modèle japonais. Le schéma américain est prégnant à un double point de vue qu'il a constitué l'une des expériences les plus avancées en matière de déréglementation. À ce titre, il est apparu comme un sujet d'étude riche en informations en vue de l'élaboration d'une stratégie globale des télécommunications en Afrique. Quant au modèle japonais, il s'est caractérisé principalement par une expérience originale de segmentation du marché apte à résister, mieux que celles adoptées successivement aux États-Unis, aux évolutions excessivement rapides de l'environnement économique et technologique du secteur des télécommunications[615]. Cela veut simplement dire que le marché des télécommunications, au vu de l'échec des expériences américaines et même européennes passées, était bien organisé ou mieux structuré avec une répartition précise ou spécialisée des tâches. On avait par exemple des fabricants de terminaux, d'accessoires, des marketeurs, des

---

613 Zoa Ateba, "Le centre de télécommunications", p. 103.

614 N. Curien et M. Gensollen, *Économie des télécommunications. Ouverture et réglementation*, Paris, Economica, 1992, p. 3.

615 L. Bancel-Charensol, *La déréglementation des télécommunications dans les pays industriels*, Paris, Economica, 1996, pp. 13-14.

promoteurs, des vendeurs et des recycleurs. Les applications fructueuses de cette innovation pourraient être mises en œuvre en Afrique.

La cherté des prix de communications internationales a longtemps été dépendante des ententes et coopérations bilatérales entre opérateurs publics internationaux. Cela s'est justifié par les monopoles qui négociaient à hauteur de 50 % chacun les taxes de répartition destinées à couvrir les coûts de communications internationales. Un reversement s'opérait par conséquent du pays où le trafic bilatéral était excédentaire vers le pays déficitaire. La déréglementation mondiale du secteur tendait à accroître cet écart en mettant davantage en lumière le problème de compétitivité des télécommunications africaines. Il est également à noter que la concurrence favorise la baisse de la partie locale des coûts dans les pays pionniers en matière de réforme institutionnelle[616]. Parallèlement, des pressions de forte ampleur s'exercent en faveur d'une révision à la baisse des taxes de répartition. Quoiqu'il en soit, la déréglementation et la concurrence s'imposent, car elles développent une plus grande réceptivité au principe de privatisation.

2. Les contraintes institutionnelles et le remodelage sectoriel

Selon Patrick Plane, les mutations du secteur des télécommunications ont poussé à la redéfinition des modalités d'intervention de l'État en Afrique, ce qu'on appelle remodelage sectoriel considéré comme la seconde perspective ou solution. Dans un environnement où le monopole naturel perd de la vitesse régulièrement, les autorités ont préféré gérer la concurrence au détriment de la protection des collectivités locales. Ceci implique que l'État devait s'investir efficacement pour assurer une distribution des surplus entre consommateurs et producteurs[617]. Acculé, il n'avait pas le choix et devait faire face à ces contraintes institutionnelles.

Dans un contexte de propriété et de gestion publiques, le comportement des États africains est loin d'avoir été exemplaire. D'importantes dérives comportementales ont souvent été observées quant à la gestion du secteur des télécommunications. Elles sont amplifiées par le caractère monopolistique de ce service public et les prix exorbitants des communications internationales. Ajoutés à cela, le non-paiement des factures et la corruption ont contribué à affaiblir les recettes des télécommunications nécessaires à ce secteur névralgique. De 1961 à 1998, cette situation difficile a été observée au Cameroun avant l'arrivée de la concurrence avec la gestion du domaine national des télécommunications par le ministère des Postes et Télécommunications (MINPOSTEL) et le domaine international par

---

[616] G. Kibong à Mira, *Régulation du marché des télécommunications en Afrique. L'exemple du Cameroun*, Paris, L'Harmattan, 2012, p. 94.

[617] P. Plane, Privatisation et ouverture des télécommunications en Afrique subsaharienne : modalités et implications des réformes, document de travail, E 2002.11, série *Études et Documents*, Clermont-Ferrand, CERDI, juin 2002, p. 15.

INTELCAM[618]. Il est évident que la distance entre le politique et les opérateurs nécessite l'institutionnalisation d'une autorité de réglementation autonome. Seulement, aucune garantie véritable ne démontre de son efficacité[619]; pourtant, les États devaient absolument faire face à toutes ces contraintes institutionnelles qui mettaient à mal ce secteur. Quelques exemples dans certains États africains pourront mieux étayer notre réflexion.

En Côte-d'Ivoire au milieu des années 1990, la structure de réglementation est constituée d'une agence des télécommunications (ATCI) qui gère l'application de la réglementation et les conflits, et du Conseil des télécommunications (CTCI) qui exerce une activité de tutelle sur le fonctionnement de l'ensemble du secteur. Certaines critiques font état du fait qu'il y a des risques de bureaucratisation et de confusion institutionnelle. Toutefois, cette situation est préférable à une époque récente au cours de laquelle l'opérateur historique remplissait toutes les tâches, même celles dévolues à l'organe régulateur[620].

Le 1er juin 1995 au Cameroun, le Chef de l'État décidait de restructurer le domaine des télécommunications[621] et le 14 juillet 1998, il promulguait la loi n° 98/014 régissant les télécommunications au Cameroun[622]. En septembre de la même année, l'agence de régulation des télécommunications (ART) était créée. L'on a donc assisté au désengagement de l'État par la séparation des activités d'exploitation, de supervision, de réglementation et de régulation. Cette innovation a permis de séparer les télécommunications de la poste, d'encourager et de favoriser la participation du secteur privé à l'environnement concurrentiel des télécommunications. Par ailleurs, elle a favorisé la promotion des réseaux et services et l'optimisation du domaine des télécommunications pour le développement du Cameroun[623].

Au Sénégal où l'instauration d'un régulateur était encore en cours en 2002, de vives discussions avaient eu lieu concernant le fait que l'agence devait être multisectorielle ou non. Les autorités ont finalement considéré la première option qui avait pour avantage de susciter des économies d'expertise. Par contre, la dilution des tâches de réglementation, dans une même agence de l'eau, de l'électricité et des télécommunications, avait l'inconvénient de réduire considérablement les enjeux de la société de l'information[624].

---

618 Zoa Ateba, ''Des télécommunications terrestres aux télécommunications par satellite'', p. 315.
619 Plane, Privatisation et ouverture, pp. 15-16.
620 *Ibid., p. 17.*
621 Zoa Ateba, "La société des télécommunications'', p. 102.
622 Journal officiel du Cameroun (JOC) du 15 juillet 1998, loi n° 98/014 du 14 juillet 1998 régissant les télécommunications au Cameroun, p. 917.
623 MINPOSTEL, Stratégie sectorielle du domaine des télécommunications et TIC, Rapport d'expertise, Yaoundé, octobre 2005, p. 31.
624 Plane, Privatisation et ouverture, p. 17.

Sur le plan régional, la réglementation était plus hypothétique même si l'institutionnalisation d'une agence pourrait s'appuyer sur des organisations existantes. En 2002, plus de 40 pays africains étaient concernés par RASCOM qui vise la promotion des communications satellitaires, l'interconnexion et la desserte des zones rurales[625]. Initialement au début des années 1980, les États africains avaient pensé qu'il serait judicieux de mettre sur pied une organisation en charge des télécommunications par satellite à l'échelle continentale. Après l'instauration du projet PANAFTEL dont les équipements de télécommunications étaient à vocation terrestre, le projet RASCOM venait révolutionner le paysage des télécommunications africaines sur le plan satellitaire[626]. Il était donc urgent de renforcer le domaine terrestre et, surtout, de communiquer à l'international de façon autonome puisqu'il ne s'agirait plus de louer les circuits des satellites.

De même, un autre organe était mis à contribution, le *Common market of eastern and southern Africa* (COMESA) créé en décembre 1994 et qui est un marché commun pour l'Afrique orientale et australe. Il avait pour mission la coopération sur la qualité et l'interconnexion des réseaux, sur l'harmonisation des tarifs et le développement d'un pouvoir d'influence dans l'achat étranger d'équipements[627].

3. Privatisation et concurrence

Pour booster le secteur des télécommunications, les États africains avaient opté pour la recherche de solutions durables dans la privatisation et la concurrence au milieu des années 1990. Comme troisième perspective, ce sont de nouvelles réformes appliquées au secteur des télécommunications qui sont en fait deux stratégies complémentaires, matérialisées par la privatisation du réseau de base et l'ouverture du marché à la concurrence. Patrick Plane démontre que ces changements sectoriels initiés dans les années 1980 et 1990 tendent à se confondre pleinement[628]. Pour une meilleure compréhension, les deux notions seront dissociées dans l'évolution de notre analyse.

a) La privatisation des télécommunications

La première stratégie est accentuée sur la privatisation du réseau de base. Dans aucun pays africain, le désengagement de l'État n'a été total. En général, une partie des actions était cédée à un consortium constitué de nationaux et

625 Plane, Privatisation et ouverture, p. 17.
626 Aloo, "Development of telecommunications", pp. 28-29.
627 ONU-CEA, "COMESA-Marché commun pour l'Afrique orientale et australe", www.archive.uneca.org.
628 Plane, Privatisation et ouverture, p. 4.

d'étrangers de l'ordre de 30 à 60% des titres disponibles[629]. Le reste revenait à l'opérateur historique ou opérateur public national.

Au Cameroun par exemple, la société INTELCAM est privatisée lors de sa création par ordonnance présidentielle n° 72/02 du 12 juillet 1972. 60% des actions restaient camerounaises tandis que les 30 % et 10% étaient cédées respectivement à FCR pour la France et *Cable & Wireless* pour la Grande-Bretagne[630]. Ce n'est qu'en 1982 que le gouvernement camerounais réaménageait le secteur des télécommunications en rachetant ces parts étrangères, nationalisant ainsi INTELCAM[631]. Depuis sa création en 1998, l'opérateur historique *Cameroon Telecommunications* (CAMTEL), qui gérait désormais le domaine national et international des télécommunications camerounaises, n'a jamais été privatisé.

En 1990 en Afrique, le bilan des privatisations était encore bien mince en général. La Guinée Bissau et São Tomé et Principe ont cédé 51% de leur capital social à Portugal TELECOM. Les risques financiers étaient modestes puisque les deux pays réunis n'avaient que moins de 10 000 lignes principales téléphoniques. La même année en Centrafrique, la Société Centrafricaine des Télécommunications (SOCATEL) avait cédé 40% de ses actions à FCR. Le coût financier était supporté par l'Agence Française de Développement (AFD) d'un montant de 20 millions de francs français (FF)[632], soit environ 1 milliard de FCFA d'avant la dévaluation du FCFA de janvier 1994. En République Sud-africaine, le gouvernement s'était montré plus prudent dans la gestion de ses télécommunications publiques. Il était conscient de l'enjeu des nouvelles technologies de l'information pour la croissance économique, mais inquiet des conséquences d'une libéralisation trop rapide. Pour ce faire, il a préféré le monopole public réglementé à la concurrence de 1996 à 2002[633].

b) L'ouverture à la concurrence

La seconde stratégie porte sur la structure du marché. En effet, l'ouverture des télécommunications à la concurrence s'exprime d'abord par la plus grande contestabilité du marché. Avec la double pression des innovations technologiques des télécommunications et la libéralisation mondiale, la stabilité passée est rompue et le cycle recommence à chaque fois[634]. Elles rompent également les équilibres dans le fonctionnement des

[629] Plane, La réforme des télécommunications en Afrique subsaharienne, document de travail n°174, OCDE, mars 2001, p. 26.

[630] Journal de la République unie du Cameroun (JORUC) du 15 juillet 1972, ordonnance n° 72/2 du 12 juillet 1972 portant création de la Société des télécommunications internationales du Cameroun, pp. 100-114.

[631] JORUC du 15 novembre 1982, décret n°82/539 du 28 octobre 1982 créant et organisant la société des télécommunications internationales du Cameroun, p. 2889.

[632] Plane, La réforme des télécommunications, p. 27.

[633] Plane, Privatisation et ouverture, p. 8.

[634] J. P. Chamoux, *Télécoms : la fin des privilèges*, Paris, PUF, 1993, p. 235.

télécommunications internationales basé sur les ententes bilatérales des monopoles publics nationaux. Du même coup, ces innovations ont favorisé l'entrée effective de nouveaux opérateurs tant sur le réseau fixe que sur le réseau mobile. C'est ce que Dang Nguyen et Denis Phan ont appelé " l'émergence de nouveaux acteurs''. Ainsi, on peut citer les opérateurs lourds, les opérateurs légers et les opérateurs lourds et légers[635].

Mais en Afrique, ces opérateurs qui sont pour la plupart légers avaient plus accentué cette opportunité sur le secteur de la téléphonie mobile. Contrairement à la majorité des pays africains, le Ghana avait opté pour la privatisation et la concurrence sur le réseau fixe. En effet, la *Ghana posts and telecommunications corporation* (GPTC) était créée en 1974 et ce n'est qu'en juin 1995 que le premier changement institutionnel était intervenu pour donner *Ghana telecom* (GT). Le processus de privatisation prévoyait la cession par GT de 30% de ses actions à un consortium emmené par *Telekom Malaysia*[636]. Ce désengagement s'était renforcé avec l'allocation d'une seconde licence autorisant *ACG Telesystems*, contrôlé par la firme américaine *Western wireless corporation*, à l'exploitation de tous les services de la téléphonie filaire. Toutefois, c'est le secteur de la téléphonie mobile qui a réellement fait ses preuves en Afrique comme nous l'avons dit précédemment, car participant de l'action conjointe de la privatisation et de la concurrence. En 1997, une trentaine de pays l'avaient adoptée et 10% d'entre eux ont émis des licences d'exploitation conduisant à la concurrence-privatisation[637].

Le succès que connaît le mobile est lié à l'offre et à la demande. Concernant l'offre, l'utilisation du spectre hertzien est moins coûteuse que les techniques filaires traditionnelles, ce qui abaisse le coût direct de production en conséquence. En même temps, le système de crédit prépayé réduit les coûts indirects de recouvrement, de contrôle et de surveillance de réseau[638].

Conclusion

En somme, nous pouvons dire que l'étude menée sur les télécommunications africaines est très intéressante à plus d'un titre et n'a pas la prétention d'avoir pu tout cerner sur la question. Qu'à cela ne tienne, nous avons pu relever que la notion de dépendance est très ancienne en Afrique et existe depuis la traite négrière. Elle a évolué jusqu'à la colonisation où elle est

---

[635] G. D. Nguyen, D. Phan, *Économie des télécommunications et de l'internet*, Paris, Economica, 2000, pp. 93-101.

[636] Plane, La réforme des télécommunications, p. 32.

[637] Plane, Privatisation et ouverture, p.12.

[638] Cet argument est non négligeable, particulièrement en Afrique. Les détournements de matériels et de vols du cuivre, nécessaire au réseau de distribution, fragilisent la rentabilité de l'exploitation. Il en est de même des branchements clandestins et des impayés de consommation qui sont faiblement ou presque pas sanctionnés.

plus directe du fait du système colonial qui l'impose. Bien que l'investissement dans le domaine des télécommunications ne soit pas prioritaire pour le colonisateur, ce secteur a tout de même été doté d'infrastructures pas toujours capables d'assurer pleinement leur rôle. Après les indépendances des pays africains, les jeunes États vont tenter de résorber le déficit en matière des télécommunications. En effet, ils ont hérité d'équipements vétustes et dépassés, ajoutés à la saturation du réseau, qui ne pouvaient plus faire face aux exigences de l'heure. Seulement, la difficulté d'accès aux ressources financières a constitué un obstacle sérieux aux projets d'équipements de ces pays. On était encore à l'ère du monopole du secteur par l'État qu'avec la chute du communisme en Europe, les processus de déréglementation, de privatisation et de concurrence ont surgi et se sont imposés avec force sur le continent. Cette restructuration forcée, due à l'environnement international des télécommunications, va déterminer l'avenir des pays en développement et particulièrement ceux d'Afrique[639].

Sources et références bibliographiques

I – Sources d'archives (Archives nationales de Yaoundé)

Journal de la République unie du Cameroun (JORUC) du 15 juillet 1972, ordonnance n° 72/2 du 12 juillet 1972 portant création de la Société des télécommunications internationales du Cameroun.

JORUC du 15 novembre 1982, décret n°82/539 du 28 octobre 1982 créant et organisant la société des télécommunications internationales du Cameroun.

Journal officiel du Cameroun (JOC) du 15 juillet 1998, loi n° 98/014 du 14 juillet 1998 régissant les télécommunications au Cameroun.

II – Ouvrages

Bancel-Charensol Laurence, *La déréglementation des télécommunications dans les pays industriels*, Paris, Economica, 1996

Chamoux Jean-Pierre, *Télécoms : la fin des privilèges*, Paris, PUF, 1993.

Coquery Vidrovitch Catherine, Moniot Henri, *L'Afrique noire de 1800 à nos jours*, 4ème édition, Collection Nouvelle Clio, Paris, PUF, 1993.

Curien Nicolas, Gensollen Michel, *Économie des télécommunications. Ouverture et réglementation*, Paris, Economica, 1992.

Dang Nguyen Godefroy, Phan Denis, *Économie des télécommunications et de l'internet*, Paris, Economica, 2000.

---

[639] L'Afrique, considérée comme un consommateur des produits de télécommunications, ne peut faire face à la mondialisation technologique due aux rapides mutations des technologies des télécommunications, lesquelles sont sans cesse croissantes. Cet état de choses fait d'elle un acteur inactif dilué dans ce tourbillon d'innovations technologiques perpétuelles.

Delaunay Maculan A.-M., *Histoire comparée des stratégies de développement des télécommunications*, Paris, La Documentation française, 1997.

Headrick D.R., *The invisible weapon, telecommunications and international politics (1851-1945)*, London, Oxford, 1991.

Kamdem Nzikou Emmanuel, *L'évolution des télécommunications au Cameroun : constats et perspectives*, Yaoundé, Mandara, 1996.

Kibong à Mira Georges, *Régulation du marché des télécommunications en Afrique. L'exemple du Cameroun*, Paris, L'Harmattan, 2012.

Marty D., *L'astronautique et les techniques spatiales*, n° 3135, Paris, PUF, coll. « Q.S.J. ? », 1996.

Noumba Um Paul, *La privatisation des télécommunications : le cas des pays en développement*, Paris, L'Harmattan, 1997.

Sauvageot H., *Radarmétéorologie. Télédétection active de l'atmosphère*, 2ème édition, Paris, Eyrolles, 2001.

Sennequier Nicolas., *Les satellites de télécommunications*, Paris, PUF, 2000.

Reuter P., *La communauté européenne du charbon et de l'acier*, Paris, Librairie générale de droit et de jurisprudence, 1953.

III – Articles scientifiques et rapports

ACDI, Évaluation du projet PANAFTEL, rapport d'étude, Canada, ACDI, 2000.

Aloo Charles, "Development of telecommunications infrastructure in Africa: network evolution, present status and future development'', in *Africa Media Review*, vol. 2, n° 3, 1988.

Anonyme, ''Africa Telecom 90 : l'intégration africaine par les télécommunications'', in *Revue des postes et télécommunications*, n° 9, Yaoundé, MINPOSTEL, mars 1991.

ANTIC, "Stratégie nationale de développement des technologies de l'information et de la communication'', rapport d'expertise, République du Cameroun, Agence nationale des technologies de l'information et de la communication (ANTIC), Yaoundé, septembre 2007.

CEA-Cameroun, "Une proposition pour la transformation de l'économie et de la société camerounaise à l'ère de l'information et du savoir", Plan national des infrastructures de la communication et de l'information (Plan NICI Cameroun), Yaoundé, mai 2001.

Choundong Jérard, '' Quatrième conférence panafricaine des télécommunications à Monrovia : la double distinction du Cameroun'', in *Revue des postes et télécommunications*, n° 6, Yaoundé, MINPOSTEL, juillet 1990.

Griset Pascal, '' L'État et les télécommunications internationales au début du 20ème siècle : un monopole stérile'', in *Histoire, économie et société*, n° 2, 6ème année, Paris, Armand Colin, 1987.

INTELCAM, La maîtrise des communications, rapport d'étude, Yaoundé, INTELCAM, 1992.

MINPOSTEL, “Stratégie sectorielle du domaine des télécommunications et TIC’’, Rapport d’expertise, Yaoundé, octobre 2005.

Plane Patrick, La réforme des télécommunications en Afrique subsaharienne, document de travail n° 174, OCDE, mars 2001.

Plane Patrick, Privatisation et ouverture des télécommunications en Afrique subsaharienne : modalités et implications des réformes, document de travail, E 2002.11, série *Études et Documents*, Clermont-Ferrand, CERDI, juin 2002.

UIT, PANAFTEL, le réseau panafricain de télécommunication, rapport d’étude, UIT, 1979.

UIT, L’évolution de l’environnement des télécommunications : considérations de politique générale destinées aux membres de l’UIT, rapport du groupe consultatif sur la politique à suivre en matière de télécommunications, Genève, février 1989.

UIT, Rapport sur le développement mondial des télécommunications, Genève, UIT, août 1998.

UIT, Rapport 2000 sur l’état du développement des télécommunications dans le monde, Genève, UIT, 2000.

IV – Mémoires et thèse

Zoa Ateba Yves Barthélémy, “La société des télécommunications internationales du Cameroun (INTELCAM) : essai d’analyse historique, 1972-1998’’, mémoire de maîtrise en histoire, Yaoundé, Université de Yaoundé 1, juillet 2006.

Zoa Ateba Yves Barthélémy “Le centre de télécommunications par satellite de Zamengoé et les incidences socioéconomiques au Cameroun et dans le monde (1972-2002)’’, mémoire de DEA en histoire, Yaoundé, Université de Yaoundé, décembre 2008.

Zoa Ateba Yves Barthélémy “Des télécommunications terrestres aux télécommunications par satellite au Cameroun : enjeux, évolution, stratégies et incidences socioéconomiques (1890-1991)’’, thèse de doctorat Ph/D en histoire, Yaoundé, Université de Yaoundé I, juillet 2021.

V – Encyclopédies

Philip’s Encyclopedia 2002, London, George Philip Limited, 2002.

Seck Mamadou et Touzard Philippe, *L’encyclopédie de la République unie du Cameroun. La vie de la nation*, tome 4, Dakar, NEA, 1981.

VI – Sources internet ou webographiques

Anonyme, Quel rôle pour la télémédecine ? in www.leem.org.

Les télécommunications, in www.larousse.fr.

Niang Souleymane, “RASCOM-1 : le 1er satellite de télécommunication panafricain sur orbite’’, in www.lesafriques.com.

CRISES SÉCURITAIRES EN AFRIQUE ET PROTECTION DU DROIT À LA SANTÉ

Zoulica RANE M., Awa NTENTIE M.

Résumé

La Charte africaine des Droits de l'Homme et des Peuples adoptée le 27 juin 1981, engage les États africains à « *prendre les mesures nécessaires en vue de protéger la santé de leurs populations et de leur assurer l'assistance médicale en cas de maladie* » (Article 16). En d'autres termes, ces États ont une obligation de moyen et de résultat dont ils ne peuvent se dédouaner. Pourtant, en période de crises sécuritaires, les pays africains font face à d'énormes contraintes qui freinent ou mettent à mal la mise en œuvre de cette importante obligation. Cette réflexion interroge ces contraintes ainsi que les voies et moyens susceptibles de permettre de les surpasser, surtout lorsqu'on sait l'importance du droit à la santé pour le développement du continent africain.

Dans sa première partie, l'étude analyse les contraintes auxquelles font face les États africains dans la garantie du droit à la santé en contexte de crise. Il s'agit en l'occurrence de contraintes d'ordres financier, matériel et humain. Dans une seconde partie, des mesures préventives et curatives sont recommandées pour une meilleure garantie du droit des populations à la santé en période de crises politiques et/ou sécuritaires. Les mesures préventives s'analysent, entre autres, en termes de création d'un fonds d'affectation spéciale pour la gestion sanitaire de crises éventuelles et de renforcement des capacités des États africains en matière de Système National d'Information Sanitaire (SNIS). Quant aux mesures curatives, elles se résument essentiellement en la mobilisation du personnel médical dans les régions touchées par la crise, l'approvisionnement desdites régions en médicaments et la sécurisation des structures sanitaires, du personnel médical ainsi que de leurs patients.

Mots clés : Droit à la santé, Crises sécuritaires, Afrique, Développement, Droits de l'homme.

Abstract

The African Charter on Human and Peoples' Rights, adopted on 27 June 1981, commits African States to "take the necessary measures to protect the health of their populations and to provide them with medical assistance in the event of illness" (Article 16). In other words, these states have an obligation of means and results from which they cannot absolve themselves. However, in times of security crises, African countries face enormous constraints that hinder or undermine the implementation of this important obligation. This study examines these constraints and the ways and means of overcoming them, especially given the importance of the right to health for the development of the African continent. In its first part, the study analyses the constraints faced by African states in guaranteeing the right to health in the context of crisis. These are financial, material and human constraints. In the second part, preventive and curative measures are recommended to better guarantee the right to health of the population in times of political and/or security crises. The preventive measures are analysed, among other things, in terms of the creation of a trust fund for the health management of possible crises and the strengthening of the capacities of African States in terms of the National Health Information System (NHIS). As for curative measures, they are essentially summarised in the mobilisation of medical personnel in the regions affected by the crisis, the supply of medicines to these regions and the securing of health structures, medical personnel and their patients.

Key words: *Right to health, Security crises, Africa, Development, Human rights.*

Introduction

Présentée dans les années 1990 comme la *« région du monde la plus affectée par les luttes armées ou les crises politiques porteuses de germes de guerre »*[640], l'Afrique demeure un continent traversé par les crises de toute nature, les situations d'urgences et, plus récemment, le terrorisme. Ces phénomènes ont des répercussions dramatiques sur la vie et la santé des populations qui en souffrent énormément. Durant les crises politico-sécuritaires, outre les blessures et les morts violentes résultant des combats armés, des attentats ou des prises d'otages, l'utilisation du viol comme arme de guerre, le recours à la prostitution et les comportements à risque des combattants favorisent le développement des épidémies et constituent autant de facteurs mettant à mal le droit à la santé. Dans certains camps de réfugiés, les maladies diarrhéiques constituent plus de 40 % des décès, dont plus de 80 % des cas concernent des enfants âgés de moins de deux ans[641]. Des épidémies telles que la méningite, la fièvre jaune, l'hépatite virale et la typhoïde se manifestent dans ces situations qui par ailleurs favorisent l'apparition de problèmes psychiatriques et psychosociaux. Dans ces contextes de crises, il

---

640 Anatole AYISSI, « Le défi de la sécurité régionale en Afrique après la guerre froide, vers la diplomatie préventive et la sécurité collective », *Travaux de recherche de l'UNIDIR, New York et Genève,* n° 27, 1994, cité dans D. Bach et L. Sindjoun, « Ordre et désordre en Afrique », *Polis, Revue camerounaise de science politique*, vol. 4, n° 2, 1997, p. 3-18.

641 Máire A. CONNOLY, Michelle GAYER, Michael J. RYAN, Peter SALAMA, Paul SPIEGEL et David L. HEYMANN (2004), « Communicable diseases in complex emergencies : impact and challenges », *Lancet*, 364, pp. 1974-1983, cité par Danièle LALIBERTE, « Crises humanitaires, santé des réfugiés et des déplacés : un cadre analytique », *Migrations internationales et vulnérabilités, Revue européenne des Migrations internationales*, Vol. 23, N° 3, 2007, pp. 85-96.

devient encore plus difficile pour les États africains de garantir le droit à la santé qui, pourtant, est une obligation pour eux[642].

Le Pacte international relatif aux droits économiques, sociaux et culturels adopté le 16 décembre 1966 par l'Assemblée Générale de l'Organisation des Nations Unies (ONU) définit le droit à la santé, en son article 12, alinéa 1, comme *« le droit qu'a toute personne de jouir du meilleur état de santé physique et mentale qu'elle soit capable d'atteindre »*. Le Pacte engage les États à prendre des mesures en vue d'assurer le plein exercice de ce droit[643]. Sur le plan régional, la Charte africaine des Droits de l'Homme et des Peuples, entrée en vigueur le 21 octobre 1986, reprend dans son article 16, les termes de l'article 12, alinéa 1, du Pacte susmentionné et prévoit qu'il est de l'obligation des États africains de « *prendre les mesures nécessaires en vue de protéger la santé de leurs populations et de leur assurer l'assistance médicale en cas de maladie* ».

Compte tenu de cette obligation de moyens et de résultats dévolue en la matière aux États, y compris en période de crises politico-sécuritaires, il serait intéressant, eu égard à la spécificité de ces situations, d'interroger les difficultés rencontrées par les pays africains dans la réalisation du droit à la santé dans ces circonstances et les solutions y relatives. Autrement dit, quelles sont les contraintes auxquelles les États africains font face dans la garantie du droit à la santé en période de crises sécuritaires/politiques ? Et comment surpasser ces contraintes vu que l'État demeure, malgré ce contexte, le débiteur du droit à la santé ?

Afin de répondre à cette problématique, la présente étude procède dans une première partie, à l'analyse des contraintes multiformes affectant les États africains dans la garantie du droit à la santé en contexte de crises politico-sécuritaires (I). Dans une seconde partie, l'étude s'emploie à proposer des solutions préventives et curatives pour une garantie effective du droit à la santé par ses principaux débiteurs que sont les États africains (II).

---

642 Organisation Mondiale de la Santé, *Réaliser les droits de l'homme à la santé et par la santé*, Rapport du Groupe de travail de haut niveau sur la santé et les droits de l'homme des femmes, des enfants et des adolescents, *https://www.ohchr.org/Documents/Issues/Women/WRGS/Health/ReportHLWG-humanrights-health_FR.pdf*, 2017, consulté le 02 décembre 2021.

643 Aux termes de l'article 12, alinéa 2, du Pacte relatif aux droits économiques, sociaux et culturels, » *Les mesures que les États parties au présent Pacte prendront en vue d'assurer le plein exercice de ce droit devront comprendre les mesures nécessaires pour assurer: a) La diminution de la mortinatalité et de la mortalité infantile, ainsi que le développement sain de l'enfant; b) L'amélioration de tous les aspects de l'hygiène du milieu et de l'hygiène industrielle; c) La prophylaxie et le traitement des maladies épidémiques, endémiques, professionnelles et autres, ainsi que la lutte contre ces maladies; d) La création de conditions propres à assurer à tous des services médicaux et une aide médicale en cas de maladie »*.

Dans le cadre de la présente étude, la grille théorique convoquée est le libéralisme. Ce courant théorique a pour principaux partisans les auteurs tels qu'Érasme, Grotius, Locke, Montesquieu, Kant, Bentham, Burke et Mill. Il convient de relever que : *« leurs postulats communs sont la primauté de l'individu (rationnel), la croyance dans le progrès, l'universalisme des droits humains et la conviction que l'interdépendance économique et la démocratisation sont pacificatrices »*[644]. Cette théorie permet de voir comment des règles internationales sont prévues à l'effet de garantir la mise en œuvre du droit à la santé aussi bien en temps de paix et en temps de guerre ; les pays africains, qui ont pour la plupart adhéré à ces règles internationales ont une obligation de résultat s'agissant de leur mise en œuvre. Les méthodes d'analyse utilisées pour mener cette étude, articulée autour des deux parties susmentionnées, sont celles juridique (dogmatique) et comparative.

I. Les contraintes affectant les états africains dans la garantie du droit à la santé en contexte de crises politico-sécuritaires

Les pays qui traversent des situations de crises sécuritaires et politiques font face à des contraintes multiformes qui affectent fortement la garantie du droit de leurs populations à la santé. Ces contraintes sont généralement plus difficiles à gérer lorsque les pays concernés sont en développement comme c'est le cas pour la majorité des États africains. Dans ce contexte, elles sont non seulement d'ordre financier (A), mais aussi de natures matérielle et humaine (B).

A. Les contraintes d'ordre financier

Les contraintes financières représentent un ensemble de pressions économiques qui s'exercent sur les États africains en contexte de crises et constituent autant de freins à la réalisation du droit des populations à la santé. C'est ainsi que dans de nombreux pays africains en situation de crise, les budgets dédiés à la santé sont encore très insuffisants. Pourtant, en avril 2001, les États africains se sont engagés dans la Déclaration d'Abuja, signée au terme du Sommet des Chefs d'État et de Gouvernement de l'Organisation de l'Unité Africaine (OUA), à allouer au moins 15% de leurs budgets nationaux au secteur de la santé. Cet engagement a été réaffirmé lors d'un sommet spécial sur le VIH/SIDA, la tuberculose et le paludisme, qui a eu lieu à Abuja en 2006, et lors de la quinzième session ordinaire de la Conférence de l'Union, tenue en 2010 à Kampala. En Côte d'Ivoire par exemple, la proportion du budget de l'État allouée au secteur de la santé est passée de 5,56 % en 2012 à 6,19 % en 2014. Toutefois, il est encore en deçà de celui de 15 % fixé par la déclaration

---

644 Jean-Baptiste Jeangene Vilmer, « Chapitre III. Le libéralisme », in *Théories des Relations internationales*, Presses Universitaires de France, Que sais-je ?, 2020, pp. 43-60.

d'Abuja[645]. En 2011, sur l'ensemble des États africains, seulement 06 avaient réalisé les engagements pris à travers la Déclaration d'Abuja, en l'occurrence : le Rwanda avec 18.5% ; le Botswana et le Niger avec 17.8%; le Malawi avec 17.1%; la Zambie avec 16.4% et le Burkina Faso avec 15.8%[646].

En République Démocratique du Congo (RDC) par exemple, le pourcentage minimum du budget alloué à la santé (- de 01% de 7 milliards de dollars), en contexte de crise, n'a pas permis de doter les structures sanitaires des moyens suffisants pour répondre à temps et efficacement aux besoins exprimés par la population[647]. Les habitants de la province du Nord - Kivu, région traversée par des troubles et l'insécurité (arrivée massive des réfugiés Rwandais, les guerres de libération, les guerres d'occupation, l'éruption du volcan Nyiragongo), ont vu leur accès aux soins de santé primaires être négativement affecté. Par ailleurs, plusieurs épidémies ont été identifiées dans ladite région et dans d'autres localités du pays. Selon l'Organisation Mondiale de la Santé (OMS), l'épidémie de maladie à virus Ebola (Ebola) se poursuit dans les provinces du Nord-Kivu et de l'Ituri (RDC). Dans une période de 21 jours (du 3 au 23 juillet 2019), 242 cas confirmés ont été signalés, dont la majorité provenait des zones de santé de Beni en RDC (53%). Au total, 2612 cas ont été signalés (2518 cas confirmés et 94 cas probables) à la date 23 juillet 2019, dont 1756 personnes sont décédées. Entre le 3 et le 23 juillet 2019, 64 zones de santé ont signalé sur une période de trois semaines de nouveaux cas, soit 10% des 664 zones de santé des provinces du Nord-Kivu et de l'Ituri[648].

En dehors d'Ebola, on retrouve également au Nord-kivu des épidémies comme le choléra, la fièvre jaune, la rougeole, mais aussi le paludisme. Dans ces situations, les acteurs humanitaires accompagnent généralement les États dans la mise en œuvre de leurs obligations concernant le droit à la santé. Toutefois, aux termes du Bureau de Coordination Humanitaire des Nations

---

645 République de Côte d'Ivoire, ministère de la Santé et de l'Hygiène Publique, *Plan National de Développement Sanitaire 2016-2020*, *http://www.childrenandaids.org/sites/default/files/2017-11/pnds_2016-2020.pdf*, consulté le 03 avril 2021.

646 Conseil Economique et Social des Nations Unies, Commission Economique pour l'Afrique, Commission de l'Union africaine, « Note d'information : 10 ans après «l'engagement d'abuja » d'allouer 15% des budgets nationaux a la sante », *https://www.uneca.org/sites/default/files/uploaded-documents/CoM/cfm2011/com2011_informationnote10years-after-theabujacommitment_fr.pdf*, consulté le 03 avril 2021.

647 Amina Keren MASUDI, Problématique de l'accessibilité aux soins de santé primaires en milieu urbanorural, Mémoire, Institut supérieur des techniques médicales I.S.T.M. / Goma - Graduat 2012, *https://www.memoireonline.com/04/14/8815/Problematique-de-l-accessibilite-aux-soins-de-sante-primaires-en-milieu-urbanorural.html*, consulté le 26 novembre 2021.

648 Organisation des Nations Unies, « RDC : Beni reste toujours l'épicentre de l'épidémie Ebola, selon l'OMS », *https://news.un.org/fr/story/2019/07/1048421*, consulté le 04 décembre 2021.

Unies, dans un contexte de sous-financement de l'action humanitaire en RDC par exemple, plus de 60% d'acteurs humanitaires ont plié bagage. À ce sujet, Yvon EDOUMOU, l'un des porte-parole du Bureau de Coordination Humanitaire des Nations Unies en RDC explique qu'il y a une baisse très inquiétante du nombre d'accueil humanitaire dans le Masisi ; cela étant dû entre autres à une baisse des financements. Les projets venant à terme n'étant pas renouvelés, les acteurs humanitaires n'ont plus les moyens de continuer[649].

En République centrafricaine aussi, dans un contexte de crises sécuritaires et politiques, la situation sanitaire s'est dégradée du fait entre autres de l'insuffisance des moyens financiers consacrés par l'État à ce secteur. En effet, ainsi que le relève l'OMS, dans ce pays *« le financement du secteur de la santé reste fortement dépendant de l'aide extérieure avec une coordination insuffisante de cette aide limitant son efficacité et son efficience »*[650].

Le Burundi rencontre les mêmes contraintes financières que la RDC et la République centrafricaine. Nonobstant une amélioration sensible de la situation sécuritaire au Burundi, un peu plus de 1,9 million de personnes sont affectées par les aléas climatiques, l'insécurité alimentaire, la malnutrition, le contexte socio-économique peu favorable ou encore par l'accès limité aux biens et services de base[651]. Tout ceci a des conséquences néfastes sur la réalisation par les autorités burundaises du droit à la santé. En effet, au-delà des pertes matérielles et de l'impact psychologique sur les personnes affectées, les crises sécuritaires et/ou politiques exacerbent les risques d'épidémies, d'insécurité alimentaire et de malnutrition aiguë.

Au Burundi, la malnutrition est présente, de manière particulière, sous sa forme chronique avec le taux le plus élevé au monde et bien au-dessus de seuil d'urgence de 40%. Considérée comme un problème de santé publique sérieux selon les standards de l'OMS, la malnutrition chronique affecte 56% des enfants de moins de cinq ans, soit près de 6 enfants sur 10[652].

S'agissant du cas du Tchad, le Bureau de coordination humanitaire des Nations Unies relève que *« le dysfonctionnement des structures sanitaires, exacerbé par le faible développement du pays, la pauvreté généralisée des*

---

[649] Radio France Internationale, « RDC: l'ONU s'inquiète de la situation sanitaire dans le territoire de Masisi », *http://www.rfi.fr/afrique/20190806-rdc-onu-s-inquiete-situation-sanitaire-le-territoire-masisi*, consulté le 04 décembre 2019.

[650]Organisation Mondiale de la Santé, République centrafricaine. Stratégie de coopération, Aperçu, *https://apps.who.int/iris/bitstream/handle/10665/137144/ccsbrief_caf_fr.pdf;jsessionid=2A84AFA7BA96BF222514B6F00059003A?sequence=1*, mai 2018, consulté le 04 décembre 2021.

[651] Lire à ce propos, Organisation des Nations Unies, Bureau de coordination humanitaire des Nations Unies, « Aperçu des besoins humanitaires : Burundi », décembre 2018, *https://reliefweb.int/sites/reliefweb.int/files/resources/*, consulté le 05 décembre 2021.

[652] Source : Institut de Statistiques et d'Études Economiques du Burundi (ISTEEBU), *Enquête Démographique et de Santé EDS III*, 2016-2017.

populations et la faible couverture vaccinale (variant entre 10 et 37 %), limite l'accès aux soins de santé pour plus de 2 millions de personnes vulnérables y compris les enfants de moins de cinq ans, les femmes enceintes et allaitantes et les populations déplacées et nomades »[653]. Le Tchad fait face à une épidémie de rougeole qui affecte 39 districts sanitaires sur les 117 que compte le pays. La population est aussi exposée à d'autres maladies épidémiques comme l'hépatite E et le choléra. La prévalence d'autres pathologies (paludisme, méningite, tétanos néo natal, les infections respiratoires aiguës, etc.) est élevée et le taux de mortalité (133 pour 1 000) reste parmi les plus élevés au monde[654].

En dehors de ces contraintes d'ordre financier, les États en crise font face à d'autres contraintes qui freinent la réalisation sur le continent du droit à la santé. Il s'agit notamment de contraintes concernant les ressources humaines et matérielles.

B. Les contraintes relatives aux ressources humaines et matérielles

Dans des situations de crises sécuritaires et/ou politiques, les États africains touchés font généralement face à des contraintes humaines et matérielles qui affectent la garantie effective par ces derniers du droit à la santé des populations.

En République centrafricaine par exemple, le secteur santé a été l'un des secteurs les plus touchés par la crise politico-sécuritaire et intercommunautaire qui y sévit depuis décembre 2012. En effet, la crise a affecté toutes les composantes du système de santé entrainant ainsi son effondrement: « *destruction des infrastructures sanitaires, pillage des médicaments et équipements, déplacement et/ou désertion du personnel y compris ceux chargés de la gouvernance, rupture de la chaine nationale d'approvisionnement en médicaments essentiels, réactifs et consommables médicaux* »[655], etc. En septembre 2016, l'enquête sur la disponibilité des ressources en santé menée par le ministère en charge de la santé avec l'appui de l'OMS a montré que: *« sur les 1010 structures de santé que compte le pays, 236 (23%) portent encore les stigmates de la crise (destruction partielle ou totale), 244 (24%) sont partiellement ou non fonctionnelles et 340 sont soutenues par les organisations*

---

[653] Lire à ce propos, Organisation des Nations Unies, Bureau de coordination humanitaire des Nations Unies, « Aperçu des besoins humanitaires : Tchad », décembre 2018, *https://reliefweb.int/sites/reliefweb.int/files/resources/*, consulté le 05 décembre 2021.

[654] Organisation des Nations Unies, Bureau de coordination humanitaire des Nations Unies, « Aperçu des besoins humanitaires : Tchad », décembre 2018, *https://reliefweb.int/sites/reliefweb.int/files/resources/*, consulté le 05 décembre 2021.

[655] République centrafricaine, Plan opérationnel du Groupe de responsabilité sectorielle « Cluster » santé en République centrafricaine, Health Cluster, Janvier-Décembre 2017, *https://reliefweb.int/sites/reliefweb.int/files/resources/rca_cluste_sante_plan_operationnel_de_reponse_2017.pdf*, consulté le 05 décembre 2021.

humanitaires »[656]. Dans ces situations, non directement imputables aux autorités publiques, les populations se retrouvent bien souvent abandonnées à elles-mêmes sans accès possible aux soins de santé.

En contexte de crise, en plus des urgences humanitaires, des flambées épidémiques sont régulièrement enregistrées dans les pays du continent. En République centrafricaine par exemple, au cours de l'année 2016, les partenaires du groupe sectoriel santé ont contribué à la riposte aux *« flambées de Méningite à méningocoque W135 dans les sous-préfectures de Batangafo et Kabo; de Variole de singe (Monkey pox) dans les sous-préfectures de Bakouma, Bangassou et Mingala; de Rougeole dans la sous-préfecture de Batangafo; de Rage à Banguiet dans les sous-préfectures de Bouar, Carnot et Gamboula; et de choléra dans les sous-préfectures de Ndjoukou et Damara ainsi que les 2e et 7e Arrondissements de Bangui. La riposte à ces épidémies a diminué davantage les capacités des partenaires à répondre aux besoins humanitaires des populations »*[657].

Par ailleurs, en dehors de ces cas d'urgences humanitaires et de flambées épidémiques, le personnel médical est également appelé à gérer des cas de santé normale (accouchement, vaccination, consultation de routine, etc.) n'ayant rien à y voir avec la crise, d'où l'importance d'une mobilisation du personnel soignant dans les localités principalement touchées par les crises politiques/sécuritaires. Autrement dit, il est nécessaire de s'assurer de la continuité de la prise en charge des personnes ayant des problèmes de santé (prise en charge des maladies infectieuses, suivi des femmes enceintes, consultation de routine, etc.) non liés à la crise sécuritaire et politique.

Ces contraintes d'ordres matériels et humaines s'illustrent également au Cameroun qui est traversé par une crise dans 03 de ses régions (Extrême-Nord, Nord-Ouest et Sud-Ouest). Selon le Bureau de Coordination Humanitaire des Nations Unies, à peu près 1,5 million de personnes ont besoin d'assistance en santé dans un contexte caractérisé par une réduction significative du nombre de formations sanitaires fonctionnelles. *« Ainsi, 58% des formations sanitaires du Sud-ouest ne transmettent plus d'information de surveillance. Dans cette même région, 24% des formations sanitaires ont fermé et le taux de fréquentation des facilités médicales en ambulatoire a baissé de 46% »*[658]. Dans la nuit du 10 au 11 février 2019, l'hôpital de District de Kumba, situé dans la Région du Sud-Ouest, a été incendié. Le bilan officiel a fait état de quatre (04) morts dont deux patients morts brûlés dans les flammes qui ont

---

[656]République centrafricaine, Plan opérationnel du Groupe de responsabilité sectorielle, *op.cit.*
[657]*Idem.*
[658] Organisation des Nations Unies, Bureau de coordination humanitaire des Nations Unies, « Aperçu des besoins humanitaires : Cameroun », janvier 2019, *https://reliefweb.int/sites/reliefweb.int/files/resources/cmr_hno_2019_vf_light.pdf*, consulté le 05 décembre 2021.

consumé l'hôpital. Ces exactions ont été attribuées aux sécessionnistes réclamant l'autonomie de la partie anglophone du pays[659].

En République Démocratique du Congo, l'organisation Médecins Sans Frontières (MSF) a procédé au retrait de son personnel de deux villages d'Ituri (Nizi et Bambu), situé dans la région du Nord-est, mettant ainsi fin à ses opérations humanitaires en faveur des populations de ces localités. À l'occasion dudit retrait, le responsable de cette organisation a relevé que : *« Les risques sont tout simplement trop élevés pour Médecins Sans Frontières de retourner dans ces zones en confiance (...). Notre mission est de sauver des vies, mais pas au prix des nôtres »*[660]. Cette déclaration montre clairement le dilemme auquel font face les personnels de santé affectés dans des zones de crises. Il convient de relever que MSF décide de quitter ces villages quatre mois après une attaque dont ses membres ont été la cible[661].

Selon certains analystes,

> *« Les premières victimes de cette mesure de fermeture sont des enfants d'habitants et des déplacés de guerre qui bénéficiaient d'une assistance médicale gratuite de MSF dans cette zone. En pédiatrie, MSF enregistrait jusqu'à* "7 000 admissions d'enfants par mois", *précise Alexandra Giudiceandrea, cheffe de mission de MSF en RDC. Le 28 octobre, des hommes armés avaient tiré sur le véhicule d'une équipe de MSF qui s'était rendue dans la zone de santé de Bambu pour assister des populations isolées. Deux des cinq personnes à bord avaient été blessées (...). En juin 2021, toujours dans la zone de Bambu, douze personnes avaient été tuées lors de l'attaque de l'hôpital général de référence de Boga, soutenu par MSF. L'hôpital avait été pillé et détruit »*[662].

Des pays comme le Nigeria font par ailleurs face à un exode massif de leurs agents de la santé ; l'insécurité étant identifié comme l'un des facteurs essentiels justifiant cet exode[663]. Cette insécurité oblige de nombreux *« médecins à partir vers des pays stables pour exercer leur profession »*[664]. En outre, il convient de relever que les médecins du même pays ont fait grève en 2021 à l'effet de protester contre le non-paiement d'arriérés de salaires et le

---

659 Ibrahima BAYO Jr., « Cameroun : l'incendie de l'hôpital de Kumba attise la crise anglophone »,*https://afrique.latribune.fr/politique/2019-02-12/cameroun-l-incendie-de-l-hopital-de-kumba-attise-la-crise-anglophone-807138.html*, consulté le 05 décembre 2021.

660 TV5 MONDE, AFP, « Violences en RDC : Médecins sans frontières se retire de deux villages de l'Ituri », *https://information.tv5monde.com/afrique/violences-en-rdc-medecins-sans-frontieres-se-retire-de-deux-villages-de-l-ituri-449670,* consulté le 13 juin 2022.

661 *Idem.*

662TV5 MONDE, AFP, « Violences en RDC ». *Op.cit.*

663 Gilbert TAMBA, « L'exode massif des agents de la santé, un défi majeur pour le Nigeria », Août 2021, *https://www.voaafrique.com/a/l-exode-massif-des-agents-de-la-sant%C3%A9-un-d%C3%A9fi-majeur-pour-le-nigeria/6078701.html*, consulté le 13 juin 2022.

664 *Idem.*

manque de moyens dans les hôpitaux du pays[665]. Il s'agit là d'autant de contraintes susceptibles de mettre à mal une mise en œuvre efficiente du droit à la santé. C'est à l'effet d'emmener les autorités à la prise de mesures urgentes que les médecins nigérians sont parfois emmenés à descendre dans les rues. L'Association nationale des internes (Nard), qui représente 40% des médecins au Nigeria, était à l'origine de celle de 2021. Au rang de leur revendication figure généralement : *« l'augmentation des moyens alloués aux hôpitaux publics, en déliquescence dans le pays. Ils dénoncent notamment un nombre insuffisant de lits, de médicaments et de kits de protection dans les établissements »*[666].

La République fédérale du Nigeria, État fédéral de 200 millions d'habitants, comptait : *« 42.000 médecins généralistes enregistrés en 2019, selon l'Association des médecins du Nigeria (NMA), soit deux médecins pour environ 10.000 habitants »*[667].

En ce qui concerne le Soudan du Sud, *« depuis que la guerre civile a éclaté en 2013, les centres de soins ont été pillés ou occupés et les membres du personnel menacés, détenus, enlevés et tués »*[668]. Dans ce pays, l'insécurité est un frein réel à la réalisation du droit à la santé. À titre illustratif, l'hôpital de BUNJ a : *« a une capacité d'accueil de 120 lits et qui est le seul centre chirurgical opérationnel de l'État du Haut-Nil, au Soudan du Sud, à 600 kilomètres de la capitale, Juba »*[669]. Eu égard à l'insécurité qui y sévit, les rotations des employés sont réduites au nombre de deux et il est recommandé que personne ne quitte l'enceinte de l'hôpital la nuit. Les infirmiers vivent près de l'hôpital[670].

À l'effet de surmonter ces nombreuses contraintes qui représentent autant de freins à la garantie par les pays africains du droit à la santé, la présente étude propose des mesures que pourraient adopter les États concernés.

---

[665] Africanews et AFP, « Nigeria : grève des médecins contre le manque de moyens dans les hôpitaux », août 2021, *https://fr.africanews.com/2021/08/02/nigeria-greve-des-medecins-contre-le-manque-de-moyens-dans-les-hopitaux//*, consulté le 13 juin 2022.

[666] *Idem.*

[667] Africanews et AFP, « Nigeria : grève des médecins contre le manque de moyens dans les hôpitaux », août 2021, *https://fr.africanews.com/2021/08/02/nigeria-greve-des-medecins-contre-le-manque-de-moyens-dans-les-hopitaux//*, consulté le 13 juin 2022.

[668] Donatella LORCH, « Médecin dans un hôpital du Soudan du Sud : Ici, nous sommes en bout de ligne », septembre
2018, *https://www.unhcr.org/fr/news/stories/2018/9/5ba7d296a/medecin-hopital-soudan-sud-bout-ligne.html,* consulté le 13 juin 2022.

[669] *Idem.*

[670] *Idem.*

II. Perspectives pour une garantie effective du droit à la santé par les états africains en contexte de crises politico-sécuritaires

Les perspectives pour une garantie effective du droit à la santé par les États africains en contexte de crises politico-sécuritaires sont à la fois de nature préventive (A) et curative (B).

A. L'adoption par les États de mesures préventives de garantie du droit à la santé en contexte de crises

Nonobstant la ratification ou l'adhésion de la plupart des États africains aux instruments juridiques internationaux sur les droits de l'homme, prévoyant le droit à la santé, *« selon les experts, la situation sanitaire des millions de personnes de la Région demeure non satisfaisante »*[671] *;* ceci allant de mal en pis pour les pays traversés par des situations de crise sécuritaire.

Aussi, pour une garantie effective du droit à la santé des populations, serait-il approprié pour les États africains de prendre, avant l'apparition de toute crise, un ensemble de dispositions destinées à mieux garantir la protection du droit à la santé en cas de crise.

En République centrafricaine, l'Organisation Mondiale de la Santé (OMS) a apporté un soutien technique et financier (avec les partenaires du secteur) à l'élaboration du Plan de Transition du Secteur de la Santé, seul instrument stratégique de référence pour le Gouvernement et les partenaires techniques et financiers[672]. L'expiration de ce document élaboré pour la période 2014-2016 et le contexte sécuritaire fragile ont emmené les autorités centrafricaines à élaborer un Plan intérimaire du Secteur de la Santé (PISS) pour la période 2018-2019. Ce plan devrait aboutir au troisième Plan National de Développement Sanitaire (PNDS III). Nonobstant l'adoption du PISS, il convient de constater que la protection du droit à la santé dans ledit pays est encore affectée par de nombreux freins qui se sont davantage manifestés à l'occasion de la pandémie du Coronavirus (COVID-19).

---

[671] Organisation Mondiale de la Santé, Bureau régional de l'Afrique, « Assurer le droit à la santé dans la région africaine de l'OMS », Novembre 2012, *https://www.afro.who.int/fr/news/assurer-le-droit-la-sante-dans-la-region-africaine-de-loms*, consulté le 14 juin 2022.

[672] Lire à ce propos, République centrafricaine, Plan opérationnel du Groupe de responsabilité sectorielle « Cluster » santé en République centrafricaine, Health Cluster, Janvier-Décembre 2017, *https://reliefweb.int/sites/reliefweb.int/files/resources/rca_cluste_sante_plan_operationnel_de_reponse_2017.pdf*, consulté le 05 décembre 2021.

En effet, les crises politico-sécuritaires qu'ont connues la République centrafricaine ont

> *« Ébranlé le système sanitaire du pays, caractérisé par une coordination opérationnelle en demande de renforcement de capacités et non équipée pour sa mission, marqué par un manque de connexion entre les Formations Sanitaires (FOSA) de premier et de deuxième niveau, et souffrant d'une insuffisance de ressources humaines en termes quantitatifs et qualitatifs dans les FOSA et services de régulation du secteur. Par ailleurs, les besoins en réhabilitation et en équipement des FOSA restent importants à travers le pays ; ceux-ci font majoritairement face à un manque d'eau, de sanitaires, de moyens logistiques (motos, ambulances, etc.), d'électricité et d'infrastructures pour la collecte, l'acheminement et l'élimination des déchets biomédicaux solides »*[673].

S'agissant des pays comme le Soudan, des organismes tels que Plan international ont également contribué, avec leurs partenaires, au renforcement du système de santé soudanais, dans le cadre de la stratégie nationale de santé. Leur action s'est axée sur la gestion intégrée des maladies infantiles, l'alimentation, l'immunisation, la formation par les pairs sur le VIH/SIDA, la maîtrise des maladies transmissibles, l'enregistrement des naissances et la réponse aux catastrophes[674]. Malgré cela, la garantie du droit à la santé demeure encore peu effective dans ledit pays. Cela s'illustre à travers *« le taux élevé de la mortalité maternelle et des maladies telles que la bilharziose ou le paludisme, répandues chez les enfants en raison de la pauvreté persistante et de la faiblesse du budget alloué par le gouvernement aux services de santé de base »*

L'exemple de ces deux pays prouve à suffisance que des difficultés demeurent en matière de garantie du droit à la santé en contexte de crise. La plupart de ces difficultés, qui mettent à mal la garantie effective de ce droit, se retrouvent également dans des pays tels que la République Démocratique du Congo ou encore le Burundi[675]. À titre illustratif, les troubles politiques qui ont commencé en 2015 ont eu des conséquences importantes sur la santé

---

[673] Expertise France, *Renforcement du Système de santé en République centrafricaine, Accompagnement organisationnel du ministère de la Santé et de la Population*, Proposition technique, Juin 2019.

[674] Plan international Soudan, « Santé : Aider les parents et les enfants à accéder à de meilleurs services de santé », *https://www.plan-international.fr/info/action-humanitaire/pays/afrique-de-est/soudan/sante*, consulté le 02 juin 2021.

[675] Le système de santé du Burundi est organisé sous forme pyramidale et il s'articule autour de 3 niveaux : le niveau central, le niveau intermédiaire et le niveau périphérique. Toutefois, le secteur privé n'est pas bien intégré dans le système national de santé de même que la médecine traditionnelle.

publique Burundaise, pourtant la Constitution du Burundi reconnaît un *« droit à la santé »* et vise la couverture sanitaire universelle.

À l'effet d'assurer une mise en œuvre effective du droit à la santé en contexte de crise, l'Organisation Mondiale de la Santé pourrait accompagner les États africains dans le renforcement de leurs capacités en matière de Système National d'Information Sanitaire (SNIS) ; ceci à travers une évaluation du SNIS et l'élaboration d'un plan de restauration (y compris le système intégré de la surveillance des maladies et de la réponse). Le SNIS permet non seulement, d'alerter les décideurs sur des problèmes de santé se posant aux niveaux local, régional ou national, mais aussi d'avoir des informations permanentes sur la situation sanitaire du pays. L'évaluation du SNIS permettrait de mettre en exergue ses tares et de prendre des mesures qui contribueraient à apporter des solutions appropriées à sa redynamisation ; ceci avant la survenance éventuelle d'une crise.

Les États africains pourraient également prendre pour modèle en matière de réforme du système de santé des pays comme le Rwanda. Le génocide de 1994 a paralysé le système de santé rwandais. La majorité des infrastructures hospitalières ont été détruites par ce génocide. Durant la période post-génocide, ce pays a connu une montée en puissance dans la reprise de son système de santé qui est devenu l'un des meilleurs du continent. Le Rwanda reste un exemple sur le continent avec près de 98% de la population couverte par l'assurance-maladie obligatoire depuis 2006, selon l'Organisation mondiale de la santé[676]. Dans ce pays, la technologie a également été mise à contribution afin de rendre plus aisé l'accès aux soins. En effet : *« depuis octobre 2016, des drones transportent des lots de poches de sang jusqu'aux hôpitaux du pays qui les ont commandés. Une stratégie qui permet de faire face aux urgences »*[677] et pourrait également constituer une solution au problème de sécurité. L'insécurité étant un facteur important de restriction de la liberté d'aller et venir du personnel et de leur faculté de se déplacer pour effectuer leur travail au quotidien.

Les pays africains traversant des situations de crises politico-sécuritaires gagneraient également à former ou recycler leurs personnels médicaux respectifs à la gestion des crises, et à la prise en charge rapide des malades en cas de crises sécuritaires et politiques. Des enseignements y relatifs pourraient être intégrés aux programmes des facultés de médecine desdits États. Cela permettrait à ces personnels d'avoir les outils nécessaires à une meilleure prise en charge des patients dans ces contextes.

---

[676] Eric TOPONA, « Le Rwanda, bon élève en matière de santé en Afrique », octobre 2019, *https://www.dw.com/fr/le-rwanda-bon-%C3%A9l%C3%A8ve-en-mati%C3%A8re-de-sant%C3%A9-en-afrique/a-50876734*, consulté le 13 juin 2022.
[677] *Idem.*

Par ailleurs, la réhabilitation des infrastructures et équipements, avec la révision des normes et standards desdits infrastructures et équipements et l'appui à leur reconstruction le cas échéant, permettraient de disposer, à l'exemple du modèle rwandais, des hôpitaux adaptés constitués de plateaux techniques appropriés à la prise en charge non seulement des patients ordinaires, mais aussi des victimes des crises politiques/sécuritaires.

Outre ces réformes qui constituent autant de mesures préventives pouvant être adoptées par les pays africains, ces derniers pourraient également créer un fonds d'affectation spécial qui permettrait d'avoir en permanence des ressources financières susceptibles de faciliter la réponse sanitaire en cas de survenance d'une crise politique ou sécuritaire.

Par ailleurs, il serait approprié de mettre en place un comité de pilotage des activités pour mieux gérer les malades en cas de crise. Les États africains pourraient également élaborer et mettre en œuvre un plan de riposte aux épidémies.

La garantie effective par les États africains du droit à la santé en contexte de crise passe également par le recours à un ensemble de dispositifs d'ordre curatif.

B. Le recours aux mesures curatives de garantie du droit à la santé en contexte de crises

Les mesures curatives renvoient à des actions concrètes et immédiates dont la vocation est d'empêcher que la crise politique/sécuritaire ait des effets néfastes sur la garantie effective par les États africains du droit à la santé.

À l'effet d'apporter une réponse à la situation humanitaire dans les régions du Nord-Ouest et du Sud-Ouest, le Cameroun a élaboré un Plan Présidentiel de Reconstruction et de Développement des Régions du Nord- Ouest et du Sud-Ouest. Dans ledit plan, il est prévu, pour ce qui est du volet sanitaire, que l'action du Gouvernement consistera essentiellement en :

- *La réhabilitation des centres de santé détruits, abandonnés ou fermés ;*
- *Les campagnes de sensibilisation sur les mesures d'hygiène et de salubrité dans l'optique de réduire le risque des maladies hydriques et les épidémies*[678].

L'acte réglementaire fixant le cadre organique de ce plan présidentiel a été signé le 03 avril 2020 et le Coordonateur national dudit plan et son adjoint ont été installés le 15 avril 2020. Cette mesure curative qui illustre une volonté

---

[678] Plan d'assistance humanitaire d'urgence dans les régions du Nord-ouest et du Sud-ouest Cameroun 2018-2019, *https://reliefweb.int/sites/reliefweb.int/files/resources*, consulté le 25 décembre 2021.

politique manifeste de ramener la paix dans lesdites régions n'a néanmoins pas encore eu l'effet escompté dans la mesure où, les sécessionnistes sévissent toujours et cela a des conséquences sur la garantie du droit à la santé. Ces conséquences s'analysent en termes de désertion des centres hospitaliers par les personnels soignants affectés dans lesdites régions, le déplacement des populations vers d'autres régions du pays garantissant une meilleure prise en charge sanitaire, etc.

Ce plan dont le cadre organique et les responsables ont été récemment installés pourrait néanmoins constituer un important outil d'apaisement. En mai 2020, 8,9 milliards ont été mobilisés pour le lancement dudit plan.

Durant les crises, des réponses sanitaires immédiates doivent être apportées pour une garantie effective du droit à la santé des populations.

Face à la crise, les États africains doivent assurer la fonctionnalité des structures médicales et la disponibilité des médicaments, du matériel médical et des produits sanguins. Mais cela est parfois compliqué dans un contexte de crise. En effet, pour ce qui est de la fonctionnalité des structures médicales, on assiste parfois en période de crise à une désertion des structures hospitalières, en particulier, et des zones touchées, en général, par les personnels soignants craignant d'être pris pour cibles par les groupes armés. Dans plusieurs cas, ces personnels ont malheureusement été des victimes directes ou indirectes de ces crises. Cela a été le cas du Docteur camerounais Richard Mouzoko de l'Organisation Mondiale de la Santé, assassiné le 19 avril 2019 au cours d'une attaque contre l'hôpital universitaire de Butembo, situé à l'Est de la République Démocratique du Congo. En effet, des hommes armés ont surgi dans ledit hôpital alors que le Dr Richard Valery Mouzoko Kiboung présidait une réunion avec les membres de l'équipe de riposte contre Ebola. Cet évènement triste a contribué à la désertion de certains personnels soignants des hôpitaux de la région dans un contexte dans lequel la République Démocratique du Congo lutte contre une épidémie de fièvre hémorragique qui a déjà fait plus de 1820 morts, essentiellement dans les régions rurales de Beni, Butembo-Katwa (Nord-Kivu) et en Ituri[679].

Pour assurer la fonctionnalité des centres de santé, il serait indiqué de garantir une sécurité optimale au personnel soignant.

Au rang des mesures curatives, les pays africains pourraient également s'assurer du point de vue logistique, de la disponibilité des moyens de locomotions adaptés pour le déplacement des patients (ambulances, avions médicalisés) en cas d'urgence dans d'autres villes pour une meilleure prise en charge. Cela reviendrait pour eux, conformément à la Déclaration d'Abuja, à

---

679 Jeune Afrique, « RDC : trois médecins arrêtés pour le meurtre d'un membre de l'OMS », *https://www.jeuneafrique.com/814111/societe/rdc-trois-medecins-arretes-pour-le-meurtre-dun-membre-de-loms/*, consulté le 05 juin 2021.

consacrer un budget conséquent à la santé (15% selon ladite Déclaration). Toutefois, la plupart des pays africains en sont encore bien loin. D'où la nécessité de s'appuyer également sur la coopération internationale en renforçant le plaidoyer auprès des partenaires au développement pour le financement de la santé pendant et après la crise et promouvoir le partenariat et la « multisectorialité ». Cela contribuerait également à garantir la disponibilité des ressources nécessaires à la continuité ou à la poursuite des activités menées dans le cadre des différents programmes tels que, pour ce qui est du Cameroun, celui de lutte contre le VIH /SIDA, le Paludisme, la Tuberculose, le Programme Elargi de Vaccination. Il est crucial dans ces contextes que ces programmes ne souffrent en rien du fait de la crise sécuritaire et politique.

En période de crise, le système d'information entre le niveau central ou stratégique (niveau de prise de décision) et les niveaux périphériques locaux ou opérationnels (niveaux de mise en œuvre de la stratégie) est généralement rompu ou défaillant du fait de la démobilisation des acteurs, du manque de moyens financiers et de l'inexistence de mécanisme efficient dédié à cela. Face à cette situation, il importe de réfléchir à la mise en place de moyens de communication efficaces pouvant permettre de renseigner les niveaux centraux sur la situation dans ces zones en temps réel pour que les solutions soient prises rapidement.

Il serait également indiqué pour les États africains concernés de revisiter les orientations de leurs politiques respectives de santé à la lumière de l'impact de la crise et élaborer un plan de financement pour la réhabilitation, la reconstruction des infrastructures, la revitalisation des programmes de santé et l'approvisionnement en médicament.

La mise en œuvre efficiente de ces recommandations, requiert la création d'un Comité ad hoc chargé de la coordination de la réponse humanitaire ; ceci dans la mesure où chacune de ces recommandations nécessite l'intervention de plusieurs départements ministériels (Santé, Défense et sûreté pour la sécurité du personnel médical, des structures sanitaires, des patients et l'approvisionnement des médicaments, Finances s'agissant de tout ce qui a trait aux ressources financières, etc.).

La garantie de la présence effective du personnel médical dans les zones touchées ; pourrait se faire par la mise en place de mesures d'accompagnement susceptibles de se traduire par l'encadrement sécuritaire dudit personnel et l'octroi de primes de risque.

Conclusion

Dans un contexte africain marqué par une multiplication des crises politiques et/ou sécuritaires, la présente étude s'interrogeait sur les contraintes auxquelles les États africains font face dans la garantie du droit à la santé en cas de crises et comment est-ce que ces derniers surpassent ces contraintes vu qu'ils demeurent malgré tout les débiteurs du droit à la santé.

Au terme de la présente analyse, il ressort que les pays africains en crise font face à d'énormes contraintes financières, matérielles et humaines qui handicapent lourdement la garantie du droit à la santé de leur population. Cela a été illustré à travers des chiffres démontrant la flambée, dans certains pays africains, des épidémies telles que l'épidémie de maladie à virus Ebola, l'hépatite E et le choléra ainsi que la prévalence d'autres pathologies (paludisme, méningite, tétanos néo natal, les infections respiratoires aiguës, etc.) et le taux élevé de mortalité. Il a également été démontré que nonobstant les recommandations de la Déclaration d'Abuja signée en avril 2001 au terme du Sommet des Chefs d'État et de Gouvernement de l'Organisation de l'Unité Africaine (OUA), la majorité des pays du continent n'alloue guère encore au moins 15% de leurs budgets nationaux au secteur de la santé.

Pour faire face à ces énormes contraintes, des mesures préventives et curatives ont été analysées dans le cadre de cette étude qu'il s'agisse, pour ce qui est des mesures préventives, de la création d'un fonds d'affectation spéciale pour la gestion sanitaire de crises éventuelles, ou, s'agissant des mesures curatives, de la mobilisation du personnel médical dans les régions touchées par la crise, l'approvisionnement desdites régions de médicaments et la sécurisation des structures sanitaires, du personnel médical ainsi que de leurs patients.

La présente étude a également permis de constater que dans de nombreux pays africains en situation de crise sécuritaire, ce sont parfois les organismes non gouvernementaux qui sont généralement les plus actifs en matière de préservation du droit à la santé. Il serait indiqué pour les autorités de ces pays d'encadrer l'action de ces organismes afin non seulement de leur apporter toutes les garanties de sécurité, mais aussi, de s'assurer qu'ils respectent leur mandat et n'interfèrent pas dans les affaires intérieures desdits pays.

La pandémie du COVID-19 née en Chine en décembre 2019 et qui s'est propagé dans le monde entier à une vitesse impressionnante, a illustré l'importance de la valorisation du secteur sanitaire à travers la consécration de davantage de moyens permettant aux acteurs du système de santé de répondre aux crises de toute nature.

Le droit à la santé fait partie des droits économiques, sociaux et culturels fondamentaux. Il s'agit d'un droit nécessaire à la vie humaine et garant du développement national, d'où l'importance pour les États africains de le garantir en tout temps et en tout lieu.

Bibliographie

Ouvrages

Académie de droit international de la Haye, Université des Nations Unies, *Le droit à la santé en tant que droit de l'homme. Colloque La Haye,* 27-29 juillet 1978, préparé par Dupuy R-J., Sijthoff & Noordhoff Alphenannden Rijn, 1979.

Bernard J.-M., *La protection internationale du droit à la santé, in Conseil de l'Europe, Le médecin et les droits de l'homme, Actes du colloque de Santa Margherita Ligure (1),* 27-28 mars 1982, Conseil de l'Europe, Strasbourg, 1985, p.603, p.449-481.

Jeangene Vilmer Jean-Baptiste, *Théories des Relations internationales*, Presses Universitaires de France, Que sais-je ? 2020, 128p.

Pedrot Ph. (dir.), *Dictionnaire de droit de la santé et de la biomédecine*, Paris, ELLIPSES, 2006.

Articles

Africanews et AFP, « Nigeria : grève des médecins contre le manque de moyens dans les hôpitaux », août 2021, *https://fr.africanews.com/2021/08/02/nigeria-greve-des-medecins-contre-le-manque-de-moyens-dans-les-hopitaux//*, consulté le 13 juin 2022.

Ayissi Anatole, « Le défi de la sécurité régionale en Afrique après la guerre froide, vers la diplomatie préventive et la sécurité collective », *Travaux de recherche de l'UNIDIR, New York et Genève,* n° 27, 1994.

Bach D. et Sindjoun Luc, « Ordre et désordre en Afrique », *Polis, Revue camerounaise de science politique*, vol. 4, n° 2, 1997, p. 3-18, *www.polis.sciencespobordeaux.fr/vol4n2/intro.html*, consulté le 12 décembre 2021.

Bayo Jr. Ibrahima, « Cameroun : l'incendie de l'hôpital de Kumba attise la crise anglophone », *https://afrique.latribune.fr/politique/2019-02-12/cameroun-l-incendie-de-l-hopital-de-kumba-attise-la-crise-anglophone-807138.html*, consulté le 05 décembre 2021.

Jeangene Vilmer Jean-Baptiste, « Chapitre III. Le libéralisme », in *Théories des Relations internationales,* Presses Universitaires de France, Que sais-je ?, 2020, pp. 43-60.

Laliberte Danièle, « Crises humanitaires, santé des réfugiés et des déplacés : un cadre analytique », Migrations internationales et vulnérabilités, Revue européenne des Migrations internationales, Vol. 23, N° 3, 2007, pp. 85-96.

Organisation des Nations Unies, « RDC : Beni reste toujours l'épicentre de l'épidémie Ebola, selon l'OMS », *https://news.un.org/fr/story/2019/07/1048421*, consulté le 04 décembre 2019.

Plan d'assistance humanitaire d'urgence dans les régions du Nord-ouest et du Sud-ouest Cameroun 2018-2019, *https://reliefweb.int/sites/reliefweb.int/files/resources*, consulté le 25 décembre 2021.

Plan international Soudan, « Santé : Aider les parents et les enfants à accéder à de meilleurs services de santé », *https://www.plan-international.fr/info/action-humanitaire/pays/afrique-de-est/soudan/sante*, consulté le 02 juin 2021.

Poulain M., Les nouveaux instruments du droit international de la santé (aspects de droit des traités), Annuaire français de droit international, 2005, pp. 373-400.

Radio France Internationale, « RDC: l'ONU s'inquiète de la situation sanitaire dans le territoire de Masisi », *http://www.rfi.fr/afrique/20190806-rdc-onu-s-inquiete-situation-sanitaire-le-territoire-masisi*, consulté le 04 décembre 2021.

Tamba Gilbert, « L'exode massif des agents de la santé, un défi majeur pour le Nigeria », Août 2021, *https://www.voaafrique.com/a/l-exode-massif-des-agents-de-la-sant%C3%A9-un-d%C3%A9fi-majeur-pour-le-nigeria/6078701.html*, consulté le 13 juin 2022.

Topona Eric, « Le Rwanda, bon élève en matière de santé en Afrique », octobre 2019, *https://www.dw.com/fr/le-rwanda-bon-%C3%A9l%C3%A8ve-en-mati%C3%A8re-de-sant%C3%A9-en-afrique/a-50876734*, consulté le 13 juin 2022.

TV5 monde, AFP, « Violences en RDC : Médecins sans frontières se retire de deux villages de l'Ituri », *https://information.tv5monde.com/afrique/violences-en-rdc-medecins-sans-frontieres-se-retire-de-deux-villages-de-l-ituri-449670,* consulté le 13 juin 2022.

Mémoires

Amina Keren Masudi, Problématique de l'accessibilité aux soins de santé primaires en milieu urbanorural, Mémoire, Institut supérieur des techniques médicales I.S.T.M. / Goma - Graduat 2012, *https://www.memoireonline.com/04/14/8815/Problematique-de-l-accessibilite-aux-soins-de-sante-primaires-en-milieu-urbanorural.html*, consulté le 26 novembre 2021.

Textes juridiques

Charte africaine des Droits de l'Homme et des Peuples adoptée le 27 juin 1981.

Constitution de l'Organisation Mondiale de la Santé entrée en vigueur le 7 avril 1948.

Pacte international relatif aux droits économiques, sociaux et culturels adopté le 16 décembre 1966.

Règlement Sanitaire International adopté le 23 mai 2005.

Rapports et Études

Conseil Economique et Social des Nations Unies, Commission Economique pour l'Afrique, Commission de l'Union africaine, « Note d'information : 10 ans après «l'engagement d'abuja » d'allouer 15% des budgets nationaux à la santé », *https://www.uneca.org*, consulté le 03 avril 2021.

Expertise France, *Renforcement du Système de santé en République centrafricaine, Accompagnement organisationnel du ministère de la Santé et de la Population*, Proposition technique, Juin 2021.

Institut de Statistiques et d'Études Economiques du Burundi (ISTEEBU), *Enquête Démographique et de Santé EDS III*, 2016-2017.

Organisation Mondiale de la Santé, Réaliser les droits de l'homme à la santé et par la santé, Rapport du Groupe de travail de haut niveau sur la santé et les droits de l'homme des femmes, des enfants et des adolescents, *https://www.ohchr.org/Documents/Issues/Women/WRGS/Health/ReportHLWG-humanrights-health_FR.pdf*, 2017, consulté le 02 décembre 2021.

Organisation Mondiale de la Santé, République centrafricaine. Stratégie de coopération, Aperçu, *https://apps.who.int/iris/bitstream/handle/10665/137144/ccsbrief_caf_fr.pdf;jsessionid=2A84AFA7BA96BF222514B6F00059003A?sequence=1*, Mai 2018, consulté le 04 décembre 2021.

Organisation des Nations Unies, Bureau de coordination humanitaire des Nations Unies, « Aperçu des besoins humanitaires : Burundi », décembre 2018, *https://reliefweb.int/sites/reliefweb.int/files/resources/*, consulté le 05 décembre 2021.

Organisation des Nations Unies, Bureau de coordination humanitaire des Nations Unies, « Aperçu des besoins humanitaires : Cameroun », janvier 2019, *https://reliefweb.int/sites/reliefweb.int/files/resources/cmr_hno_2019_vf_light.pdf*, consulté le 05 décembre 2021.

Organisation des Nations Unies, Bureau de coordination humanitaire des Nations Unies, « Aperçu des besoins humanitaires : Tchad », décembre 2018, *https://reliefweb.int/sites/reliefweb.int/files/resources/*, consulté le 05 décembre 2021.

République centrafricaine, Plan opérationnel du Groupe de responsabilité sectorielle « Cluster » santé en République centrafricaine, Health Cluster, Janvier-Décembre 2017, *https://reliefweb.int/sites/reliefweb.int/files/resources/rca_cluste_sante_plan_operationnel_de_reponse_2017.pdf*, consulté le 05 décembre 2021.

République centrafricaine, Plan opérationnel du Groupe de responsabilité sectorielle « Cluster » santé en République centrafricaine, Health Cluster, Janvier-Décembre 2017, *https://reliefweb.int/sites/reliefweb.int/files/resources/rca_cluste_sante_plan_operationnel_de_reponse_2017.pdf*, consulté le 05 décembre 2021.

République de Côte d'Ivoire, ministère de la Santé et de l'Hygiène Publique, *Plan National de Développement Sanitaire 2016-2020*, *http://www.childrenandaids.org/sites/default/files/2017-11/pnds_2016-2020.pdf*, consulté le 03 avril 2021.

EFFET DES ÉMISSIONS DE CO_2 SUR LA FINANCIARISATION DE L'ÉCONOMIE EN AFRIQUE SUBSAHARIENNE

Satiéba FAYAMA[680], Babacar SENE[681], Boukary OUEDRAOGO[682]

Résumé

Le réchauffement planétaire a une dimension globale. Dans ces dernières années, la question de la finance et du changement climatique est problématique. En témoignent les débats écologiques, diplomatiques et économiques en matière de réduction des émissions de CO_2 dans l'atmosphère. Ainsi, même si un pays n'a pas contribué au réchauffement planétaire, ce pays subit en retour les effets des émissions de CO_2. De ce fait, des efforts de réduction ou de non réduction des émissions de CO_2 seront bénéfiques ou néfastes à l'ensemble des pays. Ainsi, l'objectif de cet article est d'analyser l'effet des émissions des CO_2 sur la financiarisation de l'économie en Afrique Subsaharienne sur la période 2000-2019 pour un échantillon de 21 pays. Des tests de dépendance transversale, de stationnarité, d'identifications associées aux tests spécifications, les conditions d'ordre et de rang ont été effectués. Nous avons utilisé les doubles moindres carrés (DMC) comme technique d'estimation. Les résultats d'estimation de l'équation de la financiarisation de l'économie montrent que les émissions de CO_2 affectent positivement la financiarisation de l'économie en Afrique Subsaharienne. Ce résultat implique que le développement de la financiarisation de l'économie pourrait être bénéfique à la réduction des émissions de CO_2 et donc lutter contre le réchauffement planétaire. Ainsi, les autorités des pays d'Afrique subsaharienne doivent mettre l'accent sur le développement des marchés financiers et des instruments financiers.

Mots clés : Émissions de CO_2, changement climatique, financiarisation, finance verte, finance carbone.

Classification JEL : Q54 Q56 G15 F65

---

[680] Doctorant à l'Université Thomas Sankara (UTS), Burkina Faso, satiebafayama@gmail.com
[681] Professeur Titulaire des universités en sciences économiques de l'Université Cheikh Anta DIOP (UCAD) Dakar (Sénégal) babacar.sene@gmail.com;
[682] Maître de conférences des sciences économiques de l'Université Thomas SANKARA (UTS) Burkina Faso,boukary_ouedraogo2003@yahoo.fr

Abstract

Global warming has a global dimension. In recent years, the issue of finance and climate change is problematic. This is evidenced by the ecological, diplomatic and economic debates about reducing CO_2 emissions into the atmosphere. Thus, even if a country has not contributed to global warming, that country in turn suffers the effects of CO_2 emissions. Therefore, efforts to reduce or not reduce CO_2 emissions will be beneficial or harmful to all countries. Thus, the objective of this paper is to analyze the effect of CO_2 emissions on the financialization of the economy in Sub-Saharan Africa over the period 2000-2019 for a sample of 21 countries. Tests of cross-sectional dependence, stationarity, identification associated with specification tests, order and rank conditions have been performed. We used the double least squares (DLS) estimation technique. The estimation results of the equation of the financialization of the economy show that the CO_2 emissions positively affect the financialization of the economy in Sub-Saharan Africa. This result implies that the development of the financialization of the economy could be beneficial to the reduction of CO_2 emissions and thus fight against global warming. Thus, the authorities of Sub-Saharan African countries should focus on the development of financial markets and financial instruments.

Keywords : *CO_2 emissions, climate change, financialization, green finance, carbon finance.*

JEL Classification : Q54 Q56 G15 F65

Introduction

Les émissions de Gaz à Effet de Serre (GES) augmentent depuis les années 1970 sans interruption. La pollution est globale et les conséquences des émissions de GES affectent l'ensemble des êtres vivants et les éléments matériels associés. Ces émissions de GES composés essentiellement de gaz carbonique (CO_2), de méthane (CH_4), du SF_6, les PFC et HFC de l'oxyde nitreux (N_2O)[683] (GIEC, 2021) sont dues au forçage anthropique, en particulier l'activité humaine notamment l'activité économique marchande. Pourtant, la finance est la sève nourricière des activités d'où l'importance du rôle de la financiarisation de l'économie dans le réchauffement planétaire. La pollution atmosphérique due à l'effet de serre est un problème mondial. Toutefois, le CO_2 équivalent est le principal GES le plus polluant soit plus de 56% (GIEC, 2021) du total des émissions de GES mais évoluent à la baisse ces dernières

[683] GIEC : groupe intergouvernemental sur le changement climatique, autres GES : PFCs (109 ppt CF équivalent) ; SF (10 ppt) ; NF (2 ppt) ; HFCs (237 ppt HFC-134a équivalent) ; autres gaz du Protocol de Montréal (mainly CFCs, HCFCs, 1032 ppt CFC-12 équivalent).

années[684]. Pour Hasselmann (1988) Prix Nobel 2021 en physique, le CO_2 contrôle le climat de la terre car les niveaux de CO_2 correspondent à la hausse des températures terrestres. Aujourd'hui, le réchauffement planétaire dû à la concentration atmosphérique de CO_2 est une menace à l'échelle mondiale. De ce fait, le Groupe d'Expert Intergouvernemental sur le Changement Climatique (GIEC) relève que des efforts de réduction ou de non réduction des émissions de CO_2 seront bénéfiques ou néfastes à l'ensemble de pays. En effet, les effets des émissions de CO_2 sont complexes et constituent un phénomène d'interaction en interrelation avec l'économie car ces effets entraînent des modifications socioéconomiques, sanitaires et environnementales.

« En matière de financement de l'économie, les fonctions jouées par les ménages, les gouvernements et les institutions financières[685] sont très différentes suivant les pays. Ces fonctions changent au fil du temps » (Bodie *et al.*, 2011 : 27). La financiarisation de l'économie[686] signifie que les activités bancaires et financières y ont pris une place croissante (Karwowski et Stockhammer, 2017, Posca et Tabaichount, 2020), par exemple le développement des marchés financiers et des instruments financiers. Le rôle important de la finance dans le développement des économies a conduit à l'émergence de la financiarisation. Ainsi, si tout développement financier est une financiarisation de l'économie, toute financiarisation de l'économie n'est pas un développement financier. Le développement financier est un processus de long terme et multidimensionnel dont la financiarisation de l'économie est l'une des sous-dimensions. Pourtant, la financiarisation de l'économie étant une sous-dimension du développement financier en particulier la sous-dimension profonde du système financier, est un processus de court terme qui privilégie l'option du financement de l'investissement productif. Certes, la financiarisation et le financement sont deux sous-dimensions complémentaires de la profondeur du système financier mais fondamentalement différentes. Pour Sodokin *et al.*, (2021), la financiarisation de l'économie est la part du secteur financier par rapport au reste de l'économie.

Selon les statistiques, les émissions totales brutes mondiales de CO_2 équivalentes dans le monde sont passées de 15 milliards à plus 37 milliards de tonnes entre 1970 à 2018 et les émissions de CO_2 en 2019 se chiffraient à 50%

[684] Les statistiques sont les suivants : 147740 tonnes de CO2 équivalentes en 2018, 134782 tonnes de CO2 équivalentes en 2019 et 118258 tonnes de CO2 équivalentes en 2020 dans le monde (Banque Scotia, 2020).

[685] C'est-à-dire les banques et les marchés financiers.

[686] Le concept de financiarisation « financialisation » ou l'approfondissement financier et/ou encore capitalisme financiarisé est utilisé en référence au « rôle croissant des motifs financiers, marchés financiers, acteurs financiers et institutions financières dans l'activité des économies nationales et internationale » (Posca et Tabaichount, 2020).

en Asie, 18% en Amérique du Nord, 15% en Europe, 8% au Moyen-Orient, 3% en Amérique du sud, 1% en Océanie et Amérique latine et l'Afrique en totalise 4% (Goudlard, 2021). Le taux d'émission varie selon les niveaux de développement des économies. En Afrique, Arezki (2021) et Goudlard (2021) relèvent qu'en 2019, le taux d'émissions de CO_2 a atteint 33% en Afrique du sud, 17% en Égypte, 12% en Algérie, 10% au Nigéria, 5% au Maroc, 3% en Libye et 20% pour les autres pays. La Banque mondiale, prévoit une hausse des émissions totales de gaz à effet de serre dans le monde jusqu'à 70% d'ici 2040 et le taux d'émission d'ici 2030 est de 34% pour la Chine, 21% pour le G20, 14% pour les USA, 9% pour l'Inde, 7% pour l'UE et 15% pour le reste du monde (Black, 2021). De même, l'Agence Internationale de l'Énergie (AIE) (2019) relève qu'en ASS, les émissions de CO_2 par rapport au niveau mondial atteindraient et dépasseraient les 3%. Or l'évolution du taux de CO_2 touche tous les milieux[687], et compromet la croissance économique et le développement humain, d'où l'intérêt de la financiarisation de l'économie en Afrique Subsaharienne (ASS) dans un contexte de réchauffement planétaire.

Depuis la conférence de Paris, sur le climat (COP 21), la mise en finance de l'environnement est une nécessité. La finance est la solution pour réduire les émissions de GES en particulier le CO_2. Par exemple, la COP 26 relève que la réduction des émissions de CO_2 nécessite 100 milliards de dollars par an pour financer la transition énergétique et en matière de climat et d'énergie, la Commission européenne estime un investissement annuel de 200 milliards d'euros à partir de 2021 pour atteindre les objectifs fixés en 2030. Pour ce faire, « les pays doivent rendre les flux financiers compatibles avec un profil d'évolution vers un développement à faible émission de gaz à effet de serre » (Chiapello, 2020 : 39). Cette mise en finance consiste d'une part à développer les activités vertes et d'autre part à réduire les activités brunes. En ce sens, le développement des investissements dans des projets verts principalement les projets d'énergie renouvelable et de financement de transport public se multiplient. Par exemple, dans le monde, en fin 2020, 77 projets ont été mis en œuvre pour réduire la déforestation et la dégradation des forêts (REDD) pour un montant de 185 millions et le volume des investissements d'énergie renouvelable s'élève à 350 millions de dollars entre 2017 à 2019 (Azerki, 2021).

En Afrique, le projet de reforestation de la grande muraille a été mis en œuvre (Goudlard, 2021). Toutefois, le coût de financement des emprunts non souverains dans le contexte africain favorise le développement des marchés financiers. En outre, les demandes de finance climat pour les pays africains augmentent. En Afrique Subsaharienne, l'investissement en finance climat émerge en particulier pour le déploiement en énergie renouvelable et l'efficience énergétique (Mungai *et al.*, 2022). Depuis la fin des années 2015,

[687] Par exemple : les océans, l'air, la flore, la faune, les sols.

les projets verts visant à réduire les émissions de CO_2 se multiplient en Afrique Subsaharienne (ASS) afin de développer les activités vertes. Par exemple, en ASS les demandes en matière de finance climat s'élèvent à 510 demandes en particulier pour les secteurs de l'agriculture, de l'eau, de l'énergie et des énergies renouvelables (NDC, 2021) dont 20,78% pour l'atténuation, 23,33% pour l'adaptation et 55, 88% pour l'adaptation transversale. En effet, si les demandes de financement climatique en ASS augmentent, force est de constater que toutes ces demandes ne sont pas soutenues. Falconer (2020) relève que le financement des projets climatiques en ASS est de 3%. Selon les statistiques du NDC (2021), en 2021, 61 sur 87 demandes pour l'agriculture ont été soutenues contre 49 sur 77 pour l'eau. Pourtant, 85 sur 126 demandes pour l'énergie ont été soutenues contre 58 sur 74 pour les énergies renouvelables et 77 sur 93 demandes pour les activités portant sur le développement des capacités ont également été soutenues. De ce fait, la prise en compte des émissions de CO_2 par la finance notamment la finance climat est une réalité en ASS.

Les projets verts bancables visant à réduire les émissions de CO_2 augmentent en ASS mais tous les projets ne trouvent pas de financement (NDC, 2021). Ainsi, les pays d'ASS développent les marchés financiers et des instruments financiers comme stratégies de mobilisation de ressources et finance climat, d'où l'importance de la financiarisation de l'économie. Les pays d'ASS connaissent une forte demande de financement climatique et un développement des investissements dans des projets verts. Pour la banque africaine de développement, le développement de la finance favorise les investissements verts pour atténuer les émissions de CO_2 (Azerki, 2021). En outre, les investissements dans des projets verts catalysent le développement du marché des obligations, ce qui favorise l'innovation et subséquemment la réduction des émissions de CO_2. Les conséquences des émissions de CO_2 sont supportées par l'ensemble des êtres vivants et les éléments matériels. Au regard de cela, une absence de politiques climatiques causerait de véritables catastrophes écologiques profondes voire la disparition de l'homme. En ce sens, l'absence de politiques visant à réduire les émissions de CO_2 conduirait à des modifications du système économique mondial. Or, pour toute politique adoptée, les impacts des émissions de CO_2 sont susceptibles de rétroagir sur l'économie et la société. En effet, dans le contexte de changement climatique, en agissant sur les émissions de CO_2 cela affecterait l'ensemble des secteurs économiques. C'est d'ailleurs ce qu'avançaient Faucheux et Joumni (2005) en affirmant que «les politiques préventives par lesquelles on s'attaquerait aux causes du réchauffement planétaire en agissant sur les émissions de CO_2 affecteraient l'ensemble des secteurs économiques». Or, selon Pestre (2020) : «la finance verte des années 2015 est un quatrième moment des politiques environnementales après i) l'invention des politiques environnementales en 1960, ii) la promotion d'instrument de marché de droit à polluer en 1980, et iii) la prise à main par les firmes multinationales de la question environnementale au nom du développement durable des années 1988 et 1992 ». Les effets de la pollution globale liés aux émissions de CO_2 sont susceptibles de rétroagir sur l'économie et la finance. C'est d'ailleurs ce qu'avançait Schubert en 2017, lorsqu'il affirme que les décisions économiques de court terme ont des impacts sur l'environnement et qu'en retour la dégradation de celui-ci pèse sur l'activité économique d'où la nécessité de comprendre les interactions. Pourtant, le débat au cours des dix dernières années n'a débouché sur aucune conclusion définitive, le lien entre ces dimensions étant parfois décrit comme positif, parfois négatif ou même inexistant. Dès lors, étant donné que le financement de la transition énergétique est le point de jonction (Schubert, 2017) entre la macroéconomie et l'environnement, comment les émissions de CO_2 remodèlent-elles la financiarisation de l'économie? Quel est l'effet des émissions de CO_2 sur la financiarisation de l'économie en Afrique Subsaharienne ?

Force est de constater que les résultats du lien entre le développement financier et les émissions de CO_2 ne font pas l'unanimité compte tenu du fait que plusieurs approches économétriques[688] sont utilisées. Au regard de ces controverses et insuffisances économétriques, les résultats empiriques sont mitigés. Certes, l'ASS contribue à seulement 4% des émissions de totales de CO_2 mais si le continent se développe dans l'industrialisation, les émissions pourraient être problématiques. Bien que le continent soit sous-développé et faiblement industrialisé, l'Afrique a tendance à mettre l'accent sur la protection de la nature et à différer la lutte contre la pollution (Zang, 1998). Face à ce constat, il s'avère important de porter un regard sur la financiarisation de l'économie en Afrique Subsaharienne dans un contexte de changement climatique sur la financiarisation de l'économie en ASS. Ce travail se fonde sur la théorie de la croissance en particulier l'innovation de Schumpeter (1911, 1939).

Afin de contribuer à la compréhension des émissions de CO_2, nous tenons compte comme Sadorsky (2010) et Chang (2015) de l'hétérogénéité des pays d'ASS pour corriger le biais et contrairement à ces auteurs nous analysons l'effet des émissions de CO_2 sur la financiarisation de l'économie en Afrique subsaharienne. L'objectif de cet essai est d'analyser l'effet des émissions de CO_2 sur la financiarisation de l'économie. Nous supposons qu'en ASS : l'effet des émissions de CO_2 sur la financiarisation de l'économie est positif.

La contribution de cet essai est d'ordre empirique et s'organise en trois parties : la première section passe en revue la littérature sur le sujet. La deuxième présente la méthodologie de l'analyse. La troisième section discute

[688] La régression simple, l'analyse de la corrélation, la causalité, le test de racine unitaire, la cointégration, le VECM et ADRL.

les résultats d'estimation et la quatrième section, conclut l'article en donnant des implications de politiques économiques.

I. Revue de littérature

Cette section présente d'abord la littérature théorique et ensuite la littérature empirique.

A. Émissions de CO_2 et Financiarisation de l'économie

Plusieurs études ont cherché à établir une relation entre le développement financier et les émissions de **CO_2** Schumpeter (1911) soutient que le développement financier favorise l'innovation technologique. Le développement financier permet de financer l'acquisition du capital humain. L'amélioration du capital humain facilite le développement des nouvelles technologies et la capacité à la création. L'utilisation des nouvelles technologies dans les activités humaines est susceptible de réduire les émissions de CO_2. En effet, le développement financier promeut la réalisation des projets innovateurs, l'extension de l'innovation technologique est un mécanisme pour contenir la pollution. Dès lors, le développement financier réduit les émissions de CO_2. Selon l'auteur, l'innovation (les équipements, les nouveaux produits, les nouveaux moyens financiers et les nouveaux marchés...) est la force motrice de la croissance économique à long terme. Or, les activités économiques ont pour sève nourricière la finance.

La courbe environnementale de Kuznets (Kuznets, 1955) décrit la relation entre les émissions de CO_2 et la croissance économique parfois négative et ou parfois positive. Les émissions de CO_2 sont en interaction avec la croissance économique (Kuznets, 1955) et affectent subséquemment la financiarisation de l'économie.

La théorie de la croissance endogène stipule que les politiques structurelles et de stabilisation telles que la profondeur financière, l'ouverture commerciale, l'investissement, le déficit budgétaire, l'endettement, le taux de change et l'innovation, etc. sont les déterminants qui impactent la croissance économique. De ce fait, la relation entre les émissions de CO_2 et le secteur financier est fondée sur trois secteurs économiques (Furuoka, 2015) le secteur de l'énergie, le secteur financier et les consommateurs et producteurs. Selon Furuoka (2015), les consommateurs et producteurs, dans leurs prises de décisions pour les activités humaines, influencent la demande, la consommation d'énergie ainsi que le crédit à l'économie. La production de l'énergie affecte les consommateurs, les producteurs et le crédit à l'économie octroyé par les institutions bancaires et financières. Le crédit des institutions bancaires et financières joue sur les conditions des consommateurs, des producteurs pour les activités économiques et subséquemment sur la demande de consommation et de production des énergies dont la sève nourricière est l'activité économique. En effet, l'idée fondamentale est que la décision de consommation d'énergie dans les processus de production, les émissions de CO_2 et la croissance économique est simultanée. Pourtant, le choix des activités bancaires et financières est une activité risquée. Lorsque les industries à forte intensité de carbone dépendent du financement externe, une augmentation de la demande mondiale du produit fabriqué par ces industries conduit à une augmentation du financement externe. Dans ce cas, les émissions de CO_2 et le développement financier augmentent simultanément sans pour autant qu'il ait un lien de causalité.

En examinant la littérature, l'analyse de la relation entre la financiarisation de l'économie et les émissions de CO_2 est fondée sur la théorie de l'innovation. En effet, le développement financier favorise la consommation d'énergie à travers trois principaux canaux : l'effet direct, l'effet business et l'effet richesse (Zhang, 2011 ; Aslan *et al.*, 2014 ; Chang, 2015). Mais, l'effet des émissions de CO_2 sur le développement financier n'a débouché sur aucune conclusion définitive, le lien entre ces deux dimensions étant parfois décrit comme positif, parfois négatif ou même inexistant. La compréhension du lien entre le développement financier et les émissions de CO_2 demeure dès lors une limite fondamentale. De ce point de vue, la question des effets des émissions de CO_2 est alors posée et il s'avère intéressant d'analyser ces effets sur la financiarisation de l'économie.

L'analyse théorique de la relation énergie-croissance et celle du développement financier-croissance économique ont montré leurs limites. En effet, l'analyse de ces relations a tour à tour révélé leur incapacité d'expliquer le sens de causalité et les variables de croissance, du développement financier et les émissions de CO_2. Pour combler ces limites, Tamazian *et al.*, (2009). Sadorsky (2010) et Zhang (2011) ont intégré le développement financier dans la relation environnement - croissance économique. Plusieurs études ont cherché à établir une relation entre les émissions de CO_2 et la financiarisation de l'économie pour le cas d'un pays ou d'un groupe de pays comme le BRICS, la Chine, l'Europe de l'Est et orientale (Tamazian *et al.*, 2009 ; Jalil et Feridun, 2011 et Ozturk et Acaravic, 2013).

Au regard de la courbe environnementale de Kuznets, l'un des canaux majeurs par lequel, les effets des émissions de CO_2 se transmettent sur la financiarisation de l'économie est la croissance économique. L'augmentation des émissions de CO_2 dans l'atmosphère est directement liée à l'utilisation des combustibles fossiles par l'homme dans le processus de croissance économique. Ainsi, depuis les années 1990, la croissance économique est considérée comme l'une des principales sources majeures des émissions de CO_2 (Grossman et Kruger, 1991 ; Grossman et Kruger, 1995). Pourtant, les effets de la rétroaction du réchauffement planétaire dus aux émissions de CO_2

ont des impacts environnementaux et leurs conséquences entraînent des modifications socioéconomiques. Ces effets des émissions de CO_2 touchent l'ensemble de la biosphère et réduisent la croissance économique d'où l'effet négatif des émissions de CO_2. Mais, tous les auteurs ne se rallient pas à cette conclusion. Par exemple, Ren (2008) teste des hypothèses similaires et trouve que l'on peut augmenter la croissance économique tout en réduisant les émissions de CO_2.

Dès cet instant, la question de l'augmentation de la croissance économique compatible avec un développement à faible émission de CO_2 est alors posée. Le débat entre la croissance économique et les émissions de CO_2 est ancienne et largement discutée (Kuznets, 1955 ; Kraft et Kraft, 1978 ; Grossman et Krueger, 1991 ; Shafik et Bandyopadhyay, 1992 et Panayotou, 1993 ; Al-mulali *et al.*, 2012 et Omri et al., 2015). Toutefois, les résultats sont peu concluants et la controverse est loin de faire l'objet d'un consensus. Récemment de nombreuses études empiriques ont tenté de vérifier l'hypothèse de Kuznets (1955) selon laquelle, la relation entre les émissions de CO_2 et la croissance économique a une forme de U renversé[689] (Esso et Keho, 2016 et Cai *et al.*, 2018). La principale conclusion est qu'il y a une causalité unidirectionnelle et/ou bidirectionnelle entre la croissance économique et les émissions de CO_2. Les résultats sont divergents et la relation entre les émissions de CO_2 et la croissance économique suscite des interrogations et des réflexions sur les modèles utilisés. Ainsi, en considérant la fonction de production Cobb-Douglas augmentée, Shahbaz *et al.*, (2013) trouvent que la causalité entre la croissance économique et les émissions de CO_2 sont bidirectionnelle et les canaux par lesquels les émissions de CO_2 peuvent réduire la croissance économique sont le stock de capital par tête et le capital humain. C'est ainsi que Shahbaz *et al.*, (2019) ont considéré dans le cas de l'Inde le développement financier dans la relation consommation d'énergie et la croissance économique. Or, pour Mukhtarov *et al.*, (2020), les émissions de CO_2 suivent l'évolution de la consommation d'énergie d'où la relation entre le développement financier et les émissions de CO_2.

En se réfèrent à la relation finance-énergie, Aslan *et al.*, (2014) examinent la relation entre le développement financier et la consommation d'énergie dans le Moyen Orient. Les résultats de leur étude indiquent qu'à long terme le développement financier affecte positivement la demande d'énergie mais à court terme, il existe une relation bidirectionnelle entre la consommation d'énergie et le développement financier. Dans le même sens, Sadorsky (2010) a analysé la relation développement financier et croissance économique dans le cas de 22 pays émergents en mettant l'accent sur la consommation d'énergie. Il ressort de son analyse que le développement financier affecte

[689] C'est-à-dire la croissance économique et les émissions de CO_2 sont positivement corrélées jusqu'à un seuil au-delà duquel la relation dévient négativement.

positivement la croissance économique, la demande d'énergie et les émissions de CO_2. Or, en utilisant un modèle vectoriel à correction d'erreur, Mukhtarov *et al.* (2020) trouvent une relation directe entre la consommation d'énergie et les émissions de CO_2 entre 1993-2014 au Kazakhstan. Il y a là, semble-t-il, un paradoxe de l'effet du développement financier sur les émissions de CO_2. La relation empirique entre le développement financier et les émissions de CO_2 est mal comprise. En considérant les résultats de Aslan *et al.* (2014), le développement financier favorise les émissions de CO_2 à long terme mais à court terme les émissions de CO_2 pourraient impacter le développement financier et donc une causalité bidirectionnelle.

La littérature sur la relation finance-énergie est relativement récente. Si l'analyse du lien entre le développement financier, et les émissions de CO_2 est naissante, force est de constater que le débat est controversé. En effet, l'analyse de la relation entre le développement financier en particulier la financiarisation de l'économie, et les émissions de CO_2 est fondée sur trois principaux effets : i) l'effet direct, ii) l'effet business et iii) l'effet richesse (Sadorsky, 2010).

B. Effet Feedback du développement financier et les émissions de CO_2

Cette hypothèse relève que le développement financier en augmentant la croissance économique agit sur la consommation d'énergie, ce qui affecterait les émissions de CO_2 (Sadorsky, 2010). Or, les effets des émissions de CO_2 sont susceptibles de rétroagir sur la croissance économique et le développement financier notamment la financiarisation de l'économie. En effet, la financiarisation de l'économie entraîne le développement des activités vertes et le financement des investissements verts, ce qui réduirait les émissions de CO_2. Or, en adoptant des politiques climatiques visant à rendre les flux financiers compatibles au développement à faible émission de CO_2 cela affecterait l'ensemble des secteurs économiques. Ainsi, les effets des émissions de CO_2 entraîneraient des modifications des conditions de financement climatique dont le développement de la financiarisation de l'économie et la mise en finance des activités vertes et la multiplication des obligations vertes (Chiapello, 2020).

En examinant la littérature empirique, il ressort en général une causalité unidirectionnelle entre le développement financier et la consommation d'énergie et donc les émissions de CO_2 Pourtant, Aslan *et al.*, (2014) dans leur investigation trouvent une causalité bidirectionnelle. En effet, Aslan *et al.*, (2014) ont utilisé la méthode des moindres carrés ordinaires au cours de la période 1980-2011 pour le Moyen-Orient et mis en évidence le rôle de la croissance économique dans la relation consommation d'énergie et le développement financier. Le résultat issu de leur analyse montre une relation dynamique positive à long terme entre le développement financier et la consommation d'énergie mais cette relation s'inverse à court terme.

Cependant, en Afrique Subsaharienne, l'hypothèse de neutralité entre la consommation d'énergie, les émissions de CO_2 et la croissance économique est soutenue (Lee, 2016 Menegaki et Tugco, 2016). Dès lors, ces auteurs soutiennent l'effet de neutralité entre le développement financier et les émissions de CO_2. Donc les émissions de CO_2 et le développement financier plus spécifiquement la financiarisation de l'économie sont indépendants. Partant de là, la consommation d'énergie, les émissions de CO_2 et le développement financier sont indépendants donc il n'existe aucun effet de causalité entre les émissions de CO_2 et la financiarisation de l'économie. En effet, le résultat de Lee (2016) montre l'inexistence d'une relation entre le développement financier et la consommation d'énergie sous la période de 1983-2010. Ce résultat peut s'expliquer par la mesure du développement financier approximé par le crédit domestique. Cependant, quels sont les résultats sur la question de l'effet des émissions de CO_2 sur la financiarisation de l'économie d'un point de vue empirique ?

C. Émissions de CO_2 et financiarisation : quelle investigation empirique ?

La question du lien entre le développement financier et les émissions de CO_2 a été débattue mais les résultats obtenus sont peu concluants. La plupart des études mettent l'accent sur les effets potentiels du développement financier sur les émissions de CO_2 et vice-versa. Dans cette partie, il ne s'agira pas de faire une présentation complète des travaux empiriques montrant les effets entre la financiarisation et les émissions de CO_2. Elle présente néanmoins un cadre analytique de la relation entre la financiarisation de l'économie et les émissions de CO_2 en mettant l'accent sur les effets des CO_2 sur la financiarisation de l'économie.

Empiriquement, il existe de nombreuses études (Ahmad *et al.*, 2018 ; Guo *et al.*, 2019 ; Boufateh et Saadaoui, 2020) qui ont soutenue que le développement financier influence positivement les émissions de CO_2. Pourtant, les auteurs ne s'alignent pas aux mêmes modèles économétriques. À cet effet, les différences de résultats peuvent s'expliquer par le modèle utilisé, les tests de spécification du modèle, la période d'étude et la zone géographique. La littérature économique laisse voir certains modèles couramment[690] utilisés pour l'étude de la relation de cause à effet du

[690] Il s'agit des modèles comme le modèle ADRL (Pata, 2018 ; Shahbaz *et al.*, 2017 ; Mahalik *et al.*, 2016 ; Shahbaz *et al.*, 2013 ; Shahbaz *et al.*, 2012 ; Shahbaz et Lean, 2011 et Jalil et, Feridun, 2011), le modèle à correction d'erreur (ECM) (Shahbaz et al., 2013), le modèle de causalité (Boutabba, 2014 ; Ozturk et Acaravci, 2013 ; Shahbaz *et al.*, 2013 ; Zang, 2011), le modèle VAR (Abbasi et Riaz, 2016 ; Ziaei, 2015) et le modèle VECM (Shahbaz *et al.*, 2013).

développement financier et les émissions de CO_2. Ainsi, Tamazian et Rao, (2010) ont mis l'accent sur le développement financier pour analyser la relation entre les émissions de CO_2 et la croissance économique dans 24 pays en transition. Les auteurs ont tenté de corriger les faiblesses économétriques des études antérieures telles que : l'endogénéité, l'hétéroscédasticité et les variables omises. Pour ce faire, l'approche standard GMM a été utilisée. Les résultats viennent confirmer ceux de Kuznets (1955) et le développement financier joue un rôle important dans la réduction des émissions de CO_2.

Dans le même sens, Tamazian *et al.* (2009) avançaient le même argument en soutenant que la croissance économique et le développement financier sont des déterminants des émissions de CO_2 dans le cas des pays du BRIC. En fait, l'étude de Tamazian et Rao (2010) est un prolongement de celle de Tamazian *et al.* (2009) mais les résultats impliquent que le développement financier réduit les émissions de CO_2 ce qui est susceptible d'améliorer la performance de l'environnement dans le cas des pays comme le Brésil, la Russie, l'Inde et la Chine (BRIC) et dans 24 pays en transition. Shahbaz *et al.* (2013) trouvent le même résultat en utilisant un modèle à correction d'erreur dans le cas de l'Afrique du Sud durant la période 1965-2008. Dans le même prolongement et malgré que Shahbaz *et al.* (2013) ait utilisé un vecteur à correction d'erreur dans le cas de l'Indonésie sur la période 1975-2011, le résultat vient corroborer celui trouvé par les mêmes auteurs (2013) en Afrique du sud. Plus spécifiquement, le résultat montre que le développement financier et l'ouverture commerciale réduisent les émissions de CO_2 équivalentes du secteur de l'énergie. Contrairement à Shahbaz *et al.* (2013), Boutabba (2014) examine l'équilibre de long terme et le sens de causalité entre la croissance, les émissions de CO_2, le développement financier, l'ouverture commerciale et la consommation d'énergie en Inde. Le résultat montre que le développement financier impacte positivement les émissions de CO_2 ce qui est susceptible d'améliorer la qualité environnementale et le sens de causalité est unidirectionnel à long terme. Malgré les divergences méthodologiques et les variables utilisées par les auteurs, ils s'accordent à affirmer que le développement financier améliore la qualité environnementale en réduisant les émissions de CO_2 dans les zones d'étude.

Au regard de la dimension temporelle existant entre certaines variables, des auteurs comme Jalil et Feridun, (2011) ; Shahbaz *et al.* (2017) et Pata, (2018), ont adopté le modèle linéaire autorégressif dynamique qui tienne compte de la dimension de long terme pour mener leur étude. Pata (2018) trouve que le développement financier entraîne une augmentation de la dégradation de l'environnement en Turquie durant la période 1974-2014 ceci implique que le développement financier conduit à l'accroissement des émissions de CO_2. Ce résultat vient confirmer celui de Shahbaz *et al.*, (2017) trouvé au Pakistan de 1971-2011. En effet, Pata (2018) teste l'hypothèse de Kuznets en mettant l'accent sur la consommation d'énergie renouvelable, l'urbanisation, le développement financier, le revenu et les émissions de CO_2. Quant à Shahbaz *et al.*, (2017), ils tiennent compte de l'ouverture commerciale pour examiner la relation de cause à effet entre les émissions de CO_2, la consommation d'énergie, le développement financier et l'ouverture commerciale. Malgré la divergence des variables prises en compte, le résultat de Pata (2018) vient corroborer celui de Shahbaz *et al.*, (2017). Pour autant, Jalil et Feridun (2011) dans le cas de la Chine pendant la période 1953-2006 avaient trouvé que le développement financier à un effet négatif sur les émissions de CO_2, bien que les auteurs aient obtenu des résultats intéressants, la dimension spatiale est ignorée dans leur analyse. Ce qui ne permet pas de tenir compte de l'hétérogénéité entre les pays. Dès lors, les résultats issus de ces modèles sont mitigés. L'analyse des données de panel permettra de tenir compte de ces insuffisances économétriques.

L'effet du développement financier sur les émissions de CO_2 varie selon le niveau de développement économique. Ainsi, Ziaei (2015) examine la relation entre la croissance, le développement financier, la consommation et les émissions de CO_2 dans 13 pays Européens et 12 pays d'Asie de l'Est et d'Océanie sur la période 1989-2011. En utilisant un modèle PVAR, Ziaei (2015) trouve une relation bidirectionnelle entre le développement financier et la consommation d'énergie et les émissions de CO_2. Dans le cas de la région GCC, Bekhet *et al.*, (2017) ont réalisé la même étude que Ziaei (2015) en utilisant le modèle ADRL sur la période 1980-2011. Les résultats sont contradictoires dans les pays qui composent l'échantillon. À long terme, ces auteurs trouvent un équilibre entre la croissance économique, le développement financier, la consommation d'énergie et les émissions de CO_2 . pourtant, il existe un déséquilibre à court terme entre les variables. Ils trouvent une relation unidirectionnelle du développement financier sur les émissions de CO_2 en Oman tandis qu'aucune relation n'est trouvée en UAE pendant que les résultats sont non concluants au Bahrain.

Dans le même temps, Ormi *et al.*, (2015) ont adopté un modèle de panel à équation simultanée et trouvent une neutralité entre le développement financier et les émissions de CO_2 dans 12 pays du MENA au cours de la période 1990-2011. Ces auteurs ont pris en compte l'ouverture commerciale et trouvent un effet bidirectionnel entre les émissions de CO_2 et la croissance ; l'ouverture commerciale et la croissance ; le développement financier et l'ouverture commerciale. Aussi, leur résultat laisse voir également une relation unidirectionnelle du développement financier à la croissance économique ; de l'ouverture commerciale aux émissions de CO_2. Lui *et al.*, (2017) ont analysé l'impact du développement financier sur la demande d'énergie en Chine. Ils montrent que le développement financier a un effet sur la demande d'énergie. En effet, l'effet du développement financier sur les émissions de CO_2 peut être analysé à travers la relation entre la demande d'énergie et le développement financier. Par exemple, le développement financier favorise l'investissement direct étranger et l'investissement dans les institutions, ce qui est susceptible d'accroître la croissance économique. Cette hausse de la croissance entraîne à son tour une augmentation de la demande d'énergie. Or, les émissions de CO_2 sont intimement liées à la consommation d'énergie d'où l'augmentation des émissions de CO_2 . Dès cet instant-là, l'on peut avoir un effet double du développement financier sur les émissions de CO_2 : l'effet négatif si le développement financier favorise la demande d'énergie fossile et l'effet positif si le développement financier favorise la consommation d'énergie renouvelable.

D'un point de vue global, l'on constate que l'effet du développement financier sur les émissions de CO_2 est insaisissable et mal compris malgré l'abondance de la littérature empirique. Plusieurs facteurs pourraient contribuer à expliquer cette divergence empirique. Ainsi, l'effet du développement financier sur les émissions de CO_2 dépend des variables prises en compte, du niveau de développement, de la consommation d'énergie, de l'investissement direct étranger et de l'ouverture commerciale, mais aussi de la mesure du développement financier et le modèle d'analyse selon la littérature existante. Par exemple, Jalil et Feridun (2011) à partir du modèle ADRL ont tenté d'examiner la relation d'équilibre de long terme entre le développement financier et la pollution environnementale. Le principal résultat auquel ils aboutissent montre un signe négatif entre le développement financier et la pollution de l'environnement en Chine sous la période 1953-2006.

Pour autant, Al-mulalil et Che Sab (2012) ont utilisé des variables telles que le développement financier, les émissions de CO_2, la consommation d'énergie, la croissance économique et l'investissement. Dès cet instant-là, des variables pertinentes sont omises ou ignorées dans leur investigation. Aussi, ces auteurs considèrent que le développement financier est linéaire, or le développement financier peut être non linéaire. Bien que les modèles d'estimation ci-dessus permettent d'analyser l'effet du développement financier sur les émissions de CO_2, ils présentent des insuffisances, car dans ces modèles l'on ne tient pas compte de la non linéarité. Pour combler ces faiblesses économétriques, Chang (2015) et Ahmad *et al.* (2018) tiennent compte de la non linéarité du développement financier. Par exemple, Chang (2015) a utilisé un modèle non linéaire pour examiner l'effet du développement financier sur la consommation d'énergie dans 53 pays sous la période 1990-2008. Ahmad *et al.* (2018) a utilisé un modèle non linéaire autorégressif dynamique (NARDL) et trouve une asymétrie entre le développement financier et les émissions de CO_2. Ce résultat rejoint celui de Chang (2015).

En Afrique au sud du Sahara, tout comme dans le reste du monde, les travaux empiriquement portant sur la relation entre le développement financier et les émissions de CO_2 ont fait l'objet de controverses au sein des auteurs (Al-mulali et Che Sab, 2012; Ali *et al.* 2015 et Esso et Keho, 2016). Esso et Keho (2016) mettent l'accent sur la relation entre les émissions de CO_2 et la croissance économique dans 12 pays d'Afrique subsaharienne. Les résultats issus de leur estimation à partir du modèle vectoriel autorégressif (VAR) en panel laissent voir une ambiguïté dans la relation. Dès cet instant-là, en se basant sur le résultat de Esso et Keho, (2016), il est clair que la relation entre le développement financier et les émissions de CO_2 est ambiguë. Le résultat trouvé par Lee (2016) vient confirmer cette ambiguïté de la relation. En effet, dans ses travaux sur la dynamique de la relation entre l'énergie par tête et le développement financier, Lee (2016) montre qu'il n'existe aucune relation entre l'énergie et le développement financier sur la période 1980-2010. Considérant un seul pays, Shahbaz *et al.* (2012) ont utilisé un modèle ADRL pour examiner l'effet du développement financier sur les émissions de CO_2.

Il ressort de leurs travaux que le développement financier réduit les émissions de CO_2 en Afrique du sud. Ali *et al.* (2015) se sont intéressés également au cas du Nigéria et à travers un modèle ADRL, ces auteurs ont analysé la relation empirique entre le développement financier et la consommation d'énergie. Il ressort de leur investigation que le développement financier a un effet négatif sur la consommation d'énergie à court terme ce qui implique qu'à court terme, le développement financier affecte négativement les émissions de CO_2 donc améliore la qualité de l'environnement. Shahbaz *et al.* (2012) et Ali *et al.* (2015), mettent l'accent sur la dimension temporelle, de ce fait la dimension spatiale est ignorée dans leur analyse. Outre cela, bien qu'ils aient utilisé le même modèle, ils n'aboutissent pas aux mêmes résultats. Ali *et al.* (2015) font remarquer deux périodes : le court terme dans lequel le développement financier réduit les émissions de CO_2 ce qui corrobore le résultat de Shahbaz *et al.* (2012) et le long terme ou la relation est bidirectionnelle. La non prise en compte des deux dimensions conduit à ignorer l'hétérogénéité entre les pays.

Dès lors, Al-mulali et Che Sab, (2012) ont tenu compte de cette hétérogénéité en mettant l'accent sur l'impact de la consommation d'énergie et les émissions de CO_2 sur la croissance économique et le développement financier dans 30 pays d'Afrique subsaharienne. Contrairement à Shahbaz *et al.* (2012) et Ali *et al.* (2015), Al-mulali et Che Sab, (2012) utilisent un modèle de panel pour tenir compte de l'hétérogénéité et trouvent que la consommation d'énergie contribue à l'augmentation du développement financier en Afrique subsaharienne.

La plupart des travaux empiriques traitent de l'effet du développement financier sur les émissions de CO_2 et vice-versa. À notre avis aucun document scientifique n'a été publié traitant de l'effet des émissions de CO_2 sur la financiarisation de l'économie dans le monde encore moins en ASS. Face à ce constat, cette étude cherche à examiner l'effet des émissions de CO_2 sur la financiarisation de l'économie en Afrique subsaharienne. La contribution de cet essai est d'ordre empirique. Afin de contribuer au débat, nous analyserons comme Ormi *et al.*, (2015) et Arminen et Menegaki (2019) à partir d'un modèle à équation simultanée en panel, l'effet des émissions de CO_2 sur la financiarisation de l'économie. En effet, l'idée fondamentale est que la décision de consommation d'énergie dans les processus de production, les émissions de CO_2 et la croissance économique est simultanée. Pourtant, le choix des activités bancaires et financières est une activité risquée. Lorsque les industries à fort intensité de carbone dépendent du financement externe, une augmentation de la demande mondiale du produit fabriqué par ces industries conduit à une augmentation du financement externe. Dans ce cas, les émissions de CO_2 et le développement financier augmentent simultanément sans pour autant qu'il y ait un lien de causalité. Nous utilisons le modèle à équation simultanée en panel, car nous estimons que les estimateurs des méthodes à information complète telles que la méthode des doubles moindres carrés et des triples moindres carrés sont adéquates pour analyser les effets indirects. De ce point de vue, étant donné que l'effet des émissions de CO_2 sur la financiarisation de l'économie est indirect et se transmet par le canal de la croissance économique, le modèle à équation simultanée nous semble la technique économétrique la plus adéquate (Wooldridge, 2010).

II. Méthodologie d'analyse et technique d'estimation

Dans la littérature, de nombreuses méthodes ont été utilisées pour examiner la relation entre l'énergie - la croissance économique - le développement financier ou l'énergie-environnement - la croissance. Mais, la plupart de ces études ont recours à la fonction de production Cobb-Douglas. La fonction de production Cobb-Douglas lie le capital et le travail, et peut inclure d'autres variables comme l'énergie, le capital humain, le développement financier, l'environnement pour analyser leurs effets sur la production.

Pour ce qui concerne l'étude du développement financier et les émissions de CO_2, les travaux existants utilisent la causalité de Granger (1969) et le modèle à équation simultanée Arminen et Menegaki (2019). Or, il a été montré que les émissions de CO_2 impacteraient le développement financier essentiellement à travers des effets indirects (Kahouli, 2017). Au regard de cela, l'un des canaux par lequel les émissions de CO_2 agissent sur la finance est la croissance économique. Pour ce faire, nous étudions la relation entre les émissions de CO_2 et la financiarisation de l'économie. Analyser un phénomène en particulier l'effet des émissions de CO_2 sur la financiarisation de l'économie, nécessite une prise en compte de la relation entre la croissance économique et la consommation d'énergie, mais aussi la relation entre la croissance économique et le développement financier. En effet, il ressort également que les émissions de CO_2 sont étroitement liées à la consommation d'énergie (Mukhtarov *et al.* 2020) et la finance affecte les émissions de CO_2 par le canal de la croissance économique. Dès lors, le modèle d'analyse est le modèle à équation simultané sur données de panel, car, ce modèle tient compte en même temps de l'hétérogénéité inobservée et de la simultanéité. Ce choix s'explique par le fait que les émissions de CO_2 sont endogènes parce que la croissance économique et la consommation d'énergie qui leur sont corrélées affectent directement la financiarisation de l'économie. Pour corriger le problème d'endogénéité, l'analyse de l'effet des émissions de CO_2 sur la financiairsation de l'économie à travers un modèle à équation simultanée est une nécessité, car, il permet de prendre en compte l'interdépendance et le double statut de certaines variables afin de réduire les biais d'estimations.

A. Modélisation économétrique : écriture du modèle théorique d'analyse

Ainsi, pour étudier, l'effet des émissions de CO_2 sur la financiarisation de l'économie, cette étude s'inspire du modèle théorique de Kahouli (2017) développé par Ehrlich et Holdren's (1972) qui ont recours à la fonction de production du type Cobb-Douglas.

Le modèle s'inspire de Bekhet *et al.* (2017) et de celui de Kahouli (2017) nous excluons de ce modèle certaines équations et ajoutons certaines variables plus pertinentes dans le contexte des pays d'ASS.

Toutefois, l'on aurait à côté de ce modèle pensé à un modèle à correction d'erreur qui permet de mettre évidence les relations de court et long terme. Le recourt à un modèle à correction d'erreur implique une relation de cointégration entre les variables : au moins deux variables doivent être intégrées d'ordre un I (1). En effet, lorsqu'on utilise les MCE, les conditions requises pour le coefficient de rappel doivent être toujours vérifiées, or rien de montre la vérification d'une telle condition qui stipule que le coefficient de la force de rappel doit être négatif et significatif, mais aussi inférieur à l'unité en valeur absolue.

Modélisation économétrique : écriture empirique du modèle d'analyse et source de données ?

Au regard de l'objectif de notre étude et pour tester nos hypothèses, nous utilisons des variables telles que : la variable de financiarisation (IFE), la croissance économique (GDPpc), les émissions de CO_2 ; la consommation d'énergie (EC), la consommation d'énergie renouvelable (CER), l'investissement domestique (FBCF), l'urbanisation (URB) et le travail (L), l'ouverture commerciale (OUV) (voir annexe tableau n°1).

Les variables explicatives sont : CO_2 ; $K; URB; OUV; L; EC; CER$
Les variables dépendantes sont Y ; et IFE
Le modèle structurel à équation simultanée se présente comme suit :

$$\begin{cases} Y = f(CO_2, CE, K, URB, OUV, L, CER) & (1) \\ IFE = f(Y, CO_2, CE, CER\ K, URB, OUV) & (2) \end{cases}$$

Le modèle empirique prend la forme suivante :

$$\begin{cases} \ln Y_{it} = \mu_i + \gamma_t + \beta'_0 \ln EC_{it} + \beta'_1 \ln OUV_{it} + \beta'_2 \ln L_{it} + \beta'_3 \ln CER_{it} + \beta'_4 \ln URB_{it} + \beta'_5 \ln K_{it} + \beta'_6 \ln CO_{2it} + +\varepsilon_{it} \quad (3) \\ \ln IFE_{it} = \mu_i + \gamma_t + \delta'_0 \ln CO_{2it} + \delta'_1 \ln OUV_{it} + \delta'_3 \ln Y_{it} + \delta'_4 \ln CER_{it} + \delta'_5 \ln URB_{it} + \delta'_6 \ln CE_{it} + \pi_{it} \quad (4) \end{cases}$$

Avec μ_i l'effet fixe individuel et γ_t, un effet temporel FE_{it} la financiarisation de l'économie, la variable explicative d'intérêt est les émissions CO_2. Plusieurs autres variables : l'ouverture commerciale OUV_{it} ; le travail mesuré par la force de travail total ; urbanisation mesurée par la population urbaine en pourcentage de la population totale (URB_{it}) sont des variables de contrôles.

L'ensemble de ces variables utilisées provient de la base World Development Indicators (WDI, 2020) et de la base de données World Federation of Exchanges (2019), International Financial Statistics (IFS) (2019), International Monetary Fund (IMF) (2019) couvrant la période 2000-2019 pour un échantillon de 21 pays d'ASS (Angola, Bénin, Botswana, Cameroun, République démocratique du Congo, Congo, Côte d'Ivoire, Ethiopie, Ghana, Kenya, Madagascar, Malawi, Ile Maurice, Mozambique, Namibie, Nigéria, Rwanda, Sénégal, Afrique du sud, Tanzanie). L'ASS est la région qui fait face à la problématique de financement climatique visant à relancer les activités vertes et le financement des projets verts bancables, d'où le choix de cette zone. Ces dernières années marquent le développement des marchés financiers particulièrement en ASS, ce qui justifie le choix de cette période d'étude.

B. Technique d'estimation

Du fait que dans cette étude nous expliquons de façon conjointe les relations entre la croissance économique, les émissions de CO_2 et la financiarisation de l'économie, deux types de méthodologie peuvent de ce point de vue être utilisés : i) les méthodes à information limitée et ii) les méthodes à information complète.

Les méthodes à information limitée : il s'agit des méthodes des moindres carrés ordinaires (MCO), des doubles moindres carrés (DMC), des variables instrumentales (IV) et du maximum de vraisemblance à information limitée (MVIL). Dans ces méthodes, l'on estime les paramètres du système équation par équation. Mais, l'une des limites à ces méthodes est qu'elles ne prennent pas en compte l'information contenue dans les autres équations et du lien existant entre les équations structurelles du système dans l'estimation des paramètres. Ainsi les MCO souffrent de problème d'endogénéité. Cependant, les DCM et les variables instrumentales corrigent ce biais de simultanéité. Toutefois, les estimateurs des DCM et les variables instrumentales sont efficients dès lors que les erreurs sont corrélées.

Les méthodes à information complète : l'on peut citer la méthode du maximum de vraisemblance à information complète (MVIC) et la méthode des triples moindres carrés (TMC). Contrairement aux méthodes à informations limitées, dans le cas des méthodes à information complète, l'on estime de manière conjointe les équations du système. Bien que ces méthodes fournissent une estimation cohérente et asymptotiquement efficace des paramètres du système, elles produisent des estimateurs moins robustes dès lors qu'il y a une erreur de spécification (Wooldridge, 2010).

En effet, chacune de ces différentes méthodes a ses avantages et ses inconvénients. De ce point de vue, l'usage de ces méthodes implique un arbitrage entre efficacité et robustesse (Wooldridge, 2010).

III. Résultats et discussions : quelles interprétations économiques ?

A. Test d'endogénéité

Ce test se déroule en trois étapes : premièrement, on estime à l'aide des MCO la variable de croissance économique supposée endogène. Deuxièment, on inclut les résidus récupérés de l'estimation comme variable explicative et en fin, on teste la significativité des coefficients. Le résultat du test (voir annexe n°2) montre que la croissance économique et les émissions de CO2 sont endogènes.

B. Test de spécification

L'étude de l'homogénéité ou de l'hétérogénéité est une nécessité dans le cas des données en panel. Nous effectuons le test d'Hausman qui ne rejette pas la présence d'effet aléatoire pour les équations donc nous spécifions un modèle à effet aléatoire (voir annexe n°3).

C. Test de stationnarité

La stationnarité est indispensable dans l'étude des données de panel. En effet, dès lors que les données ne sont pas stationnaires, les tests usuels ne sont pas valides. Pour ce faire, nous effectuons un test de stationnarité de première génération MW (1999) et de seconde génération CIPS Pesaran (2007). Les résultats (voir annexe tableau n°2) montrent que la plupart des variables sont stationnaires en différence première sauf, FE, CER, et URB qui sont stationnaires en niveau.

Au regard des résultats d'endogénéité et de stationnarité associés aux tests de spécifications, les conditions d'ordre et de rang sont satisfaites. Dans ce cas, la méthode d'estimation adéquate est celle des doubles moindres carrés qui s'applique pour tous les modèles justes ou sur-identifiés.

D. Statistiques descriptives

Le tableau 4 (voir annexe) présente les différentes statistiques descriptibles des variables d'étude.

La financiarisation de l'économie moyenne est 0,07% pour l'ensemble de l'échantillon avec une financiarisation de l'économie minimale nulle et une financiarisation maximale de 0,88%. La variance intra-individuelle est égale 0,02 à soit un écart de 0,144, pourtant, l'écart inter-individuelle est de 0,02 soit une variance inter-individuelle égale à 0,0004 sur un écart total de 0,143, soit une variance totale de 0,0225. Le taux moyen des émissions de CO_2 sur l'ensemble de l'échantillon est 3,23% soit un taux maximal de 50,31% et un taux minimal de 0,057%. La variance intra-individuelle (between) est égale 96,63 et un écart de 9,83 tandis que la variance inter-individuelle (within) est égale à 1 soit un écart de 1 sur une variance totale de 93,31. Pourtant, il ressort un taux moyen de consommation d'énergie (CE) de 698,87% pour les 21 pays avec un taux minimal de CE de 113% et un taux maximal de 3129,07%. Cependant, l'on note une forte variance intra-individuelle de la CE soit 410881 pour un écart de 641,72 et une forte variance inter-individuelle soit 17145,28 dont l'écart est de 130,94 sur une variance totale de 410278,68 avec un écart total de 640,53. Cette forte variation s'explique par le niveau de développement économique et industriel des pays. Pour ce qui est de la consommation d'énergie renouvelable, il ressort un taux moyen de 65,82%

pour tous les 21 pays considérés. Mais, la consommation maximale en énergie renouvelable est 98,34% et un minimum de 10,63%. La variance intra-individuelle est égale à 663,57 soit un écart intra-individuel de 25,76 tandis que l'écart inter-individuel est égal à 4,21, soit une variance inter-individuelle de 17,72. Pourtant, la croissance moyenne pour les 21 pays est 0,26% dont un taux maximal de 1,09% et minimal de 0,019%. À ce niveau, la variabilité de la croissance est faible, en témoigne la variance totale qui est de 0,072, soit un écart type total de 0,27 avec une variance intra-individuelle égale à 0,078 avec un écart between de 0,28 et celle inter-individuelle qui est égale à 0,002 soit un écart within de 0,05. Le taux moyen d'investissement pour l'ensemble de l'échantillon est 23,61% avec un taux minimum d'investissement nul et un taux maximal de 53,98%. Mais, la variance intra-individuelle est égale à 31,69 soit un écart de 5,83 tandis que la variance inter-individuelle est égale à 45,56 dont l'écart est égal à 6,65 sur une variance totale de 75,86 soit un écart total de 8,71.

Dans les pays 21 considérés, il existe une forte variabilité de l'investissement entre les pays et ce résultat pourrait s'expliquer par le poids de la masse salariale au sein des pays. Quant au facteur travail, l'on note un taux moyen de 1,16e+07% pour l'ensemble des 21 pays avec un taux maximal de 5,99e+07 et un taux minimum du facteur travail de 340723. La variance intra-individuelle est très élevée, soit 1,77e+07 pour un écart type de 1,33e+07 alors que la variance inter-individuelle est égale à 6,51e+12, soit un écart de 2550511 sur une variance totale de 1,74e+07 avec un écart total de 1,32e+07. Cela pourrait s'expliquer par la faiblesse de la dimension individuelle par rapport à la dimension temporelle. L'urbanisation moyenne pour l'ensemble de l'échantillon est 2,55%, dont un minimum de 0,32% et un maximum de 3,90%. La variance de totale est 0,55 dont l'écart total est 0,74 et la variance inter-individuelle est égale à 0,04 et celle intra-individuelle est égale à 0,53 avec des écarts types respectivement de 0,19 et 0,73. L'ouverture commerciale moyenne est de 71,99% pour les 21 pays de l'échantillon avec un minimum de 20,72% et un maximum de 165,64%. L'écart d'ouverture commerciale intra-individuel est de 26,78 dont une variance intra-individuelle associée égale à 717,17 alors que l'écart inter-individuel est égal à 12,93 soit une variance inter-individuelle de 167,18 sur une variance totale de 851,47, soit un écart total de 29,18.

Au regard de ces statistiques, l'on peut conclure de l'existence d'une hétérogénéité du panel en termes de consommation d'énergie, d'émissions de CO_2, d'investissement de croissance économique, de financiarisation de l'économie. Cependant, l'écart en termes de croissance, de financiarisation de l'économie est relativement faible tandis qu'il existe une forte disparité en termes d'émission de CO_2, de consommation d'énergie, d'investissement, d'urbanisation, d'ouverture commerciale et l'intensité du facteur travail.

E. Résultat d'estimation

L'estimation de l'effet des émissions de CO_2 sur la financiarisation fournit les résultats suivants :

Les résultats des estimations ont les signes attendus et les coefficients sont des élasticités étant donné que toutes nos variables sont prises en logarithme. Les résultats des estimations (voir annexe tableau n°5) indiquent que les émissions de CO_2 affectent positivement et significativement la financiarisation de l'économie dans les pays d'Afrique au sud du Sahara. Ainsi, en Afrique Subsaharienne, une augmentation de 1% des émissions de CO_2 entraîne une hausse de 1,48e-06%, soit une prise en place croissante des activités bancaires et financières, c'est-à-dire un rôle croissant des motifs financiers, marchés financiers et institutions financières dans l'activité des économies nationales et internationales. En effet, une augmentation des économisions de CO_2 entraîne le développement de politiques innovantes de financement vert et de nouveaux mécanismes de financement pour limiter le réchauffement planétaire et assurer la transition vers une économie durable. Il s'ensuit une prise en place croissante des activités bancaires et financières dans l'économie. Ce résultat corrobore les résultats des travaux mettant en lumière la relation entre les émissions de CO_2 et le développement financier (Gallego-Alvarez, 2014 et Destek ; Sarkodie, 2019 et Posca et Tabaichount, 2020).

En outre, le résultat rejoint l'analyse de Aguiton (2018) selon laquelle, la mise en finance de l'environnement passe par de nouveaux produits financiers (les dérivés climatiques) qui permettent aux entreprises de s'assurer sur les marchés financiers contre les variations météorologiques, ce qui conduirait au développement des obligations vertes. Ceci implique que l'augmentation des émissions de CO_2 dans le cas des pays en ASS conduit à un rôle croissant des marchés financiers par rapport aux banques dans le financement des activités économiques. En effet, l'augmentation des émissions de CO_2 et son corollaire de réchauffement planétaire conduit à un développement de l'option de financement de l'investissement productif à court terme. Dans les économies d'Afrique Subsaharienne, les pays développent des stratégies de mobilisation des ressources et de finance climat (NDC, 2021) pour financer les demandes de financement des projets verts afin de réduire les émissions de CO_2. Le développement du financement des investissements verts se multiplie. Par exemple, le développement des obligations vertes et la multiplication des projets verts comme la consommation des énergies renouvelables et la finance climat pour l'atténuation des émissions de CO_2 en ASS. En ASS, NDC (2021) estime le nombre de demandes pour le financement climatique à 510 et précise que 23,33% du financement sont orientés vers l'atténuation. Ce résultat confirme notre deuxième hypothèse de recherche qui stipule que les émissions de CO_2 ont un effet positif sur la financiarisation de l'économie.

Paradoxalement, l'urbanisation mesurée par la population urbaine en pourcentage de la population totale influence négativement et significativement la financiarisation de l'économie en ASS. Une augmentation de la population urbaine en pourcentage de la population totale de 1% entraîne une diminution de 1,33% de la financiarisation de l'économie. Pourtant, l'ouverture commerciale a un effet positif sur la financiarisation de l'économie. Pour 1% d'augmentation de l'ouverture commerciale, l'effet se traduit par une hausse de 3% de la financiarisation de l'économie. En effet, plus un pays s'ouvre au commerce international, les échanges avec les autres pays entraînent des entrées ou des sorties de capitaux. Ces flux de capitaux sous l'effet de la mondialisation et de la globalisation financière conduisent au développement des marchés financiers et donc un développement de la financiarisation de l'économie.

Afin de s'assurer des résultats, nous avons utilisé la méthode des triples moindres carrés, pour prendre en compte l'interdépendance entre la croissance et la financiarisation de l'économie. Les TMC considèrent la corrélation entre les équations et une possible corrélation des termes d'erreur des équations. Les résultats issus des estimations par les TMC rejoignent ceux des DMC en termes de signe et de significativité ; seuls les coefficients varient très faiblement (voir tableau n°5).

F. Test de robustesse

Afin de tester la validité des résultats issus des estimations, nous changeons de variable de mesure de la financiarisation de l'économie. Pour ce faire, nous utilisons l'indice de santé des marchés financiers. Les résultats issus des estimations sont consignés dans le tableau 6 ci-dessous à l'annexe.

Le résultat laisse voir que les émissions de CO_2 influencent positivement et significativement l'indice de santé des marchés financiers de l'économie dont la financiarisation de l'économie. L'effet des émissions de CO_2 sur la santé des marchés financiers est peu similaire à l'effet des émissions de CO_2 sur la financiarisation de l'économie, car les signes des différentes variables restent inchangés et demeurent statistiquement significatifs. En changeant la méthode d'estimation des DMC par des TMC, les résultats restent conformes.

En conclusion, bien qu'on ait changé de variable de mesure de la financiarisation de l'économie, les résultats obtenus sont peu similaires à ceux obtenus en utilisant l'indice de la santé des marchés financiers. Ce qui valide nos résultats d'estimation. En conclusion, les résultats d'estimation obtenus sont robustes et valides.

IV. Conclusion et implications de politiques économiques

Depuis la conférence des parties en 2015 à Paris, la réduction des températures à 2°C d'ici 2050 est désormais un objectif préoccupant et une nécessité impérieuse pour l'atteinte des objectifs du développement durable. Cette recherche s'interroge sur la problématique du réchauffement climatique afin de savoir l'effet que peuvent avoir des émissions sur la financiarisation de l'économie dans les pays d'Afrique subsaharienne. De ce fait, l'objectif est d'examiner l'effet des émissions de CO_2 sur la financiarisation de l'économie au courant de la période 2000-2019 en ASS. Pour répondre la question de recherche, la technique d'estimation utilisée est celle des DMC. Ce choix se justifie par deux raisons : sur le plan économique par la relation dynamique entre les émissions de CO_2 et la financiarisation de l'économie, mais également entre les émissions de CO_2 et la croissance économique ; sur le plan économétrique, l'endogénéité, la simultanéité et la double causalité entre la financiarisation et la croissance. Les résultats issus des estimations montrent que les émissions de CO_2 ont un effet positif sur l'indice de financiarisation. En fait, compte tenu du fait que le degré de pénétration de la finance dans l'économie n'est pas le même d'un pays à un autre, l'effet les émissions de CO_2 sur la financiarisation de l'économie, varie selon le niveau de développement économique et financier d'une région ou d'une nation.

Les différents résultats conduisent à des implications de politiques économiques telles : le développement des politiques innovantes de financement vert et de nouveaux mécanismes de financement notamment le développement des marchés financiers et les instruments financiers comme les obligations vertes afin de financer les projets verts en vue d'accélérer la croissance économique et la réduction des CO_2. Étant donné que les émissions de CO_2 entraînent le développement des marchés financiers, il faut développer l'ingénierie financière. En ASS, la finance climat est un moyen de financement des projets verts banquables et d'autres activités relances vertes visant à accélérer la croissance économique et réduire les émissions de CO_2 (NDC, 2021). Il se pose alors la question du rôle de la finance dans la relation entre le développement durable et les émissions de CO_2.

Références bibliographiques

Abbasi, F., et Riaz, K. (2016). ''CO2 emission and Financial development in an emerging countrie: An augmented VAR approch''. *Energy Policy, 90*, 102-114.

Aguiton, S. A. (2018). ''Fortune de l'infortune. Financiarisation des catastrophes naturelle par l'assurance''. *CAIRN. Info, 2*(4), 21-57.

Ahmad, M. K., Rahman, U. Z., et Khan, S. (2019). ''Does financial development asymmetrically affect C02 emissions in China? An application of the nonlinear autoregressive distributed lag (NARDL) model''. *Carbon Managemen*, 1-15.

AIE. (2019). *Situation international et perspective de l'énergie.* Paris,: AIE.

Al-Mulali, U. S. (2012a). ''The impact of energy consumption and CO2 emission on the economic growth and financial development in the Sub Saharan African countries''. *Energy Reviews, 39*(1), 180-186.

Al-mulali, U., et Sab, C. N. (2012). ''The impact of energy consumption and CO2 and financial development in the Sub Saharan African countries''. *energy, 39*, 180-186.

Alvarez, G. I., Segura, L., et Martínez-Ferrero, J. (2014). ''Carbon emission reduction: the impact on the financial and operational performance of international companies''. *Journal of Cleaner Production*,, 103, 149–159

Arezki, R. (2021). *Climate finance for Africa in the XXI C.* Africa.

Armenin, H., et M. A. (2019). ''Corruption, climate and the energy-environment-growth nexus''. *Energy Economics, 80*, 621-634.

Aslan, A. A. (2014). ''Causality between energy consumption and GDP in the US: Evidence from a wavelet analysis''. *Frontiers in Energy, 6*(1), 1-8.

Banque scotia. (2020). *Rapport 2020 sur les enjeux environnementaux, sociaux et de gouvernance.* Rapport 2020 de la Banque Scotia.

Bekhet, H. A., Matar, A., et Yashmin, T. (2017). ''CO2 emission, energy consumption, growth economic and financial development in the GCC countries: Dynamic simultaneous equation models''. *Renewable and Sustainable Energy Reviews, 70*, 117-132.

Black, S. (2021). *How to finance the transition in Africa? Actors and tools.* Fiscal Affairs Department, IMF.

Bodie, Z., Merton, R. C., et Thibierge, C. (2011). *Finance.* Paris,: Pearson Education France.

Boufateh, T., et Saadaoui, Z. (2020). ''Do Asymmetric Financial Development Shocks Matter for CO2 Emissions in Africa? A Nonlinear Panel ARDL–PMG Approach''. *Environmental Modeling & Assessment*, 1-22.

Boutabba, M. A. (2014). ''The impact of financial development, income, energy and trade on carbon emissions: Evidence from the Indian economy''. *Economic modeling, 40*, 33-41.

Bovari, E., Giraud, G., et Mc issac, F. (2018). ''Coping with collapse: a stock-flow consistent monetary macrodynamics and globale warning''. *Eco.econ, 147*, 383-398.

Cai, Y., Sam, C. Y., et Chang, T. (2018). ''Nexus between clean energy consumption, economic growth and CO2 emissions.'' *Journal of Cleaner Production*, 1-35.

Chang, S. (2015). ''Effects of financial developments and income on energy consumption''. *International Review of Economics and Finance, 35*, 28-44.

Chenet, H. (April 2019). ''Climate Change and Financial Risk'',. *working paper,*, 1-40.

Chiapello, E. (2020). ''La financiarisation de la politique climatique dans l'impasse''. *Faire de l'économie de l'environnement, Paris, : Presse de l'école des mines* , 39-58.

Cornelli, G., Frost, J., Gambacorta, L., Rau, R. W., et Ziegler, T. 2. (2020). ''Fintech and Big Tech Credit: A New Database'', document de travail de la BRI n° 887 Banque des règlements internationaux, Bâle.

Couchoro, M., Sodokin, K., Lawson, D. H., et Koriko, M. (2021). *ouverture financière et performance des institutions financières dans les pays de la CEDEAO.* Lome: Université de Lome.

Criotoru, L., Miranda, J. J., et Sarraf, M. (2019). The cost of coastal zone degradation in West Africa : Benin, Côte d'Ivoire, Senegal and Togo », Groupe de la Banque mondiale, mars.

Dempsey, J. (2017). ''The Financialization of nature conservation?'' *Money and financs after the crisis*, 191-216.

Destek, M. A., et Sarkodie, S. A. (2019). ''Investigation of environmental Kuznets curve for ecological footprint: The role of energy and financial development''. *Science of the Total Environment, 650*, 2483-2489.

Ehrlich, P., et Holdren, J. (1972). ''Review of the closing circle''. *Environment, 14*(3), 24-39.

Espagne, A., Jacolin, L., et Léon, F. (2021). ''Quels financements pour l'Afrique face au changement climatique ?'' *Revue des leviers possibles.*

Espagne, E. (2018). SCCs and the Use of IAMs Let's Separate the Wheat from the Chaff. *Int. Econ. 155, . https://doi.org/10.1016/j.inteco.2018.02.004.*, 12-47.

Esso, L. J., et Keho, Y. (2016). ''Energy consumption, economic growth and carbon emissions: Cointegration and causality evidence from selected African countries''. *Energy, 114*, 492-497.

Falconer, A (2020). ''The current landscape of climate finance in Africa''. *Climate Policy Initiative*, 1-12

Faucheux, S. et Joumni, H (2005). *Economie et politique des changements climatiques* . Paris,: La Découverte.

Fund, G. C. (2020). ''GCF: vers un système financier résilient face au changement climatique''. *Songdo International Business District*, 1-68.

GIEC. (2019). *Climate Change and Land: An IPCC Special Report on climate change, desertification, land degradation, sustainable land management, food security, and greenhouse gas fluxes in terrestrial ecosystems.* WHO.

GIEC. (2021). *Climate change 2021 The Physical Science Basic.*

Goudlard, S. (2021). *Face au changement climatique : quels choix financiers pour l'Afrique.* Banque de France.

Grossman, G. K. (1995). ''Economic growth and the environment''. *Quarterly Journal of Economics, 110*(2), 353–377.

Grossman, G. M., et Krueger, A. B. (1991). ''Environmental impacts of a North American free trade agreement in National Bureau of Economic Research'' *Working Paper* 3914, NBER, Cambridge MA.

Gul, S. Z. (2015.). ''Causal nexus between energy consumption and carbon dioxide emission for Malaysia using maximum entropy bootstrap approach''. *Environ. Sci. Pollut. Res. Int.,, 22*, 19773–19785.

Guo, M. H. (2019). ''The role of financial development in the process of climate change: Evidence from different panel models in China''. *Atmospheric Pollution Research*, 1-21.

Islam, F. S. (2013). ''Financial development and energy consumption nexus in Malaysia: a multivariate time sere analysis''. *Econ.Modl, 30*, 435-441.

Jalil, A., et Feridun, M. (2011). ''The impact of growth, energy and financial development on the environment in China: A cointegration analysis''. *energy economic, 33*, 284-291.

Kahouli, B. (2017). ''The Short and Long run Causality Relationship among Economic Growth, Energy Consumption and Financial Development: Evidence from South Mediterranean Countries (SMCs)''. *Energy Economics*, 1-28. doi:10.1016/j.eneco.2017.09.013

Liu, L., Zhou, C., et Huang, J. H. (2017). ''The Impact of Financial Development on Energy Demand: Evidence from China''. *Emerging Markets Finance and Trade*, 1-48.

Milliner, A., et Dietz, S. (2011). ''Adaptation to climate change and economic growth in developing countries''. *Centre for Climate Change Economics and Policy, Working Paper, No. 69.*

Mukhtarov, S. H., Seyfullayev, I., et Kalbiyev, Y. (2020). ''The effect of financial development on energy consumption in the case of Kazakhstan''. *Journal of Applied Economics, 23*(1), 75-88.

Mungai, M. E., Ndiritu, S. W., et Da Silva, I. (2022). Unlocking climate finance potential and policy barriers-A case of renewable energy and energy efficiency in Sub-Saharan Africa. *Resources, Environment and Sustainability, 7*, 100043.

Nasir, M. A., Huynh, T. L., et Tram, H. T. (2019). ''Role of financial development, economic growth & foreign direct investment in driving climate change: A case of emerging ASEAN''. *Journal of Environmental Management, 242*, 131-141.

NDC. (2021). *La finance climat en Afrique dans le monde post-covid.* PARTNERSHIP.

NGFS. (2019). ''NGFS – Central Banks and Supervisors Network for Greening the Financial System (Réseau des banques centrales et des superviseurs pour le verdissement du système financier''.

Nubupko, K. (2021). *Du franc CFA à l'ECO: quelle monnaie pour quel développement en Afrique de l'Ouest?* LOME: Université de Lomé.

Omri, A. N. (2014). ''Causal interactions between CO2 emissions forieng direct investment, and economic growth: evidence from dynamic simultaneous-equation model''. *econ.Model, 42*, 382-389.

Ozturk, I. A. (2013). ''The long-run and causal analysis of energy, growth, openness and financial developpment on carbone emissions in Turkey''. *energy.econ, 36*, 262-267.

Panayotou, T. (1993). ''Empirical tests and policy analysis of environmental degradation at different stages of economic development''. *Working Paper WP238 technology and employment programme*, Geneva: International Labor Office.

Pata, U. K. (2018). ''Renewable Energy Consumption, Urbanization, Financial Development, Income and CO2 Emissions in Turkey: Testing EKC Hypothesis with Structural Breaks'' . *Journal of Cleaner Production doi: 10.1016/j.jclepro.2018.03.236*, 1-32.

Ren, W. F. (2008). ''Low-Carbon Economy and Environment of Financial Innovation''. *Shanghai Economic Research*(3), 38-42.

Riti, J., Song, D., Shu, Y., et Kamah, M. (2017). ''The contribution of energy use and financial development by source in climate change mitigation process: A global empirical perspective''. *Journal of Cleaner Production*, 1-50.

Sarkodie, A. (2018). ''The invisible hand and EKC hypothesis: what are the drivers of environmental degradation and pollution in Africa?'' *Environ. Sci. Pollut. Res., 25*, 21993–22022.

Sarkodie, S. O. (2016). ''Energy use, carbon dioxide emissions, GDP, industrialization, financial development, and population, a causal nexus in Sri Lanka: with a subsequent prediction of energy use using neural network''. *Energ. Source Part B 11*, 889–899.

Sarkodie, S. S. (2019a). ''Effect of foreign direct investments, economic development and energy consumption on greenhouse gas emissions in developing countries''. *Sci. Total Environ., 646*, 862–871.

Schubert, K. (2017). ''Macroéconomie et environnement''. *Revue de l'OFCE, 4*(153), 133-150.

Schumpeter, J. (1911). *The Theory of Economic Development.* Leipzig: Dunker et Humblot, traduit par Redvers Opie, Cambridge: Harvard University press,1934.

Schumpeter, J. A. (1939). *Business cycles: A theorical, Historical and Statistical Analysis of the capilist Process.* New York, McGraw-Hill.

Shafik, N., et Bandyopadhyay, S. (1992). ''Economic growth and environmental quality: Time series and cross section evidence'', World Bank Working Paper, World Bank, Washington, DC.

Shahbaz, M., Hoang, T. H., Kumar, M., et Roubaud, D. (2013). ''Economic growth, energy consumption, financial development, international trade and CO2 emissions in Indonesia''. *Renewable and Sustainable Energy Reviews, 25*, 109-121.

Shahbaz, M., Hoang, T. H., Kumar, M., et Roubaud, D. (2019). ''Energy Consumption, Financial Development and Economic Growth in India: New Evidence from a Nonlinear and Asymmetric Analysis''. *The 1st INFINITI Conference on International Finance ASIA-PACIFIC*, 1-37.

Shahbaz, M., Hoang, T. V., et Mahalik, M. K. (2017). ''Energy Consumption, Financial Development and Economic Growth in India: New Evidence from a Nonlinear and Asymmetric Analysis''. *Energy Economics*, 1-35.

Sodokin, K., Couchoro, M., Sodji, A., et Lawson, H. D. (2021). ''Système bancaire et financier de la CEDEAO''. *Rapport CFA-ECO* , 50-85.

Svirydzenka, K. (2016). *Introducing a new broad-based index of financial development.* International Monetary Fund, WP/16/5.

Tamazian, A., et Rao, B. B. (2010). ''Do economic, financial and institutional developments matter for environmental degradation? Evidence from transitional economies''. *Energy Economics, 32*, 137-145.

Tamazian, A., Chousa, J. P., et Vadlamannati, K. C. (2009). ''Does higher economic and financial development lead to environmental degradation: Evidence from BRIC countries''. *Energy Policy, 37*, 246-253.

Wooldridge, J. M. (2010). *Econometric Analysis of Cross Section and Panel Data.* The MIT Press.

Zeller, A., et Thiel, H. (1962). ''Tree-stage least squares: simultaneous estimation of simultaneous equation''. *Econometrica: Journal of the econometric society*, 54-78.

Zang, L. (1998). ''Normes africaines en matière de protection de l'environnement''. *Africa Development : A quaterly journal of CODESRIA, 23(2)*, 5-60.

Zhang, Y. J. (2011). ''The Impact of Financial Development on Carbon Emissions: An Empirical Analysis in China''. *Energy Policy, 39*, 2197–2203.

Ziaei, S. M. (2015). ''Effects of financial development indicators on energy consumption and CO2 emission of European, East Asian and Oceania countrie''. *Renewable and Sustainable Energy Reviews, 42*, 752-759.

Annexe 1.

Figure 1 : évolution comparer des émissions de CO2 et la financiarisation de l'économie.

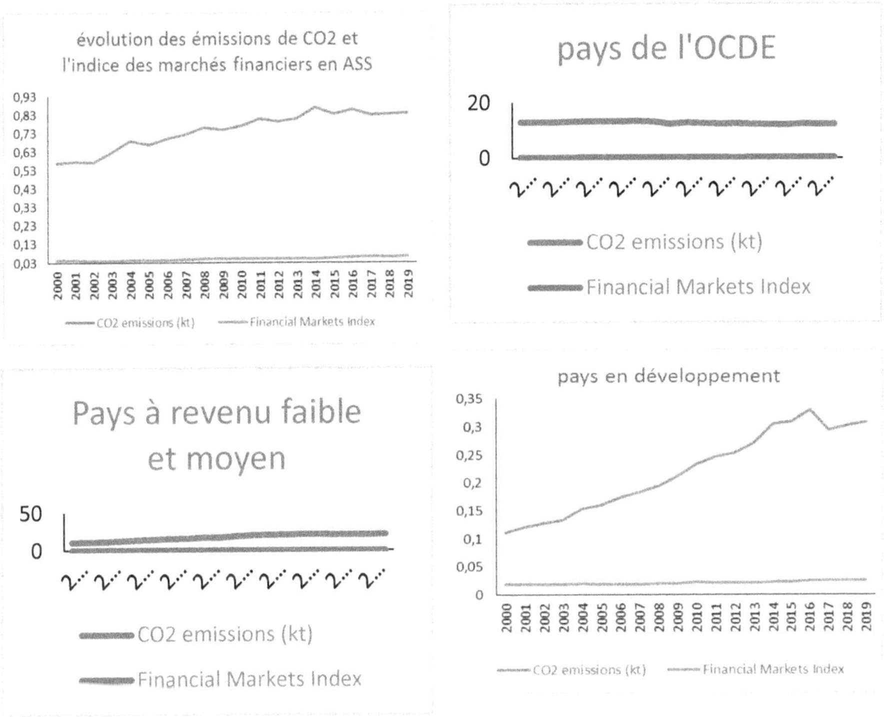

Source : Auteurs à partir des données de WDI (2019) et FDI (2021).

Figure 2 : Évolution et des émissions de CO_2 et quelques indicateurs de financiarisation de l'économie en Afrique australe et orientale.

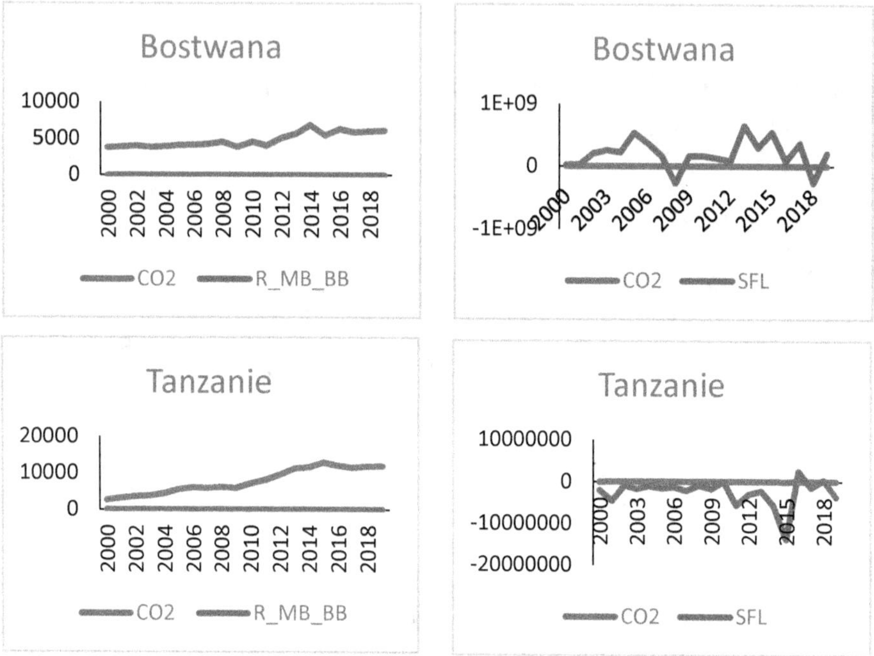

Source : auteurs à partir des données de WDI (2020) et Financial data base (2019).

Figure 3: Évolution des émissions de CO2 et quelques indicateurs de financiarisation de l'économie en Afrique de l'Est et Afrique du Sud.

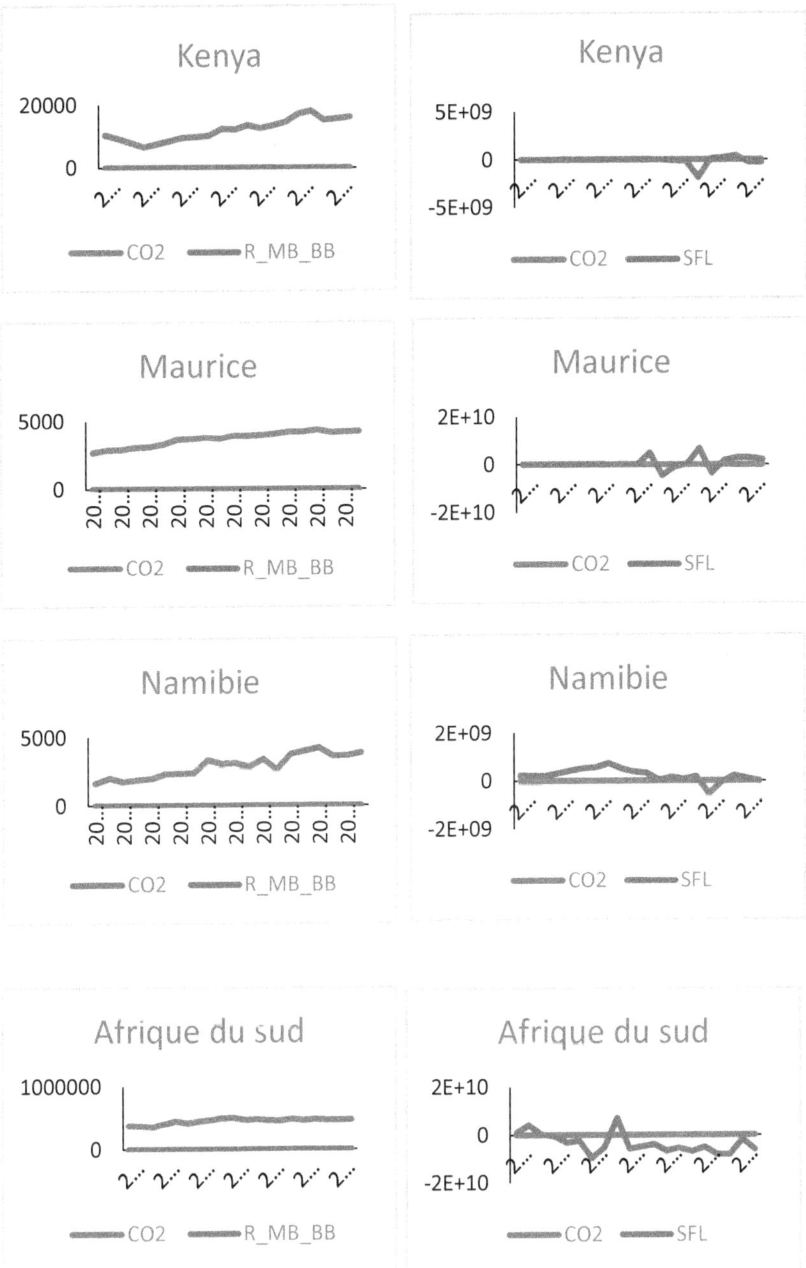

Source : auteurs à partir des données de WDI (2020) et Financial data base (2019).

Figure 4: Évolution des émissions de CO2 et quelques indicateurs de financiarisation de l'économie en Afrique de l'Ouest.

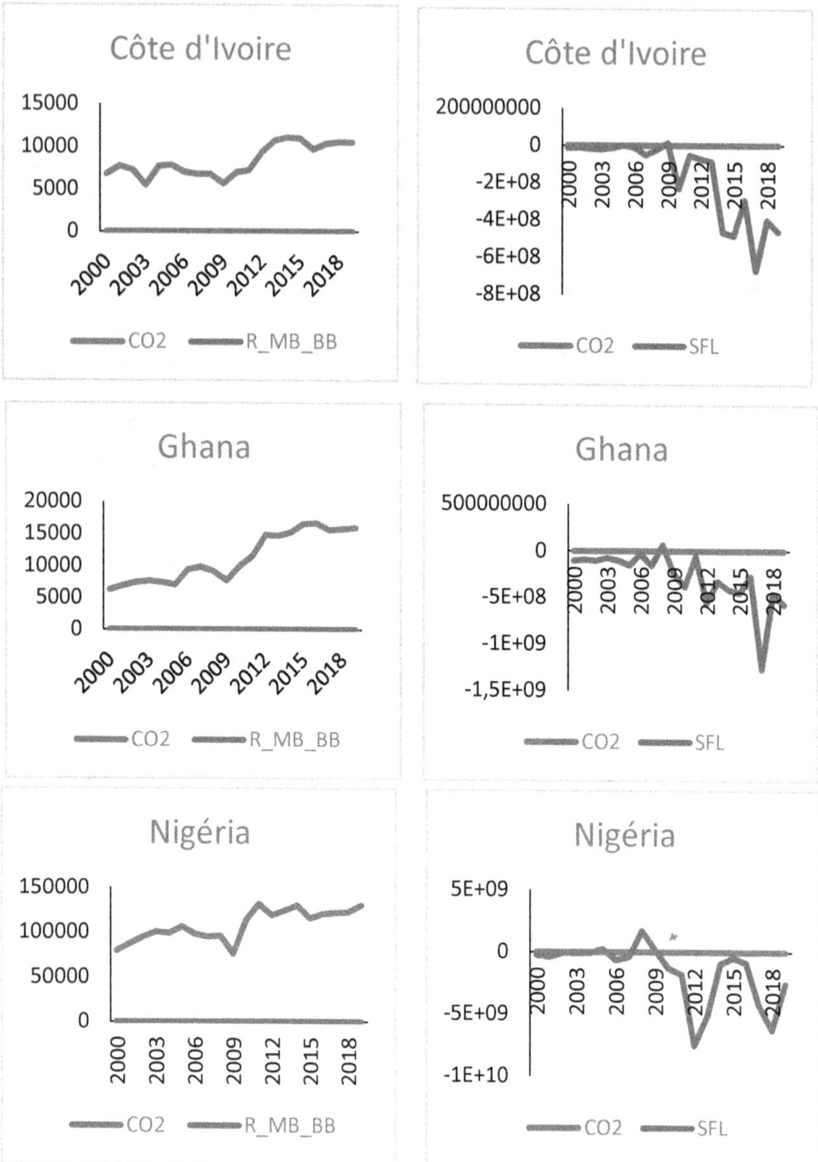

Source : auteurs à partir des données de WDI (2020) et Financial data base (2019).

Tableau 7 : Variables et indicateurs de mesure.

Variables	Indicateurs de mesure existent	Indicateur retenu	Signes attendus
PIB	- Croissance du PIB - Croissance du PIB par habitant	Taux de croissance du PIB par habitant	+
Financiarisation	- Indice de réformes financières - Froeign capital inflows - Indice des prix réels des actifs - Ratio : valeur total des marchés/crédits des banques - Dette des compagnies non financières - Dette hypothécaire Crédit intérieur au secteur privé/PIB Capitalisation boursière /PIB Ratio turnover	Stok of foreign liabilities : IDE, entrés nettes en %PIB et investissement de portefeuille -Ratio : valeur total des marchés/crédits des banques Crédit intérieur au secteur privé/PIB Capitalisation boursière /PIB Ratio turnover	-/+
Ouverture	Taux d'ouverture commercial	Taux d'ouverture commercial	+
Energie	Emission de CO_2 (Kt)	Emission de combustible liquide (Kt)	+
Consommation d'énergie	Consommation d'énergie /habitant Consommation d'énergie renouvelable	Consommation d'énergie (Kg d'essence équivalente par habitant) ; Consommation d'énergie renouvelable	-
Capital	Formation brut du capital fixe Formation brut du capital fixe/habitant	FBCF/habitant	+
URB	Population urbaine (% population totale)	Population urbaine (% population totale)	
Travail	Force de travail total	Force de travail total	+

Source : Construction des auteurs à partir de la littérature.

Annexe 2 : Test d'endogénéité

```
. test GDccp

 ( 1)  GDccp = 0

       F(  1,   411) =  877.26
            Prob > F =    0.0000
```

Annexe n°3 Test de spécification

```
. hausman fe re

Note: the rank of the differenced variance matrix (6) does not equal the number of coefficients being tested (8); be sure this is what you expect, or there may be
        problems computing the test.  Examine the output of your estimators for anything unexpected and possibly consider scaling your variables so that the
        coefficients are on a similar scale.
```

	— Coefficients — (b) fe	(B) re	(b-B) Difference	sqrt(diag(V_b-V_B)) S.E.
GDP_p_c	2.394969	1.440472	.9544966	.
CE	10.73359	16.73174	-5.998148	.
FBCF	-221.6855	-275.716	54.0305	.
L	.0011022	.0011397	-.0000375	.
URB	3856.495	2103.715	1752.781	.
CER	-284.3196	-433.2561	148.9365	.
OUV	-3.789616	-10.1946	6.404985	.
FD_FM_IX	168409.2	216522.7	-48113.45	.

```
                b = consistent under Ho and Ha; obtained from xtreg
    B = inconsistent under Ha, efficient under Ho; obtained from xtreg

  Test:  Ho:  difference in coefficients not systematic

              chi2(6) = (b-B)'[(V_b-V_B)^(-1)](b-B)
                      =      106.95
            Prob>chi2 =      0.0000
            (V_b-V_B is not positive definite)
```

```
. hausman re fe

Note: the rank of the differenced variance matrix (6) does not equal the number of coefficients being tested (7); be sure this is what you expect, or there may be
        problems computing the test.  Examine the output of your estimators for anything unexpected and possibly consider scaling your variables so that the
        coefficients are on a similar scale.

                 ---- Coefficients ----
             |      (b)          (B)            (b-B)     sqrt(diag(V_b-V_B))
             |       re           fe         Difference          S.E.
-------------+----------------------------------------------------------------
          CE |    1.082116     .5359599        .5461557               .
        FBCF |   -4.470519    -7.045074        2.574555        1.459055
           L |    7.85e-06     .0000258        -.000018               .
         URB |   -569.0956    -483.5523       -85.54334        21.97708
         CER |   -47.05419     -45.5321       -1.522091               .
         OUV |   -.3071752    -1.824726        1.517551         .700932
    FD_FM_IX |    1943.893     3560.762       -1616.869               .
------------------------------------------------------------------------------
                           b = consistent under Ho and Ha; obtained from xtreg
            B = inconsistent under Ha, efficient under Ho; obtained from xtreg

    Test:  Ho:  difference in coefficients not systematic

                  chi2(6) = (b-B)'[(V_b-V_B)^(-1)](b-B)
                          =      246.72
                Prob>chi2 =      0.0000
                (V_b-V_B is not positive definite)
```

Tableau 8 : résultat de stationnarité.

Variables	Maddala et Wu 1999			Pesaran 2007		
	Niveau	Différence première	Différence seconde	Niveau	Différence première	Différence seconde
CO2	18,64	391,78*	-	-2,78*	-	-
	(0,99)	(0,00)		(0,00)		
OUV	44,26	323,04*	-	−0,26	−7,905*	-
	(0, 838)	(0,00)		(0,39)	(0,0000)	
IFE	89,57*	-	-	0,45	-2,87*	-
	(0,00)			(0,67)	(0,00)	
K	47,34	426,83*	-	−1,64**	-2,96*	-
	(0,26)	(0,00)		(0,05)	(0,00)	
L	0,70	56,87***	296,61*	5,79	-1,43	*-2,48**
	(1)	(0,06)	(0,00)	(1)	(0,91)	*(0,00)*
GDP_p_c	29,09	351,96*	-	4,25	-1,27	-2,90*
	(0,93)	(0,00)		(1)	(0,98)	(0,00)
CE	45,01	398,68*	-	-2,77*	-	-
	(0,24)	(0,00)		(0,00)		
CER	58,53**	-	-	-2,50*	-	-
	(0,04)			(0,00)		
URB	180,79*	-	-	-2,38*	-	-
	(0,00)			(0,00)		

Source : Construction des auteurs à partir de stata16.[691]

691 * : significatif à 1% ; ** significatif à 5% et *** : signification à 10%.

Tableau 9 : Résultat de test d'identification.

		Condition d'ordre		
Équations	Caractéristiques	Procédure d'identification	Résultats	Nature
Eq1	g'=1 et k'=5	3-1+5-5=3-1	2=2	Juste identifiée
Eq2	g'=2 et k'=3	(3-2+5-3)>3-1	3 >2	Sur-identifiée
		Condition de rang		
Eq1	Rang(A)=1	3-1=3-1	2=2	Identifiée
Eq2	Rang(A)=1	3-1=3-1	2=2	Identifiée

Source : construction des auteurs.

Tableau 10 : Résultat de statistiques descriptibles des données en Panel.

	CE	CER	CO2	FBCF	GDP_P_C	L	OUV	URB	FD_FM_IX
Mean	698,87	65,82	32357,36	23,63	2663,73	1,2E+07	72	2,55	0,07
Median	476,626	74,90	5003,62	22,77	1283,11	7190076	65,85	2,68	0,02
Maximum	3129,08	98,34	503112,4	53,98	10949,24	6E+07	165,6	3,90	0,82
Minimum	113,09	10,63	575,71	0	194,87	340723	20,72	0,03	0
Std, Dev,	640,53	25,52	96660,98	8,71	2796,40	1,3E+07	29,19	0,74	0,14
Skewness	2,32	-0,705	3,97	0,09	1,31	1,77	0,72	-1,16	3,52
Kurtosis	7,54	2,23	17,62	3,98	3,41	5,71	3,06	4,92	15,55
Jarque-Bera	739,67	45,10	4845,75	17,57	124,12	348,72	36,93	158,5	3624,49
Probability	0	0	0	0	0	0	0	0	0
Sum	293526	27648,3	13590090	9925,3	1118769	4,89E+09	30238	1074	30,84
Sum Sq, Dev,	1,72E+08	273070	3,91E+12	31801	3,28E+09	7,31E+16	4E+05	234,6	8,61
Observations	420	420	420	420	420	420	420	420	420

Source : Construction des auteurs à partir de Eviews

```
. xtsum CO_2 CE  GDPPC FBCF L URB CER OUV FD_FM_IX
```

Variable		Mean	Std. Dev.	Min	Max	Observations	
CO_2	overall	3.235736	9.666098	.0575719	50.31124	N =	420
	between		9.839568	.1287331	45.01601	n =	21
	within		1.003307	-6.116498	8.530967	T =	20
CE	overall	698.8704	640.5363	113.0905	3129.079	N =	420
	between		641.727	133.2788	2657.438	n =	21
	within		130.9475	-431.6212	1500.228	T =	20
GDPPC	overall	.2663735	.2796406	.0194873	1.094924	N =	420
	between		.2813319	.0343265	.9391355	n =	21
	within		.0513835	.0363221	.5649277	T =	20
FBCF	overall	23.63172	8.711972	0	53.98798	N =	420
	between		5.630898	14.50105	34.73499	n =	21
	within		6.754941	3.556412	47.91971	T =	20
L	overall	1.16e+07	1.32e+07	340723	5.99e+07	N =	420
	between		1.33e+07	508997.5	5.08e+07	n =	21
	within		2550511	586331.5	2.53e+07	T =	20
URB	overall	2.557202	.7482942	.03224	3.907245	N =	420
	between		.7386295	.3706933	3.787047	n =	21
	within		.1977631	1.887278	3.373797	T =	20
CER	overall	65.8293	25.52877	10.63386	98.3426	N =	420
	between		25.76918	14.42362	96.30578	n =	21
	within		4.216576	54.11263	84.31659	T =	20
OUV	overall	71.99508	29.18891	20.72252	165.6459	N =	420
	between		26.78128	37.13478	139.7757	n =	21
	within		12.93366	27.00039	127.2907	T =	20
FD_FM_IX	overall	.0734466	.1433593	0	.822313	N =	420
	between		.1440554	0	.6578077	n =	21
	within		.0272203	-.1093765	.2379519	T =	20

Tableau 11 : Résultat d'estimation de la financiarisation de l'économie.

```
. reg3 (GDP_p_c = FBCF L URB CER OUV CO2 CE) ( FD_FM_IX = GDP_p_c  CO2 CER CE OUV URB ), 2sls
```

Two-stage least-squares regression

Equation	Obs	Parms	RMSE	"R-sq"	F-Stat	P
GDP_p_c	420	7	921.8063	0.8932	492.00	0.0000
FD_FM_IX	420	6	.0401899	0.9225	820.71	0.0000

	Coef.	Std. Err.	t	P>|t|	[95% Conf.	Interval]
GDP_p_c						
FBCF	.3597339	5.449192	0.07	0.947	-10.33618	11.05564
L	.0000239	5.06e-06	4.73	0.000	.000014	.0000339
URB	-110.0029	96.28299	-1.14	0.254	-298.9913	78.98556
CER	-50.01958	3.37792	-14.81	0.000	-56.64991	-43.38925
OUV	8.915991	1.994827	4.47	0.000	5.000458	12.83152
CO2	-.0145651	.0008216	-17.73	0.000	-.0161778	-.0129524
CE	4.119461	.1057966	38.94	0.000	3.911799	4.327124
_cons	2901.042	295.1489	9.83	0.000	2321.711	3480.374
FD_FM_IX						
GDP_p_c	3.57e-06	9.19e-06	0.39	0.698	-.0000145	.0000216
CO2	1.48e-06	1.20e-07	12.35	0.000	1.25e-06	1.72e-06
CER	-6.11e-06	.0004026	-0.02	0.988	-.0007963	.0007841
CE	-.0000277	.0000369	-0.75	0.453	-.0001001	.0000447
OUV	.0003535	.0000988	3.58	0.000	.0001597	.0005474
URB	-.0133421	.0045712	-2.92	0.004	-.0223146	-.0043696
_cons	.0443696	.0321163	1.38	0.167	-.0186697	.1074089

Endogenous variables: GDP_p_c FD_FM_IX
Exogenous variables: FBCF L URB CER OUV CO2 CE

```
. reg3 (GDP_p_c = FBCF L URB CER OUV CO2 CE) ( FD_FM_IX = GDP_p_c  CO2 CER CE OUV URB ), 3sls

Three-stage least-squares regression
----------------------------------------------------------------------
Equation             Obs   Parms        RMSE    "R-sq"       chi2        P
----------------------------------------------------------------------
GDP_p_c              420       7      912.99    0.8932    3510.86   0.0000
FD_FM_IX             420       6    .0398535    0.9225    5007.72   0.0000
----------------------------------------------------------------------


------------------------------------------------------------------------------
             |      Coef.   Std. Err.      z    P>|z|     [95% Conf. Interval]
-------------+----------------------------------------------------------------
GDP_p_c      |
        FBCF |  -.0076241   5.351883    -0.00   0.999    -10.49712    10.48187
           L |    .000024   5.01e-06     4.79   0.000     .0000141    .0000338
         URB |  -109.0111   95.34304    -1.14   0.253      -295.88    77.85787
         CER |  -50.02844   3.345552   -14.95   0.000     -56.5856   -43.47128
         OUV |   8.947821   1.974815     4.53   0.000     5.077255    12.81839
         CO2 |  -.0145704   .0008137   -17.91   0.000    -.0161652   -.0129756
          CE |   4.120268    .104773    39.33   0.000     3.914917    4.325619
       _cons |   2904.819   292.2367     9.94   0.000     2332.046    3477.592
-------------+----------------------------------------------------------------
FD_FM_IX     |
     GDP_p_c |   3.57e-06   9.11e-06     0.39   0.695    -.0000143    .0000214
         CO2 |   1.48e-06   1.19e-07    12.46   0.000     1.25e-06    1.72e-06
         CER |  -6.11e-06   .0003992    -0.02   0.988    -.0007885    .0007763
          CE |  -.0000277   .0000366    -0.76   0.449    -.0000994     .000044
         OUV |   .0003535   .0000979     3.61   0.000     .0001616    .0005455
         URB |  -.0133421   .0045329    -2.94   0.003    -.0222264   -.0044578
         URB |  -.0133421   .0045329    -2.94   0.003    -.0222264   -.0044578
       _cons |   .0443696   .0318475     1.39   0.164    -.0180505    .1067896
------------------------------------------------------------------------------
Endogenous variables:   GDP_p_c FD_FM_IX
Exogenous variables:    FBCF L URB CER OUV CO2 CE
------------------------------------------------------------------------------
```

*Source : Auteurs à partir de stata à partir de Stata. * significativité à 1%*

Tableau 12 : Résultat du test de robustesse.

```
. reg3 (GDP_p_c = FBCF L URB CER OUV CO2 CE) ( FD_FMD_IX = GDP_p_c  CO2 CER CE OUV URB ), 2sls
```

Two-stage least-squares regression

Equation	Obs	Parms	RMSE	"R-sq"	F-Stat	P
GDP_p_c	420	7	921.8063	0.8932	492.00	0.0000
FD_FMD_IX	420	6	.1026816	0.0873	47.42	0.0000

	Coef.	Std. Err.	t	P>|t|	[95% Conf.	Interval]
GDP_p_c						
FBCF	.3597339	5.449192	0.07	0.947	-10.33618	11.05564
L	.0000239	5.06e-06	4.73	0.000	.000014	.0000339
URB	-110.0029	96.28299	-1.14	0.254	-298.9913	78.98556
CER	-50.01958	3.37792	-14.81	0.000	-56.64991	-43.38925
OUV	8.915991	1.994827	4.47	0.000	5.000458	12.83152
CO2	-.0145651	.0008216	-17.73	0.000	-.0161778	-.0129524
CE	4.119461	.1057966	38.94	0.000	3.911799	4.327124
_cons	2901.042	295.1489	9.83	0.000	2321.711	3480.374
FD_FMD_IX						
GDP_p_c	.0000937	.0000235	3.99	0.000	.0000476	.0001398
CO2	1.57e-06	3.07e-07	5.11	0.000	9.66e-07	2.17e-06
CER	.003845	.0010285	3.74	0.000	.0018262	.0058638
CE	-.0003673	.0000942	-3.90	0.000	-.0005523	-.0001824
OUV	-.0007649	.0002524	-3.03	0.003	-.0012602	-.0002696
URB	-.0551242	.0116789	-4.72	0.000	-.0780481	-.0322004
_cons	-.0282164	.0820543	-0.34	0.731	-.1892762	.1328435

Endogenous variables: GDP_p_c FD_FMD_IX
Exogenous variables: FBCF L URB CER OUV CO2 CE

```
. reg3 (GDP_p_c = FBCF L URB CER OUV CO2 CE) ( FD_FMD_IX = GDP_p_c  CO2 CER CE OUV URB ), 3sls
```

Three-stage least-squares regression

Equation	Obs	Parms	RMSE	"R-sq"	chi2	P
GDP_p_c	420	7	914.5858	0.8928	3514.52	0.0000
FD_FMD_IX	420	6	.1018223	0.0873	289.33	0.0000

	Coef.	Std. Err.	z	P>|z|	[95% Conf.	Interval]
GDP_p_c						
FBCF	-6.192453	3.423785	-1.81	0.071	-12.90295	.5180418
L	.0000244	5.00e-06	4.87	0.000	.0000146	.0000342
URB	-92.3127	94.69402	-0.97	0.330	-277.9096	93.28416
CER	-50.17752	3.344083	-15.00	0.000	-56.7318	-43.62324
OUV	9.483709	1.942386	4.88	0.000	5.676702	13.29072
CO2	-.0146609	.0008115	-18.07	0.000	-.0162513	-.0130704
CE	4.133848	.104383	39.60	0.000	3.929261	4.338435
_cons	2968.402	289.1609	10.27	0.000	2401.657	3535.147
FD_FMD_IX						
GDP_p_c	.0000937	.0000233	4.02	0.000	.0000481	.0001393
CO2	1.57e-06	3.04e-07	5.15	0.000	9.72e-07	2.16e-06
CER	.003845	.0010199	3.77	0.000	.001846	.005844
CE	-.0003673	.0000934	-3.93	0.000	-.0005504	-.0001842
OUV	-.0007649	.0002502	-3.06	0.002	-.0012554	-.0002745
URB	-.0551242	.0115812	-4.76	0.000	-.0778229	-.0324256
_cons	-.0282164	.0813677	-0.35	0.729	-.1876941	.1312614

_cons -.0282164 .0813677 -0.35 0.729 -.1876941 .1312614

Endogenous variables: GDP_p_c FD_FMD_IX
Exogenous variables: FBCF L URB CER OUV CO2 CE

*Source : Auteurs à partir de Stata. * significativité à 1%*

FIGURATIONS ET CONFIGURATIONS POLITICO-ÉCONOMIQUES DES MENACES NOUVELLES OU MÉTAMORPHES EN AFRIQUE : UNE SOCIOANALYSE POLITICO-STRATÉGIQUE ET GÉOSTRATEGIQUE

Mathias Éric OWONA NGUINI

Professeur titulaire à la faculté de sciences juridiques et politiques de l'Université de Yaoundé II-Soa.

Résumé

Les formations sociales et étatiques africaines sont aujourd'hui confrontées à l'avènement de menaces dites nouvelles liées au contexte post-westphalien des relations internationales. Ces menaces que nous appelons métamorphes sont des dynamiques transformantes et mutantes qui affectent la souveraineté de ces États postcoloniaux à l'âge global. Elles sont en lien avec les transformations systémiques et stratégiques générées par la transnationalisation du monde qui suscitent des formes de conflit asymétrique comme dynamiques qui, menacent le pouvoir de l'économie et l'économie du pouvoir dans les sociétés étatiques postcoloniales africaines engagées dans les courants de la mondialisation. Il convient d'être conscient de ces menaces pour y apporter les solutions appropriées en vue de leur règlement.

Mots-clés : Menaces nouvelles ; menaces métamorphes ; dynamiques et conflits asymétriques ; pouvoir de l'économie ; économie du pouvoir ; figurations ; configurations ; reconfigurations ; transfigurations ; socioanalyse ; sociétés étatiques africaines.

Summary

African Social and State Formations are nowadays faced with the advent of the so called new threats related to the post westphalian of contemporary international relations. These Threats called by us Metamorphic Threats are transforming and mutative dynamics that affect the sovereignty of those Postcolonial States in the Global Age. There are in linkage with Systemic and Strategic Transformations generated by the World Transnationalization that lead to asymmetric forms of conflict as dynamics threatening the power of economy and the economy of power in African Postcolonial State societies involved in the globalization trends. It is necessary to be aware of these threats in order to frame mutual accurate solutions allowing to curb these threats.

***Keywords**: New Threats; Metamorphic Threats; Asymmetric Dynamics and Conflicts; Power of the Economy; Economy of Power; Figurations; Configurations; Reconfigurations; Transfigurations; Socioanalysis; African state Societies.*

Introduction

Le contexte systémique et stratégique qui est associé à la mondialisation néolibérale et libido-libérale en tant qu' orientation s'imposant hégémoniquement comme *« temps mondial »* pertinent et porteur, correspond à un environnement structurant et contraignant où les processus de transnationalisation du monde mettent à l'épreuve toutes les sociétés étatiques des plus robustes aux plus chétives, surtout celles qui comme les formations souveraines d'Afrique se révèlent fort vulnérables (Eberhard 1965). De ce fait, les formations sociales étatisées d'Afrique postcoloniale se trouvent projetées et précipitées dans les courants de ladite mobilisation, devant faire face à des fluctuations transnationales qui mettent à l'épreuve leurs capacités d'*« unités de survie »* (Elias 1976).

Les sociétés étatiques africaines confrontées aux flux de la mondialisation – globalisation qui sont (alors) soumises à des dynamiques de mise en insécurité ou en instabilité liées à cette structuration systémique et stratégique dominante du monde contemporain, balancent entre des « *régimes de paix* » et des « *régimes de guerre* » du fait de ces fluctuations global-libérales ; de telle manière que leur *implantation souveraine* se trouve parfois secouée (Owona Nguini 2001). Ce sont ces problèmes renvoyant à un certain nombre de pratiques et de conduites ayant partie liée avec les unités sociales transnationales organisées en réseaux circulant dans le monde globalo-libéral, qui viennent mettre à l'épreuve la capacité pragmatico-stratégique de chacune de ces sociétés étatiques africaines à assurer avec compétence, performance et assurance la « *sécurité* » de sa « *population* » et de son « *territoire* », qui alimentent les perceptions et les représentations qui s'y cristallisent cognitivement et affectivement en termes de *menaces* pouvant précisément discréditer et disqualifier leurs prétentions de souveraineté (Foucault 2004).

Les *centres souverains* que constituent les *concentrations étatiques africaines postcoloniales* sont effectivement exposés à des sources spécifiques d'*incertitude et de risque*, sources liées à différents types d'« *instabilité* » donnant lieu à l'accumulation de tensions et de pressions qui viennent mettre en question l'équilibre sécuritaro-stratégique de ces formations étatiques pourtant revêtues de l'*agrément westphalien* valant *certification de reconnaissance internationale* (Hugon *et al.* 1991). En effet, ces sociétés étatiques doivent faire face à un certain nombre de tensions et de pressions résultant de fluctuations produites par la circulation de réseaux transnationaux ; lesquelles fluctuations mettent en question les formes policières et militaires de « *sécurité ontologique* » que ces formations souveraines d'Afrique essaient de procurer à leur(s) population(s) (Giddens 1985). Ainsi, les flux et les réseaux de la mondialisation exposent les sociétés étatiques africaines globalisées à des expériences de mise en péril et de mise en danger de leur capacité et de leur efficacité sécuritaro-stratégiques.

Le « *retournement du monde* » lié à la donne de la mondialisation expose les centres étatiques africains à devoir faire face à des forces et formes nouvelles ou renouvelées d'agressivité ou d'hostilité, lesquelles contraignent ces collectivités souveraines à (re) définir et à (re) modeler leurs *schèmes et schémas stratégiques* (Badie et Smouts 1992). Les États d'Afrique contraints de s'engager dans le(s) champ(s) de la mondialisation, sont soumis par le jeu des flux et des réseaux transnationaux à des formes de « *circulation des contraintes* » qui vont les confronter de manière pratique à une *problématique écologico-psychologique et écologico-éthologique de mise en danger de leurs capacités de souveraineté et de sécurité* (Elias 1985). C'est que la constitution et la manifestation des fluctuations transnationales déstabilisantes alimentent des conduites participant de la structuration et de la fabrication de *conjonctures politico-stratégiques de mise en question de la sécurité de ces hégémonies étatiques africaines*, soumettant ces unités de survie aux rigueurs et contraintes de situation relevant du registre de l'*asymétrie stratégique* (Baud 2003).

Les *menaces* qui sont configurées comme dynamiques périlleuses et dangereuses dans la grille de représentation et de perception stratégique des situations qui s'énoncent au sein des différentes unités étatiques d'Afrique, sont envisagées généralement selon une vision commode d'« *historicisme* » comme étant « *nouvelle* » (Popper 1988). Une telle situation est liée à l'expression fortement inédite et originale de la *mondialisation globalo-libérale* qui (re)modèle et renouvelle au plan sécuritaro-stratégique les « *cadres de l'expérience* » organisés et modélisés par les acteurs et opérateurs sociopolitiques en charge de la conduite de ces formations sociales étatiques d'Afrique (Goffman 1991). Bien entendu, la confrontation de ces formations souveraines postcoloniales d'Afrique avec différentes dynamiques d'*hostilité*, d'*agressivité*, d'*adversité* et d'*inhospitalité* révèle que ces sociétés étatiques sont peu outillées intellectuellement et matériellement pour cerner ces phénomènes de mise en insécurité qui leur apparaissent menaçants parce que nombre d'entre celles-ci sont des « *États fragiles* » (Chataignier et Magro 2007).

Les menaces constituées pour les centres étatiques africains à travers le jeu de l'asymétrie ou de l'extra-symétrie stratégiques montrent comment ces formations doivent faire face à des défis sécuritaires largement liés aux fluctuations de la mondialisation qui peuvent prendre la forme de *dynamiques de mise en circulation crisogène et/ou criminogène et/ou belligène* opérées, structurées et actionnées par de nombreux « *réseaux transnationaux* » (Colonomos 1995). Ainsi, ces sociétés étatiques africaines bien qu'inscrites de manière récessive dans le « *système-monde* » dans sa forme juridico-politique qu'est le *système westphalien des États territoriaux* – système international toujours pertinent malgré la *mondialisation globalo-libérale, néolibérale et libido-libérale*-, ont à faire face effectivement à l'asymétrie ou à l'extra-symétrie stratégiques comme situations de mise en défi de ces États d'Afrique par les formes globalisées d'hostilité, d'adversité et d'illicéité (Wallerstein 1984).

Les « *nouvelles menaces* » sont à réévaluer par une approche constructiviste et réflexiviste qui en module la formulation historiciste pour réorienter le questionnement sur ces phénomènes et processus insécuritaires, de manière à insister sur *la réceptivité de ces situations à la métamorphose,* sur *leur sensibilité métamorphique* ; cela étant fait pour observer comment le contexte systémico-stratégique de la mondialisation a favorisé la transformation des chaînes de menaces à l'œuvre dans bien des États d'Afrique. Les « *nouvelles menaces* » ou « *menaces nouvelles* » sont alors à examiner dans un *schéma socio-analytique réflexif, génétique et relationnel* qui les étudie (épistémologiquement) comme des formes stratégiques de « *configuration* », formes dont les pratiques et les conduites qui les constituent et structurent correspondent à des « *réseaux de relations* » (Elias 1976).

L'analyse relationnelle et configurationnelle à la Elias qui reformule les *nouvelles menaces* est menée de manière à présenter ces situations et configurations stratégiques concernant les formations étatiques africaines projetées dans l'espace des forces et des positions qu'est la mondialisation, comme des *menaces transformantes, fluctuantes et mouvantes, c'est-à-dire des menaces métamorphes*. Cela veut dire que ce qui importe dans l'examen socio-analytico-stratégique de ces processus, c'est moins leur nouveauté que leur disponibilité à la transformation. C'est en mettant prioritairement en valeur ce *métamorphisme* et les *métamorphoses y liées* que l'analyse sociopolitiste géopolitiquement et géostratégiquement outillée et déployée pourra mesurer et évaluer le degré des menaces effectivement constituées, articulées, manifestées, opérées et observées dans les formations étatiques africaines confrontées à ces challenges et défis militaro-sécuritaires qui vont peser sur leur structuration et leur évolution aussi bien organiques que stratégiques.

Les *menaces métamorphes* opèrent en tant que dynamiques de mise en péril ou en danger de la survie de centres étatiques africains de puissance parce qu'elles permettent l'enchaînement insécurisant de facteurs et vecteurs crisogènes, criminogènes et belligènes venant souligner de manière récurrente les contraintes pesant sur ces formations souveraines du fait des formes et figures de « *la souveraineté négative » (negative sovereignty)* (Jackson, Rosberg 2006). Ces menaces sont exercées dans les sociétés étatiques d'Afrique à elles exposées comme dynamiques organiques, stratégiques et systémiques à travers lesquelles les formations étatiques d'Afrique sont confrontées à des processus de tension et de pression, lesquels processus mettent en évidence la mondialisation comme *« société du risque »* (Beck 2002).

Les *menaces métamorphes* exposent alors les sociétés étatiques africaines à gérer les implications sécuritaires qui résultent de la manifestation concrète du *potentiel catastrophique et cyndinique* de la mondialisation en tant que donne planétaire de puissance, c'est-à-dire de l'expression de sa *capacité sinistrogène et désastrogène* qui fait opérer cette donne comme « *grande perturbation* » (Laidi 2004). Il est alors important de bien identifier les touches et les notes qui peuvent être jouées et actionnées sur les claviers stratégiques de la mondialisation globalo-libérale, néolibérale et libido-libérale de manière à bien analyser les partitions qui y sont interprétées aussi bien que leurs lignes harmoniques et mélodiques qui montrent comment ces compositions mettent en scène les réseaux transnationaux (coupeurs de routes, piraterie maritime, contrebande, contrefaçon, traite des blanches, prostitution et proxénétisme, trafic et exploitation des enfants, réseau de migration clandestine, guerre civile et mouvements politico-militaires, terrorisme, arnaque et criminalité informatique, extorsion).

Ainsi les *menaces métamorphes* en tant que *menaces transformantes* provoquent-elles des *ruptures et brisures transnationalement usinées ou managées de la symétrie politico-stratégique associée au souverainisme léviathanique et westphalien affirmé et affiché par les États confrontés à ces sources d'insécurité et d'instabilité* suscitées par les forces et puissances transnationales qui ressortissent du « *système monde invertébré* » dans la configuration qu'est la mondialisation (Appadurai 2002). Ces menaces épousent pour organiser et assurer leur propagation et leur expansion dans les sociétés étatiques africaines, la configuration structurelle et organique de « *chevauchement* » dans laquelle les domaines actionnels et fonctionnels du politique et de l'économique sont sous-différenciés, dé-différenciés ou indifférenciés (Bayart 1989 ; Cowen et Kiwanjui 1977). Dès lors l'expression et la manifestation de ces menaces s'opèrent largement sur le mode de l'interaction puis sur celui de l'indistinction du politique et de l'économique.

La mise en perspective sociopolitiste du déroulement, du déploiement et du développement de ces dynamiques d'insécurité comme phénomènes en lien avec des jeux d'asymétrie ou d'extra-symétrie stratégiques, doit prendre en compte la manière dont l'expression et l'expansion des « *turbulences* » associées à la mondialisation prennent des tournures sécuritaires et militaires révélatrices de logiques de mise en défi de la souveraineté des centres étatiques d'Afrique (Rosenau 1990). Ou l'on voit alors comment les *menaces métamorphes* opèrent comme des « *menaces transverses* » dont la nocivité *sécuritarostratégique* est alimentée par les dynamiques chaogènes, crisogènes, criminogènes ou polémogènes de la mondialisation ; laquelle mondialisation soumet les formations étatiques africaines à l'exercice et à l'exécution de différentes *formes et forces de nuisance et/ou de « violence »* en rapport avec des situations d'illégalité, d'illégitimité et d'illicéité qui saisissent et structurent les luttes sociales pour le « *pouvoir* » et

« *l'accumulation* » qui sont en partie liées avec le jeu mondialisé des réseaux transnationaux (Mbembe 1990).

Pour analyser, avec une certaine pertinence sociopolitiste et géopoliticienne, le sens stratégique de ces dynamiques politico-économiques d'insécurité liées au contexte structurant et contraignant de la mondialisation, il convient d'examiner ces processus menaçants en adjoignant au modèle de constructivisme relationnel qu'est *l'analyse configurationnelle à la Norbert Elias*, un *modèle de constructivisme sécuritaire* qui amène à s'interroger sur la capacité réactive et responsive de *sécurisation ou de sécuritisation (securitization)* des États d'Afrique confrontés à ces *menaces métamorphes* (Buzan et al. 1998 ; Waever 1996). C'est de cette façon qu'on appréhendera sociologiquement et socioanalytiquement la problématique pragmatique de la *coordination et/ou de la régulation sécuritaires dans les sociétés étatiques africaines* plongées dans la mondialisation ; lesquelles sociétés sont confrontées stratégiquement aux *coups* et *mouvements* joués dans *l'enchaînement de ces menaces métamorphes*.

L'*éventail complexe des situations et des configurations correspondant aux menaces métamorphes* commande que l'on mette en œuvre une *socioanalyse politico-stratégique et géostratégique constructiviste et relationniste* capable de cerner la structuration et l'évolution effectives-positives de ces processus sécuritaires et militaires affectant l'équilibre des souverainetés étatiques africaines projetées dans l'espace de la mondialisation. Pour cela, il convient d'abord d'étudier les « figurations et transformations des menaces nouvelles et métamorphes comme dynamiques asymétriques de déconstruction du pouvoir de l'économie » (I) puis d'examiner par après les « configurations et reconfigurations des menaces nouvelles ou métamorphes comme dynamiques asymétriques de destruction de l'économie du pouvoir » (II).

I. Figurations et transfigurations des menaces nouvelles/métamorphes comme dynamiques asymétriques de déconstruction du pouvoir de l'économie dans les sociétés étatiques d'Afrique à l'âge global

Par là, il faut entendre la manière dont les capacités de souveraineté des États d'Afrique sont testées et éprouvées par les « *réseaux de relations » que constituent les configurations formatrices des systèmes de menaces* comme chaînes d'acteurs et d'opérateurs sociaux qui sont concernés par les processus d'insécurité affectant les appareils de production censément garantis et protégés par ces formations étatiques (Elias 1976 ; 1985). Les *menaces métamorphes* véhiculées par des circuits et des réseaux transnationaux exposent les centres étatiques africains pris dans de tels engrenages d'insécurité et des états stratégiques correspondant à des formes d'incertitude westphalienne à des situations où l'on voit les menaces métamorphes se poser en « sources d'aliénation licencieuse et de dissipation onéreuse des biens » (A) et en « ressources d'exploitation pernicieuse et d'extraction frauduleuse des biens » (B).

A. Les menaces métamorphes comme source d'aliénation licencieuse et de dissipation onéreuse des biens

Les sociétés étatiques africaines sont très souvent exposées aux dynamiques adverses et perverses qui naissent du « *pouvoir du faux* » et qui se montrent souvent capables de les exposer à des situations notables d'insécurité et d'instabilité dans lesquelles lesdites entités souveraines doivent faire face aux effets problématiques de ces conduites crisogènes, criminogènes ou polémogènes (Mbembe 2002). En pensant les *menaces métamorphes* comme *sources d'aliénation dispendieuse*, il s'agit de viser toutes les situations concrètes dans lesquelles ces dynamiques de mise en insécurité conduisent à la manifestation de procédures arbitraires d'appropriation des richesses et valeurs produites par l'économie au sein des sociétés étatiques africaines inscrites dans les dynamiques géoéconomiques et politico-économiques de la mondialisation néolibérale. On examinera d'abord dans ce cadre « la menace de la piraterie maritime comme industrie criminelle » (1) avant d'étudier « la menace du grand banditisme des coupeurs de route comme criminalité racketteuse et pilleuse » (2).

1. La menace de la piraterie maritime comme industrie criminelle spoliatrice en terrains africains

La *piraterie africaine* en tant que comportement et conduite contrevenant au droit international de la mer correspondant au modèle de la « *Mare Liberum* », est (re)devenue une activité criminelle et illicite très pratiquée sur de nombreuses zones côtières en Afrique (Schmitt 1990 :154). Ce faisant, la piraterie maritime s'est constituée en « *menace transverse* » dont l'essor est en rapport avec les dynamiques stratégiques de fluctuation (souvent déstabilisante, liés à la mondialisation (Pautrat *et al.* 2001). Ainsi, s'est développée une véritable industrie criminelle de la piraterie maritime dans de nombreux secteurs de l'espace littoral africain ainsi engagé à travers des réseaux criminels.

La piraterie maritime recrudescente dans le Golfe de Guinée a notamment conduit à la structuration d'une industrie néo-flibustière de groupes armés pratiquant effectivement cette activité déloyale et illicite dans cette région, surtout dans son secteur de la Baie de Biafra et du Delta du Niger. Ainsi des groupes armés tels que le MEND (*Movement for the Emancipation of Niger Delta)*, les BFF (*BakassiFreedomFighters*), le NDDSC (*Niger Delta Defence*

Security Council), l'AMC (*Africa Marine Commando*) ou le MOSOP (*Movement for the Survival of Ogoni People*) usent souvent de la piraterie. Dans ce registre, de nombreuses actions sont perpétrées (attaques contre les plateformes pétrolières ou gazières, contre les oléoducs et pipelines, contre les tankers et cargos, contre les bateaux de pêche ou de plaisance, ou contre les navires et autres bâtiments des opérateurs parapétroliers). Comme leurs confrères somaliens évoluant dans le Golfe d'Aden, ces groupes pirates utilisent des *bateaux-mères* abritant des *canots-pirogues d'attaque motorisée et armée*. C'est que l'industrie criminelle prédatrice et semi-artisanale des pirates somaliens affecte la Mer Rouge et particulièrement le secteur du Golfe d'Aden. Toutes ces opérations mettent évidemment en question la sécurité des États concernés.

2. La menace du banditisme des coupeurs de routes comme criminalité racketteuse et pilleuse dans les sites africains

Les sociétés étatiques sises dans le pourtour géopolitique et géographico-politique de la zone du Lac Tchad, sont confrontées aux plans sécuritaires et militaires à la manifestation récurrente de la menace que constitue cette forme particulière de grand banditisme connue à travers ses opérateurs commodément dénommés « *coupeurs de route* » (Saibou 2010). Il s'agit d'une forme de criminalité paramilitaire essentiellement menée par les véritables entrepreneurs politico-criminels que sont les « *zarguinas* » ou coupeurs de route (Seignobos 2011). Lesdits coupeurs de routes en conduisant des formes d'action criminelle qui ont historiquement partie liée avec le phénomène classique dans cette région du *banditisme caravanier* et de *l'aventurisme principataire* à la Rabeh, apparaissent eux-mêmes comme une expression militaro-criminelle perverse du « commerce frontalier » qui se déroule dans cet espace tchadique (Benafla 2002).

En effet, le banditisme armé des coupeurs de route s'est installé dans un véritable *trigone de la malveillance* inscrit dans *l'espace tchadique ou oubangui-charique* entre le Cameroun, la Centrafrique et le Tchad, constituant précisément la forme *« triangle de la mort »* (Ntuda Ebode 2010 : 151). Ainsi, de nombreuses *petites et moyennes entreprises politico-militaro- criminelles* exercent-elles dans ce registre de la prédation infra-souveraine et extra-souveraine par différentes méthodes et procédures d'action *(attaques des convois commerciaux et des cohortes de transport, assauts contre les véhicules de transport, vols de bétail, prises d'otage, rançonnements, etc).* Cette forme néo-seigneuriale et néo-féodale de criminalité de razzia prospère et prolifère dans les espaces nilo-sahariens (logique de prédation et de pillage des biens par des seigneurs de razzias constitués par les bandes armées polymorphes de la zone d'itinérance afro-berbère et afro-arabe) avec les milices Touaregs comme le MNLA (Mouvement national de libération de l'Azawad, Mali) ou le MNJ (Mouvement national pour la justice, Niger) ou encore les Djandjawid soudanais). Cette culture du banditisme politico-militaire et militaro-criminel s'est diffusée dans les espaces nigéro-guinéens avec les *milices patriotiques* ou les FN (Forces nouvelles) puis les *FRCI* (Forces Républicaines de Côte d'Ivoire), le *LURD* (Liberians United for Reconciliation and Democracy), le *NPFL* (National Patriotic Front of Liberia) ou l'*ULIMO* (Libéria et en Sierra-Léone).

B. Les menaces métamorphes comme ressources d'exploitation pernicieuse et d'extraction frauduleuse

Par-là, on veut dire que nombre de *pratiques menaçantes* qui affectent la sécurité des formations étatiques africaines sont liées à des conduites économico-politiques et économico-stratégiques de « *falsification de l'État* », dynamiques à travers lesquelles des groupes trafiquants et délinquants se saisissent des ressources de manière déloyale et illicite ou accumulent dans des créneaux occultes ou des réseaux interlopes d'enrichissement. (Bayart *et al.* 1997). Dans ce registre, on entend par *exploitation pernicieuse*, un ensemble de conduites peu licites et peu régulières de mise en valeur des ressources économiques par des groupes d'intérêt et d'influence structurés autour de motivations criminelles ou para-criminelles ; lesquels groupes sont des opérateurs de choix dans la mise en place des dynamiques examinées de criminalisation des économies politiques des États d'Afrique. *L'extraction frauduleuse*, quant à elle, consiste en un ensemble de manœuvres ayant trait à une démarche criminelle de prélèvement direct ou indirect opéré sur des ressources précieuses par différentes filières politico-criminelles et économico-criminelles qui maillent de nombreuses sociétés étatiques africaines dans lesquelles le « *State-Making* » est menacé d'être complètement colonisé par le « crime organisé » (Tilly 1985). Les États d'Afrique sont alors exposés à « la menace du trafic des stupéfiants » (1) et à « la menace prédatrice et criminelle de l'économie d'entrepôt » (2).

1. La menace du trafic des stupéfiants : dynamique criminelle basée sur la traite et la rente narcotiques en Afrique

Le trafic des stupéfiants est l'une des modalités d'ancrage de « *l'économie criminelle* » dans le fonctionnement de nombreuses formations étatiques africaines, s'affirmant comme une activité illicite et irrégulière d'accumulation et de spéculation vénales qui en vient à mettre en question la stabilité et la sécurité de nombre de ces entités souveraines, comme on le voit particulièrement en Somalie ou en Guinée Bissau (Pons 2006). Le trafic des stupéfiants apparaît effectivement comme l'une des dynamiques d'affirmation des potentialités et capacités d'insécurisation et de déstabilisation par des réseaux criminels transnationalisés qui en viennent à infecter et à infester les *centres souverains de pouvoir* en Afrique pour en faire des versions tropicales d'« *États voyous* » (Blum 2002).

Le trafic des stupéfiants s'est (ainsi) affirmé comme un des lieux d'expansion et de propagation d'une véritable *traite narcotique* dans l'Ouest africain continental (*Sahel)* et maritime (*Golfe de guinée*) à travers le développement des filières nigérianes, maliennes ou bissau-guinéennes. Dans ce registre, de nombreuses initiatives économico-politiques, politico-criminelles et économico-criminelle de stimulation du trafic des stupéfiants sont menées par des groupes criminels impliqués dans *l'économie globalo-libérale et libido-libérale* de la rente et de la traite narcotiques *(activités de relais, de redistribution, de transfert et de passage dans le commerce criminel mondialisé des stupéfiants organiques ou synthétiques).*Une telle économie politique criminelle basée sur le trafic des stupéfiants opère par exemple dans l'arrière-pays du Royaume chérifien, le Maroc étant constitué en plaque tournante de *l'économie narcotique de plantatio*n basée sur le haschich. Cette activité basée sur la commercialisation du haschich posé en produit clandestin de traite correspond au déploiement de tout un système bien implanté d'action (installation de corridors narco-agricoles et narco-commerciaux, émergence de laboratoires de synthèse artisanale de la matière première).

2. La menace prédatrice et criminelle de l'économie d'entrepôt et de ses activités de contrebande comme dynamique répandue en Afrique

Parce que les sociétés étatiques africaines sont marquées par les logiques parallèles d'échange liées à leurs réseaux d'« *intégration par le bas* » et de *« régionalisme transétatique* », ces formations souveraines sont exposées de manière récurrente aux défis économiques et politiques de l'économie de contrebande (Bach 1994). Très souvent, le développement de ces dynamiques parallèles et para-légales d'échange économique entre les États d'Afrique s'est structuré autour de groupes concessifs et corporatifs d'intérêt dont l'activité d'implantation a souvent eu partie liée avec la formation d'une logique économico-politique rentière et courtière d'« *État- Entrepôt* » (Igue et Soule 1992). Bien entendu, ces évolutions peuvent être menaçantes pour l'équilibre stratégique et systématique des formations étatiques concernées par les débordements ou les dérèglements transnationalisés de cette économie parallèle.

Les sociétés étatiques d'Afrique comme celles d'Afrique du Nord particulièrement engagées dans *l'économie afro-méditerranéenne et afro-transsaharienne* du Trabendo, font ainsi face à l'expansion métastasique de la contrebande dont les réseaux criminels mettent en connexion les pays du Maghreb et du Machrek avec ceux de la bande sahélienne. Cette criminalité de contrebande qui passe par l'Algérie, la Lybie, la Tunisie et le Maroc pour pénétrer toute la bande sahélo-saharienne, n'est pas fondamentalement une menace nouvelle, apparaissant plutôt comme la reconstruction de filières criminalo-caravanières anciennes réexplorant les corridors commerciaux parallèles transsahariens et sahélo-sahariens historiques. Ici, il faut noter comment la contrebande est au cœur des *niches économico-criminelles* où s'implantent les, *réseaux de l'activisme militaro-sectaire et paramilitaro-trafiquant* des groupes armés polymorphes du Sahara (groupes multicartes à la fois criminels, combattants et sectaires) tels que ceux des *GIA* (Groupes Islamiques Armés) puis du *GSPC* (Groupe Salafiste pour la Prédication et le Combat) devenu *AQMI* (*Al Qaida* pour le Maghreb Islamique) en Algérie, mais aussi au Mali où ils voisinent avec *Ansar Ad-dine* et le *MUJAO* [Mouvement pour l'unification du Jihad en Afrique de l'Ouest), la logique économico-politique criminelle et para-criminelle de la contrebande règle aussi les rapports de production, d'intérêt ou d'échange existant parmi les acteurs et opérateurs de *l'économie politique traitante et trafiquante de l'axe géoéconomique des Grands Lacs*. Il faut en effet penser cet *axe interlacustre* comme *espace protonilotique* et *domaine swahilique* également connecté, par les voies du commerce parallèle, à travers des entreprises reconstruisant des initiatives militaro-spéculatives comme celles des anciens seigneurs de guerre tels que Rabeh ou Tippu-Tip (aventures commercialo-criminelles de type néo-rabbehienneou néo-tippu-tipiques entre l'Ouganda, le Kenya, le Rwanda, le Burundi, la Tanzanie et la République Démocratique du Congo). Dans un registre voisin, il faut noter que la guerre camerouno-nigériane à Bakassi a partie liée avec le choc stratégique entre les intérêts fiscalo-douaniers de l'État du Cameroun et les groupes contrebandiers ou contrefacteurs engagés dans le commerce parallèle transfrontalier (filières de la boucle nigériano-tchado-camerounaise de l'Adamawa-Oubangui ; les corridors inter-biafrais de la Cross-River avec les créneaux frontaliers Cameroun Nigéria).

II. Configurations et reconfigurations des menaces nouvelles ou métamorphes comme dynamiques asymétriques de destruction de l'économie du pouvoir dans les sociétés étatiques d'Afrique à l'âge global

Par là il faut comprendre que les *menaces métamorphes* sont des sources d'insécurité et d'instabilité qui ne s'appliquent pas seulement aux structures économiques des sociétés étatiques africaines, mais s'attaquent aussi aux structures politiques qui organisent et modèlent le « *champ du pouvoir* » dans ces concentrations étatiques (Bourdieu 1989). Les *menaces métamorphes* se présentent sous de *formes caméléoniennes de mutation insécuritaire et indisciplinaire*, formes qui alimentent des phénomènes de déstabilisation et de désorganisation des circuits politico-stratégiques et politico-économiques des États d'Afrique ainsi confrontés aux pressions et tensions dé-régulatrices suscitées par la mondialisation. Ainsi, la capacité souveraine de ces formations étatiques africaines projetées dans la mondialisation se trouve–t-elle mise en question par les formes criminelles de la « *capillarité* » des réseaux liés à la mondialisation (Foucault 1997 : 27). Il importe alors d'étudier « les menaces métamorphes comme sources d'oppression scandaleuse et d'expropriation vicieuse » (A) avant d'examiner « les menaces métamorphes comme ressources d'agression douteuse et de décimation monstrueuse » (B).

A. Les menaces métamorphes comme sources d'oppression scandaleuse et d'expropriation vicieuse

Par *oppression scandaleuse*, il faut entendre l'ensemble des actions à travers lesquelles des réseaux de pouvoir et d'influence configurés sur des bases criminelles ou para-criminelles usent de leurs moyens de domination de manière arbitraire et violente à des fins généralement déloyales de reproduction ou de renforcement de leurs rentes de privilège. Quant à *l'expropriation vicieuse*, elle renvoie à l'ensemble des méthodes destinées à accaparer de manière illicite et irrégulière des biens ou des valeurs dans un souci stratégique de conversion de ces moyens et capacités en sources et ressources de pouvoir occulte et / ou arbitraire. Les sociétés étatiques africaines projetées dans la mondialisation sont aussi menacées dans la structuration de leurs rapports de pouvoir par un certain nombre d'actes générateurs d'insécurité et d'instabilité qui en viennent à susciter la perplexité sur la crédibilité et la capacité de ces *centres de souveraineté d'Afrique* à assurer en leur sein la prévalence et la permanence des stratégies de « *monopolisation des chances de puissance* » (Elias 1976). C'est pourquoi, il convient d'analyser « la menace constituée par l'ingénierie socio-criminelle de l'arnaque dans les situations africaines (1) avant d'investiguer sur la menace des trafics et traites des êtres humains comme nouvelles formes de nègrerie » (2).

1. La menace constituée par l'ingénierie socio-criminelle de l'arnaque dans les situations africaines

Bien des sociétés africaines précipitées dans les courants transnationaux de circulation des contraintes liées à la mondialisation, ont dû faire face à des processus mafieux ou quasi-mafieux de falsification tels que ceux liés aux pratiques criminelles associées à *l'esthétique de l'arnaque*, comme au Cameroun. Où l'on voit comment ces formations sociales étatiques d'Afrique se sont trouvées prises dans *des engrenages et rouages criminels* qui y révèlent l'implantation d'entreprises de malfaisance et de malveillance opérant dans des créneaux de « *capitalisme crapuleux* » (Bayart 1994 : 135). C'est que ces collectivités souveraines africaines ont dû gérer les pressions et tensions sécuritaires liées aux formes intellectuelles ou intelligentes de criminalité organisée basée sur techniques d'abus par (l'arnaque.

On a (alors) vu comment s'est formée, organisée et manifestée *la figuration feymaniaque* comme *expression-type du génie camerounais de l'arnaque* basée sur les « *arts de feyre* » (Malaquais 2001). En effet le Cameroun a été le champ social générateur de nouvelles catégories mondialisées d'*entrepreneurs politico-criminels et psycho-criminels* misant sur les *savoir-faire de la manipulation et de l'extorsion délinquantes* (actions en réseau des *feymen* comme *escrocs en bande* procédant à des *coups* comme *la multiplication des devises internationales* la construction *d'arnaques financière ou commerciales à travers des machinations criminalo-théâtrales).* Ainsi, ces *feymen* du Cameroun se sont imposés avec les escrocs nigérians spécialisés dans *l'arnaque du 419* comme les *entrepreneurs africains d'escroquerie et filouterie globalisées* (Ndjio 2008). Le *Golfe de Guinée* est alors devenu *un axe politico-criminel et économico-criminel de pointe* en matière de criminalité intellectuelle et psychologique à travers le développement globalo-libéral du *savoir-faire illicite des arnaqueurs camerounais, nigérians, ivoiriens et burkinabé* (actes d'escroquerie cybernétique et électronique, manipulation, manipulation informatique financière du 419, ingénierie de la spoliation subtile et manipulatrice).

2. La menace représentée par les réseaux de trafic et de traite des êtres humains comme nouveaux circuits de la nègrerie africaine

La valeur et la crédibilité des formes étatiques africaines de pouvoir vont se retrouver disqualifiées et dénigrées du fait de leur colonisation par des « *économies trafiquantes* » comme réseaux trafiquants transnationaux (re)roduisant des formes esclavagistes ou quasi-esclavagistes de criminalité prédatrice, lesquelles formes sont précisément révélatrices de *jeux dévoyés et voyous de pouvoir et d'accumulation* expressifs de l'orientation délinquante de ces activités (Botte 2000). Ainsi, les formations souveraines africaines inscrites dans la mondialisation continuent-elles à accueillir des *criminalités prédatrices d'hommes*, lesquelles sont basées sur les trafics renouvelés d'êtres humains faisant croire que ces entités étatiques sont complètement emprisonnées par un affairisme et un cynisme économico-politiques qui les font relever de la figure du *« souverain mangeur d'hommes »* (Deleuze et Guattari 1980).

En effet, nombre de sociétés étatiques d'Afrique doivent être examinées comme des *sites de localisation, d'activation et de mobilisation de nouveaux négriers.* Ces phénomènes de *criminalité néo-négrière* doivent être appréhendés dans une *vision globalo-libérale, néolibérale et libidolibérale de l'action de ces nouveaux réseaux esclavagistes* (prise en considération des actions de ces négriers globalisés : *trafic et exploitation des enfants dans les pays golfo-guinéens entre la Baie du Bénin et la Baie du Biafra* tels que le Togo, le Bénin, le Nigéria et même le Cameroun et le Gabon ; *réseaux organisés de traite des enfants ou de nourrissons* dans ces *secteurs de l'Atlantique du Centre-*

Sud et du Centre-Est ré-explorant les *anciennes routes de la traite des Noirs).* Les *formes néo-négrières de prédation* constituent des *menaces métamorphes* qui opèrent aussi dans les *formes de néo-servage ou de semi-esclavage* dans *les guerres décimatrices des Grands Lacs (*actions prédatrices de *milices néo-négrières* plongées dans un *maquis de trafics néo-féodaux et néo-seigneuriaux* avec *des abus sexuels, physiques et économiques telles que la sinistre Lord Resistance Army ou LRA ougandaise ou l'Union des patriotes congolais ou UPC en RDC avec Thomas Lubanga).* C'est dans la même optique, qu'il faut prendre en compte *le dynamisme africain* dans les *circuits transatlantiques des traites des charmes et de trafic des chairs : activités d'inscription des réseaux proxénètes africains dans le « capitalisme et le système prostitutionnel mondial », connexions de l'érotico-esclavagisme et du porno-esclavagisme africains des réseaux camerounais, ghanéens, nigérians, ivoiriens de commercialisation du sexe avec l'Occident ;*attention aux *liaisons prostitutionnelles maghrébines et machrekiennes de crime organisé avec les marchés euro-méditerranéens du sexe d'agrément* (Poulin 2005).

B. Les menaces métamorphes comme ressources d'agression douteuse et de décimation monstrueuse

Par *agression douteuse*, il faut entendre l'ensemble des conduites de brutalité criminelle qui viennent discréditer la capacité des collectivités étatiques africaines à maintenir la paix et la tranquillité sociales, conduites qui soulignent la cristallisation de *menaces crisogènes, criminogènes et polémogènes* dans ces formations sociales. Quant à la *décimation monstrueuse*, elle correspond à la chaine des actions de terreur et d'horreur violentes qui viennent frapper de nombreux groupes sociaux présents dans ces formations étatiques africaines, dès lors livrées à l'arbitraire criminel qui contribue à leur affaiblissement stratégique. Pour rendre compte de cette situation, il convient d'analyser « la menace constituée par les violences politico-militaires et paramilitaires transnationalisées » (1) puis de s'interroger sur « la menace liée aux activités terroristes, paraterroristes et contreterroristes ou au commerce mafieux de la sécurité » (2).

1. La menace constituée par les violences politico-militaires et paramilitaires transnationalisées dans les zones chaudes des États africains

Il convient de noter le *potentiel menaçant et inquiétant* constitué dans les États africains soumis à la globalisation, par les violences politico-militaires et paramilitaires qui révèlent *la capacité criminogène de ces affrontements* comme expression de la force de « *la production armée du jeu politique* » au sein des ensembles sociétaux dotés politiquement de la *signature souveraine westphalienne* (OwonaNguini 1999 :143). Dans cette optique, il s'agit de mettre en lumière les *défis de sécurité* stratégiquement posés par ces catégories de *menaces métamorphes* qui montrent comment la brutalité politico-militaire et paramilitaire est au cœur de ces dynamiques d'insécurité révélatrices des processus de « *décivilisation des mœurs* » à l'œuvre dans ces situations politico-stratégiques (Owona Nguni 1999).

Les formations étatiques africaines doivent faire face aux effets destructeurs du militarisme et du paramilitarisme comme *activités prédatrices, déprédatrices, dévoratrices et sacrificatrices de violence* conduites et administrées par *des groupes feudataires et principataires* rassemblés autour de seigneurs de guerre (actions violentes menées dans les termes suivants : exécution de violences de masse liées à des violations significatives de droits humains, mise en question de la sécurité humaine et de la sécurité sociétale par des logiques d'hécatombe ; violences mutilatrices de membres ou d'organes génitaux ; viols récurrents ; programmes politico-ethniques ou politico-confessionnels d'extermination et de nettoyage identitaires ; crimes de génocide) appartenant à des *milices ensauvagées* comme le Mouvement de Libération du Congo (MLC, Congo), l'Alliance des Forces pour la Démocratie et la Liberté (AFDL, Congo) , les Ninjas (Congo de 1997) ou les Cobras (Congo à partir de 1997) ou la Lord ResistanceArmy (LRA, Ouganda). Des actions de massacres sont menées par les milices gouvernantes posées en phalanges destructrices telles que les Kamajors (Sierra Leone), les Maï-Maï (République Démocratique du Congo), les Patriotes (Côte d'Ivoire, de 2002 à 2011), les Dozos (Côte d'Ivoire, depuis 2011), les Cocoyes et les Zoulous (Congo de 1993 à 1997) ou Cobras (Congo à partir de 1997) et les Djandjawid (Soudan) par le recours à des méthodes inhumaines(viols, amputations, mutilations sexuelles, exécutions sommaires, nettoyages ethniques).

Le niveau d'hostilité conduit souvent à une véritable activité de décimation barbare des adversaires et ennemis posés en victimes expiatoire. Les logiques terribles de décimation/extermination ont été pratiquées par la milice (Hutu) Interhamwe opérant pour le régime MNRD face au groupe politico-militaire rival du Front Patriotique Rwandais – Armée populaire rwandaise, FPR-APR (actes de génocide perpétrés contre les Tutsis par les Forces Armées rwandaises ou FAR ; massacres vindicatifs de Hutu par le FPR).

2. La menace liée aux activités terroristes, paraterroristes, contreterroristes ou au commerce maffieux de la sécurité dans les géosphères souveraines africaines

Les violences politico-militaires et paramilitaires qui révèlent « *la montée aux extrêmes* » dans les affrontements armés secouant bien des formations africaines, révèlent le dévoiement des jeux de pouvoir qui y ont lieu (Schelling 1986). On voit alors comme cela a lieu en Algérie avec *l'Armée islamique du salut (AIS)* et les *Groupes islamiques armés (GIA)* ou en Égypte avec *les groupes armés* que sont le *Djihad islamique* et la *Jamaaislamiya* à travers les modes d'action suivants : (attaques des édifices publics ou civils ; assassinats ciblés des figures institutionnelles, officielles ou citoyennes ; bombes et attentats suicides contre les forces de défense ou de sécurité ou les services de renseignements ; attentats contre les populations pour des raisons de fanatisme politico-idéologique ou politico-religieux).

La même *logique de terreur* est à l'œuvre dans le *djhadisme combattant* transféré de l'Afrique du Nord vers l'Afrique sub-sahrienne à l'instar de *Boko Haram* au Nigéria ou *Ansar Ad-Dine et du Mujao au Mali* en tant que *groupes politico-sectaro-terroristes (*mise en lumière des actions suivantes de terreur : bombes contre les édifices publics ou civils, attentats contre les forces régulières ou spéciales, attaques contre les chrétiens*).* Ladite *logique terroriste et paraterroriste* est également mobilisée par les *« mouvement armés »* du *Delta du Niger* (Chumchoua Penda 2012). En effet, ceux-ci peuvent aussi recourir à la criminalité organisée politico-terroriste *à* l'instar du *MEND* posé en *groupe focal de subversion armée de l'État fédéral du Nigéria* à travers les luttes politico-identitaires militarisées du Delta du Niger qui s'étendent au Cameroun (actions d'insécurité comme les sabotages d'oléoducs, les attaques de plateformes pétrolières, enlèvements par le MEND ou les BFF et le NDDSC).

Les formations étatiques africaines prises dans l'engrenage insécuritaire de la mondialisation libérale doivent faire face aux *challenges stratégiques* posés par la manifestation en leur sein de dérive maffieuse du *« commerce de sécurité »* (Ocqueteau 1990).

En effet, ces centres étatiques de puissance sont confrontés au poids du *« crime organisé »* sur la dynamique de *« formation de l'État »*, poids qui s'exprime dans la construction *d'arrangements maffieux de sécurité* (Tilly 1990). Ainsi en va-t-il des *milices arabes berbères ou afro-berbères* du Niger, du Mali ou d'Algérie, de Mauritanie ou même de Libye dont le dernier symbole est le Mouvement National de Libération de L'Azawad (*MNLA)* au Mali. C'est que ces *groupes armés* peuvent souvent tirer profit de la constitution de *créneaux politico-criminels et militaro-criminels de chantage à la sécurité* (actions de développement d'une industrie criminelle de rapt et d'enlèvement dans la bande sahélo-saharienne : actions de prise d'otages et de captifs à des fins de rançonnement).

Cette activité de rapt reconstitue des formes classiques de *« banditisme transfrontalier »* liées à *l'économie- monde caravanière transsaharienne* incorporant également *les milices confessionnelles comme AQMI (Algérie, Niger, Mali, Burkina-Faso) ou Ansar-Ad-Dine (Mali), MUJAO (Mali)* (mise en route d'un *déploiement criminalo-terroriste et criminalo-affairiste* des *émirs salafistes* posés *en sectaires mafieux* engagés dans des entreprises de rançonnement). *L'industrie du rapt et du rançonnement* se développe et se déploie aussi au cœur de l'espace tchadique qui comprend précisément *le* *triangle létal ou triangle de la mort Cameroun-Centrafrique-Tchad (*mise à l'épreuve de la sécurité des personnes *à travers les enlèvements et rançonnements de pasteurs bororo en Centrafrique, au Tchad et au Cameroun, voire même au Nigéria ; exécutions sommaires d'otages, etc).* On se trouve ici dans un *positionnement paraterroriste* que l'on peut aussi voir en acte dans *la machine insécuritaire créée par les groupes paramilitaires* posés en *proto-États miliciens et pseudo-États parasitaires* (dynamiques maffieuses de *monnayage de rente occultes de protection* longtemps pratiquées par les ex-rebelles ivoiriens des Forces Nouvelles puis Forces Républicaines de Côte d'ivoire).

Conclusion

Les formations étatiques africaines sont confrontées à travers différentes chaines de menaces aux effets insécurisants et déstabilisants produits par les dynamiques politico-criminelles et/ou militaro-criminelles de « *globalisation de l'illicite* » ; lesquelles dynamiques modèlent une cartographie des risques et/ou des incertitudes pesant sur la capacité de souveraineté de ces configurations étatiques d'Afrique (Botte 2004). Les *centres étatiques de pouvoir* basés en Afrique sont alors confrontés aux tensions et pressions qui résultent de ces interférences avec des *dynamiques de mondialisation de l'irrégulier* qui les exposent à subir des coups de semonce ou de boutoir assénés par des agences et des agents du « *crime transnational* » capables de parasiter le processus de « *formation de l'État* » (Bayart 2004).

Les unités étatiques africaines prises dans les jeux fluctuants et mouvants de la mondialisation doivent faire face à des *dynamiques délictuelles ou criminelles* dont l'articulation et la cristallisation conflictuelles sont fortement orientées vers les « *le pouvoir d'État* » ; lequel pouvoir exerce une attraction magnétique sur les vecteurs de conflit, à tel point que cette forme de pouvoir est « *ce vers quoi tous les conflits africains courent chercher leur source* » (Coulibaly 1999 : 36). En effet, *l'économie politique des confrontations et déflagrations* qui se structure à travers la constitution et la manifestation de *points chauds sécuritaires ou militaires* menaçant la stabilité de ces formations étatiques d'Afrique, montre que « *le pouvoir, l'accès au pouvoir, le contrôle du pouvoir, le maintien au pouvoir, l'exercice du pouvoir... semblent être le fond du débat sur les conflits en Afrique* » (Coulibaly 1999 : 36). Ainsi, les *centres africains de souveraineté* sont-ils tenus de manœuvrer avec habileté et tact pour contrer ces dynamiques de conflictualisation de leur évolution.

Le travail de préservation de la sûreté, de la sécurité et de la stabilité des formations étatiques doit faire face dans le contexte des turbulences globalo-libérales dont les puissances étatiques ou marchandes sont les *centres d'origine*, à la structuration des « *économies parallèles* » comme dynamiques capables de questionner la configuration de ces unités souveraines d'Afriques parce qu'elles suscitent un « *développement des activités économiques* » qui s'opèrent aussi « *en dehors ou en marge des circuits officiels des États* » (Loungou 2002 : 95). Dans la configuration stratégique particulière qu'est la mondialisation globalo-libérale et libido-libérale, ces dynamiques d'insécurisation d'économies parallèles sont relancées et renforcées comme sources de tension par les fluctuations globales qui facilitent le poids politique et économique des « *activités trafiquantes* » (Botte 2000).

Les dispositifs sécuritaires et militaires des formations étatiques d'Afrique postcoloniale redéployées du fait des courants de (la) mondialisation, doivent prendre en considération l'impact crisogène, criminogène et polémogène de l'exposition de l'État à la *propagation cancérigène des activités* dans les économies politiques africaines ;propagation qui alimente la vulnérabilité politico-économique de ces unités souveraines d'Afrique vis-à-vis des « *conflits armés* » et des « *incertitudes systémiques*» (Hugon 2003 : 8 et 9). Les différents cas étudiés dans ce travail sur la base d'une « *dynamique relationnelle* » ont permis de voir comment les processus étatiques africains de « *monopolisation des chances de puissance* » ont fort à faire chaque fois qu'ils sont confrontés aux poussées des économies parallèles qui y activent, actionnent et accentuent les dangers d'une escalade (Elias 1976). Pour affermir et affirmer leur(s) capacité(s) de sécurité, les *centres étatiques africains de pouvoir* sont tenus de contrer et de contrecarrer les *tendances de criminalisation* que les « *économies parallèles* » y suscitent, au risque d'y contribuer à la cristallisation ou « la pérennisation des conflits armés » (Loungou 2001).

En mettant en place des programmes et stratégies de « *réforme du secteur de sécurité* », les formations étatiques africaines concernées par la nécessité de réguler en leur sein « *la problématique sécuritaire* » en s'appuyant sur un système international de sécurité mobilisant des *colonnes globales et des colonnes locales* pour opérer le *pivot sécurisant* et le *pilotage sécurisé* qui permettent de « *neutraliser les causes d'instabilité qui menacent les États ou les populations (luttes contre le terrorisme, les grands trafics, la criminalité organisée, les circuits financiers illicites*…) » (Chataignier 2006 : 104).

C'est seulement en opérant de la sorte que les formations étatiques africaines seront à même de développer un outillage approprié de régulation et de jugulation des menaces militaires ou sécuritaires pesant sur elles, veillant dans un sens de stratégie mutualisée à instaurer et à installer « *un cadre adapté à la gestion de l'insécurité transrégionale* » (Bagayoko-Penone 2004 : 143).

Les formations étatiques d'Afrique exposées à la propagation crisogène et/ou polémogène des « *problèmes de sécurité* » liés aux chaînes de menaces favorisées par les forces et puissances de globalisation de l'illicite, ont intérêt à construire leur dispositif de gestion des crises, conflits et guerres en s'appuyant sur « *une prospective sécuritaire* » exigeante et consistante (Roche 2009). Ce faisant, elles seront à même de produire les stratégies et tactiques militaro-sécuritaires appropriées pour freiner en leur sein les pulsions et impulsions conflictuelles qui les exposent à être toujours plus parasitées et infestées par les germes de « *l'économie politique du crime* » (Bayart et *al.* 1997 : 97). Dans ce souci de construire un dispositif approprié de sécurisation contre les menaces métamorphes et polymorphes qui les mettent en danger et en péril, les organes étatiques centraux et suprêmes d'Afrique doivent s'extraire d'un contexte écologique et éthologique réceptif à la « *nécropolitique* » pour redonner un ancrage fort à leurs technologies de gestion et de régulation de la problématique de sécurisation par les États (Mbembe 2006). Les formations étatiques africaines confrontées aux menaces politico-économiques qui sont alimentées par la mondialisation, doivent ainsi constituer une *logistique mutualisée* opérant aux *niveaux régionaux ou continentaux* pour pouvoir maîtriser les dynamiques géopolitiques et géoéconomiques qui menacent de les transformer en *plate formes souveraines dégradées* par des logiques criminelles ou quasi criminelles de contamination par les formes d'« *État illégal-légal* » (Botte 2004).

Bibliographie

Abe Claude, 2003, « Pratiques et productivité de la criminalité transfrontalière en Afrique centrale : l'exemple des zargina », dans Severin-Cécile Abega (dir.), *La violence endémique en Afrique centrale*, Bulletin de L'APAD, n° 25 : 9-28.

Appadurai Arjun, 2002, « TacticalHumanism », *Polis-RCSP/CPSR*, vol.9, n° spécial : 97-102.

Bach Daniel, (dir.), 1999, *Régionalisation, mondialisation et fragmentation en Afrique subsaharienne*, Paris, Karthala.

Badie Bertrand et Smouts Marie-Claude, 1992, *Le retournement du monde sociologique*, Paris, Dalloz.

Badie Bertrand, 1995, *La fin des territoires*, Paris, Fayard.

bagayoKO Niagale – Penone, 2004, « Le rôle de la CEDEAO dans la gestion des conflits en Afrique de l'Ouest », dans Jocelyn Coulon (DIR.), *Guide du maintien de la paix,* Québec, Éditions Athéna : 125-145.

Baud Jacques, 2003, *La guerre asymétrique ou la défaite du vainqueur*, Paris, Éditions du Rocher.

Bayart Jean-François, 1989, *L'État en Afrique*, Paris, Fayard.

Bayart Jean-François, 1994, *La réinvention du capitalisme*, Paris, Karthala.

Bayart Jean-François, 2004, « Le crime transnational et la formation de l'État », *Politique africaine*, n°93, mars : 93-104.

Bayart Jean-François, Stephen Ellis et Béatrice Hibou, 1997, *La criminalisation de l'État en Afrique*, Bruxelles, Éditions Complexe.

Beck Ulrich, 1986, *La société du risque*, Paris, Éditions Aubier.

Benafla Karine, 2002, *Le commerce transfrontalier en Afrique centrale*, Paris, Karthala.

Berger Peter et Luckmann Thomas, 1987, *La construction sociale de la réalité*, Paris, Éditions Klinsieck.

Bigo Didier, 1997, *Polices en réseaux : l'expérience européenne*, Paris, Presses de Sciences-Po.

Blum Peter, 1990, *L'État voyou*, Paris, Parangon.

Botte Roger, 2000, « Économies trafiquantes et mondialisation : la voie africaine vers le développement ? », *Politique africaine*, n°88 : 131-150.

Botte Roger, 2004, « Vers un État illégal-légal ? » Introduction au thème du dossier : globalisation et illicite en Afrique, *Politique africaine*, n°95, mars : 7-20.

Bourdieu Pierre, 2012, *Sur l'État. Cours au Collège de France (1989-1992)*, Paris, Seuil.

Bourdieu Pierre, *La noblesse d'État*, Paris, Minuit, 1989.

Buzan Barry, Waever Ole etJaap De Wilde, 1993, *Security: a new framework for analysis*, Boulder, Lynne Rienner Publishers.

Chabal Patrick, 1991, «Pouvoir et violence en Afrique postcoloniale », *Politique africaine*, n°42, juin : 51-64.

Chaigneau Pascal, 2010, «L'Afrique face à des crises protéiformes », *Les cahiers de la défense nationale*, Hors-série, Janvier : 8-24.

Chataignier Jean-Marc, 2006, « La réforme du secteur de sécurité dans les États et les sociétés fragiles : préalable indispensable au développement ou dernière des illusions néocoloniales », *Afrique contemporaine*, n°218(2) : 101-117.

Colonomos Ariel, 1995, *Sociologie des réseaux transnationaux*, Paris,L'Harmattan.

Coulibaly Mamadou, 1999, « Enjeux économiques, conflits africains et relations internationales », *Africadevelopment*, Vol XXIV, n° 3-4 : 19-46.

Cowen Michael et Kinyanjoi Kabira, 1997, *Some problems of capital and classes in Kenya*, Nairobi, Institute of Development Studies.

Crozier Michel et Friedberg Ehrard, 1981, *L'acteur et le système*, Paris,Seuil.

David Charles Philippe, 2000, *La guerre et la paix*, Paris,Presses de Sciences-Po.

Deleuze Gilles et Guattari Félix, 1980, *Capitalisme et schizophrénie, mille et plateaux*, Paris,Critique.

Diangitukwa Fueley, 2010, « Terrorisme et piraterie dans le Golfe de Guinée : esquisses de solutions », dans Joseph Vincent Ntuda Ebode, CREPS,

Terrorisme et piraterie : de nouveaux défis sécuritaire en Afrique centrale, Yaoundé, Presses Universitaires d'Afrique et Friedrich Ebert Stiftung : 97-115.

Eberhard Wolfram, 1965, *Conquerors and rulers: the social forces in medieval China*, Jeyed, E. J. Brill.

Elias Norbert, 1985, *La société de cour*, Paris,Champs-Flammarion.

Elias Norbert, 1996, *La dynamique de l'Occident*, Paris, : Calmann Levy.

Foucault Michel, 1987, *Il faut défendre la société*, Paris,Hautes études – Gallimard, Seuil.

Giddens Anthony, 1985, *La constitution de la société*, Paris,PUF.

Goffman Erving, 1980, *Les cadres de l'expérience*, Paris,Minuit.

Hugon Philippe, 2003, « Les conflits armés en Afrique : apports, mythes et limites de l'analyse économique », *Revue Tiers-Monde*, XLIV, n°176, octobre-décembre : 829-855.

Hugon Philippe, Pourcet Guillaume et Quiers-Valette Suzanne (dir.), 1991, *Instabilité, incertitude et efficience des organisations africaines*, Paris, CERED-LAREA.

Igue John et Bio Soule, 1992, *L'État entrepôt au Bénin*, Paris, Karthala.

Jackson Robert, Rosberg Carl, 1986, « Negative Sovereignty in Sub-Saharan Africa", *Review of International Studies*, Vol.12, n°4.

Kontchou Kouomegni Augustin, 1988, « De la stabilité de l'État en Afrique : à la recherche de la souveraineté », *Revue Sciences et Techniques*, n°3-4, juillet-décembre.

Laïdi Zaki, 2004, *La grande perturbation*, Paris, Éditions Aubier.

Lascoumes Pierre, 1997, *Élites irrégulières*, Paris, Gallimard.

Loungou Serge, 2002, « Économies parallèles et pérennisation des conflits armés en Afrique subsaharienne », *Stratégique*, n°80 : 89-109.

Malaquais Dominique, 2001, *Anatomie d'une arnaque : feyman et feymania au Cameroun*, Paris, Les éditions du CERI, n°77-juin, 66 p.

Mbembe Achille, « Déflation de l'État, civilité et citoyenneté en Afrique noire », dans Gemdev, 1994, *L'intégration régionale dans le monde : innovations et ruptures*, Paris, Karthala.

Mbembe Achille, 1990, « Pouvoir, violence et accumulation », *Politique africaine*, n°39, septembre : 7-24.

Mbembe Achille, 2002, « Notes sur le pouvoir de faux », *Le Débat,* n°118, janvier-février : 49-58.

Mbembe Achille, 2006, « Nécropolitique », Raisons politiques n°21, février : 29-59.

Mvie Meka Élie, 2010, « Le phénomène des coupeurs de route au Cameroun », dans *Lutte contre la circulation des armes légères et le phénomène des coupeurs de route en Afrique centrale : le rôle de la société civile*, Yaoundé, Presses Universitaires d'Afrique, Friedrich Ebert Stiftung : 65-69.

Ndjio Basile, 2003, « Cameroonian Feymen and Nigerian 419, Scammers: Two examples of Africa's Reinvention of the Global Capitalism». Leiden, ASC Working paper 81: 1-28.

Ntuda Ebode Joseph Vincent, 2010, « L'insécurité transfrontalière dans la zone RCA-Tchad-Cameroun et l'initiative tripartite », dans Ntuda Ebode Joseph Vincent, CREPS, *Terrorisme et piraterie : de nouveaux défis sécuritaires en Afrique centrale*, Yaoundé, Presses Universitaires d'Afrique et Friedrich Ebert Stiftung : 149-158.

Ntuda Ebode Joseph Vincent, 2010, CREPS, *Terrorisme et piraterie : de nouveaux défis sécuritaires en Afrique centrale*, Yaoundé, Presses Universitaires d'Afrique et Friedrich Ebert Stiftung.

Ocqueteau Frédéric, 1990, « L'État face au commerce de la sécurité », *L'année sociologique* : 97-124.

Owona Nguini Mathias Éric, 1999, « Les rapports État-société civile dans le processus politique en Afrique centrale : montages civilisateurs et décivilisateurs du pouvoir et du droit », *African Journal of Political Science*, vol 9, n°2 : 143-180.

Owona Nguini Mathias Éric, 2007, « Les régimes géopolitiques et sociopolitiques de la guerre et de la paix en Afrique centrale ; entre militarisme et parlementarisme (les économies régionales du pouvoir et de la violence) », dans Paul Ango Ela (dir.), *La prévention des conflits en Afrique centrale*, Paris, Karthala : 201-216.

Owona Nguini Mathias Éric, 2008, « Construction et dé-construction de la paix et de la guerre en Afrique subsaharienne : entre présidence perpétuelle, centralismes principautaires et cultures de la démocratie », *Prospective Africaine* n°2 : 64-78.

Pautrat Rémy, De La Grange Arnaud, Balencie Jean Marc, Thony Jean-François, Guyomar Mathias, Leclair Gilles et Kaminsky Danielle, 2001, « Territoire national et menaces transverses », *Défense Nationale*, novembre : 74-84.

Penda Chumchoua, 2013, « La reproduction des mouvements antisystémiques armés dans l'espace de la commission du Golfe de Guinée », *Enjeux*, (à paraître).

Pons Noël, 2006, *Cols blancs et mains sales : économie criminelle, mode d'emploi*, Paris, Odile Jacob.

Popper Karl, 1988, *Misère de l'historicisme*, Paris, Presses Pocket.

Poulin Richard, 2005, « 15 thèses sur le capitalisme et le système prostitutionnel mondial», *Alternatives Sup*, vol.12, n°3 : 7-29.

Quantin Patrick, 1993, « L'Afrique centrale dans la guerre ; les États ne meurent jamais », *African Journal of Political Science*, vol 4, n°2 : 106-125.

Roche Jean Jacques, 2009, « Penser les guerres de demain : épistémologie de la prospective sécuritaire », *Défense nationale*, juillet-août : 166-185.

Ropivia Marc Louis, 2010 « Criminalité et activités illicites dans le Golfe de Guinée : interprétation critique et typologie », dans Ntuda Ebode Joseph-Vincent, CREPS, *Terrorisme et piraterie : de nouveaux défis sécuritaires en Afrique centrale*, Yaoundé, Presses Universitaires d'Afrique et Friedrich Ebert Stiftung : 221-234.

Rosenau James, 1988, « Patterned Chaos in Global Life: Structure and Process in the two world of politics", *Review of International Political Science*, vol.9, n°4: 327-364.

Rosenau James, 1991, *Turbulences in world politics: a theory of change and continuity*, Princeton, Princeton University Press.

Saïbou Issa, 2010, *Les coupeurs de route, histoire du banditisme rural et transfrontalier dans le bassin du Lac Tchad*, Paris, Karthala.

Schelling Thomas, 1986, *La stratégie du conflit*, Paris, Fayard.

Schmitt Carl, 1990, « Souveraineté de l'État et liberté des mers », dans Schmitt Carl, *Du politique*, Paris, Pardes.

Seignobos Christian, 2011, « Le phénomène zargina dans le Nord du Cameroun : coupeurs de route et prise d'otages, la crise des sociétés pastorales mbororo », *Afrique contemporaine*, n°3 : 35-59.

Tilly Charles, 1985, « War Making and State Making as Organized Crime», dans Evans Peter, Rueschemeyer Dietrich et Skocpol Theda (dir.), *Brinking the state back in*, Cambridge: Cambridge University Press: 169-187.

Tilly Charles, 1990, «La guerre et la construction de l'État en tant que crime organisé », *Politix*, vol 13, n°49 : 97-112.

Waever Ole, 1996, « Securitization and Resecuritization», dans Lipschutz Ronnie (dir.), *On security*, New-York: Columbia University Press: 46-86.

Wallerstein Immanuel, 1984, *Le système du monde du XVIe siècle à nos jours*, Paris, Flammarion.

Weber Max, 1989, *Le savant et le politique*, Paris, Plon.

ELECTION PROTEST IN SUB-SAHARAN AFRICA AND THE RESPONSIBILITY OF POLITICAL PARTIES (1990-2010)

Georges ETOA OYONO

Abstract

Since the first multiparty elections were held in Africa in the 1990s, it is common to hear cries that electoral processes are contested. The practice is so widespread that one is entitled to question the competence of African leaders to organise elections that are free of any dispute. In this reflection, which should not be considered as a trial of the polls that were once organised in sub-Saharan Africa, we are convinced that the responsibilities are shared in this organisational failure. We believe that, even if the governments in place, major actors in the not always credible organisation of the various elections, the political parties also bear an undeniable responsibility in the proper conduct of these elections. We do not claim to produce an analysis that calls into question all the elections organised since the return or advent of democracy. The objective here is to show that protest has become frequent in times of elections for political parties not often well prepared to go to elections, and, very little equipped with arguments to justify the reasons for fraud often decried or denounced, generally before or after each electoral operation. This study postulates that it is normal, even legitimate, to contest an election, but it would be wise to be well organised before taking part in an election in order to have arguments in favour of it and consequently to contest in case of bad conduct, to assert one's democratic right.

Key words: election, contesting, ballot, political party.

Resume

Depuis la tenue des premières élections multipartites en Afrique dans les années 1990, il est fréquent d'entendre crier à la contestation des opérations électorales. La pratique est tellement légion[692] *que l'on est en droit de s'interroger sur la compétence des dirigeants africains à organiser des élections dénuées de toute contestation. Dans cette réflexion qui ne saurait s'apparenter à un procès sur les scrutins jadis organisés*

[692] It should be noted that on several (about 20) elections organized in sub-Saharan Africa, there were 08 cases of contestation of the said elections. You have to look in a few rare countries such as Mali, Ghana, Botswana or Namibia, which are examples among others where regular and (almost totally) "clean" elections have succeeded each other without firing a shot. See Vincent Darracq, Victor Magnani., "Elections in Africa: a democratic mirage?" in Foreign Policy 2011/4 (Winter), pages 839 to 850. https://www.cairn.info/revue-politique -etrangere-2011-4-page-839.htm, Accessed on 23/01/21.

en Afrique subsaharienne, nous sommes persuadés, que les responsabilités sont partagées dans cet échec organisationnel. Nous pensons que, même si les gouvernements en place, acteurs majeurs de l'organisation pas toujours crédible des différents scrutins, les partis politiques portent aussi une responsabilité indéniable dans le bon déroulement desdites élections. Nous n'avons pas la prétention de produire une analyse qui remet en cause tout les scrutins organisés depuis le retour ou l'avènement de la démocratie. L'objectif ici est de montrer que la pratique de contestation est devenue fréquente en temps d'élections pour les partis politiques pas souvent bien préparé à aller aux élections, et, très peu dotés d'arguments justificatifs des motifs de fraudes souvent décriées ou dénoncées, généralement avant ou après chaque opération électorale. Cette étude postule qu'il est normal voire légitime de contester une élection, mais, il serait judicieux de bien s'organiser avant d'aller à une élection pour se doter d'arguments en sa faveur et par conséquent contester en cas de mauvais déroulement, pour faire valoir son droit démocratique.

Mots clés : *élection, contestation, scrutin, parti politique.*

Introduction

The wave of democratic transitions in the early 1990s marked the return of multiparty politics and elections in Africa. This eventually placed the issue of voting at the center of African politics. Here the problem of free and fair elections became the bone of contention and the question as to whether free and fair elections can actually hold in sub Saharan Africa became paramount. The rebirth of multiparty politics rejuvenated African voters from the non-competitive political situation they lived some twenty to thirty years ago. While multiparty politics were on going, in almost all the of Sub-Saharan African countries, the electoral process was strewn with episodes of conflicts related to the rules of the electoral game[693]. More often we witnessed elections being ferociously contested, leading to a re-run or re-election scenario characterized by conflict.[694]. Election protest became common place. According to Larousse dictionary, protest is a systematic questioning of the order, and dominant conceptions within a group, or society[695]. In the context of our work, the concept of protest or contest can be understood as the collective action of opposition (criticism) against a dominant body, which in this case, is the electoral commission. To address this issue, it is important we understand the significance of election in state politics; examine the causes of protest in elections in sub-Saharan Africa as well as the role and responsibility

[693] J.V. Ntuda Ebode, "Dynamics of electoral governance in Cameroon", *Report on governance in Africa 3*, CEREGA, Cameroon, 2011, p.95.

[694] Slobodan MILACIC, In the CEECs: the electoral meaning in the post-communist East: the electoral transition from "election/communion" to election/choice" in Democracy and elections in the French-speaking world, Brussels, 2010, p.97.

[695] Illustrated Larousse, ed. French, Paris, 2009, p. 245.

of opposing political parties involved in elections. We will eventually discuss the consequences of election protest or conflict in sub-Saharan African states.

I. The Significance of elections in State Politics

The essential function of elections is to ensure a peaceful transition of power void of violent struggles and the use of force. Elections are one of the major practices or characteristic of democratic regimes. The election of rulers is the very basis of any democracy[696]. In fact, it is difficult to talk of democracy without an election. In democratic regimes, election is the only sure means that permits a peaceful alternation of power. Change of power and electoral processes sometimes endanger social peace and political stability. For this reason, every state or political regime strives to ensure that matters of election are carefully handled in the nation.

In contemporary political regimes, election has become the umbilical cord that regulates relationship between rulers and the ruled. It is the main means of citizens' participation political life of the state; in the appointment of rulers and in the making of political decisions (a referendum for example). Through elections state policies and programs are redefined and new life breathe into the socio-political and economic situation of a country. Certainly, the founding element of any democracy lies in the holding of elections, but these elections must be free, open to all citizens, transparent and honest. This means that elections must meet certain conditions for us to be able to speak of true democracy[697]. Indeed, it is not enough to hold elections. The electoral system must guarantee a peaceful transition of power between individuals and groups, citizens and political parties. In this way credibility and value is given to the people's vote and participation in election. Unfortunately, in sub-Saharan Africa events around elections in most cases reveal a lack of interest on the part of the population in fulfilling their civic rights and duties. This work aims at studying the causes of such attitudes.

II.The causes of protest in elections in Sub-Saharan Africa

Election is the act of making a choice by means of universal suffrage where people with the right to vote (electorate), are called upon to participate. In other words, an election is the instrument for designating rulers and a tool for citizen to participate in the management of public affairs[698]. It constitutes the main beam of any democratic regime which permits the governed to choose their governors by means of sincere and free elections[699]. The objective of

---

696 Fweley Diangitukwa., *Electoral fraud: How we recolonize the DRC*, Paris, l'Harmattan, p.6.
697 *Idem.*
698 Dodzi Kokoroko., "Disputed elections: successes and failures", in *Pouvoirs* 2009/2 (n° 129).
699 *Idem.*

election is to designate one or more persons to exercise an electoral mandate be it political, economic, associative or social. [700] In election, the electorate transfers to the governors the legitimacy necessary for them to exercise power attributed to the function for which elections are organized. Unfortunately, the process of election is often marked by a number of vices ranging from ballot manipulation and organizational weaknesses.

Elections organized in African states in recent times and within the context of political pluralism show that the manipulation of ballots, fraud and even electoral cheating, generally constitute hobs of protest and dispute. In fact, organizers of election polls often tend to cheat in order to ensure victory for their favorites (candidates) at all costs. In sub-Saharan Africa, cries of fraud on the eve of elections have sometimes been heard in countries such as Kenya and Zimbabwe where electoral operations have led to violence, loss of life, destruction of property and increased the polarization of political discord. In Zimbabwe, mafia practices and paramilitary infiltration in the electoral game led to denunciations and accusations aimed at putting the president in stress and tension.

Another main cause of electoral protest in sub-Saharan Africa, is linked to the organizational problems. Many African leaders sometimes act as if elections do surprise or take them unawares. Lack of material in some cases, confiscation of election management apparatus; inequitable distribution of funds allocated to political parties involved in the process, generate conflict. Sometimes this unpreparedness is intentionally designed, to weaken opposition parties and above all maintain power in the hands of incumbents.

Besides, most African states resolved to respect article 17 of the declaration[701] on the holding of democratic elections in the continent. Here, the states reaffirmed their commitment to regularly hold transparent, free and fair elections in accordance with the Union Declaration on the Principles Governing Democratic Elections in Africa. The states pledged to:

> *Create and strengthen independent and impartial national electoral bodies responsible for the management of elections; create and strengthen national mechanisms to settle electoral disputes as soon as possible; ensure that contesting parties and candidates have equitable access to state media during elections; adopt a code of conduct that binds legally recognized political parties, government and other political actors before, during and after elections. This code contains a*

[700] Information portal on democracy, in https://www.le-democrate.fr/methodes-de-vote, consulted on January 17, 2021.

[701] African Union Declaration on the Principles Governing Democratic Elections in Africa.

commitment where political actors had to accept the results of elections or to challenge them exclusively through legal means[702].

From observation, this commitment is almost not respected when elections are organized and results declared. Electoral authorities are openly accused for lack of transparency in the exercise. The monopoly bestowed on electoral commissions (constituted from a particular political background and interest) to organization elections adversely implants doubts and criticisms on the reliability of the electoral process and election results. Such tendencies generally result to claims and protest.

Election protest also found its origin in the management of votes. This phenomenon has been decried in almost all the States of sub-Saharan Africa. The management of voters and election processes are often entrusted in the hands of administrators who are strong acolytes of the ruling party or power in place. In the absence of neutrality on the part of administration and given its central role in the organization of elections, all suspicions and protest made about the results of an election are blamed on the administration and administrators. Almost all the elections that have been organized in sub-Saharan Africa since the 1990s have taken place in a climate of suspicion, which explains the recourse to trickery by the various protagonists. Manipulated elections have unfortunately exposed African democracies to serious crises given that losers in elections feel robbed or cheated and thus prefer to resort to force for the conquest and exercise of power[703].

Besides, conditions for suffrage (voting) are hardly defined in such a way as to protect the victory of winners. Here, politics become a veritable "game of clever people". Therefore, instead of cleaning up the dirty political arena, voting instead reinforces the belief that democracy is a government of the people without the people. Consequently, elections are striped off a pivotal function as an expression of the will of the people. Result statistics from election polls often attest massive fraud and manipulation of all kinds. In such a context, no one is surprised by the insurgence of electoral conflict or protest following the nature and procedure of organization.

Shortages or discrepancies are also observed in the quality of candidates presenting themselves for elections. It's not always easy for political parties to find valid candidates in all the constituencies where they wish to participate. In this case, voters have no choice than to be contented with the candidates that the parties have presented, regardless of their real aptitudes and capabilities. In fact, a significant part of power is eroded in this way of doing things. Sometimes the choices made within the frame of an internal selection

---

[702] See African Union Declaration on the Principles Governing Democratic Elections in Africa.
[703] Togo in 2005, Chad in 2006, the Democratic Republic of Congo in 2006, Kenya in 2007, Zimbabwe in 2008 and Zambia in 2008 more or less bear witness to this.

of candidates within a party are not always respected by party hierarchy. The parties try by subtle maneuvers to impose certain candidates on the people to vote. It should be noted that many political parties do not involve media coverage in its primary elections to select candidates for elections. The general public is less informed and everything happens as if the choices were made in a discretionary way by the leaders.

Moreover, proof of electoral fraud has always been a headache for petitioners. The number of appeals rejected by the electoral judge for lack of proof while acknowledging the existence of fraud illustrates this problem[704]. Voters thus feel frustrated and the boycott of elections is justified by the fact that they "see no reason to participate in an abstract ceremony just for the sake of formality, and to vote for people they do not know personally ".

The appointment Syndrome in many sub-Saharan African countries is also a cause. Ruling governments and parties in power have become accustomed to the syndrome of appointment and reappointed with or without elections. Even when elections are organised they become a subtle way to appoint or reappoint political acolytes and favorites by means of fraud[705]. Hence, voters are discouraged by the lack of seriousness and the absence of a real business in political agendas. As a result, elections generally attract fewer citizens who no longer trust or have confidence in the vote. The example of Gabon is glaring. Here, the average participation rate in the last three legislative elections stood at 17 per cent, and the presidential election of 2009, stood at 44 per cent. This was enough proof of election apathy, and lack of interest on the part of voters. In Cameroon. For the past 20 years and above, the reappointment of the speaker of the House of Assembly Cavaye yege Gibril and the president of Senate, Nyat Njifenji Marcel, have been conducted in a well calculated camouflaged elections in the National Assembly and Senate of Cameroon. Many Cameroonians do not speak well of any serious elections in these two important institutional structures of Cameroon.

Lack of Consensus is another cause. When conditions linked to free and fair elections are met in a political regime, the regime is said to be democratic, representative, participatory and competitive. When these conditions are not met, it is said to be undemocratic, authoritarian, dictatorial and non-competitive. Elections can only make sense if they enable change in power without conflicts or fist and in a more relaxed and friendly atmosphere. For this to happen, elections must be unanimously received as credible and their

[704]M. Sene., "The jurisdictionalization of national elections in French-speaking black Africa: the examples of Benin, Côte d'Ivoire and Senegal. Political-Legal Analysis " Doctoral thesis in law University Toulouse 1, 2017, p.163.

[705] In most cases, the powers that be manipulate the results of the ballot boxes in order to keep power and whatever the risk to peace and stability.

results universally accepted by all. It is clear that such consensus is currently lacking in developing countries of sub-Saharan Africa.[706]. In Cameroon with the advent of multiparty politics, almost all municipal, legislative and presidential elections have been subjects of conflict and protest due to the absence of consensus in matters of election. For instance, in Cameroon. Following the 1992 presidential elections, when it was clear from the vote count that the opposition party the SDF and its leader John Fru Ndi had won the elections, the ruling party, the CPDM did all to manipulate the results in favour of its candidate, the incumbent president. Fru Ndi eventually declared himself winner of the polls and in the absence of a consensus, the powers in Yaounde incarcerated Fru Ndi under house arrest. This degenerated into the famous ghost town actions that almost crippled the economy of Cameroon in recent years.

As mentioned earlier, the number of electoral conflicts is fast growing, sub-Saharan Africa. Such disputes portray a kind of bankruptcy in democracy and its principles, practices and institutions. This puts to question the role of elections in the life of a nation or an organization as well as the responsibility of African opposition political parties in the face of election challenges and difficulties.

III. Responsibility of opposition political Parties in elections

The responsibility of opposition political parties resides on the state of mind, the attitude or the conduct of this political parties before and after elections. Often it is generally proven that in Africa, certain political parties exist only in name. Some are mere observers of the political game and some only exist when the electoral agenda is activated and political hostilities triggered for the race or competition to begin. Sometimes the political parties are taken aback by the announcement of election by the ruling party. It becomes more frustrating to those opposition parties that do not have an electoral action plan nor a political agenda for its activities. Some parties hardly show proof of any direct contact with its militants until election time.

In addition, the parties encounter enormous challenges and difficulties in monitoring election processes for which they are part. According to Ntuda Ebode, political parties must be represented throughout the electoral process. This condition is one of the most important guarantees of electoral transparency. It also permits the political party to defend its votes and thereby avoid any manipulation. Electoral transparency finds its roots in the impartiality and neutrality of the bodies or authorities responsible for

[706] L. SYLLA., ''Modes of supervising elections in the process of democratization of political regimes in Africa'' Text of the public conference Fridays of CERAP, november 18, 2005, CERAP, Abidjan, p.6.

managing the electoral process[707]. Often electoral processes are manipulated at the detriment of opposition parties thus causing them to respond with muzzle fist and violence.

The political apparatus held by the party in power is sometimes piloted without the consent or opportunity for control (check) from the opposition parties. This is partly due to ignorance on the part of the parties about their rights, or simply bad faith on the part of the ruling party (which strongly wish to maintain itself in power). A manifestation of this attitude generally portray a gross marginalization of opposition parties within the political and electoral system. However, reasons for this can also be found within the opposition parties. A certain degree of immaturity of militants, amateurism of the leaders, lack of financial means and political fragility is seen in these parties.[708] All these result to poor organization of elections especially when it comes to material needs. Often late start of voting is reported in many pulling stations due to late arrival of materials. Worst of it is the lack of indelible ink in almost all the polling stations. "The counting of votes in some polling stations is done in the dark.[709] This litany of irregularity has its origin in the unpreparedness, economic fragility and sometimes ignorance of the opposition political parties. That is why their cry of distress, contesting the polls during elections and thereafter, sometimes fall on deaf ears because they do not have real arguments or evidence that can justify their protest.

It is for this reason that the Principles for Election Management, Monitoring and Observation in Southern African Development Community (SADC) recommended that voters' education be carried out as a top priority in the interest of strengthening democracy. Budget allocations should be made by states to encourage voters' education and to promote the culture of peace, determination and commitment in the political parties. This will gradually develop a real democratic culture before, during and after elections. In fact, it is evident that the proper training of activists and party leaders, the permanent holding of evaluation meetings and exchanges, can create a positive impact during elections and in the life of a nation as a whole.

Besides, crises or protests at election time generally find their roots in the questionable conduct of the parties involved. The former Congolese President, Pascal LISSOUBA once said: "We don't organize elections to lose them"[710]. This conception insinuates that elections no longer constitute a

---

[707] J.V. Ntuda Ebode, *op.cit.*, p.95.

[708] www.l'effortcamerounais.infos/2007/.../elections-leg-2.html. quoted by NTUDA EBODE V, "Dynamics of electoral governance in Cameroon" in African Governance Report 3, CEREGA, Cameroon, 2011, p.91.

[709] www.l'effortcamerounais.infos/2007/.../elections-leg-2.html. quoted by NTUDA EBODE V, *op.cit.*, p.92.

[710] D.Kokoroko., Disputed elections: successes and failures, *Le Pouvoir*, n°129/2, 2009, p. 115-125

privileged means to attain or alternate power. It translates vividly the image or kind of elections that are often organized on the African continent. Elections as a method of selecting leaders is certainly not unique to Africa, but the rate of electoral irregularities encountered here are perhaps unmeasurable elsewhere.

In this continent, electoral practices are characterized by the stuffing of ballot boxes with ballot papers in favor of a candidate; maneuvers observed during electoral campaign (defamatory leaflets, distribution of propaganda material after the official closing of electoral campaign).[711] These practices or irregularities generally distort the expression of the wishes of citizens. The real choices of leaders selected by the people are not respected. In this case, a political party in the event of electoral fraud or any other irregularity is left with the option of high jacking or contesting vehemently the results of the polls. This has happened in many elections in Cameroon be they presidential, legislative or municipal. Here some results were either canceled completely or were recounted and modified. In extreme cases a re-run of the elections were ordered by the competent bodies in the affected constituencies.[712]

Another trick observed about the conduct of political parties is the search for consensus or alliance with opponents. This approach goes with interest that gives an ugly face to the entire electoral process and politics of the nation. For instance the practice of sharing blame or responsibility in cases of serious irregularities does not give sanity and credit to the electoral process of the nation.[713] The creation of political alliances after elections (between ruling parties and oppositions) portrays nothing less than egoism and selfish interest of their orchestrators. Another embarrassment to the electoral system is that in countries such as Cameroon, Chad or the Democratic Republic of Congo, the stakeholders adopt a number of measures to avoid any electoral manipulation. They mobilize a number of press organs, and solicit the support of the international community to act as arbiters or election observers. All these measures are taken with the aim of giving credit to the ballot. In spite all these, it is not uncommon to have cases of massive fraud in elections.

International and non-governmental organizations have in fact only a moral function aimed at supervising and judging, the degree of credibility of the elections in our countries on behalf of the international community. Any sanction in this area can only be a moral sanction that may however give rise to economic sanctions from donors, or condemnations in principle and other embargoes from the Security Council and the United Nations. In Cameroon,

---

711 D. Kokoroko., *op.cit.* p.118.

712 *Idem.*

713 The legislative elections of october 2007 and the presidential elections of 2010 in Togo, which were less disputed and approved by the international community due to the consensual adoption of the electoral code, illustrate the hypothesis.

as in the majority of sub-Saharan African countries, no election has taken place without being preceded and accompanied by a wave of disputes, election fraud and appeals for transparency and impartiality.[714] Yet no sanction has ever been accorded from the international community.

It is worth noting that article 18 of the Union's Declaration on the Principles Governing Democratic Elections in Africa states that parties may request from the Commission, through the Unit and the Support Fund for democracy and electoral assistance, consulting services or assistance to strengthen and develop their institutions and electoral processes[715].

III. Consequences of electoral crises in Africa

Besides, electoral crises inevitably slowed down economic growth and development in African states. The recent crises in Côte d'Ivoire, Mali, the Central African Republic, Burkina and many other African countries in the 2000s have had a strong impact on international news. Their consequences were the questioning of the constitutional order in these countries, the arrival of the military in power, recourse to war, recourse to armed rebellion and the advent of Islamist movements[716]. These multiple and recurrent contestations of elections on African soil generally pose two series of problems which, among others, are linked to the management and the very organization of these elections in Africa. Among these, there is first of all the problem of the very credibility of the elections, that is to say that of the confidence granted to the electoral supervisory bodies (the bodies responsible for organizing the elections); then there is the problem of the bodies responsible for ruling on electoral disputes, i.e. the bodies responsible for settling electoral disputes, disputes over results, complaints and other irregularities observed in electoral operations. As Nguyen Huu Dong points out[717],

The electoral process is a dual technical and social process and it is, in the last instance, credibility that plays the role of cement in the building: it is useless to have 99% of voters who go to the ballot box if the result is greeted with a click of the tongue. And nothing justifies the hours of queuing in front of the polling station because the material is late in coming, because the organization of the vote is poorly done, etc. (..) Election time is short, intense and favorable to decisions. After the emotions of the vote, where we can hear in the staffs of certain candidates cries of claims to fraud, it is difficult to give

---

[714] J V, Ntuda Ebode, *op.cit.*, p. 90.

[715]Romuald Likibi., *The African Charter for Democracy, Elections and Governance...*, in https://books.google.cm/books, accessed March 28, 2021.

[716] Moustapha Kane., "Study of electoral processes in Africa: the example of the democratic model of Senegal", Doctoral thesis in public law, University of Perpignan Via Domitia, April 2019, p.10.

[717] Nguyen Huu Dong, The UN, architect of the electoral process

credit to the electoral institution of the country having organized the said election.

In the few countries where we have not heard cries of fraud[718], it is because the work has been well designed, which presupposes a certain harmony, a certain taste for dialogue between adversaries, a certain habit of working in common between those whom ideologies, ethnicity or religion separate or oppose. All these practices ensured a relatively peaceful post-election period, given the merciless conflicts of the previous period.

Conclusion

With the advent of political liberalism, the electoral system has imposed itself, particularly in African states since the end of bipolarity, as one of the fundamental attributes of democratic systems. This issue of elections in Africa have become more and more significant and recurrent.[719] On analysis, the problem of contesting elections raises the question whether elections can be a veritable instrument of measuring the level of democracy in Africa. However, contesting elections also seems to have the purpose of demonstrating the community, candidate and political parties' ability to win election regardless of the inconveniences and weaknesses abound.

References

Amondji, M., *L'Afrique noire au miroir de l'Occident*, Paris, Ed. Nouvelles du Sud, 1993.

Bon, F, *Les élections en France. Histoire et sociologie*, Paris, Seuil, 1978.

Diangitukwa, F., *Les fraudes électorales : Comment on recolonise la RDC,* Paris, l'Harmattan, 2003.

Duverger, M (dir.), *L'influence des systèmes électoraux sur la vie politique*, Cahier de la FNSP, n°16, Paris, 1950.

Elong BM., ''L'observation électorale internationale et la contestation des résultants en Afrique centrale : les cas du Gabon et de la RDC'' Mémoire de Master en relations internationales, IRIC, 2014.

Kokoroko D., ''Les élections disputées : réussites et échecs'', in *Pouvoirs* 2009/2 (n° 129).

[718]What is extremely rare but not impossible in this continent object of our study. Examples are to be found without firing a shot in countries such as Mali, Ghana, Botswana or Namibia.

[719] Examples of electoral contestations in recent years are as follows, Cameroon (2004), Côte d'Ivoire (1995, 2000), Togo (2005), Kenya and Nigeria (2007), Zimbabwe (2002 and 2008); etc.

Martin, P., *Les systèmes électoraux et les modes de scrutins*, Montchrestien CLEFS Politique, 1997.

Nna, M., ''Les tendances actuelles de l'exercice de la fonction électorale au Cameroun'' in *Revue africaine d'Etudes politiques et stratégiques*, N°6,2009, Faculté des Sciences Juridiques et Politiques, Université de Yaoundé II.

Nguyen Huu Dong, *''L'ONU, artisan du processus électoral''*, in *Critique internationale,* 2004/3 (no 24), pages 159 à 176.

Ntuda Ebode, J V., ''Dynamique de la gouvernance électorale au Cameroun'' in *Rapport sur la gouvernance en Afrique* 3, Cameroun, CEREGA, 2011.

Ognimba L.E., ''Le cadre juridique de l'observation et de l'résistance électorales de l'UA'' in *Démocrate et élection dans l'espace francophone*, Bruxelles, 2010

Sylla, L., ''Les modes de supervision des élections dans le processus de démocratisation des régimes politiques en Afrique'' *Texte de la conférence publique Les Vendredis du CERAP, 18 novembre 2005, CERAP,* Abidjan, 2005.

Vettovaglia J.P *et al.*. ''Démocratie et élections dans l'espace francophone'' *in Afrique Contemporaine* 244(4):143, January 2012

ÉPILOGUE

Au-delà de la volonté affirmée des États africains de faire du développement de leurs États leur cheval de bataille, l'enjeu majeur de ce second tome c'est de reconsidérer l'esprit et les initiatives de développement adoptés, pour parvenir à un développement authentique du continent.

En effet, au lendemain des indépendances, la problématique des initiatives de développement des jeunes États africains a pour visées les voies et moyens les plus pertinents pour leur modernisation. La quintessence de ce tome II des réminiscences en l'honneur du Professeur Laurent ZANG, situé dans le sillage du tome I, questionne les tendances développées, par les acteurs africains et internationaux, pour le développement de l'Afrique ; et procède à un examen des freins susceptibles d'expliquer les raisons pour lesquelles, plus de soixante ans après la proclamation des indépendances, les pays africains ont du mal à décoller de manière pérenne, malgré la croissance macroéconomique que connaissent quelques-uns.

Se situant manifestement dans une posture Afro-optimiste, les contributions réunies ici, montrent comment la pluralité des initiatives, empreinte d'un engouement parfois peu ou mal mesuré, caractérise le comportement des États africains. En réalité, boostés par les Nations unies, à travers l'initiative de la décennie du développement, plusieurs programmes de même nature vont être lancés ; et, c'est cet agenda pensé en Occident qui va servir durant plusieurs décennies de repère aux pays africains.

Ces initiatives de développement multiformes se devant d'être implémentées non seulement par l'acquisition d'importants capitaux, mais aussi par le développement des voies d'accès à des facilités financières et matérielles, la coopération au développement jouera alors un rôle majeur dans leur mise en œuvre. Mais, cette pratique coopérative qui va se manifester par l'obtention d'une enveloppe, des négociations, des échanges, des conventions ; va nécessiter un apport en matières premières provenant du sol et du sous-sol africain, et, généralement mis à la disposition de la partie occidentale impliquée dans l'opération.

En somme et comme le souligne Thierry Amougou, la stratégie de développement et la coopération au développement ont changé en même temps que le contexte géopolitique ; aboutissant plus aux effets pervers qu'aux objectifs souhaités.

Pour cette raison et pour beaucoup d'autres encore, seules les initiatives de développement tenant compte des réalités africaines apparaissent pertinentes pour parvenir à un développement durable et souhaité. Les analyses des auteurs réunis ici, permettent de cerner la place de choix à accorder à la bonne gouvernance et à la préservation de la paix. Ces aspects ont, à n'en point douter, influencé considérablement l'implémentation des initiatives de développement en Afrique.

Le développement des pays africains constituant un enjeu vital tant pour les partenaires au développement que pour les Africains eux-mêmes, les gouvernements africains gagneraient en impliquant davantage les nationaux qualifiés au moment où sont négociés les accords et conventions de coopération au développement.

De nos jours, la participation des acteurs nationaux à la conception, à la définition et à la mise en œuvre des stratégies de développement, tant au niveau gouvernemental que régionale, s'avère impérieuse. Si celle-ci n'exclut pas absolument les risques d'échec des politiques et programmes de développement (parfois en déphasage avec les réalités sociales et culturelles des États africains), elle limite tout au moins les effets liés aux importations de modèles de développement.

Joseph Vincent Ntuda Ebode

Liste des contributeurs

AKONO EVANG Serge Paulin est Maître de Conférences en Science Politique au Département de science politique de la Faculté des Sciences Juridiques et Politiques de l'Université de Douala. Socio-politiste, il s'intéresse de plus en plus au développement d'une science politique prospective en Afrique.

ATANGANA Michel Auguste est Ministre Plénipotentiaire Hors Échelle à la retraite. Il a servi comme diplomate dans les services centraux et extérieurs du Ministère des Relations Extérieures. Titulaire d'un PhD en Science politique obtenu à l'University of Calabar (UNICAL), Cross River State Nigeria, il est enseignant associé à l'Université Catholique d'Afrique Centrale (UCAC) et auteur de plusieurs publications.

AVOUZOA Justine Christine est Historienne, Auteure et Inspecteur Pédagogique des Arts au Ministère des Enseignements Secondaires. Ses recherches s'articulent autour des questions du développement des politiques culturelles dans les États de l'Afrique centrale. Spécialisée en Diversité Culturelle, Paix et Coopération Internationale, elle approfondit ses études à l'Unité de Formation Doctorale des Relations Internationales du Cameroun.

BIAKOLO KOMO Louis-Dominique est Docteur Ph.D. en Philosophie, sous la direction du Professeur Marcien Towa en 2010 ; spécialité : Philosophie africaine et comparée. Spécialiste de la pensée égyptienne pharaonique, de la pensée africaine traditionnelle et de la pensée africaine moderne et contemporaine. Ancien Professeur des lycées d'enseignement secondaire général, il enseigne depuis 2009 au Département de Philosophie de l'ENS de l'Université de Maroua (Cameroun). Il est Maître de Conférences depuis l'année 2017.

BIDIAS Réné est Historien des Relations internationales, Chargé de Cours à l'Institut des Relations Internationales du Cameroun (IRIC). Il s'intéresse aux relations internationales du développement, à la coopération éducative internationale, aux relations internationales africaines et à l'intégration africaine.

DAFEL TCHINDEBE Aurélie Laïla, de nationalité camerounaise, est titulaire d'un master recherche en histoire politique obtenu à l'université de Ngaoundéré. Son intérêt pour l'adaptation aux changements climatiques l'oriente vers l'étude de l'économie des ressources naturelles pour le développement durable en Afrique.

ESSOMBE EDIMO Nya Bonabébé Jean-Roger est Professeur des Sciences Économiques. Économiste des territoires, il est Chef de Département d'Économie Publique à l'Université de Yaoundé II et responsable du Groupe de Recherche sur le Développement Local et Spatial (GREDLOS), mais également Professeur invité, notamment à l'Université de Savoie (France).

ETOA OYONO Georges est lauréat de la 43e promotion d'histoire-géographie de l'École Normale Supérieure de Yaoundé en 2004 et diplômé en sciences politiques en 2008. Titulaire d'un Ph.D. en Histoire des Relations Internationales option diplomatie, il est enseignant à l'Université d'Ébolowa, et auteur de plusieurs publications scientifiques.

FAYAMA Satiéba est doctorant en économie à l'Université Thomas SANKARA. Il s'est intéressé aux questions de changement climatique, écologique, de développement financier et de croissance économique en Afrique Subsaharienne et précisément à la relation entre l'émission du CO2 et la financiarisation de l'économie.

JIOTSA Albert est Historien de l'Économie et du Social, Maître de Recherche au Centre National d'Éducation, MINRESI/Cameroun. Il s'intéresse à l'histoire contemporaine, aux questions de développement en Afrique et à la problématique de la protection sociale de l'Enfance en contexte africain.

MAHOUNGOU Guy, est Doctorant-Chargé de cours en Droit à l'Université Paris-Est Créteil (UPEC). Par ailleurs, il est détenteur d'un Master 2 en Droit Public international et européen de l'Université Paris-Sud (actuellement Paris-Saclay). Ses recherches portent essentiellement sur le Droit international économique et les relations extérieures de l'Union européenne, notamment la coopération ACP-UE.

MBENG DANG Hanse Gilbert est historien, Maître de conférences en Histoire Politique et des Relations Internationales, et titulaire d'une Habilitation à Diriger les Recherches (HDR). Ancien Chef de Département d'Histoire à l'ENS de Bertoua, il est enseignant-chercheur au Département d'Histoire de la FLSH-Université de Douala. Il est par ailleurs auteur de plusieurs articles et co-auteur de plusieurs ouvrages scientifiques.

MOUDJOURI M. Bienvenue a été moniteur, de 2015 à 2020 à l'ex-Annexe de la Faculté des Sciences Juridiques et Politiques de l'Université de Ngaoundéré à Garoua. Titulaire d'un Doctorat/Ph.D. en Science politique obtenu à l'Université de Ngaoundéré, il est enseignant assistant à la FSJP de ladite université.

NTENTIE MKPOUWOUPIEKO Awa est Docteur en Médecine, titulaire d'un Master en Action Humanitaire et Coopération au Développement, Chargé des Études et des Stages à l'Institut International de Formation du

Personnel Paramédical de Foumbot. Elle s'intéresse aux questions de développement en Afrique et en particulier à celles relevant du domaine des Droits de l'homme.

OUEDRAOGO Boukary est économiste de l'économie du développement, Chargé de cours à l'Université Thomas SANKARA. Il s'intéresse aux questions globales de politique économique en Afrique et précisément aux relations, de la demande, de l'offre politique et économique.

OWONA NGUINI Mathias Eric est Professeur Titulaire à la Faculté de Sciences Juridiques et Politiques de l'Université de Yaoundé II-Soa, Directeur de Séminaire à l'École Supérieure Internationale de Guerre de Yaoundé (ESIG) et à l'École Internationale des Forces de Sécurité de Yaoundé (EIFORCES) et Coordinateur Scientifique de la Fondation Paul Ango Ela de Géopolitique en Afrique Centrale (FPAE).

RANE MKPOUWOUPIEKO Zoulica est titulaire d'un Doctorat Ph.D. en Sciences Politiques/Relations internationales et respectivement diplômée en Droit public international et communautaire, en Droit international et européen des Droits fondamentaux. Passionnée des questions relatives à la géopolitique du golfe de Guinée, la résolution des conflits, le genre et les droits de l'homme, elle est auteure de plusieurs contributions scientifiques.

SENE Babacar est économiste de l'économie monétaire et bancaire, Chargé de cours à l'Université Cheik Anta DIOP de Dakar (UCAD). Ses principaux champs de recherches portent sur les questions monétaires et bancaires en Afrique et précisément aux aspects relatifs à la dette, la politique monétaire, les canaux de transmission de la politique monétaire, la finance carbone et la croissance économique.

ZOA ATEBA Yves Barthélémy est Historien de l'économie et du social, chargé de cours à l'Université de Douala au Cameroun. Il s'intéresse aux questions portant sur l'histoire des Télécommunications au Cameroun, en Afrique et dans le monde. De même, les sujets sur la Mondialisation, les crises économiques et l'histoire des entreprises constituent ses autres champs d'intérêt.

Structures éditoriales du groupe L'Harmattan

L'Harmattan Italie
Via degli Artisti, 15
10124 Torino
harmattan.italia@gmail.com

L'Harmattan Hongrie
Kossuth l. u. 14-16.
1053 Budapest
harmattan@harmattan.hu

L'Harmattan Sénégal
10 VDN en face Mermoz
BP 45034 Dakar-Fann
senharmattan@gmail.com

L'Harmattan Cameroun
TSINGA/FECAFOOT
BP 11486 Yaoundé
inkoukam@gmail.com

L'Harmattan Burkina Faso
Achille Somé – tengnule@hotmail.fr

L'Harmattan Guinée
Almamya, rue KA 028 OKB Agency
BP 3470 Conakry
harmattanguinee@yahoo.fr

L'Harmattan RDC
185, avenue Nyangwe
Commune de Lingwala – Kinshasa
matangilamusadila@yahoo.fr

L'Harmattan Congo
219, avenue Nelson Mandela
BP 2874 Brazzaville
harmattan.congo@yahoo.fr

L'Harmattan Mali
ACI 2000 - Immeuble Mgr Jean Marie Cisse
Bureau 10
BP 145 Bamako-Mali
mali@harmattan.fr

L'Harmattan Togo
Djidjole – Lomé
Maison Amela
face EPP BATOME
ddamela@aol.com

L'Harmattan Côte d'Ivoire
Résidence Karl – Cité des Arts
Abidjan-Cocody
03 BP 1588 Abidjan
espace_harmattan.ci@hotmail.fr

Nos librairies en France

Librairie internationale
16, rue des Écoles
75005 Paris
librairie.internationale@harmattan.fr
01 40 46 79 11
www.librairieharmattan.com

Librairie des savoirs
21, rue des Écoles
75005 Paris
librairie.sh@harmattan.fr
01 46 34 13 71
www.librairieharmattansh.com

Librairie Le Lucernaire
53, rue Notre-Dame-des-Champs
75006 Paris
librairie@lucernaire.fr
01 42 22 67 13

www.ingramcontent.com/pod-product-compliance
Lightning Source LLC
LaVergne TN
LVHW011138061026
849535LV00003B/529
* 9 7 8 2 3 3 6 4 0 3 1 1 3 *